Depressão Para leigos

O transtorno depressivo é um problema grave de saúde bastante comum, mas também altamente tratável. Primeiro entenda se você está apenas muito para baixo ou realmente sofrendo de depressão, que pode ter muitos mais sintomas do que só a tristeza. Se estiver deprimido, saiba onde pode conseguir ajuda. E saiba o que você deveria e o que não deveria fazer para se sentir melhor.

© aslysun / Shutterstock.com

14 SINAIS DE QUE VOCÊ PODE ESTAR COM DEPRESSÃO

As pessoas vivenciam a depressão de diversas maneiras. Esta lista de sintomas pode ajudá-lo a identificar se está com depressão. Marque todos os itens que se aplicam a você.

- Sentir-se sem valor.
- Mudança no apetite.
- Evitar contato com outras pessoas.
- Ter menos energia do que o comum.
- Não ansiar por nada.
- Mais dores e incômodos ultimamente.

Depressão Para leigos

- Incapacidade de se concentrar como o usual.
- Sentimentos de culpa.
- Perda de interesse em hobbies e nas coisas de que costumava gostar.
- Sentir-se desesperançado.
- Sentir-se triste e vazio.
- Dormir demais ou muito pouco.
- Lidar com ideação suicida.
- Incapacidade de tomar decisões.

Quaisquer desses sintomas podem indicar que você não está se sentindo bem. Marcar apenas um ou dois não significa necessariamente que você está com depressão, mas quanto mais itens marcar, maior a probabilidade de ser esse o seu problema.

Todo mundo pode ter esses sentimentos por um tempo, mas você deve se preocupar se os sintomas durarem mais de uma ou duas semanas. No entanto, se estiver tendo ideações suicidas, procure ajuda imediatamente.

5 LUGARES PARA OBTER AJUDA PARA A DEPRESSÃO

Se você acha que pode estar com depressão, não se desespere. Ela é tratável, e há muitos tipos de ajuda disponíveis. Veja algumas fontes que você pode consultar:

- **O médico de família:** Peça um check-up completo. Às vezes a depressão é o resultado de outros problemas médicos.
- **Profissionais de saúde mental:** Procure algum desses profissionais depois de descartar outras causas físicas para seu baixo astral. Psicólogos podem diagnosticar e tratar a depressão com competência.
- **Psiquiatras:** Esses médicos têm treinamento especializado no tratamento da depressão e de outros transtornos mentais. Eles costumam focar o uso de medicamentos e outros tratamentos biológicos.
- **A internet:** Recomendamos o WebMD e o American Psychological Association, pois são sites cheios de informações úteis e simples sobre a depressão. Mas lembre-se de que a internet não pode substituir a ajuda profissional.
- **Livros sobre depressão. Comece com este livro e então vá a uma biblioteca. Ler sobre o assunto nunca será demais.**

Depressão
Para leigos

Depressão para leigos

Tradução da 2ª Edição

Laura L. Smith
Charles H. Elliott

ALTA BOOKS
GRUPO EDITORIAL
Rio de Janeiro, 2023

Depressão Para Leigos

Copyright © 2023 da Starlin Alta Editora e Consultoria Eireli.
ISBN: 978-65-5520-839-9

Translated from original Depression For Dummies. Copyright © 2021 John Wiley & Sons, Inc. ISBN 978-1-119-76859-3. This translation is published and sold by permission of John Wiley & Sons, Inc., the owner of all rights to publish and sell the same. PORTUGUESE language edition published by Starlin Alta Editora e Consultoria Eireli, Copyright © 2023 by Starlin Alta Editora e Consultoria Eireli.

Impresso no Brasil — 1ª Edição, 2023 — Edição revisada conforme o Acordo Ortográfico da Língua Portuguesa de 2009.

Todos os direitos estão reservados e protegidos por Lei. Nenhuma parte deste livro, sem autorização prévia por escrito da editora, poderá ser reproduzida ou transmitida. A violação dos Direitos Autorais é crime estabelecido na Lei nº 9.610/98 e com punição de acordo com o artigo 184 do Código Penal.

A editora não se responsabiliza pelo conteúdo da obra, formulada exclusivamente pelo(s) autor(es).

Marcas Registradas: Todos os termos mencionados e reconhecidos como Marca Registrada e/ou Comercial são de responsabilidade de seus proprietários. A editora informa não estar associada a nenhum produto e/ou fornecedor apresentado no livro.

Erratas e arquivos de apoio: No site da editora relatamos, com a devida correção, qualquer erro encontrado em nossos livros, bem como disponibilizamos arquivos de apoio se aplicáveis à obra em questão.

Acesse o site **www.altabooks.com.br** e procure pelo título do livro desejado para ter acesso às erratas, aos arquivos de apoio e/ou a outros conteúdos aplicáveis à obra.

Suporte Técnico: A obra é comercializada na forma em que está, sem direito a suporte técnico ou orientação pessoal/exclusiva ao leitor.

A editora não se responsabiliza pela manutenção, atualização e idioma dos sites referidos pelos autores nesta obra.

Dados Internacionais de Catalogação na Publicação (CIP) de acordo com ISBD

S642d   Smith, Laura L.
         Depressão Para Leigos: Tradução da 2a Edição / Laura L. Smith, Charles H. Elliott ; traduzido por Vivian Sbravatti. - Rio de Janeiro : Alta Books, 2023.
         400 p. ; 16cm x 23cm.

         Tradução de: Depression For Dummies
         Inclui índice e apêndice.
         ISBN: 978-65-5520-839-9

         1. Saúde mental. 2. Depressão. I. Elliott, Charles H. II. Sbravatti, Vivian. II. Título.

         CDD 616.89
2022-3652   CDU 613.86

Elaborado por Vagner Rodolfo da Silva - CRB-8/9410

Índice para catálogo sistemático:
1. Saúde mental 616.89
2. Saúde mental 613.86

Produção Editorial
Grupo Editorial Alta Books

Diretor Editorial
Anderson Vieira
anderson.vieira@altabooks.com.br

Editor
José Ruggeri
j.ruggeri@altabooks.com.br

Gerência Comercial
Claudio Lima
claudio@altabooks.com.br

Gerência Marketing
Andréa Guatiello
andrea@altabooks.com.br

Coordenação Comercial
Thiago Biaggi

Coordenação de Eventos
Viviane Paiva
comercial@altabooks.com.br

Coordenação ADM/Finc.
Solange Souza

Coordenação Logística
Waldir Rodrigues

Gestão de Pessoas
Jairo Araújo

Direitos Autorais
Raquel Porto
rights@altabooks.com.br

Produtor Editorial
Thiê Alves

Produtores Editoriais
Illysabelle Trajano
Maria de Lourdes Borges
Paulo Gomes
Thales Silva

Equipe Comercial
Adenir Gomes
Ana Carolina Marinho
Ana Claudia Lima
Daiana Costa
Everson Sete
Kaique Luiz
Luana Santos
Maira Conceição
Natasha Sales

Equipe Editorial
Ana Clara Tambasco
Andreza Moraes
Arthur Candreva
Beatriz de Assis
Beatriz Frohe

Betânia Santos
Brenda Rodrigues
Caroline David
Erick Brandão
Elton Manhães
Fernanda Teixeira
Gabriela Paiva
Henrique Waldez
Karolayne Alves
Kelry Oliveira
Lorrahn Candido
Luana Maura
Marcelli Ferreira
Mariana Portugal
Matheus Mello
Milena Soares
Patricia Silvestre
Viviane Corrêa
Yasmin Sayonara

Marketing Editorial
Amanda Mucci
Guilherme Nunes
Livia Carvalho
Pedro Guimarães
Thiago Brito

Atuaram na edição desta obra:

Revisão Gramatical
Hellen Suzuki
Maira Meyer

Tradução
Vivian Sbravatti

Copidesque
Alessandro Thomé

Diagramação
Lucia Quaresma

Revisão Técnica
Daniela Sopezki
Mestra em Psicologia Clínica

Editora afiliada à: ASSOCIADO Câmara Brasileira do Livro

ALTA BOOKS
GRUPO EDITORIAL

Rua Viúva Cláudio, 291 — Bairro Industrial do Jacaré
CEP: 20.970-031 — Rio de Janeiro (RJ)
Tels.: (21) 3278-8069 / 3278-8410
www.altabooks.com.br — altabooks@altabooks.com.br
Ouvidoria: ouvidoria@altabooks.com.br

Sobre os Autores

Os Drs. Smith e Elliott são psicólogos clínicos e já trabalharam juntos em inúmeras publicações. São os coautores de *Dominando a Ansiedade Para Leigos* (Alta Books); *Quitting Smoking & Vaping For Dummies* (Wiley); *Anger Management For Dummies* (Wiley); *Transtorno da Personalidade Borderline Para Leigos* (Alta Books); *Child Psychology & Development For Dummies* (Wiley); *Obsessive Compulsive Disorder For Dummies* (Wiley); *Seasonal Affective Disorder For Dummies* (Wiley); e *Anxiety & Depression Workbook For Dummies* (Wiley). Eles dedicaram sua vida profissional a tornar a psicologia relevante e acessível ao público.

Agradecimentos dos Autores

Queremos agradecer à sensacional equipe da Wiley. Como sempre, sua expertise, seu apoio e sua ajuda nos ajudaram imensamente. Desde o começo, nossa editora de aquisições, Kelsey Baird, nos ajudou a formular e executar um plano para desenvolver a nova edição de *Depressão Para Leigos*. Tim Gallan, um editor de projetos magistral, garantiu que nosso texto ficasse coerente e perfeito. Também queremos agradecer ao nosso editor técnico, doutor Joe Bush, pelas contribuições cheias de ideias.

Sumário Resumido

Introdução 1

Parte 1: Descobrindo a Depressão e Preparando um Plano 5

CAPÍTULO 1: Desmistificando e Combatendo a Depressão 7

CAPÍTULO 2: Detectando a Depressão 19

CAPÍTULO 3: Quando Coisas Ruins Acontecem 45

CAPÍTULO 4: Quebrando as Barreiras para a Mudança 57

CAPÍTULO 5: Encontrando Ajuda para a Depressão. 79

Parte 2: Entendendo e Aceitando Pensamentos e Sentimentos. 95

CAPÍTULO 6: Entendendo a Conexão Pensamento/Sentimento 97

CAPÍTULO 7: Derrotando o Pensamento Distorcido 109

CAPÍTULO 8: Ponderando os Pensamentos que Espreitam a Depressão...... 127

CAPÍTULO 9: Aceitando Pensamentos e Sentimentos 151

CAPÍTULO 10: Pensando o Pior: Suicídio 171

Parte 3: Agindo Contra a Depressão 187

CAPÍTULO 11: Saindo da Cama 189

CAPÍTULO 12: Exercitando-se para Diminuir a Depressão 199

CAPÍTULO 13: Redescobrindo Prazeres Saudáveis 209

CAPÍTULO 14: Resolvendo as Dores de Cabeça da Vida 221

Parte 4: Reconstruindo Conexões 239

CAPÍTULO 15: Trabalhando a Perda, a Tristeza e o Luto 241

CAPÍTULO 16: Melhorando o Relacionamento 255

Parte 5: Lutando com o Inimigo Físico: Terapias Biológicas 273

CAPÍTULO 17: Prescrevendo Prazer 275

CAPÍTULO 18: Hype, Ajuda ou Esperança? Tratamentos Alternativos para a Depressão 293

Parte 6: Olhando Além da Depressão 305

CAPÍTULO 19: Reduzindo o Risco de Recaída........................... 307

CAPÍTULO 20: Consertando Sua Memória................................ 321

CAPÍTULO 21: Perseguindo a Felicidade 331

Parte 7: A Parte dos Dez 347

CAPÍTULO 22: Dez Maneiras de Sair do Mau Humor 349

CAPÍTULO 23: Dez Maneiras de Ajudar as Crianças com Depressão 355

CAPÍTULO 24: Dez Maneiras de Ajudar um Amigo ou Alguém a Quem
Ama com Depressão 361

Apêndice.. 367

Recursos para Você 367

Índice.. 371

Sumário

INTRODUÇÃO 1

Sobre Este Livro. 2

Penso que... 3

Ícones Usados Neste Livro 3

Além Deste Livro 4

De Lá para Cá, Daqui para Lá 4

PARTE 1: DESCOBRINDO A DEPRESSÃO E PREPARANDO UM PLANO 5

CAPÍTULO 1: **Desmistificando e Combatendo a Depressão. 7**

Apenas no Fundo do Poço ou Realmente Deprimido?. 8

As Várias Faces da Depressão. 8

Jovem e deprimido 9

Depressão nos idosos 10

Homem que é homem não fica deprimido. Ou fica? 11

Mulheres e depressão 11

Depressão e diversidade. 12

Adversidade e depressão 12

Somando os Custos da Depressão 13

Custos financeiros da depressão. 13

Visualizando custos pessoais da depressão 13

Detalhando o preço físico da depressão 14

Sentindo-se Bem Novamente. 15

Explorando a terapia cognitiva. 16

Tentando a terapia comportamental 16

Reinventando relacionamentos 17

Encontrando soluções biológicas. 17

Sentindo-se Mais do que Bem 17

Celebrando a Tristeza. 18

CAPÍTULO 2: **Detectando a Depressão 19**

Reconhecendo as Devastações Causadas pela Depressão. 20

Vivendo com pensamentos desoladores 20

Arrastar-se: Comportamento depressivo. 22

Refletindo sobre relacionamentos e a depressão 24

Sentindo-se esquisito: Os sinais físicos da depressão. 25

As Faces da Depressão. 27

Sumário   xi

Não consigo nem sair da cama:
Transtorno depressivo maior. 28
Depressão leve, crônica: Transtorno depressivo persistente. 30
Transtorno disfórico pré-menstrual: Hormônios terríveis?. . . 32
Depressão maior depois de uma grande alegria 33
Transtornos depressivos induzidos por drogas 34
Transtornos depressivos devidos a outras
condições médicas. 36
Transtorno de adaptação com humor depressivo:
Lidando com a adversidade 38
E todo o resto 38
Bom Luto! A Depressão Pode Ser Normal? 39
Analisando as Causas da Depressão. 40
Monitorando o Humor. 42

CAPÍTULO 3: # Quando Coisas Ruins Acontecem **45**

Perda e Depressão Durante uma Pandemia 46
Perdendo conexões 47
Perdendo liberdades fundamentais 47
Sentindo-se inseguro. 48
Lidando com as situações em uma pandemia 49
Estressores Financeiros. 50
Responsabilidade emocional 51
Dinheiro e contabilidade sensata. 52
Discriminação e Depressão. 53
Defendendo-se da discriminação 54
Vivendo com a discriminação 54
Violência Doméstica e Depressão 55
Desastres e Depressão 56

CAPÍTULO 4: # Quebrando as Barreiras para a Mudança . . . **57**

Expulsando o Medo da Mudança. 59
Temer mais perdas. 59
Temendo a incongruência. 60
Encontrando Crenças Disfuncionais que Impedem a Mudança. . 61
Lidando com a dependência e a inadequação 62
Desmascarando um ponto de vista indigno 63
Travando uma batalha injusta 65
Rejeitando o papel de vítima. 66
Lidando com o perfeccionismo 68
Analisando suas descobertas. 69
Salvando-se das Autolimitações 71
Rastreando sabotadores. 72

xii   **Depressão Para Leigos**

Suspendendo o julgamento 74
Indo devagar 75
Apreciando o progresso 76
Reescrevendo suas páginas de histórias de fracasso 77

CAPÍTULO 5: **Encontrando Ajuda para a Depressão 79**

Esbarrando em uma Solução 80
Prosseguindo com a Opção da Psicoterapia 80
As terapias eficazes 81
Quem é quem na psicoterapia. 82
Encontrando o terapeuta certo para você. 84
Decidindo se seu terapeuta é uma boa opção 85
Desbancando os mitos sobre a terapia 88
Falando com um Profissional sobre Tomar Antidepressivos 91
Explorando a Opção de Autoajuda 92
Decidindo se a autoajuda é uma solução. 93
Revisando os recursos. 93

**PARTE 2: ENTENDENDO E ACEITANDO
PENSAMENTOS E SENTIMENTOS** 95

CAPÍTULO 6: **Entendendo a Conexão Pensamento/
Sentimento 97**

Entendendo as Emoções. 98
Os sentimentos emergem de seu corpo 98
Os sentimentos germinam em seus pensamentos 100
Os sentimentos guiam seu comportamento. 101
Interpretando Pensamentos. 102
Distinguindo pensamentos de sentimentos 103
Emoções e pensamentos: Uma via de mão dupla 104
Explorando o Comportamento Gerado pela Emoção 105
Os sentimentos não são fatos 106
Os sentimentos geram evitação. 107

CAPÍTULO 7: **Derrotando o Pensamento Distorcido 109**

Reconhecendo Distorções Cognitivas. 110
Conhecendo os embaralhadores da realidade. 111
Olhando para os embaralhadores de realidade em ação. . . 115
Fazendo Julgamentos Errados 119
Eu deveria ter. 119
Comparando criticamente. 121
Rótulos difamatórios 123
Atribuindo culpa à fonte errada. 124

CAPÍTULO 8: Ponderando os Pensamentos que Espreitam a Depressão................... 127

Construindo um Rastreador de Pensamento,
Sentimento e Evento 128

Encontrando Pensamentos de Substituição e Adaptação...... 130

Rastreando sentimentos e pensamentos................. 133

Checando as evidências................................. 134

Encontrando pensamentos alternativos e adaptativos..... 137

Classificando seus pensamentos de substituição......... 138

Repensando do começo ao fim........................ 140

Abrindo um Kit de Reparo de Pensamento 142

Dando seu problema a um amigo...................... 142

Colocando o tempo do seu lado 144

Colocando seus pensamentos à prova.................. 145

Revisitando seu pensamento tudo ou nada 147

Encarando o pior...................................... 148

CAPÍTULO 9: Aceitando Pensamentos e Sentimentos ... 151

Evitando a Evitação 152

Traçando um Limite entre Você e Sua Mente 153

Perdendo a Cabeça....................................... 154

Pensando nos pensamentos negativos como fatos........ 154

Agradecendo sua mente!............................... 156

Brincando com os pensamentos da sua mente 156

Resistindo ao que é 158

Vivendo em qualquer momento, menos no agora........ 159

Vivendo com Atenção Plena 161

Adquirir aceitação.................................... 162

Aceitando sem julgar 163

Viver como se ninguém soubesse...................... 164

Conectando-se com a experiência...................... 164

CAPÍTULO 10: Pensando o Pior: Suicídio................. 171

Sinais de Alerta para o Suicídio em Adultos................. 172

Sintomas problemáticos em adultos.................... 173

Fatores de risco em adultos 176

Reconhecendo Sinais em Crianças e Adolescentes 180

Sintomas em crianças e adolescentes 181

Fatores de risco em crianças e adolescentes 182

Escolhendo a Vida e Obtendo Ajuda....................... 183

Linhas de prevenção ao suicídio 184

Departamentos de emergência 185

PARTE 3: AGINDO CONTRA A DEPRESSÃO 187

CAPÍTULO 11: Saindo da Cama 189

Agindo 190

Não me sinto motivado para fazer nada 190

Estou muito cansado e deprimido para fazer
qualquer coisa. 191

Se eu tentar, fracassarei 191

Sou só uma pessoa preguiçosa 191

Colocando um Pé na Frente do Outro: Registros de Atividade. . 192

Vencendo os "Não Consigo" 194

Revisando seus pensamentos 194

Sondando o terreno. 195

Traçando Seu Caminho através das Previsões Negativas 196

Dando Crédito a Si Mesmo 198

CAPÍTULO 12: Exercitando-se para Diminuir a Depressão. 199

Por que Se Exercitar? 200

Benefícios para a saúde mental: Endorfinas 200

Benefícios para a saúde física. 201

Combatendo o Sofá 202

Facilitando o Exercício 205

Ponderando as Opções de Exercícios. 206

Puxando ferro 206

Acelerando o coração e os pulmões 208

Credo! Yoga? 208

CAPÍTULO 13: Redescobrindo Prazeres Saudáveis. 209

Levando a Diversão a Sério 210

Encontrando o equilíbrio certo. 210

Entendendo a necessidade de diversão. 211

Fazendo uma Lista e Verificando Duas Vezes 211

Combatendo os Estraga-prazeres 214

Complexo de culpa. 214

Esperando pelo pior 218

CAPÍTULO 14: Resolvendo as Dores de Cabeça da Vida . . . 221

Desenhando o Plano de Resolução de Problema —
S.O.C.E.P.E. 222

Avaliando a Situação do Seu Problema (S) 223

Invente uma descrição para o problema 224

Reflita acerca de seus sentimentos com
relação ao problema 224

Considere as causas do problema. 224
Procure informações sobre o problema. 225
Considere a importância do problema. 225
Verifique crenças que interfiram na solução 225
Caçando Opções (O). 226
Desprender-se. 227
Pensar visualmente 228
Permitir ludicidade 229
Revisando as opções 229
Contemplando as Consequências (C) .230
Escolhendo Seu Plano (E). 231
Consultando o amigo interno. 232
Escolhendo lados 233
Lidando com Suas Emoções (P) 235
Tentando um ensaio geral. 235
Falando consigo mesmo 236
Colocando em Prática e Revisitando (E) 237

PARTE 4: RECONSTRUINDO CONEXÕES 239

CAPÍTULO 15: Trabalhando a Perda, a Tristeza e o Luto . . 241

Perdendo Aquilo com que Você Se Importa 242
Perdendo alguém 243
Transicionando pela vida. 244
Enfrentando os desafios do isolamento. 247
Terminar é extremamente difícil .248
Trabalhando com o Luto 249
Reconstruindo o relacionamento. 250
Passando por papéis 253

CAPÍTULO 16: Melhorando o Relacionamento 255

A Conexão Depressão-rejeição. 256
Exagerando o negativo. 256
Procurando por feedback negativo. 257
Lutando contra a crítica construtiva 258
Perseguindo os Positivos. 258
Elogiando 259
Fazendo coisas agradáveis 260
Planejando momentos positivos juntos 260
Introduzindo momentos prazerosos em sua rotina. 261
Derrotando a Defensiva. 263
Testando a estratégia Verificar. 264

xvi   Depressão Para Leigos

Despersonalizar. 265
Entregando Sua Mensagem 268
Usando a técnica Mensagens Eu 268
Criando amortecedores. 269
Neutralizando a crítica 269
Colocando as técnicas em prática 270

PARTE 5: LUTANDO COM O INIMIGO FÍSICO: TERAPIAS BIOLÓGICAS 273

CAPÍTULO 17: Prescrevendo Prazer 275

Martelando a Depressão: Escolhendo a Ferramenta Certa 276
Explorando a Opção do Medicamento 277
Tomando remédio do jeito certo 279
Saindo do medicamento 280
Trabalhando com Seu Médico para Encontrar o
Medicamento Correto 282
O Mito Sedutor do Desequilíbrio Químico 283
Mergulhando nos Placebos. 285
Drogas para Depressão 286
ISRSs 287
Outros medicamentos neurotransmissores 288
Tricíclicos 289
IMAO 289
Indo Além dos Antidepressivos. 290
Estabilizadores de humor 290
Mais ajuda para a depressão severa: Antipsicóticos 291
Um pouco mais para o caminho 291
Uma breve discussão sobre a ketamina. 291

CAPÍTULO 18: Hype, Ajuda ou Esperança? Tratamentos Alternativos para a Depressão 293

Mantendo Seu Médico Informado 294
Explorando Suplementos, Ervas e Vitaminas. 295
Comidas Felizes 297
Iluminando a Escuridão 299
Tratando a Depressão Severa. 300
Depressão chocante. 300
Estimulando os nervos. 301
Magnetizando a depressão. 302
Procurando um Pouco Mais 302

Sumário xvii

PARTE 6: OLHANDO ALÉM DA DEPRESSÃO 305

CAPÍTULO 19: **Reduzindo o Risco de Recaída. 307**

Arriscando a Recaída na Depressão 308
   Determinando o que está acontecendo. 308
   Avaliando as taxas de recaída. 309
   Conhecendo os riscos 310
Preparando um Plano de Prevenção. 311
   Sustentando o sucesso 312
   Monitorando os sinais 313
   Usando uma simulação de incêndio 313
   Buscando o bem-estar. 316
Controlando a Recaída Quando Ela Ocorrer 319

CAPÍTULO 20: **Consertando Sua Memória 321**

Entendendo a Memória. 322
   Memória para o agora: Memória imediata. 322
   Fazendo malabares com os itens da memória:
     Memória de trabalho. 323
   Memória de longa distância: Memória de longo prazo 323
   Recordando-se de memória: Recuperação da memória. . . . 324
Interrupções Depressivas na Sua Memória 324
   Efeitos na memória imediata 324
   Efeitos na memória de trabalho. 325
   Efeitos na memória de longo prazo. 325
   Efeitos na recuperação 326
Preocupando-se com o Esquecimento. 326
Exercitando a Memória Falha 327
   Introduzindo coisas 327
   Desenvolvendo rotinas 328
   Cheirando (e tocando e vendo) as rosas 328
   Lembrando-se de nomes 329
   Agrupando 329
   Livrando-se de distrações 330
   Seguindo adiante 330
   Acelerando a recordação. 330

CAPÍTULO 21: **Perseguindo a Felicidade 331**

A Elusividade da Felicidade 332
   Defendendo a ideia de ser feliz 332
   Procurando a felicidade em todos os lugares errados 333
   Cultura e felicidade. 334
   Língua e felicidade 335

Pegando o Caminho Certo para a Felicidade 336
    Sentindo gratidão 337
    Ajudando outras pessoas 339
    Encontrando o fluxo 340
    Focando os pontos fortes 341
    Rejeitando o reparo rápido 343
    Encontrando o perdão 344
    Buscando significado e propósito 345

PARTE 7: A PARTE DOS DEZ 347

CAPÍTULO 22: **Dez Maneiras de Sair do Mau Humor 349**
    Engolindo Chocolate 350
    Fazendo Algo Legal 350
    Conseguindo uma Melhora com os Exercícios 350
    Cantando para um Humor Melhor 351
    Ligando para um Velho Amigo 351
    Dançando um Ritmo Diferente 351
    Afogando a Tristeza 351
    Acarinhando uma Maneira de Melhorar o Humor 352
    Fazendo uma Trilha 352
    Suavizando por Meio do Mindfulness 353

CAPÍTULO 23: **Dez Maneiras de Ajudar as Crianças com Depressão 355**
    Encontrando a Diversão 356
    Empregando a Disciplina 356
    Dando Feedback 357
    Escalando Cada Montanha 357
    Acelerando Responsabilidades 357
    Falar e Escutar 358
    Reconhecendo a Depressão 358
    Prestando Atenção aos Detalhes 359
    Obtendo Ajuda 360
    Amando Incondicionalmente 360

CAPÍTULO 24: **Dez Maneiras de Ajudar um Amigo ou Alguém a Quem Ama com Depressão 361**
    Reconhecendo a Depressão 361
    Pedindo Ajuda 362
    Ouça sem Resolver 363

Cuidando de Você Mesmo. 363

Deixando as Críticas de Lado 364

Despersonalizando a Depressão 364

Encontrando Paciência. 364

Lembrando-se de Cuidar. 365

Fornecendo Encorajamento e Permanecendo Esperançoso . . . 365

Estimulando Exercícios. 366

APÊNDICE: RECURSOS PARA VOCÊ 367

Livros sobre Saúde Mental 367

Recursos para Ajudar Crianças. 368

Sites Úteis 369

ÍNDICE 371

Introdução

uxos decadentes, tecnologia deslumbrante e novos conhecimentos alarmantes sobrecarregam os sentidos e provocam a imaginação. O que há menos de uma geração era domínio da ficção científica agora é lugar-comum em muitas salas de estar. Hoje em dia, empresas de TV a cabo transmitem filmes recentemente lançados em televisores com poucos centímetros de espessura que ficam presos na parede. Basta apertar alguns botões no controle remoto e sua casa vira um cinema. E com algumas palavras para um assistente virtual, você pode pedir uma pizza, que chegará a tempo de o filme começar.

Na saúde, o avanço do conhecimento sobre o sistema imunológico promete novos tratamentos para o câncer que atingem a origem da doença. A nanotecnologia, mais cedo ou mais tarde, permitirá que máquinas inconcebivelmente pequenas limpem as artérias congestionadas como a máquina desentupidora de um encanador. E o projeto genoma humano começa a resolver os mistérios por trás de incontáveis doenças hereditárias. Claro que o mundo ainda tem vários problemas, mas já podemos enxergar as soluções para muitos deles.

No entanto, a Organização Mundial da Saúde não é tão otimista. Ela estima que 264 milhões de pessoas sofrem de depressão no mundo todo. Ao longo de um ano, cerca de 10% da população mundial sofre um episódio de depressão. As taxas de depressão continuam aumentando, e a maioria dos especialistas acredita que esse aumento é real — não é somente o resultado de mais pessoas doentes buscando ajuda.

Há diversas teorias com relação ao aumento alarmante da depressão hoje em dia, mas, seja qual for a causa, essa calamidade tira das vítimas a alegria, o prazer e a capacidade de dar e receber amor.

A boa notícia é que agora existem mais armas para combater a depressão. Clínicos desenvolveram novas psicoterapias que se mostraram eficazes no tratamento da depressão e na prevenção de recaídas. Medicamentos, métodos de estimulação do sistema nervoso central e outras psicoterapias continuam a ser desenvolvidos e refinados. A maioria das pessoas não precisa mais lidar com a depressão não tratável e que perdura por longos períodos.

Sobre Este Livro

Temos dois objetivos principais ao escrever este livro. Primeiro, queremos que você entenda a natureza da depressão. Entender a depressão faz com que a ideia de lidar com ela seja menos assustadora. Segundo, apresentamos a descoberta em que você provavelmente tem mais interesse: como superar a depressão ou ajudar alguém que você ama e que tem esse problema.

Não medimos esforços em nossa busca por todas as maneiras possíveis de combater a depressão. Criamos estratégias para lutar contra ela a partir da medicina e da psicoterapia, falamos sobre o arsenal de medicamentos e outras estratégias que podem combatê-la e mostramos como focar sua saúde global com exercício e nutrição pode ter bons resultados. Além disso, extraímos elementos das abordagens de psicoterapia que se destacaram em testes de pesquisa rigorosos e se provaram tratamentos altamente eficazes. Esses métodos incluem:

» Terapia cognitiva.

» Terapia de aceitação e compromisso (ACT).

» Terapia comportamental.

» Terapia interpessoal.

Então damos um passo adiante e nos voltamos ao campo da *psicologia positiva* em busca de ideias para nos guiar em nossa caminhada de nos sentirmos *bem* novamente a nos sentirmos *ainda melhor*. Queremos que sua vida tenha mais prazeres e seja mais significativa.

Depressão Para Leigos, tradução da 2ª edição, oferece o melhor conselho possível com base em pesquisa científica. Acreditamos que, se você praticar as técnicas e estratégias que oferecemos neste livro, provavelmente se sentirá melhor. Para algumas pessoas, este livro pode ser um guia completo de como derrotar a depressão leve. Inúmeros estudos mostram que a autoajuda costuma funcionar.

No entanto, a depressão geralmente precisa de mais cuidados e atenção do que é possível conseguir por meio da autoajuda. Se a depressão é um impeditivo significativo para sua habilidade de trabalhar ou se divertir, você precisa de ajuda profissional. Nenhum livro pode substituir completamente a terapia. Vá ao seu médico de família. Se estiver em tratamento com um terapeuta ou conselheiro, pode ser que *Depressão Para Leigos*, tradução da 2ª edição, ajude a ampliar a terapia. Faça questão de discutir essa possibilidade com o terapeuta. A depressão pode ser combatida, então, não desista.

Penso que...

Quem leria este livro? Supomos que você ou alguém que você ama sofre de depressão. Também imaginamos que você quer bani-la de sua vida. Finalmente, acreditamos que está curioso com a variedade de estratégias úteis que podem combinar com seu estilo de vida e sua personalidade. Se essas descrições fizerem sentido, então este livro é para você.

Por outro lado, pode ser que você seja um profissional procurando por um recurso bom e de fácil compreensão para seus pacientes que sofrem de depressão. Ao longo dos anos, leitores nos disseram que nossos livros *Para Leigos* sobre saúde mental foram úteis tanto em sua recuperação quanto na compreensão do que estavam lidando na terapia.

Ícones Usados Neste Livro

Ao longo deste livro, usamos ícones nas margens para pontuar rapidamente diferentes informações. Estes são os ícones que você verá e uma breve explicação do que eles significam.

LEMBRE-SE

Como o nome deste ícone já diz, não queremos que você se esqueça da informação que o acompanha.

DICA

Este ícone enfatiza informações ou insights que você pode colocar em prática.

CUIDADO

Este ícone aparece quando você precisa ser cauteloso ou procurar ajuda profissional.

PAPO DE ESPECIALISTA

Esta arte alerta para informações que talvez você ache interessantes, mas não as ler não trará desvantagens na batalha contra a depressão.

Além Deste Livro

Você pode acessar a Folha de Cola Online no site da editora Alta Books. Procure pelo título do livro. Faça o download da Folha de Cola completa, bem como de erratas e possíveis arquivos de apoio. A Folha de Cola apresenta os sinais de que talvez você esteja com depressão, o que fazer e o que não fazer e recursos para buscar ajuda profissional.

De Lá para Cá, Daqui para Lá

A maioria dos livros é escrita de forma que você tenha que começar na primeira página e ler em ordem. Mas escrevemos *Depressão Para Leigos*, tradução da 2ª edição, de modo que você possa usar o Sumário detalhado para escolher o que quer ler com base em seus interesses pessoais. Não se preocupe muito em ler os capítulos e as partes em uma ordem específica. Leia os capítulos que se aplicam à sua situação. No entanto, sugerimos que você ao menos passe os olhos pela Parte 1, porque ela contém uma variedade de fatos fascinantes e ideias importantes para que você possa começar.

Além disso, quanto mais severa é sua depressão, mais indicamos que comece pelo Capítulo 5 e siga para a Parte 3. Esses capítulos contêm algumas maneiras diversas de superar a inércia poderosa que impede as pessoas severamente deprimidas de agir. Depois de ler esses capítulos, sinta-se livre para continuar escolhendo quais tópicos gostaria de explorar.

1

Descobrindo a Depressão e Preparando um Plano

NESTA PARTE...

Entenda os custos da depressão.

Descubra como a depressão se apresenta.

Entenda como lidar com acontecimentos ruins.

Encontre maneiras de conseguir ajuda.

> **NESTE CAPÍTULO**
>
> » **Definindo a depressão**
>
> » **Calculando os custos da depressão**
>
> » **Tratando a depressão**
>
> » **Indo além da depressão**

Capítulo **1**

Desmistificando e Combatendo a Depressão

Como um confinamento solitário, a depressão isola quem está sofrendo com ela. Sozinhos, com medo e se sentindo impotentes, eles se afastam de tudo. A esperança, a fé, os relacionamentos, o trabalho, a diversão e a criatividade — os caminhos para a recuperação — parecem não ter sentido e são inconcebíveis. Uma punição cruel e desumana, a depressão encarcera o corpo, a mente e a alma.

Embora pareça impossível escapar da depressão, temos as chaves para abrir a cela que encarcera você ou quem você ama. Pode ser que a primeira chave que você tente funcione, mas é mais provável que, para escapar, seja necessário uma combinação de chaves. Estamos aqui para ajudar, e temos algumas chaves para você testar. Também contamos como escolher um ótimo chaveiro (profissional de saúde mental) se você não conseguir encontrar a chave certa.

Neste capítulo, esclarecemos a diferença entre tristeza e depressão, pois elas não são a mesma coisa. Em seguida, mostramos como a depressão se apresenta entre vários grupos de pessoas. Calculamos os custos da depressão em termos de saúde, produtividade e relacionamentos, falamos sobre opções de tratamento para depressão e, finalmente, oferecemos um vislumbre da vida além da depressão.

Apenas no Fundo do Poço ou Realmente Deprimido?

Na vida há morte, divórcio, desastre, doença, desordem, desgraça e sofrimento. É inescapável e inevitável. Ainda que nada mais dê errado, mais cedo ou mais tarde você morrerá. Esperar viver uma vida sem episódios duros de tristeza, desespero ou pesar é irrealista. Na verdade, sem esses momentos de sofrimento, como você apreciaria de verdade as bênçãos da vida?

Ainda assim, os infortúnios e as perdas podem não levar à depressão. Qual é a diferença? A intensidade da tristeza e do sofrimento diminui com o passar do tempo. (Veja o Capítulo 2 para mais informações sobre o sofrimento e tipos de depressão.) Eles podem parecer extremamente incontroláveis quando chegam, mas cedo ou tarde o tempo os cura (a menos que, com o tempo, o sofrimento se transforme em depressão).

LEMBRE-SE

Ao contrário de episódios de desespero, a depressão envolve um profundo sentimento de culpa e perda da autoestima. As pessoas com depressão se sentem desesperançosas e desamparadas e não conseguem se perdoar. A depressão destrói o corpo e costuma impactar o sono, o apetite, a concentração, a energia e o sexo. E diminui consideravelmente a habilidade de amar, sorrir, trabalhar e se divertir.

A *depressão* é um transtorno do humor em que a pessoa se sente profundamente triste, abatida, desanimada e incapaz de sentir prazer. Há vários tipos da doença, com sintomas relativamente diferentes. Descrevemos essas categorias da depressão no Capítulo 2, mas todas envolvem diminuição do ânimo e da motivação ou senso de prazer diminuído.

As Várias Faces da Depressão

A depressão não discrimina; pode afetar qualquer pessoa, independentemente de etnia, classe social ou status. Os sintomas típicos de tristeza, perda de energia e de interesses, baixa autoestima, sentimentos de culpa e mudanças no apetite e sono aparecem em homens, mulheres, crianças e idosos. Tais sintomas também aparecem em culturas diferentes. No entanto, uma criança deprimida pode não se apresentar como um senhor de 80 anos deprimido.

No Capítulo 2, dissecamos as várias categorias da depressão. Neste capítulo, mostramos como a depressão se manifesta em diferentes pessoas em estágios distintos da vida. Os casos que apresentamos ao longo deste livro não representam pessoas reais, no entanto se baseiam nas pessoas com quem trabalhamos em nossas carreiras.

Jovem e deprimido

A depressão pode ocorrer entre crianças de qualquer idade, daquelas que frequentam pré-escola ao jovem adulto. No entanto, a taxa de depressão entre as crianças pequenas é relativamente baixa. A depressão aumenta ao longo da infância e é mais comum na adolescência.

CUIDADO

Possivelmente, as taxas da depressão nas crianças são subnotificadas porque os pais e profissionais não costumam reconhecer o problema. As crianças raramente relatam a depressão para outras pessoas. No geral, elas costumam não ter consciência dos próprios sentimentos, que se manifestam por meio de mudanças no comportamento, apetite e sono.

> A mãe de **Mackenzie** a surpreende levando *cupcakes* para a escola em seu oitavo aniversário. A professora lidera a classe para cantar "Parabéns pra Você", mas Mackenzie quase nem sorri. Depois de devorar rapidamente duas bandejas lotadas de *cupcakes* no recreio, as crianças correm para o parquinho, e Mackenzie fica para trás.
>
> A professora de Mackenzie aborda a mãe: "Estou preocupada com a Mackenzie. Ela parece quieta e menos interessada nas tarefas da escola. Eu frequentemente a vejo sozinha no parquinho. Ela também não levanta mais a mão como fazia antes. Há algo de errado?"

Quando as crianças estão deprimidas, perdem o interesse em atividades de que gostavam. Se você perguntar se estão tristes, pode ser que não saibam conectar os sentimentos com as palavras. No entanto, mostrarão vários sinais de depressão, como pouca energia, problemas para dormir, mudanças no apetite, irritabilidade e baixa autoestima.

DICA

Observe as crianças brincarem para perceber sinais sutis de depressão. As crianças deprimidas podem trazer temas de morte ou perda nas brincadeiras. Toda brincadeira pode incluir tais temas ocasionalmente, mas tópicos obscuros aparecem com mais frequência em crianças que estão com depressão. Pode ser que tenha que observar as crianças por um período, porque o humor mudará. Talvez não pareçam continuamente deprimidas, como acontece com os adultos. O humor delas pode variar ao longo do dia. Consulte um profissional se tiver alguma dúvida.

> **CRIANÇAS, DEPRESSÃO E OBESIDADE**
>
> Em um artigo publicado na revista *Pediatrics*, mais de 9 mil adolescentes participaram de um estudo sobre a relação entre depressão e obesidade. Os pesquisadores deram às crianças um questionário que media a depressão e calcularam seu índice de massa corporal (IMC), uma medida da obesidade. Eles avaliaram as crianças mais uma vez, um ano depois. As que estavam obesas e deprimidas na primeira avaliação tendiam a estar mais obesas na segunda. As que na primeira avaliação não estavam obesas, mas estavam deprimidas, tiveram o dobro do risco de se tornarem obesas no ano seguinte. Há muito a ser descoberto sobre exatamente como a depressão pode aumentar o risco da obesidade, no entanto essas descobertas não são tão importantes quanto tratar a depressão quando ela ocorre.

Depressão nos idosos

Algumas pessoas veem a idade como algo inerentemente deprimente. Elas supõem que, ao chegar a uma certa idade, a qualidade de vida se deteriora. Na verdade, há um pouco de verdade nessas suposições: a velhice traz um aumento na ocorrência de doenças, deficiências, perda de amigos e familiares e apoio social. Assim, é esperado *um pouco* de tristeza.

DICA

No entanto, a depressão definitivamente *não* é uma consequência inevitável da velhice. A maioria dos sintomas da depressão nos idosos é como os de qualquer outra pessoa. Entretanto, é mais provável que os idosos foquem as dores e os sofrimentos, em vez de sentimentos de tristeza. Além disso, eles costumam expressar arrependimento e remorso com relação a eventos passados.

A depressão interfere na memória. Se observar um aumento nos problemas de memória em seu avô ou avó, é possível que já pense o pior: Alzheimer ou demência. Mas tais problemas de memória também ocorrem como resultado da depressão.

E a depressão na terceira idade aumenta as chances de morte. Ainda assim, se alguém lhes pergunta sobre a depressão, os idosos podem escarnecer da ideia. Ao negar a depressão, pode ser que o idoso não receba o tratamento de que precisa.

CUIDADO

Os homens idosos têm um risco particularmente alto de suicídio. Homens acima dos 60 anos têm mais probabilidade de tirar a própria vida do que qualquer outra combinação de idade e gênero. Se tiver alguma dúvida, verifique com um médico ou profissional de saúde mental a possibilidade de depressão.

Homem que é homem não fica deprimido. Ou fica?

A maioria dos estudos mostra que a frequência da depressão nos homens é de cerca da metade daquela nas mulheres. Mas, novamente, os homens tendem a encobrir e esconder a depressão; eles se sentem muito mais relutantes em falar sobre fraquezas e vulnerabilidades do que as mulheres. Por quê?

Muitos homens aprenderam que admitir qualquer forma de transtorno mental ou problema emocional não é másculo. A partir das experiências da primeira infância, eles aprendem a esconder sentimentos negativos.

> **Scott** está ansioso para se aposentar do trabalho como executivo de marketing. Quer muito começar a viajar e colocar em prática hobbies há muito deixados de lado. Três meses depois da aposentadoria, sua esposa, com quem estava casado havia vinte anos, pede o divórcio. Em choque, mas ainda assim demonstrando pouca emoção, Scott diz aos amigos e à família: "Vida que segue."
>
> Scott começa a beber mais do que o comum. Começa a praticar esportes radicais. Vai ao limite fazendo escaladas, voando de asa delta e esquiando em áreas remotas. Scott se afasta da família e amigos. Seu temperamento normal e equilibrado se torna azedo. Ainda assim, Scott nega a depressão, que é evidente para quem o conhece bem.

LEMBRE-SE

Em vez de assumir os sentimentos desconfortáveis, os homens costumam recorrer a drogas e álcool, em uma tentativa de lidar com o que estão sentindo. Alguns homens deprimidos expressam raiva e irritação, em vez de tristeza. Outros relatam os sinais físicos da depressão, como falta de energia, sono ruim, apetite alterado e dores no corpo, mas não dão o braço a torcer e negam estar se sentindo deprimidos. O custo de não expressar sentimentos e não obter ajuda pode aparecer na taxa quatro vezes mais alta de suicídio entre homens deprimidos, quando comparado com as mulheres.

Mulheres e depressão

Por que parece que as mulheres ao redor do mundo sofrem duas vezes mais depressão do que os homens? Fatores biológicos e reprodutivos podem ter um papel nisso. A taxa de depressão durante a gravidez, depois do nascimento do bebê e antes da menopausa é maior do que em qualquer outra época da vida das mulheres.

No entanto, fatores culturais ou sociais possivelmente também contribuem para a depressão nas mulheres. Por exemplo, o número de mulheres que foram sexual ou fisicamente abusadas é muito maior do que o de homens com experiências parecidas, e tal abuso aumenta a probabilidade de depressão. Além do mais, fatores de risco, por exemplo, salário baixo, estresse e múltiplas responsabilidades, como conciliar trabalho doméstico, cuidado com os filhos e carreira, ocorrem mais frequentemente entre as mulheres.

> **Janine** gentilmente coloca o bebê no berço. Ele finalmente dormiu. Exausta depois de um dia desafiador no trabalho, está desesperada para ir dormir também. Mas ainda há roupa para lavar, contas para pagar, e a casa está um desastre. Há seis meses, seu marido foi convocado para servir a Reserva Militar, e a vida nunca mais foi a mesma. Janine percebe que a extrema fadiga e a perda do apetite são sinais de que está ficando deprimida.

Depressão e diversidade

Todo mundo sente depressão de uma maneira única. Tentar generalizar com base em etnia ou participação em certos grupos pode levar a erros de percepção. Mas os fatores de risco para a depressão incluem discriminação, ostracismo social, pobreza e grandes perdas (como a perda de um emprego ou de um ente querido). E, infelizmente, todos esses fatores de risco ocorrem com mais frequência entre as minorias. A diferença pode aparecer na raça, cultura, dificuldade física ou orientação sexual.

Além desses fatores de risco, muitos grupos enfrentam obstáculos especiais quando lidam com a depressão. Por exemplo, algumas populações étnicas têm acesso limitado ao sistema de saúde por causa de diferenças na língua, desconfortos, dificuldades econômicas e falta de estruturas próximas. Há claramente uma grande necessidade de mais recursos destinados a ajudar esses grupos.

Adversidade e depressão

As pessoas que sofrem eventos traumáticos (principalmente repetidas vezes) têm um risco de depressão aumentado. Por exemplo, o isolamento social que veio com a pandemia do coronavírus aumentou as taxas de depressão e ansiedade. Quem passa por dificuldades financeiras crônicas pode facilmente sucumbir a um sentimento de desesperança e depressão. Quem mora em áreas de alto risco e está vulnerável a eventos de clima extremos, como furacões ou deslizamentos, também pode ser suscetível a níveis mais altos de depressão.

Somando os Custos da Depressão

A depressão existe desde o começo da humanidade, mas hoje em dia é uma epidemia mundial. Ninguém tem certeza do porquê, mas o risco de depressão para os nascidos no pós-Segunda Guerra Mundial cresceu rapidamente.

As estimativas variam consideravelmente, mas parece que hoje em dia a depressão paira sobre cerca de 20% de todas as pessoas ao longo da vida. Além do mais, em qualquer período de doze meses, cerca de 10% da população passará por um episódio de depressão significativa. Agora mesmo, a Organização Mundial da Saúde (OMS) estima que 264 milhões de pessoas estão sofrendo de depressão em todo o mundo. É uma quantidade enorme de pessoas.

DICA

Adivinha? As estimativas sobre a depressão são apenas aproximações. Como a maioria das pessoas não procura tratamento e muitas delas nem percebem que estão deprimidas, estatísticas confiáveis são poucas. Sejam quais forem os números reais, uma quantidade enorme de pessoas sofre com a depressão em algum momento da vida. E a depressão é acompanhada de diversos custos.

Custos financeiros da depressão

A Organização Mundial da Saúde (OMS) criou uma estatística chamada de Carga Global de Doenças (GBD), que faz uma estimativa do custo econômico mundial de várias doenças. A depressão está atualmente entre os cinco maiores contribuidores para a GBD.

O custo financeiro da depressão é impressionante. Somente nos Estados Unidos, a American Psychiatric Association a precifica em US$210,5 bilhões por ano.

De onde vêm esses custos? As pessoas deprimidas faltam ao trabalho com mais frequência e são menos produtivas quando vão trabalhar. Pode ser que os pais de crianças com depressão tenham que faltar ao trabalho para levar os filhos para o tratamento. Este também representa parte do custo total, mas lembre-se de que o alívio da depressão aumenta a produtividade e reduz o absenteísmo e os custos com saúde.

Visualizando custos pessoais da depressão

Fatos e números econômicos pouco ajudam na descrição dos custos humanos da depressão. O sofrimento profundo causado por ela afeta tanto quem

CAPÍTULO 1 **Desmistificando e Combatendo a Depressão** 13

está sofrendo quanto quem se importa. As palavras não são suficientes para descrever esses custos:

» A angústia de uma família que está sofrendo com a perda de um ente querido para o suicídio.

» A dor excruciante sentida por uma pessoa com depressão.

» A menor qualidade das relações sentida tanto pelas pessoas com depressão quanto por quem se importa com elas.

» A perda do propósito e do senso de valor sofrida pelas pessoas com depressão.

» A perda da alegria.

Detalhando o preço físico da depressão

A destruição da depressão irradia além dos custos pessoais e econômicos — ela danifica o corpo. Cientistas descobrem quase diariamente novas informações sobre a relação próxima entre o humor e a saúde. Hoje, sabemos que a depressão afeta:

» **Seu sistema imunológico.** Seu corpo tem um sistema complexo para se proteger de infecções e doenças. Vários estudos mostraram que a depressão muda a maneira como o sistema imunológico responde ao ataque. A depressão exaure o sistema imunológico e deixa as pessoas mais suscetíveis a doenças.

» **Seu sistema esquelético.** A depressão não tratada aumenta a chance de ter osteoporose, mas ainda não está claro como exatamente ela causa esse problema.

» **Seu coração.** A relação entre a depressão e a saúde cardiovascular é marcante. A Johns Hopkins University estudou médicos saudáveis e descobriu que, entre as pessoas que desenvolveram depressão, o risco de doença cardíaca dobrou. Esse risco pode ser comparado aos perigos relacionados ao fumo.

Outro estudo submetido à revista *Circulation* acompanhou mais de 4 mil idosos que inicialmente não tinham doença cardíaca. Os pesquisadores descobriram que os idosos com depressão tinham 40% mais chance de desenvolver doença cardíaca e 60% mais chance de morrer. Curiosamente, descobriram que cada aumento na pontuação da depressão levava a um aumento ainda maior no risco de desenvolver doença cardíaca. Esse risco era ainda maior do que o relacionado ao fumo, ao nível alto de colesterol e à idade.

» **Sua mente.** Ainda que a depressão possa imitar a demência por causar memória e concentração ruins, ela também pode aumentar o risco de demência. Não temos certeza do porquê, mas os cientistas descobriram que a área no cérebro que possivelmente governa a memória é menor entre aqueles com depressão crônica.

Se não for tratada, a depressão pode atrapalhar e possivelmente danificar conexões no cérebro e levar à degeneração e à morte das células cerebrais.

» **Sua experiência de dor.** É claro que a depressão inflige dor emocional, no entanto, ela também contribui para a experiência da dor física. Assim, se você tiver algum tipo de dor crônica, como artrite ou dor das costas, a depressão pode aumentar a quantidade de dor que você sente. Os cientistas ainda não têm certeza de como a depressão e a dor interagem, mas esse efeito pode ocorrer devido aos danos dos neurotransmissores envolvidos na percepção da dor. A propósito, muitas pessoas com depressão não percebem que estão deprimidas e só reclamam de uma série de sintomas físicos, como dor.

É possível que a depressão afete a maneira como o corpo trabalha como um todo. Por exemplo, o apetite alterado pode levar à obesidade ou desnutrição e séria perda de peso. Além disso, a depressão está associada a níveis hormonais falhos e outras mudanças fisiológicas sutis. De certa forma, a depressão prejudica o corpo, a mente e a alma.

LEMBRE-SE

Não se deixe ficar deprimido por causa de todos esses efeitos assustadores causados pela depressão. Se estiver deprimido, pode se sentir melhor — e passamos o resto deste capítulo ajudando-o a melhorar. Atualmente, existem tratamentos eficazes, e há novos surgindo.

Sentindo-se Bem Novamente

A depressão é tratável. Com um bom diagnóstico e ajuda, a maioria das pessoas consegue se recuperar. Se sentir perda no prazer, redução de energia, diminuição da autoestima ou dores inexplicáveis, pode ser que esteja deprimido. Por favor, procure ajuda. Veja o Capítulo 5 para mais ideias sobre como encontrar a ajuda certa para você.

Há muitos tipos de ajuda para a depressão. Este livro é um deles e está na categoria de autoajuda, que funciona para muitas pessoas. No entanto, esforços autodirecionados não costumam ser suficientes (apesar de a autoajuda costumar ser um auxílio que pode suplementar a assistência profissional). Nas próximas seções, esboçamos brevemente os diferentes tipos de ajuda que talvez você ache úteis.

LEMBRE-SE

Você não tem que escolher apenas uma opção. Talvez precise ou queira combinar algumas dessas estratégias. Por exemplo, para muitas pessoas com depressão, a combinação de medicamento com psicoterapia foi útil. E, às vezes, combinar mais de um tipo de psicoterapia também pode ajudar.

CUIDADO

Se sua depressão não começar a ir embora ou se você tiver sintomas severos, como ideações suicidas, por favor, procure ajuda profissional imediatamente.

Explorando a terapia cognitiva

A *terapia cognitiva* baseia-se na premissa de que a maneira de pensar influencia fortemente o modo como você se sente. Estudos comprovam que a terapia cognitiva é o mais valioso de todos os métodos no alívio da depressão. O Dr. Aaron T. Beck, que desenvolveu a terapia cognitiva, descobriu que pessoas com depressão:

» Enxergam a si mesmas de maneiras distorcidas e extremamente negativas.

» Percebem o mundo com uma visão desoladora e sem vida.

» Imaginam um futuro de melancolia e escuridão contínuas.

A depressão faz com que as pessoas acreditem que sua visão desoladora é completamente precisa e correta. A terapia cognitiva ajuda a desfazer essa confusão nos pensamentos. Você pode descobrir mais sobre essa abordagem na Parte 2 deste livro. Encorajamos você a tentar a terapia cognitiva. Pesquisas mostram que ela até mesmo o protege contra recorrências futuras de depressão. Não acredita? De qualquer forma, tente!

Tentando a terapia comportamental

Outra abordagem que se saiu bem nos testes para o alívio da depressão é o que se conhece por *terapia comportamental*, que se baseia na premissa de que, ao alterar o comportamento, alteramos os humores. O problema: quando você está com depressão, você não sente vontade de fazer muita coisa. Então, na Parte 3, nós o ajudamos a descobrir como dar pequenos passos e superar esse obstáculo mental usando ferramentas baseadas na terapia comportamental. Além disso, contamos como:

» O exercício pode dar início à batalha contra a depressão.

» Você pode trazer pequenos prazeres de volta à vida.

» Estratégias de resolução de problema podem ajudá-lo a lidar com a depressão.

Reinventando relacionamentos

A depressão às vezes aparece depois da perda de um relacionamento significativo, e tais perdas costumam tomar a forma da morte de uma pessoa amada ou do divórcio. Mas a depressão também pode vir colada a outros tipos de perdas nos relacionamentos — como mudar a maneira como você se relaciona com o mundo. Por exemplo, a aposentadoria requer que você abra mão de um papel (ou o perca), aquele de empregado, e assuma outro. Mudanças importantes ou transições de vida levam à depressão se você não tiver uma maneira de lidar com elas. Então, no Capítulo 15 contamos como lidar com perdas e transições.

A depressão também costuma causar problemas em relacionamentos atuais importantes. No Capítulo 16, apresentamos várias maneiras de melhorar seus relacionamentos, um processo que pode também diminuir a depressão.

Encontrando soluções biológicas

Talvez você pense que a abordagem mais fácil para tratar a depressão possa ser encontrada na farmácia ou na loja de comidas saudáveis. Simplesmente tome a poção certa e *voilà*, você está curado! Se melhorar fosse fácil assim...

No Capítulo 17, revisamos as terapias farmacológicas. Você encontrará algumas que poderá escolher, e o ajudamos a organizar as opções. Também traçamos estratégias para decidir tomar ou não tomar antidepressivos, se faz sentido para você ou se preferiria abordagens alternativas.

No Capítulo 18, discutimos a chamada maneira natural de tratar a depressão. Trazemos informações sobre eletroterapia e outros tratamentos não tão comuns para a depressão.

Sentindo-se Mais do que Bem

Depois de ter superado a depressão, você possivelmente se sentirá muito melhor. No entanto, precisará sustentar essa melhora. A depressão, como o resfriado comum, tem o péssimo hábito de retornar. Mas você pode fazer muita coisa para impedir ou prevenir a depressão no futuro. No Capítulo 19 mostramos como evitar crises futuras. Caso tenha uma nova recaída, também mostramos como se recuperar mais rapidamente e manter os sintomas brandos.

Então, você se sente melhor. Você se sente bem. Mas — quer saber? — você não precisa se contentar com o bem. Queremos que você se sinta mais do que bem; talvez até mesmo melhor do que jamais se sentiu na vida. Isso pode até soar muito bom para ser verdade, mas no Capítulo 21 apresentamos maneiras de acrescentar propósito e significado à vida. Além disso, fornecemos chaves secretas para destrancar seu potencial para a felicidade — essas chaves provavelmente não são o que você imagina que sejam.

Celebrando a Tristeza

Começamos este livro com promessas de alívio para a depressão, mas não há terapia, comportamento ou remédio que proporcionará uma vida livre de tristeza. Estamos contentes por isso não existir. E, se tal cura existisse, não a usaríamos.

Porque, sem tristeza, como é possível se sentir feliz? Como escreveríamos peças de teatro incríveis ou criaríamos peças de arte emocionalmente poderosas ou músicas que falam com o cerne de nossa alma? As emoções humanas têm um propósito. Elas nos distinguem dos computadores e dão um sentido à vida.

Assim, escrevemos este livro desejando a você uma vida de felicidade com pitadas de momentos de dor. Sentir dor é viver.

NESTE CAPÍTULO

» **Analisando os sintomas da depressão**

» **Descobrindo as muitas formas de depressão**

» **Entendendo as causas da depressão**

» **Rastreando seus humores**

Capítulo 2

Detectando a Depressão

A depressão tem uma variedade de sintomas, dos mais sutis aos mais óbvios. Às vezes, ela vai possuindo, devagar e em silêncio, a mente e a alma, basicamente desligando a vida no dia a dia. Outras vezes, ela explode, abre a porta com tudo e rouba a alegria e o prazer da vítima. Algumas pessoas não sabem que estão com depressão, enquanto outras reconhecem perfeitamente a presença dela na vida. Às vezes a depressão não apresenta nenhum sinal óbvio, mascarada como um conjunto de reclamações de ordem física, como fadiga, sono ruim, mudanças no apetite e até mesmo indigestão.

A depressão é uma doença de extremos. Seu poder pode não somente tirar o apetite, mas também gerar uma fome insaciável. Pessoas deprimidas podem sentir que dormir é angustiante, enquanto outras sentem uma fadiga tão interminável que se confinam na cama por dias. As pessoas deprimidas às vezes têm um ritmo frenético ou entram em colapso e quase nem se movimentam. A depressão pode criar raízes e durar meses ou anos. Outras vezes, ela aparece como uma série de tempestades vespertinas.

Neste capítulo, nós o ajudamos a reconhecer se você ou alguém que você ama sofre de depressão. Faremos isso ao categorizar os efeitos que a depressão causa em indivíduos. Analisamos os principais tipos de depressão e os respectivos sintomas, exploramos as conexões entre a doença e a depressão, e a ligação entre sofrimento e depressão, nos aprofundamos nas causas do transtorno e, finalmente, contamos como um ente querido pode monitorar e rastrear seus humores se você suspeitar que está batalhando contra a depressão.

Reconhecendo as Devastações Causadas pela Depressão

Todo mundo se sente para baixo de tempos em tempos. Quedas da Bolsa de Valores, problemas de saúde, desastres naturais, perda de um amigo, pandemia, divórcio ou não atingir metas de vendas — eventos como esses podem deixar todo mundo triste e chateado por um tempo. Mas a depressão é mais do que uma reação normal a eventos desagradáveis e perdas. Ela se aprofunda e se espalha muito mais do que a tristeza, afetando tanto a mente como o corpo de maneiras sérias, às vezes até fatais.

A depressão impacta todos os aspectos da vida. Na verdade, ainda que haja alguns tipos de depressão (veja "As Faces da Depressão", adiante neste capítulo), todos eles afetam as pessoas em quatro áreas, e cada indivíduo é afetado de maneiras diferentes. A depressão afeta:

» Pensamentos.

» Comportamentos.

» Relacionamentos.

» Corpo.

Nas seções a seguir, abordaremos as maneiras pelas quais a depressão afeta as pessoas.

Vivendo com pensamentos desoladores

Quando você está depressivo, sua visão de mundo muda. O sol não brilha tanto, o céu fica nublado, as pessoas parecem frias e distantes, e o futuro parece sombrio. Pode ser que sua mente esteja cheia de pensamentos recorrentes de que você é inútil, que se odeia e até mesmo que quer morrer. Tipicamente, pessoas que apresentam transtorno depressivo reclamam de dificuldade de se concentrar, de lembrar e de tomar decisões.

Para **Ellen,** a depressão surgiu cerca de um ano depois do divórcio. Ela se pegou pensando que nunca encontraria um bom relacionamento. Ellen é bastante atraente, mas quando se olha no espelho, apenas vê o começo de rugas, um corte de cabelo ruim e algumas manchas. Ela conclui que, ainda que houvesse alguma pessoa boa, seria repelida por sua aparência horrível. Ela se sente tensa. Sua concentração foi afetada, e ela começa a cometer erros por falta de atenção no trabalho. Seu chefe pensa que ela está sob muito estresse, mas Ellen vê seus erros como prova de incompetência. Embora acredite que esteja em um trabalho muito abaixo de suas habilidades, não se vê capaz de fazer nada melhor. Ela começa a se perguntar por que se dá ao trabalho de ir à empresa todos os dias.

DICA

Sua mente está cheia de pensamentos negativos? Em caso afirmativo, pode ser que você esteja sofrendo com a depressão. O quiz na Tabela 2-1 dá uma amostra de pensamentos típicos que aparecem com a depressão. Faça um X em cada pensamento que você tem com frequência.

TABELA 2-1   Quiz de Pensamentos Depressivos

Marque em Caso Positivo	Pensamento Depressivo
	As coisas estão cada vez piores para mim.
	Acho que sou inútil.
	Ninguém sentiria minha falta se eu estivesse morto.
	Minha memória está péssima.
	Cometo muitos erros.
	Em geral, acho que sou um fracasso.
	Não anseio por quase nada.
	Acho quase impossível tomar decisões.
	O mundo seria um lugar melhor sem mim.
	Basicamente, sou pessimista ao extremo com relação às coisas.
	Não consigo pensar em nada que pareça interessante ou divertido.
	Minha vida é cheia de arrependimentos.
	Não consigo me concentrar e esqueço o que leio.
	Não vejo minha vida melhorando no futuro.
	Sinto profunda vergonha de mim mesmo.

CAPÍTULO 2 **Detectando a Depressão**   21

Ao contrário de muitos dos testes que você pode ter visto em revistas ou online, não há nenhuma pontuação específica que indique depressão aqui. Todos os itens são pensamentos típicos da depressão. No entanto, marcar somente um ou dois não significa que você esteja com depressão, mas quanto mais itens marcar, maior a probabilidade de estar deprimido. Caso tenha marcado algum dos itens relacionados com morte ou suicídio, já é razão o suficiente para se preocupar.

DICA

Não fique muito desanimado e desesperançoso por causa de seu pensamento depressivo. A depressão é tratável. Se marcou muitas caixas na Tabela 2-1, incentivamos você a considerar consultar-se com um profissional de saúde para um diagnóstico de depressão e possível encaminhamento para tratamento.

CUIDADO

Se estiver tendo sérias ideações suicidas, você precisa de avaliação e tratamento imediatos. Se os pensamentos incluem um plano que você acredita que colocaria em prática agora ou em um futuro próximo, vá para uma emergência hospitalar. Eles são treinados para ajudar. Se não conseguir ir sozinho para a emergência, ligue para os bombeiros, 193. O Centro de Valorização da Vida (CVV) (188) é especialmente útil e tem profissionais 24 horas por dia, todos os dias. Para mais informações, mas não para emergências, veja o Capítulo 10.

Para mais informações sobre o pensamento depressivo e o que você pode fazer a respeito, veja a Parte 2.

Arrastar-se: Comportamento depressivo

Nem todo mundo que está deprimido se comporta da mesma forma. Algumas pessoas aceleram, e outras diminuem o ritmo. Algumas dormem mais do que nunca, enquanto outras reclamam de uma severa falta de sono.

> **Darryl** se arrasta para fora da cama pela manhã. Mesmo depois de dez horas de sono, ele se sente exausto. Ele começa a chegar atrasado ao trabalho. Usa sua licença médica até não poder mais. Ele não consegue ir à academia, uma atividade de que gostava, e chega à conclusão de que se exercitará novamente quando tiver energia. Os amigos perguntam o que está acontecendo, porque Darryl não tem passado muito tempo com eles. Ele diz que não sabe, que só está cansado.

> **Cheryl**, por outro lado, tem tido uma média de três horas e meia de sono por noite. Ela acorda por volta das 3h da manhã com a cabeça cheia. Quando levanta, sente uma pressão e não consegue ficar parada. Irritada e rabugenta, ela desconta nos amigos e colegas de trabalho. Incapaz de dormir à noite, se pega bebendo muito. Às vezes, chora sem razão aparente.

DICA

Apesar de todos serem diferentes, certos comportamentos tendem a acompanhar a depressão. Suas atitudes e seus comportamentos o deixam preocupado? As pessoas deprimidas tendem a sentir que estão andando em cima de cimento fresco ou que estão correndo na velocidade máxima em uma esteira. O quiz na Tabela 2-2 pode indicar se suas ações demonstram um problema. Marque cada item que se aplicar.

TABELA 2-2   Quiz do Comportamento Depressivo

Marque em Caso Positivo	Comportamentos Depressivos
	Tenho tido crises de choro inexplicáveis.
	Nas poucas vezes que me forço a sair, não me divirto tanto.
	Não consigo me exercitar como antes.
	Não tenho saído o quanto costumava sair.
	Eu me sinto agitado e frenético, mas não consigo fazer nada.
	Tenho faltado muito no trabalho ultimamente.
	Não consigo fazer quase nada, nem mesmo projetos importantes.
	Estou me movimentando em um ritmo mais lento do que o comum, sem razão aparente.
	Não tenho feito coisas para me divertir como costumava fazer.
	Mesmo quando outras pessoas estão sorrindo, não as acompanho.
	Minha casa e meu ambiente de trabalho estão cada vez mais desorganizados.
	Começo projetos, mas parece que não conseguirei terminar.
	Tenho dificuldades para sair da cama pela manhã.

Todos esses itens são típicos do comportamento depressivo ou, em alguns casos, um problema de saúde. Em um dia ruim, todo mundo pode marcar um item, no entanto, quanto mais itens você marcar, maior é a probabilidade de haver algo errado, principalmente se o problema existir por mais de dois meses.

Para mais informações sobre o comportamento depressivo e o que você pode fazer, veja a Parte 3.

Refletindo sobre relacionamentos e a depressão

A depressão prejudica a maneira de se relacionar com outras pessoas. O isolamento e a evitação são as respostas mais comuns à depressão. Às vezes, as pessoas que estão sofrendo devido a um transtorno depressivo ficam irritadas e críticas com aqueles com quem mais se importam.

> **Antônio** tropeça em um brinquedo que foi deixado no chão da sala e desconta na esposa, Sylvia: "Quando vai fazer as crianças recolherem as drogas dos brinquedos delas?" Magoada e surpresa pelo ataque, Sylvia pede desculpas. Antônio não reconhece o pedido de desculpas dela e lhe dá as costas. Sylvia rapidamente recolhe o brinquedo e se pergunta o que está acontecendo com seu casamento. Antônio quase não fala mais com ela, só reclama ou a repreende por algo trivial. Ela não consegue se lembrar da última vez que fizeram sexo. Teme que ele esteja tendo um caso.

DICA

Você ou talvez alguém com quem você se importa tem agido diferente em um ou mais de seus relacionamentos? A Tabela 2-3 descreve algumas das maneiras pelas quais a depressão afeta os relacionamentos. Marque os itens que se encaixam na sua situação.

TABELA 2-3 Quiz da Depressão e dos Relacionamentos

Marque em Caso Positivo	Comportamentos Depressivos
	Ultimamente tenho evitado as pessoas, incluindo amigos e família.
	Não consigo compartilhar com as outras pessoas o que estou sentindo.
	Tenho ficado incomumente irritado com as pessoas.
	Não sinto vontade de ficar perto de ninguém.
	Eu me sinto isolado e sozinho.
	Tenho certeza de que ninguém me entende ou se importa comigo.
	Ultimamente não sinto vontade de ter intimidades físicas com ninguém.
	Sinto que estou decepcionando todo mundo.
	Tenho certeza absoluta de que ninguém quer ficar perto de mim.
	Ultimamente não me preocupo se as pessoas gostam de mim ou não.
	Francamente, não me importo com outras pessoas agora.
	Não tenho sido um bom parceiro no meu relacionamento.

PARTE 1 **Descobrindo a Depressão e Preparando um Plano**

LEMBRE-SE

Quando está deprimido, você se afasta das pessoas que talvez possam lhe oferecer o máximo de ajuda. Ou sente que elas não se importam com você, ou talvez não consiga ter sentimentos positivos com relação a elas. Pode ser que você evite outras pessoas ou fique irritado ou rabugento.

Quanto mais itens você marcou na lista anterior, mais provavelmente a depressão está afetando seus relacionamentos. Para mais informações sobre como a depressão pode afetar seus relacionamentos e o que você pode fazer, veja a Parte 4.

Sentindo-se esquisito: Os sinais físicos da depressão

Tipicamente, a depressão inclui pelo menos alguns sintomas físicos, como mudanças no apetite, sono e energia. No entanto, para algumas pessoas, a experiência da depressão consiste *sobretudo* de sintomas físicos, e não necessariamente tantos outros, como tristeza, afastamento das pessoas, perda de interesse e faltas ao trabalho.

DICA

Muita gente que sente a depressão, sobretudo fisicamente, é muito inconsciente com relação à vida emocional. Às vezes isso acontece porque aprenderam que os sentimentos não são importantes; outras vezes, os pais as impediam de chorar ou mostrar outros sentimentos apropriados, como entusiasmo ou tristeza.

> Quando **Carl** era criança, o pai o impedia de chorar, dizendo que meninos crescidos tinham que ser duros e aguentar, e que Carl nunca deveria mostrar fraqueza. O pai dele também pegava no seu pé por mostrar muito entusiasmo ao ansiar por feriados ou férias, porque, segundo ele, os homens não ficam emocionados. Com o tempo, Carl aprendeu a guardar o que sentia.
>
> Depois de cinco anos de casamento, a esposa de Carl o deixou; ela diz que ele não tem sentimentos e não se importa. Nos seis meses seguintes, Carl percebeu que seu apetite diminuiu, e a comida não é mais gostosa para ele. Sua energia se esvai como óleo de um motor quando o bujão é aberto. Ele dorme dez horas por noite, mas ainda se sente exausto. Começou a ter dores de cabeça e episódios frequentes de constipação. Sua pressão sanguínea subiu.
>
> Quando foi ao médico, este perguntou: "Veja bem, Carl, sua esposa te deixou há apenas seis meses. Você tem certeza de que não está com depressão?" Ao que Carl respondeu: "Tá brincando? Depressão é coisa de mulher. Não posso estar deprimido." Ainda assim, depois de uma bateria exaustiva de exames, o médico concluiu que a depressão está causando seus problemas físicos. Nada mais explica.

DICA

Você tem sentido mudanças estranhas em seu corpo para as quais não tem explicação? A Tabela 2-4 mostra algumas das várias maneiras de a depressão se manifestar no seu corpo.

TABELA 2-4   **Quiz da Depressão no Corpo**

Marque em Caso Positivo	Comportamentos Depressivos
	Ultimamente não tenho tido apetite.
	Minha pressão sanguínea aumentou aparentemente sem nenhum motivo.
	Sinto um pouco de dor de estômago com frequência.
	Minha dieta é a mesma, mas tenho tido muita constipação (ou diarreia).
	Não consigo dormir à noite, ainda que esteja cansado.
	Acordo com muita frequência durante a noite.
	Eu me sinto preguiçoso e cansado o dia todo mesmo quando durmo bem.
	Estou dormindo muito mais do que o comum.
	Sinto muitas dores e desconfortos.
	Como constantemente para amenizar meu desconforto.
	Ganhei ou perdi 2kg e não consigo entender por quê.
	Eu me sinto tão cansado que não quero nem sair da cama.

Como os outros três quizzes deste capítulo, não importa muito exatamente quantos desses itens se aplicam a você. Quanto mais itens marcou, maior a probabilidade de depressão.

DICA

Se você tem dificuldade para entrar em contato com seus sentimentos, temos algumas sugestões no Capítulo 6. Você pode aprender a identificar seus sentimentos com um pouco de prática.

Se a sua depressão se manifesta principalmente fisicamente, medicamentos ou outros remédios físicos podem ser a melhor opção para você. Veja a Parte 5 para mais informações sobre soluções físicas.

LEMBRE-SE

Os itens na Tabela 2-4 podem ser causados por outros problemas relacionados à saúde, não somente depressão. Portanto, se está sentindo quaisquer problemas físicos, você precisa ir ao médico, principalmente se eles durarem mais de uma ou duas semanas.

As Faces da Depressão

Na seção "Reconhecendo as Devastações Causadas pela Depressão" deste capítulo, listamos as quatro maneiras pelas quais todos os tipos de depressão podem afetar um indivíduo. Nesta seção, voltamos nossa atenção aos principais tipos de depressão:

- » Transtorno depressivo maior.
- » Transtorno depressivo persistente.
- » Transtorno disfórico pré-menstrual.
- » Transtornos depressivos e drogas.
- » Transtornos depressivos e doenças.
- » Transtorno de adaptação com humor deprimido.
- » Outros transtornos depressivos.

PAPO DE ESPECIALISTA

A American Psychiatric Association publica um livro chamado *Manual de Diagnóstico e Estatístico de Transtornos Mentais* (DSM). Cada nova edição atualiza e muda alguns dos critérios necessários para qualificar cada diagnóstico. O DSM-5-TR descreve e categoriza as conceitualizações atuais de transtornos mentais, tais como a depressão. Nas seções a seguir, descrevemos os principais tipos de depressão e seus sintomas com base em informações contidas no DSM-5-TR. No entanto, apresentamos essas informações de forma resumida, sem jargão técnico. E, é claro, as edições subsequentes do DSM continuarão modificando essas categorias para se conformarem com o pensamento e as pesquisas profissionais mais recentes.

Entender como as formas de depressão se apresentam pode ajudá-lo a entender se é provável que esteja sofrendo de algum tipo de depressão. Mas não se autodiagnostique formalmente, pois isso é trabalho para um profissional.

CUIDADO

Se você sente que tem sinais significativos de quaisquer desses tipos de depressão, peça ajuda. Recomendamos que vá ao médico para descartar quaisquer problemas físicos que podem imitar a depressão. Pode ser que você consiga melhorar pequenos sintomas de depressão ao se informar e trabalhar consigo mesmo. No entanto, a maioria das formas desse mal requer ajuda profissional. E se você estiver se sentindo sem esperança ou pensando em se machucar, peça ajuda imediatamente.

TRANSTORNO AFETIVO SAZONAL: DEPRESSÃO DO ESCURO

Algumas depressões maiores aparecem e vão embora com as estações, como um relógio. As pessoas que regularmente ficam deprimidas no outono ou inverno podem ter *transtorno afetivo sazonal* (TAS) e sentir alguns sintomas pouco usuais, como:

- **Aumento do apetite.**
- **Desejo por carboidrato.**
- **Aumento no sono.**
- **Irritabilidade.**
- **Sensação de peso nos braços e nas pernas.**

Muitos profissionais de saúde mental acreditam que a quantidade reduzida de luz do sol no inverno seja um gatilho para essa forma de depressão em indivíduos vulneráveis. Essa hipótese é apoiada pelo fato de que esse padrão de depressão ocorre mais frequentemente entre as pessoas que moram em latitudes mais altas, onde a flutuação de luz do inverno ao verão é mais extrema e a escuridão toma conta da maior parte do dia durante o inverno. (No Capítulo 18, discutimos evidências com relação ao tratamento desse transtorno usando luzes fortes.)

O que os ursos fazem para se preparar para o inverno? Comem freneticamente e engordam o máximo que conseguirem. Assim, eles podem hibernar em uma caverna confortável. Talvez não seja uma coincidência que as pessoas com TAS geralmente ganhem peso, desejem carboidrato, tenham energia reduzida e sintam vontade de ficar na cama por todo o inverno.

Não consigo nem sair da cama: Transtorno depressivo maior

Como acontece com todos os tipos de depressão, os sintomas de um transtorno depressivo maior caem nas quatro áreas: pensamento, comportamento, relacionamentos e o corpo. Então, o que é exclusivo do transtorno depressivo maior?

Os *transtornos depressivos maiores* envolvem ou um humor seriamente deprimido ou uma queda notável nos prazeres e interesses, que persiste implacavelmente por duas semanas ou mais. Às vezes as pessoas deprimidas, consciente ou inconscientemente, negam se sentir para baixo e a perda nos interesses. Em casos de negação, uma observação cuidadosa das pessoas que as conhecem bem geralmente detecta isso.

Além do humor deprimido e da falta de prazer, para qualificar um mal como um transtorno depressivo maior, é necessário haver uma ampla variedade de outros sintomas, como:

- Incapacidade de se concentrar ou tomar decisões.
- Pensamentos recorrentes de suicídio ou morte.
- Mudanças importantes nos padrões de sono.
- Fadiga extrema.
- Perda de interesse nas coisas que achava prazerosas.
- Sinais claros de agitação ou lentidão.
- Senso muito baixo de autoestima.
- Mudanças notáveis no apetite ou peso (aumento ou diminuição).
- Sentimentos intensos de culpa e autocondenação.

Com os transtornos depressivos maiores, esses sintomas ocorrem quase todos os dias por um período de pelo menos duas semanas ou mais. Eles podem variar enormemente em termos de severidade, no entanto até mesmo casos mais brandos precisam ser tratados. Algumas formas de depressão maior são sazonais por natureza. Para maiores informações, veja o box "Transtorno afetivo sazonal: Depressão do escuro".

LEMBRE-SE

É difícil alguém que nunca passou por isso imaginar o grau de prostração sentida por quem sofre casos severos de transtorno depressivo maior. Um episódio severo de depressão toma conta da vida da pessoa e ardilosamente remove todo o prazer. Mas vai muito além de obliterar a alegria; a depressão severa joga suas vítimas em um buraco escuro de completo e implacável desespero que turva a capacidade de amar. Indivíduos pegos nessa teia de depressão perdem a capacidade de se importar com a vida, com outras pessoas e com eles mesmos.

DICA

Se estiver passando por um caso severo de depressão, ainda há esperança. Muitos tratamentos eficazes funcionam até mesmo para esses casos.

Apesar de toda depressão ser exclusiva para cada indivíduo, a história de Edwin tipifica alguns dos sentimentos da depressão maior.

> A dor diária de viver começa no momento em que o alarme de **Edwin** toca. Ele passa a maior parte da noite se mexendo e se virando, e só pega no sono momentos antes de acordar para outro dia de desespero. Ele se força a se arrumar para o trabalho, mas só de pensar em conversar com outras pessoas, já fica sobrecarregado. Não consegue enfrentar essa perspectiva. Sabe que deveria pelo menos avisar que está doente, mas não consegue nem levantar o braço para pegar o telefone. Percebe que pode perder o emprego, mas isso não parece ter importância. Ele acha que provavelmente estará morto em breve.

CAPÍTULO 2 **Detectando a Depressão** 29

Ele tira a roupa de trabalho e veste um moletom; então, volta para a cama. Mas não dorme. Sua mente fica cheia de pensamentos de ódio por si mesmo: "Sou um fracasso. Não sou bom. Não tenho motivos para viver." Ele pondera se deveria simplesmente acabar com tudo. Edwin sofre de transtorno depressivo maior.

CUIDADO

Os transtornos depressivos maiores geralmente causam uma impressionante redução na habilidade de trabalhar ou lidar com outras pessoas. Em outras palavras, tais desordens deixam você esgotado, sem os recursos dos quais precisa para se recuperar. É por isso que pedir ajuda é tão importante. Se você permitir que o transtorno depressivo maior continue, pode ser que o resultado seja morte por suicídio. Se você ou alguém que você conhece *suspeitar* da presença de um transtorno depressivo maior, é necessário buscar ajuda imediatamente. Veja o Capítulo 5 para mais ideias sobre como encontrar ajuda profissional para a depressão.

Depressão leve, crônica: Transtorno depressivo persistente

O *transtorno depressivo persistente*, que já foi conhecido como transtorno distímico, ou distimia, é bem parecido com o transtorno depressivo maior. Entretanto, é geralmente considerado menos severo e tende a ser mais crônico. Com o transtorno depressivo persistente, os sintomas ocorrem por pelo menos dois anos (muitas vezes, por muito mais tempo), com o humor deprimido aparecendo na maior parte do dia, na maioria dos dias. No entanto, você só precisa mostrar dois dos sintomas crônicos a seguir, além de humor deprimido, para sua condição se qualificar como transtorno distímico:

» Concentração ruim.

» Autoestima baixa.

» Sentimentos de culpa.

» Problemas com apetite e sono.

» Pensamentos de desesperança.

» Problemas para tomar decisões.

Quando comparado ao transtorno depressivo maior, o transtorno depressivo persistente envolve com menos frequência sintomas físicos proeminentes, como grandes dificuldades com o apetite, peso, sono e agitação.

O transtorno distímico frequentemente começa na infância, na adolescência ou no início da vida adulta e pode facilmente continuar por muitos anos, se ficar sem tratamento. Além disso, indivíduos com transtorno depressivo persistente carregam um risco aumentado de desenvolver um transtorno depressivo maior em algum ponto da vida.

MAIOR DEPRESSÃO GRAVE

A *psicose* é um sério sintoma do transtorno depressivo maior, em que uma pessoa perde o contato com a realidade. As pessoas com depressão às vezes ficam tão doentes que se tornam psicóticas. Pode ser que ouçam ou escutem coisas que na verdade não estão ali. Na maioria dos casos, a depressão com psicose requer hospitalização.

Pode ser que as pessoas com depressão severa também apresentem pensamento paranoico e delirante. O pensamento paranoico envolve sentir-se extremamente desconfiado e receoso — como acreditar que outras pessoas estão perseguindo-o ou que alguém está tentando envenená-lo. Os delírios variam de levemente estranhos a bizarros. A maioria deles é consistente com o pensamento depressivo e envolve sentimentos de vergonha, culpa, inadequação e punição. Outros envolvem crenças obviamente falsas, como pensar que a televisão está transmitindo sinais para o seu cérebro. Problemas com psicose, paranoia e pensamento delirante requerem atenção profissional e estão fora do escopo deste livro. No entanto, detalhamos medicamentos comumente prescritos para esses sintomas no Capítulo 17.

DICA

Ainda que os indivíduos com transtorno depressivo persistente não parecerem tão devastadoramente abatidos como os que sofrem transtorno depressivo maior, eles perecem, não têm vigor nem alegria de viver. São aquelas pessoas que você pode não identificar como depressivas, mas parecem pessimistas e talvez negativistas e rabugentas a maior parte do tempo.

> **Charlene** não se lembra de sentir alegria. Não tem nem certeza se sabe o que essa palavra significa. Seus pais trabalhavam por várias horas e pareciam frios e distantes. Charlene estudava muito na escola, pois esperava ganhar reconhecimento e atenção pelos seus feitos acadêmicos. Parecia que os pais não notavam.
>
> Hoje, Charlene leva uma vida que causa inveja nos colegas. Ela tem um ótimo salário e trabalha incansavelmente como engenheira mecânica. Ainda assim, sente que falta alguma coisa, sente que não é bem-sucedida e sofre um descontentamento crônico. Charlene tem transtorno depressivo persistente, apesar de *ela* não dizer que está deprimida. Ela não procura ajuda para seu problema porque não faz ideia de que a vida pode ser diferente.

DICA

As pessoas com transtornos depressivos persistentes costumam ver os problemas como meramente "o jeito que as coisas são" e não procuram tratamento. Se suspeitar que você ou alguém que você ama tem transtorno depressivo persistente, peça ajuda. Você tem o direito de se sentir melhor do que se sente, e a natureza duradoura do problema significa que ele provavelmente não vai embora sozinho. Além do mais, você certamente não quer correr o risco de desenvolver um transtorno depressivo maior, que é ainda mais debilitante.

Transtorno disfórico pré-menstrual: Hormônios terríveis?

Mudanças pré-menstruais pequenas e ocasionais no humor ocorrem na maioria das mulheres. Uma porcentagem menor delas passa por sintomas significativos e perturbadores conhecidos como *transtorno disfórico pré-menstrual* (TDPM). O TDPM é uma forma mais extrema da mais conhecida tensão pré-menstrual (TPM), ou síndrome pré-menstrual (SPM).

Apesar de os hormônios possivelmente terem um papel significativo no TDPM, pesquisas ainda não esclareceram as causas. No geral, as mulheres que sofrem de TDPM encontram alguns dos seguintes sintomas quase todo mês, durante o período que antecede a menstruação:

>> Raiva.

>> Ansiedade.

>> Inchaço.

>> Fadiga.

>> Desejo por comida.

>> Sensibilidade à rejeição.

>> Sentir-se sobrecarregada.

>> Culpa.

>> Irritabilidade.

>> Problemas com a concentração.

>> Tristeza.

>> Choro.

>> Afastamento das pessoas e atividades.

Os exemplos a seguir ilustram alguns dos sintomas do TDPM. Mulheres com TDPM costumam se sentir surpresas e altamente culpadas por suas reações emocionais ao estresse do dia a dia. Ainda que os sintomas sejam causados por flutuações hormonais, elas encontram uma forma de se culpar.

Denise vai ao mercado depois do trabalho. Impacientemente, empurra o carrinho pelo corredor e depara com outra pessoa atrapalhando o caminho. Ela sente uma onda de irritação e pigarreia bem alto. A outra mulher olha para cima e pede desculpas. Denise dá um rápido empurrão no carrinho que a atrapalhava enquanto passa por ele.

Na fila, seu humor irascível fica pior. O homem na frente dela se atrapalha com seu talão de cheques e descobre que não tem mais nenhuma folha.

Então, ele tira uma grande quantia de dinheiro do bolso e percebe que não tem o suficiente. Em seguida, ele começa a procurar por um cartão de crédito na carteira lotada. Denise percebe que não consegue suprimir as emoções coléricas e dispara: "As pessoas não têm o dia todo pra ficar na fila esperando idiotas como você! Qual é o seu problema?"

O rosto do homem fica vermelho e ele murmura: "Meu Deus, me desculpa, senhora." A caixa intervém e diz: "Nossa, madame. Não precisa ser tão maldosa. Isso pode acontecer com qualquer um." Repentinamente envergonhada, Denise rompe em lágrimas e começa a soluçar. Ela sente que está ficando maluca. E não é a primeira vez que se sente assim. Na verdade, isso acontece quase mensalmente.

O transtorno disfórico pré-menstrual pode impactar os membros da família de quem sofre com ele, bem como amigos e colegas. Os sintomas geralmente se dissipam alguns dias depois que a menstruação começa. O tratamento envolve medicação.

Depressão maior depois de uma grande alegria

A *depressão pós-parto* é outro tipo de transtorno depressivo maior que se acredita estar relacionado às flutuações hormonais, embora ninguém saiba ao certo como e por que os hormônios afetam tão profundamente os humores de certas mulheres, e não os de outras. Outros fatores de riscos incluem privação do sono (comum às novas mães), novas e onerosas responsabilidades da maternidade e mudanças nos papéis da vida. Essa depressão ocorre dentro de dias ou semanas depois do parto. Os sintomas são os mesmos do transtorno da depressão maior. (Para uma discussão completa desses sintomas, veja a seção "Não consigo nem sair da cama: Transtorno depressivo maior" anteriormente neste capítulo.)

Carmen estava tentando conceber havia oito anos, mas não havia tido sucesso. Ela e o marido, Shawn, sentiram-se cheios de alegria quando finalmente o teste de gravidez caseiro deu positivo. O quarto de bebê deles, alegre e aconchegante, parecia coisa de revista.

Carmen e Shawn choram de alegria ao ver o recém-nascido. Carmen se sente exausta, mas Shawn presume que é normal. Ele assume o controle no primeiro dia em casa para que ela possa descansar. Carmen se sente do mesmo jeito no dia seguinte, então Shawn continua assumindo as responsabilidades de cuidados com o bebê, mas fica alarmado quando Carmen não mostra nenhum interesse em segurar o bebê. Na verdade, ela parece irritada pelo choro do bebê e menciona que talvez não devesse ter se tornado mãe. No final da segunda semana, ela fala que ele não pode voltar ao trabalho porque ela não acha que consegue cuidar do bebê. Carmen está sofrendo de depressão pós-parto.

CAPÍTULO 2 **Detectando a Depressão** 33

> ## BIRRAS: TRANSTORNO DISRUPTIVO DA DESREGULAÇÃO DO HUMOR (TDDH)
>
> O transtorno disruptivo da desregulação do humor (TDDH) é um novo diagnóstico encontrado no *Manual Diagnóstico e Estatístico de Transtornos Mentais*, 5ª edição revisada (DSM-5-TR). Esse diagnóstico foi desenvolvido por alguns dos contribuidores do DSM-5-TR para incluir um grupo de crianças que anteriormente haviam sido erroneamente diagnosticadas como portadoras de transtorno bipolar (maníaco-depressivo). Os critérios do diagnóstico incluem:
>
> - Birras severas e frequentes muito desproporcionais à situação.
> - Humor irritável ou nervoso na maioria dos dias.
> - Esses sintomas ocorrem em pelo menos dois contextos (como em casa e na escola).
> - Os sintomas originalmente apareceram antes dos 10 anos.
> - As birras são inapropriadas para a idade da criança.
> - Os sintomas devem estar presentes por pelo menos 12 meses.
>
> Esse diagnóstico recebeu críticas consideráveis. Muitos profissionais reclamam que ele é muito similar ao de outro transtorno infantil, chamado *transtorno opositor desafiador*, para ser útil. Além disso, a relação conceitual desse diagnóstico com os transtornos depressivos em adultos não fica nada clara. Como o TDDH é um diagnóstico novo, as pesquisas ainda não concluíram que ele sempre leva à depressão em adultos. No entanto, o TDDH é agora considerado um tipo de depressão infantil.

CUIDADO

A maioria das mulheres sente um pouco de depressão pós-parto, ou "tristeza materna", logo depois de ter o bebê. Não é severa e geralmente se dissipa em algumas semanas. Entretanto, se começar a se sentir como a Carmen na história anterior, você precisa de ajuda profissional imediatamente.

CUIDADO

Uma porcentagem muito pequena de mulheres com depressão pós-parto desenvolve sintomas psicóticos como alucinações ou delírios. Essa condição é bem séria e requer tratamento imediato. Se uma mulher já teve essa condição, há um risco mais elevado de desenvolvê-la em partos futuros.

Transtornos depressivos induzidos por drogas

Lidar com uma doença já é difícil o bastante sem haver medicamentos que o fazem se sentir pior, mas parece que alguns remédios, na verdade, causam depressão. É claro, é difícil distinguir se é estar doente ou o remédio que está causando a depressão. Ainda assim, em alguns casos, parece que os medicamentos contribuem diretamente para a depressão.

DICA

Se notar sentimentos inexplicáveis de tristeza logo após começar um novo medicamento, notifique seu médico. Pode ser que o medicamento esteja causando os sentimentos, e um tratamento alternativo que não o deixará depressivo pode estar disponível. A Tabela 2-5 lista os remédios que mais comumente causam esse problema.

TABELA 2-5 **Drogas Potencialmente Depressoras**

Medicamento	Tipicamente Descrito para Esta Condição
Aciclovir	Herpes ou herpes-zóster
Anticonvulsivantes	Convulsões
Barbitúricos	Convulsões e (raramente) ansiedade
Benzodiazepinas	Ansiedade e insônia
Betabloqueadores	Hipertensão e problemas cardíacos
Bloqueadores dos canais de cálcio	Hipertensão e problemas cardíacos
Corticosteroides	Inflamação e doenças pulmonares crônicas
Dissulfiram	Uso nocivo de álcool
Estatinas	Colesterol alto
Hormônios	Controle de natalidade e sintomas da menopausa
Interferon	Hepatite e certos cânceres
Levodopa, amantadina	Doença de Parkinson

É importante saber que a lista da Tabela 2-5 reflete algumas das drogas mais comuns que podem ser gatilhos para sintomas depressores. Muitos outros medicamentos podem ter o mesmo efeito. Consulte seu médico caso tenha alguma suspeita ou preocupações

O abuso de álcool ou de drogas prescritas ou o uso de drogas ilícitas ou não prescritas também pode levar à depressão, que pode ocorrer durante o uso da droga ou na abstinência. Veja a seguir uma lista parcial dessas substâncias problemáticas:

>> Álcool
>> Cocaína
>> Anfetaminas
>> Opioides
>> Alucinógenos

CAPÍTULO 2 **Detectando a Depressão** 35

- Inalantes
- Sedativos

PAPO DE ESPECIALISTA

O nome oficial para esse tipo de depressão é *transtorno depressivo induzido por substância/medicamento* e é mais comumente diagnosticado por um médico. É um desafio saber se a depressão maior levará ao abuso de substância ou o abuso de substância levará à depressão. E ambos podem interagir um com o outro. De qualquer modo, a depressão deveria receber tratamento junto com as questões de abuso de quaisquer substâncias.

Transtornos depressivos devidos a outras condições médicas

A interação da depressão com as doenças pode ser um círculo vicioso. A doença (e medicamentos relacionados) pode acelerar o início ou intensificar os efeitos da depressão. E a depressão pode complicar ainda mais várias doenças. Ela pode deprimir o sistema imunológico, liberar hormônios do estresse e impactar o corpo e a capacidade da mente de lidar com a situação. A depressão pode aumentar quaisquer dores que você tiver e ainda lhe roubar recursos cruciais.

As doenças crônicas interferem na vida. Algumas doenças crônicas requerem ajustes no estilo de vida, mais tempo no consultório médico, faltas no trabalho, relacionamentos prejudicados e dor. Sentir-se chateado por tais perturbações é normal, mas esses problemas podem ser um gatilho para a depressão, especialmente em pessoas vulneráveis.

Além disso, parece que certas doenças específicas prejudicam o sistema nervoso de tal forma que criam a depressão. Se você sofre de uma dessas doenças, converse com seu médico se seu humor começar a deteriorar. Algumas das doenças que frequentemente estão relacionadas com a depressão incluem as seguintes:

- AIDS
- Asma
- Câncer
- Síndrome da fadiga crônica
- Dor crônica
- Doença arterial coronariana e ataques cardíacos
- Diabetes
- Fibromialgia
- Hepatite
- HIV

- » Infecções
- » Lúpus
- » Esclerose múltipla
- » Doença de Parkinson
- » Herpes-zóster
- » Convulsões
- » Doenças da tireoide
- » Colite ulcerativa

LEMBRE-SE

A Covid-19 e potencialmente outras infecções pandêmicas têm um risco dobrado na indução da depressão. Primeiro porque sua presença no mundo faz com que as pessoas se isolem umas das outras, o que por si só é uma causa conhecida da depressão. Além disso, o estresse causada por perdas econômicas, de membros da família e da liberdade cobra um preço emocional. Finalmente, alguns vírus causam inflamação cerebral e outros danos, o que pode levar diretamente à depressão. Cuide-se!

MÃES QUE MATAM SEUS BEBÊS

Ocasionalmente, mulheres com casos severos de depressão pós-parto desenvolvem *psicoses*, que envolvem sérios desvios da realidade, incluindo *alucinações* (ver ou ouvir coisas que não estão realmente acontecendo) e *crenças delirantes* (pensamentos como acreditar que alienígenas estão controlando sua mente). A *psicose pós-parto* acontece logo após dar à luz. As crenças psicóticas costumam focar o bebê e incluem pensar que ele está possuído ou que estaria melhor vivendo no céu do que na Terra. O risco de psicose pós-parto aumenta muito para quaisquer partos depois de um diagnóstico inicial. Apesar de poucas mães com depressão pós-parto com psicose machucarem seus bebês, é muito provável que machuquem a si mesmas.

Em 2013, Kimberlynn Bolanos esfaqueou diversas vezes sua bebê de 5 meses. Ela também tentou suicídio dando-se múltiplas facadas. A bebê morreu, e ela sobreviveu. Ela pensava que o Estado tiraria a bebê dela. Foi considerada culpada, mas mentalmente doente, e sentenciada a 38 anos de prisão.

Em junho de 2001, uma mãe do Texas, Andrea Yates, afogou os cinco filhos na banheira. Yates teve o diagnóstico de psicose pós-parto após o nascimento do quarto filho, Luke. Depois disso, e antes do parto do quinto filho, ela tentou cometer suicídio duas vezes e foi tratada com medicamentos. No entanto, contrariando os conselhos dos médicos, ela parou de tomar o remédio.

Yates foi considerada culpada por assassinato. Se tivesse seguido o tratamento adequado na época do primeiro diagnóstico, é bem provável que essa tragédia fosse evitada. Ela foi julgada uma segunda vez e inocentada por motivo de insanidade. Hoje em dia, Yates mora em um hospital estadual do Texas.

CAPÍTULO 2 **Detectando a Depressão** 37

Transtorno de adaptação com humor depressivo: Lidando com a adversidade

A vida não é uma maravilha. Coisas ruins acontecem com todo mundo de tempos em tempos. Às vezes, as pessoas lidam com seus problemas sem excesso de chateação emocional. Outras vezes, não.

Os *transtornos de adaptação* são reações a uma ou mais questões difíceis, como problemas maritais e financeiros, conflito com colegas de trabalho ou desastres naturais. Quando um evento estressante acontece e sua reação inclui uma diminuição na capacidade de trabalhar ou de estar efetivamente presente com outras pessoas, combinada com sintomas como humor depressivo, crises de choro e sentimentos de inutilidade e desesperança, pode ser que você esteja sofrendo com um transtorno de adaptação com humor depressivo. Este pode ser um problema muito mais brando do que um transtorno depressivo maior, mas ainda assim pode causar rupturas em sua vida.

> **James** fica chocado quando o chefe lhe diz que, devido à redução de custos, ele perderá seu trabalho. Ele começa a procurar emprego, mas as vagas em sua área são escassas. Nos primeiros quinze dias, ele aproveita para colocar o sono em dia, mas logo começa a se sentir incomumente para baixo. Tem dificuldades para abrir sites de emprego, começa a se sentir inútil e perde a esperança de encontrar um emprego. O apetite e o sono ainda estão normais, mas sua confiança despenca. Ele fica surpreso quando lágrimas lhe escorrem pelo rosto depois de receber outra carta de rejeição.

James não está sofrendo de transtorno depressivo maior. Ele está batalhando contra o que é conhecido como transtorno de adaptação com humor depressivo.

DICA

Apesar de não ser mais conhecido como um tipo formal de depressão, o transtorno de adaptação deve ser tratado quando interfere na vida diária e dura mais de uma ou duas semanas.

E todo o resto

No começo do capítulo, fizemos a observação de que a depressão se apresenta de formas variadas. Nem todas elas se encaixam perfeitamente em categorias demarcadas. Digamos que você tenha apatia e humor depressivo e ache difícil sair da cama. Não importa se seus sintomas combinam perfeitamente ou não com os critérios específicos descritos em um livro cheio de diagnósticos. O importante é que você não se sente bem e espera encontrar uma maneira de melhorar. Em muitos casos, é necessário um terapeuta para ajudá-lo, e você possivelmente encontrará algumas técnicas muito úteis neste livro.

Bom Luto! A Depressão Pode Ser Normal?

Quando perde alguém que você ama, provavelmente sente dor e tristeza. Pode ser que perca o sono e se afaste das outras pessoas. A ideia de sair e se divertir provavelmente soará repugnante. Sentimentos como esses podem seguir por semanas, ou até mesmo meses. Eles são sinais de depressão? Sim e não.

DICA

Ainda que o luto envolva muitas das mesmas reações que estão associadas com a depressão, não são a mesma coisa. A depressão quase sempre inclui uma diminuição no senso de valor próprio ou sentimentos de culpa excessivos. O luto, quando não é acompanhado da depressão, não necessariamente envolve uma autoestima menor e culpabilização irracional. Nos estágios iniciais do luto, a intensidade pode acontecer em ondas. Memórias ou pensamentos sobre a pessoa falecida causam uma dor severa. No entanto, a intensidade do luto costuma diminuir aos poucos (às vezes em uma lentidão excruciante), mas constantemente, com o tempo. Muito depois, as memórias e os pensamentos do falecido podem trazer felicidade. A depressão, por outro lado, às vezes permanece inabalável.

Há uma controvérsia entre alguns tipos de profissionais de saúde mental com relação à melhor maneira de lidar com o luto. Alguns defendem tratamento imediato para quaisquer reações desconcertantes que envolvam o luto; eles aconselham tomar antidepressivos. (Veja o Capítulo 17 para maiores informações sobre os antidepressivos.) Outros pensam que o luto é um processo natural de cura e que é melhor deixar que se desenrole naturalmente.

QUANDO UM FILHO MORRE

A perda de um filho pode ser a dor mais profunda que uma pessoa vivenciará. Acredita-se que o luto que segue a morte de um filho é mais intenso, mais complicado e mais duradouro do que o de outras perdas profundas. A angústia e a solidão podem parecem intoleráveis. Os pais podem começar a questionar o valor de viver. Experiências comuns desse tipo de luto incluem problemas extremos com concentração, energia e motivação. O luto pode durar décadas. Perguntas inocentes de estranhos como "Quantos anos têm seus filhos?" podem levar a uma onda de luto inevitável.

Outros que ainda não sofreram tal perda podem sentir empatia, mas frequentemente não conseguem entender e apreciar a intensidade e a duração desse tipo de luto. Sugerimos aos pais que perderam um filho que considerem entrar em contato com um grupo de apoio. Sua missão é ajudar pais devastados a lidar com as perdas em um ambiente acolhedor.

Tendemos a concordar com este último grupo, mas se, e somente se, o luto não é agravado por uma depressão que o acompanha. (Veja no Capítulo 15 nossa discussão sobre passar pela perda e pelo luto.) Ainda assim, a decisão é uma escolha individual. Em qualquer caso, uma pessoa enlutada precisa ter consciência de que a depressão pode se sobressair. Se você estiver lidando com o luto, procure tratamento se ele durar muito tempo ou incluir outros sintomas sérios de depressão.

Analisando as Causas da Depressão

Há muitas teorias sobre as causas da depressão. Alguns especialistas dão a entender que a depressão é causada por desequilíbrios na química cerebral. Defensores dessa opinião às vezes acreditam que esses desequilíbrios são genéticos. Outros declaram enfaticamente que a causa da depressão está na infância. Ainda outros investigadores alegam que a depressão aparece com o pensamento negativo. É possível também encontrar profissionais que sugerem que a depressão é causada por ambientes empobrecidos e/ou experiências culturais. Outros pesquisadores implicaram padrões de comportamento adquiridos na causa da depressão. Finalmente, alguns especialistas identificaram problemas nos relacionamentos como os principais culpados.

TRANSTORNO BIPOLAR: ALTOS E BAIXOS

O transtorno bipolar é considerado um transtorno do humor, mas não mais uma forma de depressão. No entanto, o transtorno bipolar é bem diferente das depressões clássicas, porque as pessoas com transtorno bipolar sempre vivenciam um ou mais episódios de sentimentos incomumente eufóricos, que são referenciados como *mania*.

No transtorno bipolar, os humores tendem a flutuar entre altos e baixos extremos. Esse fato faz com que o tratamento do transtorno bipolar seja diferente daquele da maioria das depressões. Queremos que você esteja familiarizado com os sintomas para que possa buscar ajuda profissional se passar por episódios de mania em sua depressão.

Ainda que indivíduos com mania possam parecer bem alegres e felizes, quem os conhece percebe que seu bom humor é um pouco demais para ser verdade. Durante os episódios de mania, as pessoas precisam de menos horas de sono, podem mostrar sinais de criatividade incomum e têm mais energia e entusiasmo. Parece um humor bom de se ter, não? Quem não gostaria de se sentir maravilhoso e totalmente no topo do mundo? Bem, continue nos ouvindo.

O problema com os episódios de mania relacionados ao transtorno bipolar é que os sentimentos em alta fogem ao controle. Durante esses episódios, o bom julgamento sai pela janela. As pessoas com esse transtorno costumam:

- **Gastar muito dinheiro.**

- Fazer apostas excessivamente.
- Tomar decisões tolas de negócios.
- Envolver-se em comportamentos sexuais de risco.
- Falar rápido e furiosamente.
- Pensar que têm talentos ou habilidades superespeciais.

Episódios de mania podem envolver decisões moderadamente tolas e excessos ou podem chegar a níveis extremos. As pessoas nos estágios de mania podem causar a própria ruína ou a da família. Seu comportamento pode ficar tão fora de controle que elas podem acabar no hospital por um período de tempo.

A maioria das pessoas com transtorno bipolar também entra em ciclos de depressão moderada a severa. Elas vão de se sentir ótimas a pavorosas, geralmente no mesmo dia. As depressões que seguem um episódio de mania são especialmente inesperadas e devastadoras. O contraste entre o alto e o baixo é especialmente doloroso. As pessoas com transtorno bipolar que não recebem tratamento costumam se sentir fora de controle, desesperançosas e desamparadas. Não é nenhuma surpresa que o risco de suicídio é maior para o transtorno bipolar do que em outros tipos de depressão.

Apesar de geralmente crônico, o transtorno bipolar pode ser gerenciado com sucesso. Uma combinação de medicamentos e psicoterapia pode aliviar os sintomas mais debilitantes. Os cientistas estão continuamente desenvolvendo novos tratamentos e medicamentos.

Aviso: o transtorno bipolar é um distúrbio psíquico severo e complicado. A condição tem muitas variações sutis. Se suspeitar que você ou alguém que você conhece tem algum sinal de transtorno bipolar, procure assistência profissional imediatamente.

De certa forma, provavelmente você pode chegar à mesma conclusão que o pássaro dodô de *Alice no País das Maravilhas* e declarar que "Todos ganharam e todos merecem prêmios". De outra forma, ninguém merece um prêmio. Apesar de você conseguir encontrar evidências que apoiem essas posições, ninguém realmente sabe como se dão esses fatores, qual é o mais importante e quais influenciam outros fatores e de que forma.

DICA

Apesar do fato indiscutível de que os cientistas ainda não sabem exatamente como a enormidade de fatores relacionados à depressão funciona e interage, pode ser que você encontre médicos, psicólogos e psiquiatras que têm opiniões fortes sobre o que eles acreditam ser "a" causa definitiva da depressão. Se encontrar um profissional que saiba a única causa definitiva da depressão, questione a credibilidade dele. A maioria dos especialistas sofisticados no campo da depressão sabe que uma única causa definitiva da depressão é elusiva e provavelmente nunca será descoberta.

Mas o campo da saúde mental não está totalmente perdido quando se trata de entender como a depressão se desenvolve. Evidências sugestivas fortes sustentam o fato de que o aprendizado, o pensamento, a biologia, a genética, a infância e o ambiente têm papéis importantes no desenvolvimento, na manutenção e no possível tratamento da depressão. Todos esses fatores interagem de maneiras incríveis, mas ainda não completamente compreendidas.

Por exemplo, um corpo de estudos crescentes mostrou que a medicação altera os sintomas físicos da depressão, como a perda do apetite e da energia. E os antidepressivos também melhoram o pensamento negativo e pessimista que acompanha a maioria das formas de depressão. Talvez isso não seja tão surpreendente. No entanto, alguns pesquisadores notáveis estão cada vez mais argumentando que as melhorias encontradas pela medicação antidepressiva se dão inteiramente devido aos efeitos *placebo*, que são pílulas basicamente inertes que carregam uma expectativa de esperança e promessa.

Da mesma forma, estudos demonstraram que somente a psicoterapia diminui o pensamento negativo e pessimista, assim como os medicamentos o fazem. Alguns cientistas ficaram surpresos pelo fato de que outros estudos agora demonstram que certas psicoterapias, mesmo se feitas sem o uso de medicamentos antidepressivos, também alteram a química cerebral.

Evidências recentes mostram que a taxa de depressão está escalando rapidamente entre a população durante a pandemia de Covid-19. Pode ser que essas pessoas tivessem risco preexistente para depressão, como infância difícil, predisposição genética ou histórico prévio de depressão. A pandemia apresentou desafios únicos que poderiam levar à depressão independentemente desses outros fatores de risco. (Veja o Capítulo 3 para maiores informações sobre a pandemia e depressão.)

Tomados como um todo, estudos recentes das raízes da depressão não suportam a teoria que atribui uma causa específica a ela. Em vez disso, sustentam a ideia de que fatores físicos e psicológicos interagem uns com os outros.

Monitorando o Humor

Talvez você tenha uma forte suspeita de que esteja vivenciando algum tipo de depressão. E agora? Rastrear as mudanças de seu humor no dia a dia é um passo importante para a recuperação. Por quê?

>> Talvez você descubra padrões (talvez fique deprimido toda segunda-feira).

>> Talvez você descubra gatilhos específicos para seus humores depressivos.

>> Você pode ver como seus esforços estão progredindo com o tempo.

» Você pode determinar rapidamente se não está progredindo, o que pode ser um indicativo de que precisa procurar ajuda.

DICA

Sugerimos que você mantenha um Diário do Humor, como o mostrado na Tabela 2-6. Você pode se beneficiar do monitoramento do humor e das anotações de incidentes, acontecimentos e pensamentos relevantes. Tente fazer isso por algumas semanas.

TABELA 2-6   **Diário do Humor Semanal**

Dia	Classificação do Humor	Notas (Eventos ou Pensamentos, por Exemplo)
Domingo	20	Não foi um bom dia. Eu saí e fiquei preocupado porque tenho que fazer o pagamento do imposto até quinta-feira. E me senti terrivelmente culpado por ter deixado o gramado crescer e não ter cortado.
Segunda-feira	30 (de manhã) 45 (à tarde)	O dia começou miseravelmente. Fiquei preso no trânsito e me atrasei para o trabalho. À tarde, pareceu que as coisas foram melhores, mas não posso dizer que me sinto no topo do mundo.
Terça-feira	40	Nada de bom, nada de ruim hoje. Só "meh".
Quarta-feira	30 (de manhã) 40 (à tarde)	Acordei em pânico por causa do prazo do novo projeto. Não sei como conseguirei terminá-lo. À tarde, tinha progredido um pouco, mas ainda estou preocupado.
Quinta-feira	35 (de manhã) 45 (à tarde)	Estava pensando no fato de que parece que os dias estão se arrastando. Não anseio por muita coisa. À noite, tive uma conversa agradável ao telefone com um amigo.
Sexta-feira	50	Por um milagre, terminei o projeto com quatro horas de antecedência. Meu chefe disse que foi a coisa mais incrível que me viu fazer. É claro que ele provavelmente não admira muito o restante do meu trabalho.
Sábado	40	Finalmente cortei a grama. Eu me senti bem, mas então tive muito tempo de mãos vazias e comecei a me preocupar novamente.

Use uma escala de 1 a 100 para classificar seu humor a cada dia (ou em múltiplas horas durante o dia). Uma classificação de 100 significa que você se sente em êxtase. Você se sente no topo do mundo, talvez como se tivesse ganhado R$80 milhões ou o Prêmio Nobel da Paz — o que quer que o deixe animado. Uma classificação de 50 significa um dia comum. Seu humor é aceitável — não há nada de especial, nada ruim. Uma classificação de 1 é o pior dia que se possa imaginar. O interessante é que percebemos que a maioria das pessoas com depressão classifica o dia em 70, apesar de definirmos 50 como o meio-termo.

CAPÍTULO 2 **Detectando a Depressão**   43

DICA

Para simplificar, use seu calendário como diário do humor. Simplesmente anote o número que representa seu humor. Além da classificação do humor, escreva ou dite algumas notas sobre o dia. Inclua qualquer coisa que possa estar relacionada com seu humor, como:

» Embates com amigos, colegas de trabalho ou amantes.
» Momentos difíceis do dia.
» Apaixonar-se.
» Dificuldades financeiras.
» Solidão.
» Pensamentos negativos ou devaneios que flutuam em sua mente.
» Uma promoção inesperada.
» Um clima maravilhoso.
» Aborrecimentos no trabalho.

Willie tem se sentido triste e indiferente no último mês. Ele suspeita que possa ter algum problema, então monitora seu humor e encontra alguns padrões interessantes. Para um exemplo do diário do humor de uma semana do Willie, verifique a Tabela 2-6.

Willie estuda várias semanas de seus diários do humor. Ele percebe que costuma se sentir melancólico nas tardes de domingo. Ele percebe que, aos domingos, costuma ficar sozinho meditando sobre dificuldades da semana seguinte. Ele também descobre que as manhãs não são exatamente a melhor hora, porque ele fica se preocupando com o resto do dia. Curiosamente, ele também descobre que suas preocupações envolvem previsões catastróficas (como não conseguir cumprir prazos) que raramente se concretizam. Finalmente, seu humor melhora quando dá conta de projetos que estava adiando, como cortar a grama.

LEMBRE-SE

Você pode rastrear seu progresso quer esteja trabalhando sozinho ou com um profissional. Se ficar atolado, procure ajuda ou discuta o problema com seu terapeuta.

NESTE CAPÍTULO

» **Analisando estresse crônico e depressão**

» **Sentindo-se triste durante uma pandemia**

» **Estar falido e deprimido**

» **Lidando com a discriminação**

» **Passando por eventos globais**

Capítulo **3**

Quando Coisas Ruins Acontecem

A vida é cheia de injustiças, tragédias, doenças e contratempos. É maravilhoso o fato de que muitas pessoas enfrentem a adversidade com coragem e determinação. Mas o que faz com que aqueles que lutam bravamente para passar por momentos difíceis caiam em depressão? Podem ser aprendizados no início da vida, genética, traumas passados ou fatores desconhecidos. O que nós sabemos é que enfrentar o medo sozinhos, sem nenhum apoio, é um desafio para todos nós. Também sabemos que, quando o estresse é crônico e implacável, a depressão pode emergir.

Outra causa para a depressão é a *crença* de que você não tem controle sobre os resultados. Não há nada a ser feito. Não é possível encontrar uma solução para um problema ou dar mais de si mesmo para que as coisas melhorem. Você acredita que não tem controle sobre uma situação que o está deixando para baixo e se pega sentindo-se desesperançado.

Neste capítulo, descrevemos algumas das situações que podem levar muitas pessoas a se sentirem deprimidas. No entanto, há motivos para ter esperança. Apresentamos ideias sobre como tirar o máximo proveito da sua situação e viver a vida da melhor forma que puder. Também falamos sobre a depressão

CAPÍTULO 3 **Quando Coisas Ruins Acontecem** 45

que surge do estresse crônico causado por eventos mundiais importantes. Isso porque nem toda depressão se origina de fatores individuais como a biologia ou experiências da primeira infância. Esse tipo de depressão é uma reação normal a momentos completamente anormais. Fazemos um panorama de como esses eventos levam à depressão e apresentamos algumas ideias para lidar com eles. E há muito mais conselhos ao longo do livro.

Perda e Depressão Durante uma Pandemia

De acordo com as estatísticas do governo dos Estados Unidos, as taxas anteriores de depressão sempre ficaram abaixo de 10% em todos os anos. Durante 2020, o primeiro ano da pandemia de Covid-19, esses números subiram vertiginosamente. Estudos diferentes indicaram cerca de 40% dos adultos com sintomas de depressão. Claramente, a pandemia conseguiu superar a capacidade de muitas pessoas de lidar com a situação.

Podemos compreender que quem tem acesso às informações sobre a pandemia ficou ansioso, e isso basicamente significa todo mundo. As pessoas estavam preocupadas em encontrar álcool em gel, papel-toalha e máscaras. Estocaram comida enlatada, macarrão, molho de tomate e produtos de higiene. Apesar de a pandemia ter criado uma ansiedade significativa, também havia uma sensação de atenção extrema à tarefa que se estava fazendo. Por um breve momento, havia esperança de que as pessoas se uniriam, que os melhores cientistas descobririam tratamentos sem igual e que a pandemia seria logo derrotada.

Infelizmente, esse cenário não se tornou realidade. As pessoas logo desenvolveram ansiedade crônica e negação ruidosa. Devagar, com o tempo, a depressão se apossou de muitas pessoas à medida que grandes perdas se amontoavam. O distanciamento social causou solidão e isolamento. As pessoas perderam a habilidade de se engajar em atividades prazerosas do dia a dia, como sair para jantar, ver um filme ou até ir para o trabalho. Inseguranças relacionadas à saúde, às finanças, ao futuro e à morte explodiram. As próximas seções descrevem alguns dos principais problemas que podem contribuir com a depressão trazida pela pandemia.

DEMÊNCIA, SOLIDÃO E PERDA DURANTE A PANDEMIA

Estabelecimentos de cuidados aos idosos foram devastados pela pandemia de Covid-19. Menos de 1% da população norte-americana mora em um asilo ou residência assistida. No entanto, esses estabelecimentos tiveram cerca de 40% das mortes relacionadas à Covid. Para conter as altas taxas de infecção e proteger os residentes, medidas foram tomadas, que incluíram a proibição de visitas externas e de atividades sociais que envolvessem encontros cara a cara no estabelecimento, e basicamente a ordem era para que todos os residentes ficassem isolados em seus quartos. Até mesmo as refeições, que eram um momento importante e bastante valorizado de socialização, foram feitas na solidão.

Tragicamente, essas restrições também se provaram fatais. Isso porque as pessoas com demência precisam de estímulo e conexão com outras pessoas. A solidão e o isolamento aumentaram as taxas de mortes em pacientes outrora estáveis. Houve um aumento nos casos de *failure to thrive* (FTT), uma condição na qual os pacientes perdem o interesse por comer e beber. Essas pessoas se tornam mais franzinas e correm grande risco de queda. Quando falecem, amigos íntimos e parentes, incapazes de estar ao lado de quem amam, têm que lidar com o luto sozinhos.

Perdendo conexões

Países desenvolvidos ao redor do mundo impuseram restrições sérias com relação a reuniões de pessoas. Na verdade, a maioria delas recebeu orientação para ficar em casa e não sair, mantendo-se seguras. Saídas ocasionais por necessidade, como ir ao mercado e à farmácia, eram permitidas, mas causavam intensa ansiedade. Use máscara, não toque em nada, fique longe das pessoas, saia rapidamente e use álcool em gel. As tarefas que ora foram agradáveis se tornaram uma possível quebra no casulo da segurança.

As pessoas estavam, mais do que nunca, isoladas. Ao mesmo tempo, o campo da saúde mental sabe há décadas que as conexões sociais são críticas para a manutenção do bem-estar emocional. O efeito esperado do isolamento social de longo prazo para a maioria dos humanos é ter depressão.

Perdendo liberdades fundamentais

Em fevereiro de 2020, assistimos a uma notícia sobre o coronavírus na China. A reportagem mostrava grandes prédios na capacidade máxima, cheios de macas com pessoas que haviam sido expostas ao vírus. O governo tinha mandados de quarentena para diminuir a propagação da infecção. Nós devaneamos que tais medidas draconianas nunca seriam aceitas nos Estados Unidos por causa de sua devoção à liberdade e independência. Em tempos normais, tais restrições seriam vistas como um ataque às liberdades garantidas pela

Constituição. E como as coisas mudaram rapidamente! Considere algumas das liberdades que foram tiradas ou diminuídas em questão de semanas:

- » **Viajar:** As fronteiras foram fechadas. As pessoas tinham medo de voar ou viajar em ônibus, trens ou metrôs lotados. Cruzeiros e *tours* foram cancelados no mundo todo. Parques nacionais e estaduais foram fechados; e, quando foram abertos, havia restrições.

- » **Trabalho:** Negócios "não essenciais" foram fechados por meses. Restaurantes fecharam as portas, assim como bares, clubes noturnos, barbearias, salões de beleza, casas de massagem e cinemas. Quando reabertos, esses estabelecimentos tiveram que seguir os regulamentos com relação à quantidade de clientes que podiam entrar.

- » **Escola:** As escolas foram fechadas no mundo todo. Quando abertas, algumas se converteram em ensino virtual, outras tinham programas híbridos que misturavam ensino virtual com presencial. Muitas outras abriram e logo fecharam por causa das infecções.

- » **Reuniões:** Estados e comunidades tomaram decisões diferentes, mas as grandes reuniões públicas não eram permitidas na maioria das áreas. Em muitas cidades, qualquer reunião podia ter no máximo de cinco a dez pessoas.

Nos Estados Unidos, os cinquenta estados traçaram cinquenta planos diferentes. Grande parte da população aceitou regulamentos que restringiam a liberdade para que se pudesse salvar vidas, mas muitas pessoas argumentaram que estavam retirando seus direitos. Esse grupo focou o que eles viam como tomadas de decisão injustas que resultavam no que pareciam ser vantagens injustas para alguns negócios com relação a outros (por exemplo, lojas de bebidas abertas *versus* academias fechadas). No fim das contas, em vez de um país unido combatendo um inimigo em comum, os Estados Unidos estavam ainda mais divididos e fraturados [como também aconteceu no Brasil].

Todas essas perdas — a perda da liberdade e a da união — podem causar sensações de desesperança e desconexão, a antítese do que é necessário para uma boa saúde mental. Não é de se espantar que muitas pessoas no mundo relatem uma sensação crônica de desespero.

Sentindo-se inseguro

Uma motivação humana especialmente básica, provavelmente instintiva, é a necessidade de ficar vivo. As pandemias ameaçam esse instinto, e não é nenhuma surpresa que alimentam a insegurança emocional e a ansiedade. Acrescente-se ao problema o fato de que muitas pessoas procuram desesperadamente por certezas em suas tentativas de lidar com a situação. Mas isso nunca acontece. Não há respostas definitivas para as perguntas a seguir:

» Contrairei o vírus?

» Se eu contraí-lo, viverei ou morrerei?

» Como posso ficar totalmente seguro contra o vírus?

» Alguém da minha família o contrairá?

» O vírus voltará?

» Uma vacina me deixará completamente seguro?

» Se eu passar por isso e viver, será que terei problemas de saúde duradouros?

À medida que os riscos à saúde e as incertezas relacionadas a esses riscos persistem com o tempo, a depressão costuma se instalar.

Lidando com as situações em uma pandemia

Todos temos dificuldades durante a imposição das restrições relacionadas a uma pandemia. No entanto, aqueles que correm o risco de cair em depressão e aqueles que já a têm podem se utilizar de algumas estratégias. Essas ideias foram baseadas na premissa de que agir é importante, não importa quão pequena seja a ação. Veja os Capítulos 11, 12 e 13 para maiores informações sobre tomar ações concretas contra a depressão. Leia a lista a seguir e escolha algumas sugestões para dar o pontapé inicial:

» **Faça uma lista de afazeres.** Divida as tarefas em partes pequenas. Faça com que pelo menos alguns itens de sua lista sejam facilmente realizáveis. Não prometa muito para si mesmo. Com o tempo, você pode aumentar gradualmente a dificuldade da tarefa escolhida, à medida que sua depressão diminuir.

» **Fique conectado com outras pessoas.** Se houver outros membros em sua família, tire um tempo para conversar uns com os outros e ser gentis. Os nervos podem estar um pouco à flor da pele. Perdoe. Procure amigos e a família. Conecte-se por meio de softwares de reunião, mensagens ou mídias sociais. O velho telefone também funciona!

» **Continue em movimento.** Saia, se puder: vá caminhar, correr, pedalar ou fazer o que lhe dá prazer. Há diversos exercícios curtos gratuitos e facilmente acessíveis online que podem ser praticados em casa ou ao ar livre.

» **Cuide de sua alimentação.** Muitas pessoas relataram ganho significativo de peso durante os *lockdowns*. Combinada com a falta de exercícios, uma dieta mal planejada pode aumentar a depressão. Por outro lado, é importante se permitir guloseimas ocasionais, contanto que não saiam de controle. Muitas pessoas estão aprendendo a cozinhar em casa por causa das restrições. Tire um tempo para aprender novas receitas saudáveis. Você se sentirá melhor.

CAPÍTULO 3 **Quando Coisas Ruins Acontecem** 49

> **Monitore o consumo de notícias.** Há múltiplas fontes de notícias sempre disponíveis. Não fique o tempo todo assistindo ou lendo notícias. É bom reservar um tempo limite para obter informações, como meia hora pela manhã e uma hora durante a tarde. Ir além disso não trará muito mais informações e você com certeza alimentará sentimentos difíceis nesses tempos tortuosos. Ao mesmo tempo, separe um tempo para assistir a um ótimo filme, comédia, drama ou até mesmo maratonar uma série com uma história fascinante.

LEMBRE-SE

O princípio mais importante é ir em frente e fazer. Faça pra valer. Se uma coisa não tem ajudado muito, faça outra. Concentre-se em completar pequenos passos a cada dia. Reflita sobre o que é importante para você e tente viver de acordo com seus valores.

CUIDADO

Como sempre, recomendamos buscar ajuda profissional imediatamente se você perder as esperanças ou tiver ideações suicidas. E se seu humor está impedindo-o de curtir a vida diária, também é hora de pedir ajuda. Veja o Capítulo 10 para maiores informações sobre o suicídio.

Durante a pandemia, muitos profissionais de saúde mental começaram a oferecer seus serviços via teleatendimento, para se manter em segurança, no distanciamento social, enquanto também podiam oferecer a ajuda necessária para seus pacientes. Muitas pessoas acham que esses serviços são maravilhosos, porque se sentem extremamente ansiosas, depressivas e isoladas.

DICA

Se estiver interessado em serviços de telemedicina, fale com seu convênio médico ou seu médico para obter um encaminhamento. A maioria da telemedicina é coberta pelo seguro [e, no Brasil, pelo SUS e por planos de saúde], mas é necessário verificar essa informação. Há serviços similares com custos, qualidade e cobertura de planos de saúde altamente variados oferecidos online.

Estressores Financeiros

Uma grande pesquisa conduzida pela Boston School of Public Health encontrou taxas altas de depressão no meio da pandemia. Os pesquisadores analisaram fatores como perda de alguém que se ama, perda de emprego ou estresse financeiro, o que pode aumentar a probabilidade de as pessoas sofrerem de depressão. Uma descoberta se destacou: se o indivíduo do estudo tivesse menos de US$5 mil no banco, tinha 50% mais chances de estar deprimido do que se tivesse mais de US$5 mil.

Esse estudo, consistente com muitos outros, mostra o impacto real da instabilidade econômica na saúde mental. Quando pessoas sem segurança financeira perdem o emprego, seja porque a empresa fechou, por redução de custos ou outros motivos, sem uma rede de segurança, a vulnerabilidade à depressão escala rapidamente.

A depressão chega com o estresse financeiro por causa do valor que o dinheiro tem para as pessoas, porque elas acreditam que seu valor está relacionado a quanto dinheiro têm. Quando perdem um emprego ou não podem cumprir com obrigações financeiras, sua autoestima despenca. Elas sentem que estão decepcionando outras pessoas e experimentam um tremendo sentimento de culpa.

A depressão fica mais intensa quando há falta de esperança. Ela então leva à falta de motivação, à sensação de impotência e ao desamparo, e esses fatores limitam a habilidade de resolver problemas ou tomar atitudes produtivas.

Se você estiver atolado em pensamentos depressivos com relação às finanças, não está sozinho. As desigualdades financeiras nunca foram tão pronunciadas quanto hoje. Milhões perderam empregos, e o futuro financeiro é incerto. O problema de ficar com depressão por causa de dinheiro e finanças é que ela leva à inação. E o que é necessário é ação com resolução de problemas, o que abordamos no Capítulo 14. Nesse meio-tempo, dê uma olhada nas seções a seguir e então escolha quais ações podem ser úteis para a sua situação.

Responsabilidade emocional

Saiba que é perfeitamente normal ter emoções negativas com relação a problemas de trabalho e financeiros. Essas emoções podem incluir ansiedade, tristeza e medo. Pode ser que falte confiança em sua habilidade de passar por uma crise.

DICA

Aceite esses sentimentos; dê espaço a eles e os sinta. Eles podem lhe dizer que algo precisa acontecer. Aceitar não é se resignar. Aceitar significa permitir-se sentir e escutar o que seus sentimentos têm a dizer. Admita que é um momento de muito estresse e seja honesto consigo mesmo e com quem está próximo de você.

É hora de considerar como você conseguiu passar por outros períodos difíceis na sua vida. Faça as seguintes perguntas para si mesmo:

» Quais estratégias para lidar com as situações deram certo no passado?

» Que ajuda posso conseguir de amigos e da família?

» Que outros recursos posso conseguir da comunidade (comida ou assistência governamental)?

» Se minhas emoções me deixarem sobrecarregado, quais profissionais de saúde mental estão disponíveis para mim?

Concentre-se o máximo que puder em pequenas ações que você pode fazer para cuidar de seu bem-estar emocional. Perdoe-se pela situação financeira em que se encontra. Muito provavelmente, você não é o culpado por sua situação. Fatores que estão fora de seu controle, como o mercado de trabalho, a economia, uma pandemia ou falta de oportunidades, contribuíram para você estar em apuros.

Finalmente, mantenha-se flexível. Pode ser que objetivos muito estimados no passado tenham que ser reavaliados. Por exemplo, pode ser que você tenha um investimento emocional alto em uma carreira específica. Ou pode esperar e ansiar por um novo carro ou pelo último dispositivo eletrônico. Esses objetivos talvez precisem de uma grande revisão à luz das novas circunstâncias. Ter a flexibilidade de pivotar e buscar novas possibilidades pode ser a chave.

Dinheiro e contabilidade sensata

Se estiver com problemas financeiros, não coloque sua cabeça em um buraco. Apesar de ser tentador evitar lidar com problemas financeiros de cabeça erguida, fazer isso só permite que preocupações financeiras cresçam (bem como multas e juros por atraso). Tudo começa com descobrir quanto dinheiro com certeza entra por mês e quanto sai. Parece simples, mas se você não mantiver um registro cuidadoso, provavelmente perderá informações importantes. Tire um momento para analisar os valores de renda/despesa múltiplas vezes. Reconheça que é fácil deixar passar pequenos gastos que arruínam seus planos.

Quando descobrir sua renda, subtraia as despesas. Se o total for um número negativo, você tem um problema! Se for um número positivo, está em melhor forma, mas é bem provável que você deva encontrar maneiras de cortar ainda mais gastos. Como você sabe, este livro foca a depressão, não as finanças. No entanto, há algumas dicas para obter um controle melhor sobre seu dinheiro:

» **Desenvolva um orçamento mensal e o siga.** Se for possível, separe um pouco para as economias. Se conseguir seguir o orçamento depois de alguns meses, se dê um pequeno presente para celebrar seu sucesso.

» **Pague as dívidas.** Comece com os cartões de crédito com altos juros. Sempre pague mais do que o mínimo, se puder. Tente resistir e não use cartões de crédito a menos que possa pagar a fatura inteira todo mês.

» **Aumente sua renda.** Veja se consegue um bico, transforme um hobby em um negócio ou trabalhe um turno a mais por mês. Se tiver coleções ou ativos que puderem trazer dinheiro extra, considere vendê-los.

» **Corte gastos.** Pare de comprar café a caminho do trabalho e só saia para jantar em ocasiões especiais. Corte a TV a cabo e compre menos coisas. Pense em redução de custos. Sempre que estiver fazendo uma compra, pergunte-se se é algo de que você absolutamente precisa ou simplesmente quer. Não compre se não for uma necessidade.

Há algumas dicas gerais. Para maiores informações sobre dinheiro, trabalho, investimentos, economias e como se virar com menos, consulte *Managing Money All-in-One For Dummies* (Wiley).

DICA
Algumas pessoas têm o luxo de trabalhar de casa, e durante a pandemia essa possibilidade foi uma mão na roda. Muitos desses indivíduos relataram uma descoberta interessante: especificamente, se pegaram gastando muito menos dinheiro por mês em coisas como jantar fora, comida, roupas, transporte, entretenimento e mais. O que parecia tão fundamental antes da pandemia simplesmente não era mais necessário. Saber a diferença entre querer e necessitar é uma lição importante para a maioria das pessoas, e trabalhar de casa faz com que aprender isso seja muito mais fácil.

Discriminação e Depressão

A discriminação assume muitas formas. As pessoas sofrem discriminação com base em raça, gênero, identidade sexual, classe, etnia, status social e outros. Como outros estressores da vida, incansáveis experiências crônicas de discriminação podem resultar em saúde mental empobrecida. Muitas pessoas lidam com a discriminação diariamente. Veja alguns exemplos de discriminação:

- Abordagens policiais baseadas no perfil.
- Assédio e xingamentos.
- Levantar a mão na aula para responder a uma pergunta e nunca ser escolhido.
- Crimes de ódio contra orientações sexuais diferentes da heterossexual.
- Chamar as autoridades por causa do comportamento benigno de alguém.
- Tirar sarro do sotaque de alguém.
- Ser ridicularizado por causa de uma deficiência.
- Ser ignorado ou excluído em atividades e grupos.
- Ser ignorado para uma promoção ou um emprego.
- Não conseguir entrevistas de emprego após os 50 anos.
- Não receber pagamento igual para o mesmo trabalho.

Quer a discriminação ocorra abertamente ou de maneiras mais sutis, os efeitos com frequência se estendem à família, aos amigos e à comunidade. Por exemplo, quando um crime de ódio acontece, aqueles que vivenciaram as mesmas coisas podem ficar profundamente enraivecidos, magoados ou entristecidos. Ou quando os pais têm que confortar uma criança que sofreu discriminação, eles geralmente sentem um desconforto profundo. Eles sentem tanto a angústia da criança quanto a própria frustração por não serem capazes de proteger o filho de um mundo injusto.

LEMBRE-SE

Viver em uma cultura que incorre frequentemente em comportamento discriminatório faz com que os alvos se sintam ansiosos. No entanto, com o tempo, a natureza crônica desses encontros leva à depressão.

Defendendo-se da discriminação

A maioria das pessoas boas concorda que todos os humanos são criados como iguais. Apesar de nossas diferenças serem muitas, o mesmo ocorre com nossas semelhanças. Todos merecemos educação e oportunidades iguais e tratamento justo. Notavelmente, a maioria das pessoas concordaria com essas afirmações sobre igualdade universal.

No entanto, a discriminação, o preconceito e a perseguição persistem no mundo todo. Apesar de tentativas de erradicação, a discriminação prospera e cobra um preço muito alto daqueles que sofrem com ela. Parte da explicação é que muito dessa discriminação acontece em um nível muito sutil, quase inconsciente. Por exemplo, algumas pessoas podem afirmar não ter atitudes racistas, mas seu comportamento não é consistente com essa crença. Para lutar contra a discriminação em todo o mundo, sugerimos o seguinte:

- » Aprenda mais sobre as formas sutis de discriminação, incluindo o racismo.
- » Não dê risada de "humor" racista, sexista ou outra coisa que deprecie outras pessoas.
- » Calmamente, informe as pessoas quando elas usarem linguagem ofensiva.
- » Exponha a si e seus filhos a outras culturas. (Não se limite a restaurantes étnicos, por melhores que sejam.)
- » Pratique fazer o bem para outras pessoas.
- » Convide pessoas de outras culturas e etnias para grupos sociais, políticos e espirituais.

DICA

Então, como praticar antidiscriminação ajudará na depressão? Ela floresce em ambientes desconectados e desvanece quando as pessoas se conectam.

Vivendo com a discriminação

A discriminação, seja ela um tormento ou uma provocação, machuca. Quem sofre discriminação crônica tem alto risco de desenvolver problemas de saúde mental. E, infelizmente, muitas dessas pessoas não procuram tratamento por causa de falta de acesso, do estigma ou da desconfiança no sistema discriminatório.

A depressão costuma ser resultado de incansáveis mensagens negativas de outras pessoas. Quem sofre discriminação e tem depressão pode se beneficiar de muitos dos tratamentos que prescrevemos ao longo do livro. No entanto, veja algumas dicas que podem ser especialmente úteis para quem tem depressão e vive a discriminação:

- » Cerque-se de pessoas com as quais você se importa. Participe de grupos ou reuniões espirituais que lhe permitam expressar abertamente e com segurança suas frustrações e seu luto.
- » Aceite as emoções que você tem em relação às experiências com a discriminação. Explore maneiras produtivas de expressá-las.
- » Orgulhe-se de suas diferenças.
- » Perceba que a discriminação se origina na ignorância.

Uma sensação de pertencimento é um antídoto poderoso para a depressão. Procure oportunidades de se conectar e se relacionar com outras pessoas, ainda que sejam diferentes de você. Abra sua mente e seu coração para outras pessoas que têm o potencial de tratá-lo com respeito mútuo.

LEMBRE-SE

Um aspecto da discriminação que a torna especialmente difícil para quem a vivencia é o sentimento de falta de controle. A vítima da discriminação não pode mudar as crenças ou os comportamentos daqueles que a discriminam. Quando as pessoas percebem que não têm controle de uma situação, se sentem desamparadas e perdem as esperanças, caminho certo para a depressão.

PAPO DE ESPECIALISTA

A discriminação pode se amontoar. Uma revisão sobre a saúde mental de pessoas que são discriminadas em múltiplos níveis foi publicada recentemente. Quarenta estudos diferentes foram analisados. Eles analisaram especificamente o racismo e a discriminação com base na orientação sexual (geralmente chamada de *heteronormatividade*). Os estudos mostraram que a experiência de múltiplos tipos de discriminação aumenta as chances de depressão. Evidências iniciais também sugerem que as taxas de suicídio entre adolescentes LGBTQIA+ que também são minorias raciais são maiores por causa do impacto dos múltiplos tipos de discriminação.

Violência Doméstica e Depressão

A violência doméstica acontece no mundo todo. Não há raça, classe, gênero, etnia, orientação sexual ou doutrina religiosa isentos disso. A violência entre parceiros íntimos é a forma mais comum de abuso doméstico, que pode incluir agressão física, abuso psicológico, *stalking* e coerção sexual, dentre outras ações.

As vítimas do abuso doméstico vivenciam altas taxas de depressão, transtorno do estresse pós-traumático e ideação suicida. Esses problemas psicológicos contribuem para mais abuso de substâncias e saúde física ruim. As crianças expostas à violência doméstica também sofrem problemas psicológicos, incluindo depressão, ansiedade e agressividade, e também têm chances de ter dificuldades na escola.

Se você ou alguém próximo de você estiver em um relacionamento abusivo ou se sentir ameaçado, ligue 180 ou 190.

Desastres e Depressão

A vida neste planeta vem repleta de riscos substanciais. Assista ao noticiário e você provavelmente verá um monte de desastres ambientais:

» Enchentes litorâneas exacerbadas pelos níveis elevados do mar.

» Incêndios florestais violentos alimentados pela seca.

» Tempestades tropicais e furacões piorados pelas mudanças climáticas.

» Deslizamentos de terra causados em parte pelos incêndios florestais.

Se os desastres causados pelos humanos não o atingirem, há sempre a possibilidade de ser atingido por desastres naturais, como tornados, terremotos, vulcões e tsunamis. Finalmente, há disputa política, instabilidade social e crime.

Surpreendentemente, a maioria das vítimas dos desastres não sofre depressão. É mais provável que fiquem ansiosas ou com transtorno do estresse pós-traumático. Os humanos têm uma capacidade incrível de encarar as dificuldades. A depressão tende a se tornar um problema quando um desastre impacta uma pessoa por um período longo de tempo e os recursos ficam limitados. Por exemplo, alguém que perdeu a casa em um incêndio florestal pode conseguir lidar com a situação com a ajuda de outras pessoas. Mas se, alguns anos depois, outro fogo ameaçar sua casa, a lassidão acontece e a depressão pode surgir. Esse é o caso principalmente se a ajuda governamental ou de outras fontes não vem com prontidão.

O United States Global Change Research Program publicou um relatório sobre o impacto das mudanças climáticas na saúde mental. Eles descobriram que um número significativo de pessoas que foram expostas a desastres relacionados ao clima desenvolveu problemas crônicos de saúde mental, como ansiedade, depressão e transtorno do estresse pós-traumático. As crianças, mulheres grávidas e puérperas estavam especialmente em risco, assim como as menos favorecidas e aquelas com problemas de saúde mental preexistentes. Além disso, os primeiros socorristas, como bombeiros e médicos, também estão correndo risco de doenças mentais relacionadas ao estresse.

NESTE CAPÍTULO

» **Descobrindo obstáculos surpreendentes à recuperação**

» **Compreendendo o que as pessoas fazem para evitar a mudança**

» **Ultrapassando os obstáculos**

Capítulo **4**

Quebrando as Barreiras para a Mudança

Quando as pessoas têm dor de cabeça, elas simplesmente pegam o analgésico no armário. Quando têm coriza, usam um lencinho de papel e talvez um anticongestionante. Pode parecer que lidariam com a depressão da mesma maneira: tomar um antidepressivo ou fazer terapia. Mas a maioria das pessoas com depressão demora semanas, meses e às vezes anos para procurar ajuda. Algumas, com depressão crônica, nunca pedem ajuda. Isso porque a mudança real é muito difícil, e a depressão é muito mais do que uma dor de cabeça ou um resfriado comum.

Neste capítulo, explicamos por que as possibilidades de mudança se mostram como um adversário formidável na cabeça das pessoas — tanto é que elas farão quase tudo para ficar longe dessa ideia. E o mero pensamento de tentar derrotar a depressão costuma ser ainda mais assustador, parcialmente porque a depressão, por si só, costuma ocorrer junto com a desesperança.

Mostramos os medos racionais que alimentam a procrastinação, a falta de esperança, a evitação e outras estratégias de limitar-se a si mesmo, e discutimos como certas crenças, mitos e concepções errôneas podem paralisar o desejo das pessoas de ir para um lugar melhor. E o que é mais importante, mostramos como descobrir quais desses problemas podem estar atrapalhando-o e como você pode tirá-los do caminho.

> **Alex** sente uma depressão moderada há dois anos. Seu trabalho noturno em um armazém de distribuição é estressante e o deixa entediado. Ele é formado em administração de negócios, mas nunca tentou encontrar um trabalho que se equipare ao seu nível de habilidade.
>
> Alex frequentemente considera fazer algO para combater sua depressão. Na verdade, ele tentou usar medicamentos por um tempo, mas não gostou dos efeitos colaterais, e acha que a terapia é um processo longo, cansativo e moroso. Ele comprou um livro para aprender mais sobre a depressão, mas que acabou ficando na mesa pegando poeira. Ele se sente culpado por não o ler, mas então imagina que nenhum livro é capaz de tirá-lo desse estado mental nebuloso. Então pondera e vê sua situação como inescapável, e perde as esperanças.

Como ele tem plena consciência de que há tratamentos eficazes, talvez você se pergunte por que Alex *quer* continuar depressivo. Isso não poderia estar mais longe da verdade. Ninguém — e eu realmente quero dizer ninguém — prefere a depressão aos humores normais.

Se ninguém prefere estar depressivo, então por que Alex evita lidar com a depressão? Na verdade, isso acontece por motivos humanos normais. De fato, a maioria das pessoas com depressão receia quaisquer mudanças, pelo menos por um tempo. E quando elas começam a fazer esforços para mudar sua situação, frequentemente dão um passo atrás na inação por um período de tempo que varia de curto a longo prazo.

À primeira vista, pode parecer bizarro que você evite procurar paz e serenidade se estiver sofrendo de depressão debilitante, afinal de contas, você sabe que a depressão é horrível, e a alternativa certamente parece ser mais atraente. Mas sugerimos que, caso esteja se retraindo e adiando quando pensa em batalhar contra a depressão, há uma boa razão para isso. Agora mostramos como os mitos, o medo da mudança e as crenças que nos impedem de mudar estão por trás de evitar agir contra a depressão, e essas barreiras contra a mudança fazem muito mais sentido do que você imagina.

Expulsando o Medo da Mudança

LEMBRE-SE

O *medo* é a força motriz número 1 por trás da inação e da evitação. Podemos entender por que pode ser que você se pegue evitando, procrastinando e se sentindo sem esperanças com relação a trabalhar sua depressão. Achamos que você deve se manter nos bastidores sem esperança e evitando o medo da mudança? Não.

No entanto, você precisa apreciar a magnitude das questões que talvez estejam atrapalhando-o. Se e quando você se pegar procrastinando e evitando a tarefa de controlar sua depressão, não precisa se culpar por isso. Em vez disso, precisa entender que está passando por um medo de mudança que é normal e humano. Nas seções a seguir, contamos sobre os dois tipos de medo mais comuns que inibem a mudança.

Temer mais perdas

Se você tem uma depressão significativa, inevitavelmente vivenciou perdas profundas de vários tipos. Tais perdas incluem

- » **Crença em possibilidades positivas:** Você passou a acreditar que apenas coisas ruins acontecerão no futuro.
- » **Relacionamentos:** Talvez você tenha perdido uma ou duas conexões importantes. Você teme inevitavelmente decepcionar até mesmo aqueles que continuam leais a você.
- » **Segurança:** Pode ser que você se sinta vulnerável e inseguro.
- » **Autoestima:** Você não vê seu valor e pensa que não merece.

Sua mente deprimida teme perdas adicionais; ela inevitavelmente superestima a dificuldade de fazer mudanças e subestima sua habilidade de fazê-las. O medo da esperança em si é um grande obstáculo, porque você presume que a esperança perdida é mais horrível do que nunca ter tido esperança. Talvez você seja como a maioria das pessoas que estão mergulhadas na depressão e acreditam que:

- » Se procurar amizades, sofrerá mais rejeição.
- » Se assumir um novo emprego, fracassará.
- » Se correr um risco, será humilhado.
- » Se tentar resolver seus problemas, seus esforços serão inúteis.
- » Se ousar ter esperança, cairá no abismo.

PROTEGIDO E SEGURO COM A HOMEOSTASE

Até mesmo em um nível biológico nosso corpo tenta manter um estado consistente e estável — um processo conhecido como *homeostase*. O corpo dá duro para sustentar níveis estáveis de temperatura, hormônios, fluidos, dióxido de carbono, glicemia etc. Quando alguma dessas condições se eleva ou decresce além de certos parâmetros, o corpo passa por uma sobrecarga para restabelecer o nível apropriado. Muitos especialistas acreditam que a homeostase opera em todos os níveis, do celular ao psicológico, e até mesmo em situações sociais.

Se essas crenças se aplicam a você, é de se imaginar que evite o desafio da mudança. O medo de perdas adicionais não é trivial. É muito fácil concluir que não tentar é melhor do que tentar e fracassar. Além disso, sua mente em estado depressivo fala que não fazer nenhuma tentativa ao menos preserva um pingo de autoestima, enquanto trabalhar no desenvolvimento pessoal e então fracassar significa que você caiu ainda mais no abismo dos "INs" — incompetência, ineficácia, incapacidade, invalidez, insuficiência e inferioridade.

Temendo a incongruência

O medo da incongruência é outro tipo de medo que frequentemente atrapalha a tentativa de recuperação. Parece um pouco estranho, não? Os psicólogos sabem há décadas que as pessoas têm fortes motivações para se manterem consistentes em seus comportamentos e suas crenças. A congruência ajuda a simplificar o mundo e faz com que a vida seja mais previsível.

E quando você encontra informações sobre si mesmo que vão contra crenças absolutas, pode ser que procure maneiras de rejeitá-las. Esse processo tende a ocorrer quer você esteja deprimido ou não.

A busca por congruência tenta sustentar a depressão. Se estiver deprimido, provavelmente se pegará negando quaisquer evidências positivas sobre você ou seu mundo como se fosse o jornal do dia anterior. Talvez tenha sucesso, especialmente se vier com um esforço menos do que hercúleo, porque tal resultado contradirá a visão de inadequação que você tem de si mesmo há muito tempo.

Ainda que você certamente não goste da depressão, ela possivelmente é familiar e previsível. Por comparação, buscar uma vida de prazer parece amedrontador, nada familiar e imprevisível. Manter-se nas profundezas da depressão dói, às vezes terrivelmente, mas ao menos você sente como se tivesse um pouco mais de controle. Isso porque você escolheu assumir menos riscos e permanecer no ambiente familiar da depressão.

Não escreveríamos este livro se não acreditássemos inteiramente que há maneiras eficazes de se retirar do marasmo em que se encontra. Na verdade, cada capítulo está cheio de sugestões, ferramentas e exercícios especialmente para isso.

Encontrando Crenças Disfuncionais que Impedem a Mudança

A depressão costuma vir acompanhada de uma série de crenças profundas que dão sustentação à melancolia e alimentam os medos de mudança. Apesar de você ter ficado com depressão pela primeira vez muitos anos depois da primeira infância, essas crenças geralmente têm raízes naqueles anos. Quando não se está com depressão, as crenças ficam nos bastidores, onde não costumam causar grandes problemas. Mas quando a depressão bate, as crenças tomam conta do palco principal e arruínam completamente suas tentativas de se recuperar.

As *crenças que impedem a mudança* são os pensamentos e as expectativas negativas que você tem sobre si mesmo e o mundo e que fazem a mudança parecer impossível. Explorar as raízes na infância de crenças que impedem a mudança pode ajudá-lo a descobrir não só de onde vieram, mas também que elas têm mais a ver com a interpretação dos eventos que ocorreram quando você era criança do que com a realidade dos dias atuais.

Ocasionalmente, as crenças que impedem a mudança têm origem na vida adulta. É comum que eventos traumáticos ou ocorrências repetidas façam com que essas crenças se estabeleçam mais tarde na vida. Além do mais, as crenças que impedem a mudança que foram formadas na vida adulta podem ser trabalhadas mais ou menos como as mais comuns, que vieram da infância.

Nas seções a seguir, descrevemos o que descobrimos que são as crenças que impedem a mudança mais comuns. Analisamos cada uma delas e apresentamos ferramentas para lidar com elas caso a caso. Então, na seção "Analisando suas descobertas", apresentamos um exercício que o capacita a desafiar essas crenças quando elas derem as caras.

Pode ser que você pense em outras crenças que impedem a mudança além das que listamos aqui. Sugerimos que revise todas as que listamos para ver se elas estão fazendo-o evitar, procrastinar ou perder a esperança na sua situação.

Lidando com a dependência e a inadequação

Quando você acredita nos seus sentimentos de dependência ou inadequação, rapidamente coloca o pé no freio e não arrisca. Se você se sente *dependente*, provavelmente acredita que sua depressão deve ser curada por outra pessoa que não você. E se você se acha *inadequado*, é possível que se sinta incapaz de fazer qualquer coisa por si mesmo. Essas crenças que impedem a mudança fazem com que correr riscos seja particularmente assustador.

Ainda assim, todos os esforços para mudar envolvem correr riscos — você arrisca a possibilidade de fracassar. Infelizmente, as sensações de dependência e inadequação são quase universais entre as pessoas que têm depressão. Não conseguimos nem pensar em um cliente com o qual já trabalhamos que se sentia competente o suficiente para lidar sozinho com tarefas difíceis e desafiadoras.

A crença na dependência/inadequação costuma enviar uma série de pensamentos relacionados para a mente, como:

> » O que quer que eu tente, costumo estragar.
>
> » Não consigo fazer isso sem muita ajuda.
>
> » Preciso de ajuda, mas ninguém me ajuda o suficiente.
>
> » Não quero correr esse risco; sei que fracassarei e me sentirei pior do que antes.
>
> » Não sou forte o bastante para isso.

A crença de dependência/inadequação e os pensamentos relacionados paralisam suas vítimas. E a crença alimenta o medo de mudança porque presume que o fracasso será inevitável. A história de Devin demonstra como sua dependência se desenvolveu durante o ensino fundamental e médio.

> Depois que o pai de **Devin** morreu, quando ele tinha 4 anos, sua mãe ficou cada vez mais ligada a ele. Assim, ela mal consegue vê-lo frustrado ou sofrendo. Se ele chora ou suplica, ela corre para confortá-lo. Se ele quer uma bolacha ou um doce, ela dá, porque não quer vê-lo choramingar. Depois, quando ele não consegue fazer a lição de casa, ela a faz por ele. Ela tem as melhores das intenções, mas fomenta inadvertidamente o desenvolvimento da crença de dependência/inadequação de Devin.
>
> Devin nunca tem a oportunidade de aprender quais são suas reais capacidades, porque sua mãe inevitavelmente aparece antes de ele ter uma chance de resolver seus problemas. Apesar de a escola ter testado seu QI e descoberto que ele tem uma boa pontuação, os professores

o descrevem como um aluno de baixo desempenho. Como resultado, Devin acredita que é incompetente. O QI dele contradiz sua crença básica de inadequação. Ele tem poder cerebral mais do que o suficiente, mas sua mente diz o contrário.

A história de Devin demonstra uma das várias maneiras de sua crença destrutiva aparecer. A dependência e/ou a inadequação também pode emergir na infância ou quando uma criança recebe críticas duras e excessivas. Além disso, quando os pais empurram os filhos para a independência muito cedo, podem paradoxalmente fazer com que eles se sintam muito dependentes. Por exemplo, se os pais nunca dão a assistência que de fato é necessária, pode ser que os filhos desistam muito rapidamente. Um resultado parecido pode ocorrer se os pais negligenciarem os filhos, deixando-os sozinhos com frequência quando muito novos.

DICA

Se você acha que tem algum grau de crença de dependência ou inadequação, reflita sobre sua infância. É possível que:

» Uma ou mais pessoas importantes o tenham criticado duramente ao longo dos anos?

» Um de seus pais (ou ambos) vinha ajudar rapidamente quando você se sentia frustrado?

» Você raramente conseguia a ajuda de que realmente precisava quando pedia?

» Seus pais o fizeram amadurecer de forma muito agressiva?

» Seus pais o negligenciaram ou deixaram sozinho com muita frequência quando você era muito novo?

Se responder "sim" a qualquer dessas perguntas na lista anterior, saiba que sua crença de dependência ou inadequação é legítima. Em outras palavras, você chegou a essas conclusões por uma boa razão. É preciso lembrar que essas razões não significam que você realmente é dependente ou inadequado! Se não concorda, traremos algumas estratégias para lidar com essa e outras crenças disfuncionais na seção "Analisando suas descobertas", mais à frente no capítulo.

Desmascarando um ponto de vista indigno

A crença de que você é indigno também pode descarrilar o trem da recuperação antes de ele atingir uma boa velocidade. Muitas pessoas que acreditam que são indignas pensam que há algo inerentemente errado com elas mesmas e, assim, se culpam pela menor das falhas ou erros. Elas literalmente acham que não merecem se sentir bem ou que coisas boas aconteçam com elas.

Quando as pessoas sentem que não são merecedoras, fazem pouco esforço para superar a depressão. Pode ser que sintam que a depressão é o que elas merecem e podem esperar da vida, e que esse mal é uma punição apropriada pela existência que acreditam ser miserável no planeta.

Se você tem os seguintes pensamentos com frequência, pode ser que acredite que é indigno:

> » Sinto que outras pessoas merecem muito mais da vida do que eu.
>
> » Não espero muito da vida.
>
> » Acho que ter necessidades é um indício de fraqueza.
>
> » Eu me sinto culpado quando as pessoas fazem coisas para mim.
>
> » Como coisas ruins só acontecem com pessoas ruins, devo merecer minha depressão, não a felicidade.
>
> » Não mereço conseguir o que eu quero.

Se você acredita que é menos merecedor do que as outras pessoas, provavelmente perceberá que é mais difícil lidar com a depressão: você talvez tema que qualquer felicidade que cause a si mesmo levará literalmente à punição, porque essa felicidade é indigna. Você precisa eliminar essa crença antes de fazer tentativas sérias de drenar a depressão de sua vida.

DICA

Você pode começar a trabalhar na eliminação desse ponto de vista indigno procurando por suas raízes. As pessoas não se sentem indignas sem motivo. Uma série de eventos na infância constroem a fundação para essa crença. Alguns dos temas a seguir permeiam sua infância?

> » Seus pais estavam emocionalmente indisponíveis para você?
>
> » Você frequentemente se sentia deixado de lado (em comparação com um de seus irmãos)?
>
> » Algum de seus cuidadores usou *guilt tripping* (críticas e mensagens que o faziam sentir culpa) como forma de punição?
>
> » Você foi duramente abusado ou punido?
>
> » Seus pais eram excepcionalmente imprevisíveis nas coisas pelas quais o puniam?

Se você se identifica com essas situações, sua crença de ser indigno está ancorada na infância. Você chegou a essa conclusão sobre si mesmo porque, quando criança, tentou dar significado às coisas que lhe aconteciam. É natural concluir que você é indigno se seus pais o envergonhavam ou não expressavam amor consistentemente. A história da Desiree ilustra uma das maneiras pelas quais a crença de ser indigno se forma.

> A mãe de **Desiree**, Charlotte, é o que os psicólogos chamam de *narcisista*. Charlotte pensa muito mais em suas necessidades do que nas da filha. Quando Desiree, com 3 anos, demonstra o mínimo de mau humor, Charlotte a mandar ir para o quarto pelo restante do dia. A motivação da Charlotte é eliminar uma importunação, não ajudar a Desiree a aprender o autocontrole. E Charlotte lida com os desejos de Desiree com a mesma dureza. Se Desiree quer algo que será um inconveniente para a mãe, Charlotte diz que a filha é egoísta, gananciosa e ingrata. Desiree logo decide que ela é indigna de coisas boas.

Claramente Desiree merecia tanta felicidade e coisas boas na vida quanto qualquer outra criança. Mas ela não pensava que merecia felicidade, e mesmo depois de adulta ainda pensa o mesmo — tudo por causa de sua criação.

Travando uma batalha injusta

Quando as pessoas ficam atoladas e evitam lidar com a depressão, às vezes proclamam: "É injusto; eu não deveria ter que trabalhar nisso! Por que isso aconteceu comigo?" A crença de que a depressão é injusta e de que você não deveria ter que trabalhar nesse problema é verdadeira até certo ponto.

Concordamos que cair em depressão não é justo e gostaríamos que você não tivesse que ter tanto trabalho para fazer algo com relação a ela. A verdade é que acreditamos muito que:

» Ninguém realmente quer estar com depressão.

» Ninguém merece ter depressão.

» Ninguém é culpado por ter depressão.

A depressão tem muitas causas (veja os Capítulo 2 e 3 para mais informações sobre esse tópico), incluindo genética, doenças, infância, tragédias, abuso, pandemia, discriminação e trauma. Você não é culpado pela própria depressão.

DICA

Entretanto, por mais infeliz e injusto que isso seja, você deve trabalhar para superar sua depressão. Não haverá uma fada madrinha que virá para sua vida e eliminará a depressão com uma varinha mágica. Ainda que você escolha tratá-la com o caminho que geralmente requer menos esforço — medicação —, ainda terá que trabalhar intimamente com um médico, psiquiatra ou outro profissional de confiança para monitorar seu progresso e quaisquer efeitos colaterais.

LEMBRE-SE

Como outras crenças que impedem a mudança, preocupações excessivas com a injustiça costumam ter conexões com a infância. Com muita frequência, as pessoas que focam a injustiça receberam um tratamento bastante injusto de seus pais quando crianças. Explorar as causas o ajuda a perceber quais são as crenças que impedem a mudança e a preparar o terreno para mudá-las.

Rejeitando o papel de vítima

Infelizmente, às vezes acontecem coisas ruins com pessoas boas sem motivo aparente. Certos eventos negativos têm um ótimo potencial de destruir o mundo inteiro das pessoas e o modo como elas se enxergam. Essa destruição costuma acontecer quando:

- » Alguma coisa realmente ruim acontece, como doença ou trauma sérios.
- » O evento não foi merecido ou foi injusto.
- » A pessoa se sente chateada, nervosa e/ou angustiada com relação ao evento negativo.

Quando tais eventos não merecidos acontecem com as pessoas, a visão delas sobre quem e o que são muda. Elas naturalmente começam a acreditar que são doentes ou vítimas, e as crenças sobre doença ou vitimização envolvem todo um conjunto de visões de si mesmas e comportamentos alterados, que descrevemos agora.

As pessoas costumam mudar tanto seus sentimentos quanto seus comportamentos — de independente a dependente, de saudável a doente, de capaz a incapaz, de no controle a fora de controle, de sereno a enfurecido. Esse tipo de mudança nas crenças, nos comportamentos e nas expectativas (que vem de perceber-se como saudável *versus* doente) é normal e natural quando eventos traumáticos acontecem.

De certa maneira, essas novas crenças e novos comportamentos sobre doença e vitimização requerem que o indivíduo assuma um novo papel, como um ator em uma peça. O indivíduo assume o papel principal de paciente ou vítima, e a sociedade, os amigos, a família, os profissionais de saúde mental e os médicos assumem o papel de cuidadores. Esses cuidadores geralmente têm certas expectativas para o paciente ou o papel de vítima, assim como têm para os próprios papéis. Por exemplo:

- » Os cuidadores se sentem motivados a ajudar.
- » Os cuidadores não veem o paciente como alguém que merece ser culpado.
- » Os cuidadores se enxergam como principais responsáveis por criar uma melhora e veem o paciente como o receptor passivo de sua assistência.

>> Certos cuidadores podem oferecer compensação à vítima.

>> Cuidadores acreditam que é natural que o paciente se sinta chateado ou com raiva.

>> Cuidadores costumam oferecer simpatia, preocupação e apoio.

Os papéis de paciente doente e de vítima são legítimos, razoáveis e merecidos. De certa forma, a sociedade criou esses papéis para que as pessoas possam receber assistência previsível quando coisas ruins e não merecidas acontecerem com elas. Suspeitamos que quase todo mundo já ocupou um ou dois desses papéis uma vez ou outra. Então, qual é o problema? Se você assumi-lo por um breve período de tempo, nenhum.

Determinando se você assumiu o papel de vítima

Infelizmente, com o tempo, esses papéis podem ficar entranhados na nossa mente. Quando a crença na doença ou vitimização de alguém se estabelece, a maioria das pessoas foca cada vez mais a injustiça e a atrocidade que aconteceram com elas. Elas se sentem nervosas e enfurecidas. A pior parte é que frequentemente se sentem impotentes para fazer alguma coisa com relação à situação difícil em que se encontram.

DICA

A melhor maneira de determinar se uma crença no papel de doente ou vítima tomou conta de sua vida é se fazer as perguntas a seguir:

>> Frequentemente penso em como a vida foi injusta comigo?

>> Eu me sinto enfurecido pelo que aconteceu comigo?

>> Costumo reclamar para outras pessoas sobre minhas circunstâncias?

>> Eu me sinto impotente para fazer alguma coisa sobre meu dilema?

>> Sinto que fazer alguma coisa para resolver meus problemas de certa forma tiraria a importância do que aconteceu comigo?

Se algum dos pensamentos da lista anterior se aplica a você, pode ser que esteja no papel de vítima ou paciente doente por mais do que um breve período. Esses papéis não lhe dão um guia de como seguir em frente, e este é o problema: eles o deixam paralisado.

Mudando para papéis alternativos

Alguns papéis alternativos que talvez você queira considerar são: o papel do realizador e o papel do paciente de reabilitação. Os realizadores e pacientes de reabilitação também viveram eventos ruins (provavelmente horríveis), não merecidos e injustos. As pessoas que assumem esses papéis não são mais culpadas do que as vítimas e os pacientes doentes, porém encontram uma maneira de ir bem fundo, libertar-se de sua raiva e fúria e concentrar-se no que podem fazer para melhorar suas circunstâncias. A reabilitação às vezes requer meses ou anos de trabalho árduo, mas a maioria das pessoas acha que os resultados fazem com que o esforço valha a pena. Até mesmo lidar com as doenças crônicas e debilitantes costuma ser melhor ao adotar os papéis de fazedor e de cliente de reabilitação.

DICA

Se você se pegar preso em crenças de doente ou vítima por um tempo prolongado ou incessante, procure terapia para receber assistência adicional.

Por favor, observe que não culpamos ninguém por assumir o papel de vítima ou paciente doente. É uma reação normal, esperada e virtualmente universal a circunstâncias terríveis. E quanto mais traumáticos os eventos (como o estupro, o abuso físico e a doença mental séria), mais é provável que alguém fique no papel por um período mais longo.

Entretanto, mesmo no caso de traumas severos, mudar para o modo fazedor e trabalhar arduamente para encontrar uma vida melhor são o objetivo derradeiro, mas extremamente desafiador. Para conseguir essa mudança, você precisa entender que merece paz. E o mais importante: você deveria saber que redescobrir a felicidade de forma alguma diminui os horrores do que aconteceu com você.

DICA

Às vezes, as pessoas batalham com a ideia de que buscar a felicidade invalida o trauma passado. Pode ser que elas pensem que um prazer renovado e vivacidade de certa forma significam que nada de horrível aconteceu. Se esse tipo de pensamento lhe soa familiar, talvez você queira voltar ao caminho da felicidade com uma técnica que chamamos de Colocando em um Cofre. Essa técnica se baseia em uma estratégia sugerida por nosso colega, Dr. Robert Leahy, que escreveu extensivamente sobre por que as pessoas resistem à mudança.

Se você já vivenciou um ou mais traumas horríveis, tente imaginar um grande cofre de banco com portas de aço grossas. Coloque o vídeo do seu trauma no cofre e tranque a porta. A fita continuará lá, e você pode assisti-la para apreciar o significado que ele tem para a sua vida sempre que sentir necessidade. No entanto, quando terminar o vídeo, tranque o trauma e viva sua vida segura sabendo que ele não precisa mais machucá-lo, pois está trancado no cofre. Dessa forma, você pode aprender a assumir o controle do trauma e não permitir que o horror continue ditando as regras.

Lidando com o perfeccionismo

Pessoas perfeccionistas demais têm um risco mais elevado para a depressão. Como é impossível atingir a perfeição, um perfeccionista está fadado ao fracasso. As pessoas com tendências perfeccionistas costumam ter estes traços:

» Têm medo extremo de cometer erros.

» Têm critérios pessoais excessivamente altos.

» Julgam a si mesmas com severidade.

» Nutrem sérias dúvidas sobre a qualidade de seus empreendimentos.

Não é nenhuma surpresa que os perfeccionistas fiquem deprimidos. A pressão de critérios impossíveis, o medo de cometer erros e a implacável onda de autocrítica fazem a pessoa se sentir desamparada e desesperançada.

DICA

Algumas pessoas alegam que um pouco de perfeição é bom. Na visão delas, um pouco de perfeccionismo ajuda a motivar o trabalho árduo e a busca pela qualidade. Entretanto, se olharmos de outra maneira, "um pouco de perfeccionismo" não é perfeccionismo. Isso porque "um pouco" de perfeccionismo permite aceitação e flexibilidade.

O perfeccionismo costuma começar na infância. As crianças com esse traço não recebem amor incondicional, não recebem a mensagem de que são boas o suficiente. Os pais que incentivam o perfeccionismo nos filhos costumam fazer o seguinte:

» Mostrar amor eventualmente; em outras palavras, quando os filhos conquistam alguma coisa.

» Fazer com que as crianças saibam que seu valor está diretamente atrelado ao desempenho.

» Ser críticos demais com os erros.

» Não reconhecer as lições valiosas que os erros oferecem.

Costuma-se pensar que o perfeccionismo é um traço de personalidade razoavelmente estável. No entanto, com todas desvantagens associadas a ele, pode valer a pena tentar mudar. A terapia é uma maneira especialmente boa e eficaz de fazer isso. É um trabalho árduo, mas vale o esforço.

Analisando suas descobertas

Livrar-se de crenças que impedem a mudança não será a coisa mais fácil do mundo, porque, como mencionamos nesta seção, elas se originaram há muitos anos, na infância e adolescência. Sugerimos que revisite sua história pessoal para ter maior clareza sobre como e por que você adquiriu essas crenças. Esse conhecimento pode ajudá-lo a parar de se culpar por ter essas crenças.

LEMBRE-SE

Ao longo deste livro, mostramos tarefas sugeridas para ajudar a trabalhar em uma variedade de questões relacionadas à depressão. Você não deveria vê-las como tarefas obrigatórias; pode escolher completar ou não algumas delas. Talvez devesse trabalhar em algumas dessas tarefas junto com um profissional de saúde mental. Você não deveria seguir nossos comandos para completar tarefas difíceis e acabar se sentindo sobrecarregado ou um fracasso.

DICA

Depois de descobrir quais são as suas crenças que impedem a mudança, talvez queira conduzir uma análise de vantagens e desvantagens delas. Essa análise trará uma munição importante para desafiar essas crenças quando elas entrarem no seu caminho. Para fazer uma análise de vantagens de desvantagens:

1. **Pegue um caderno e desenhe uma tabela.**

   Desenhe uma linha de cima a baixo no meio do papel. Escreva no topo da página a crença que impede a mudança com a qual quer lidar. Então nomeie uma coluna como "Vantagens", e a outra, como "Desvantagens". Veja a Tabela 4-1 para um exemplo de análise.

2. **Escreva quaisquer motivos imagináveis pelos quais essa crença que impede o crescimento é vantajosa para você.**

   Talvez pareça que você evita riscos e perdas e que outras pessoas o apreciarão mais se você se ativer a essa crença.

3. **Escreva todos os motivos pelos quais sua crença que impede a mudança o deixa triste.**

   Talvez a crença o impeça de explorar novas oportunidades ou prolongue seu estado de infelicidade.

4. **Revise com cuidado suas duas listas.**

   Pergunte-se se as vantagens ou as desvantagens parecem mais atraentes. Provavelmente, descobrirá que as desvantagens se sobrepõem muito às vantagens. Se esse for o caso, comprometa-se a desafiar sua crença que impede a mudança ao ler a coluna de desvantagens com frequência. E veja o Capítulo 8 para mais ideias sobre como desafiar crenças problemáticas.

TABELA 4-1 Análise das Vantagens e Desvantagens de Hayden

Crença: Ponto de Vista Indigno

Vantagens	Desvantagens
Não tenho que me sentir culpado se eu evitar o prazer.	Essa crença me impede de tentar chegar a um lugar melhor.
As pessoas não pensarão que sou egoísta.	Na verdade sinto culpa o tempo todo, quer esteja me divertindo ou não.
Ficarei satisfeito com menos.	Sempre me sinto infeliz.
Não me decepcionarei por esperar coisas boas.	Fico paralisado quando sinto que não mereço coisa melhor.

| **Crença:** Ponto de Vista Indigno ||
Vantagens	Desvantagens
Se não me sinto digno, talvez terei mais motivação para ser mais produtivo.	Na verdade, eu odeio ser improdutivo, mas acho que minha depressão me deixa menos produtivo. Não acho que mereço coisa melhor; nunca serei mais produtivo.
	Sempre que me sinto bem, acabo com esse sentimento porque acho que não tenho o direito. Esse pensamento me deixa menos motivado a fazer qualquer coisa positiva.

A história de Hayden mostra como ele usa essa técnica de análise para benefício próprio.

> **Hayden** parou de trabalhar em sua depressão por nove meses. Ele espera que seu humor para baixo simplesmente vá embora sozinho, mas a depressão apenas se torna mais profunda. O terapeuta dele sugere a leitura de um livro de autoajuda específico. Depois de procrastinar por três meses, Hayden lê um capítulo. Ele descobre que tem uma crença entranhada de que ele é indigno, e essa crença o impede de lidar com sua depressão porque ele literalmente sente que não merece ser feliz. Acredita que é particularmente indigno de prazer porque sua depressão o fez ser improdutivo em seu trabalho como autor freelancer. Embora seja um pouco cético, Hayden conduz uma análise das vantagens e desvantagens de sua crença de que não é merecedor. A Tabela 4-1 mostra o resultado.
>
> Hayden conclui que sua análise de vantagens e desvantagens é mais forte no lado da desvantagem. Essa inferência o motiva a batalhar contra sua crença de que não é merecedor sempre que ela tenta convencê-lo a se afastar de fazer qualquer coisa boa para si mesmo.

DICA

Se usar a técnica de vantagens e desvantagens em uma ou mais crenças que impedem a mudança e ela não ajudar, nao fique muito desanimado. Ao longo do livro, apresentamos muito mais maneiras para acabar com essas e outras crenças problemáticas.

Salvando-se das Autolimitações

As seções anteriores deste capítulo revisam os medos consideráveis que a mudança evoca, bem como as crenças e os mitos poderosos que dão suporte a esses medos. Provavelmente não é surpresa para você que a maioria das pessoas evite apreensões ansiosas sempre que possível.

DICA

No caso de decidir lidar com a depressão, a evitação significa voltar-se à autolimitação para ficar longe de seu medo de trabalhar pela recuperação. A *autolimitação* é qualquer coisa que você faça para evitar trabalhar na depressão e, assim, atingir seu potencial real. Pode ser que esteja entrando na autolimitação se:

» Você fica encontrando motivos para evitar trabalhar em sua depressão.

» Você não vê esperança na sua situação.

» Você insiste que deve haver uma solução perfeita antes de tentar fazer qualquer coisa.

» Você exige uma garantia de melhora antes de cumprir a tarefa de mudar.

» Você desiste ao primeiro sinal de que as coisas não estão dando certo.

» Você se envolve repetidamente em autocrítica pesada sempre que faz algum esforço, roubando a motivação de si mesmo.

» Sempre que há alguma evidência indicando que as coisas estão um pouco melhores do que você pensa que estariam, você imediatamente descarta esses dados.

» Você espera pelo "momento perfeito" para fazer mudanças, o que parece nunca acontecer.

» Você fica confuso, desorientado ou "fora do ar" quando tenta lidar com os problemas.

» Você constantemente culpa outras pessoas por sua situação difícil, em vez de analisar o que pode fazer para resolver seus problemas.

Se algum desses itens da lista se aplicam a você quando considera lidar com a depressão, provavelmente você não fará nenhum progresso até que lide com sua autolimitação.

DICA

Por favor, tenha ciência de que todo mundo que tem depressão evita lidar com o problema e entra em autolimitações em vários momentos da vida. Evite se punir com julgamentos duros, o que só prolonga o processo de sabotagem.

Em vez disso, leia as seções a seguir para descobrir como encontrar uma maneira de sair da depressão. Discutimos diversas maneiras de parar de se autolimitar e fazer com que seu trem da recuperação volte aos trilhos. Se uma estratégia não funcionar muito bem com você, tente as outras.

Rastreando sabotadores

Os sabotadores preferem trabalhar no escuro. As chances de sucesso escalam substancialmente quando você não consegue detectar seus movimentos. Assim, você precisa monitorar a atividade de sabotagem em que sua mente se engaja.

LEMBRE-SE

A luz (consciência) é o arqui-inimigo dos sabotadores de sua mente; se você começar a monitorar como eles trabalham, não conseguirão executar suas intenções tão efetivamente. Monitorar seu pensamento aumenta a consciência de quando os sabotadores de sua mente estão trabalhando e permite que você os impeça.

DICA

Encontre um caderno ou abra um novo arquivo e considere começar um Diário de Autolimitação. Escreva os dias da semana em uma coluna à esquerda. Então intitule uma coluna à direita como "Estratégias de Autolimitação". (Veja a Tabela 4-2 para um diário de exemplo.) Todos os dias, escreva tudo o que você se pegar fazendo que o deixe preso na depressão e evitando fazer alguma coisa com relação a ela. Consultar a lista de estratégias de autolimitação na seção anterior pode ajudar a começar. Quando perceber que está fazendo alguma coisa para se limitar, é provável que quebre o padrão. O exemplo de Morgan mostra como essa técnica funciona.

A melancolia de **Morgan** dura mais de um ano antes de ele decidir fazer alguma coisa para melhorar a situação. Ele procura os serviços de um psicólogo que pratica a terapia cognitiva (veja a Parte 2 para maiores informações sobre a terapia cognitiva). O psicólogo logo vê que Morgan, por causa do medo de mudança, inadvertidamente sabota a própria recuperação sempre que tem chance. Morgan chega atrasado aos compromissos, sua mente divaga quando ele tenta ler materiais de autoajuda, ele reclama sobre a maneira como os outros o tratam e insiste que seu terapeuta não pode fazer nada para ajudá-lo.

O psicólogo de Morgan o ajuda a entender que seu comportamento apenas aumenta o buraco em que ele se encontra e o impede de trabalhar produtivamente para melhorar sua condição. Demora um tempo, mas Morgan entende aonde quer chegar. O psicólogo sugere que ele mantenha um diário de suas estratégias de autolimitação. A Tabela 4-2 mostra os resultados de Morgan nos primeiros cinco dias.

TABELA 4-2 **Diário de Autolimitação do Morgan**

Dia	Estratégias de Autolimitação
Segunda	Fiquei na cama por horas e me atrasei para o trabalho. Depois perdi a noção do tempo e me atrasei meia hora para a terapia, o que me deixou com apenas vinte minutos para lidar com minhas questões. Então passei dez desses minutos contando para meu psicólogo o quão desesperançado estou me sentindo. *Acho que isso não ajuda muito.*
Terça	Meu chefe disse que meu relatório estava incrível, e respondi que não estava tão bom assim, apontando várias falhas nele. *Como isso pode me ajudar?*
Quarta	Recebi uma multa por excesso de velocidade. Então disse a mim mesmo que sou um idiota por deixar isso acontecer. Pode ser que meu seguro aumente, e eu provavelmente começarei a estragar outras coisas também. Briguei com minha multa estúpida o dia todo e tive um dia improdutivo no trabalho. *Acho que não foi muito útil.*

(continua)

(continuação)

Dia	Estratégias de Autolimitação
Quinta	Eu me encontrei com a Sheila na semana passada, e pareceu que ela gostou de mim. Queria muito ligar para ela de novo, mas não consigo. Talvez ela só estivesse sendo educada e não tenha gostado nada de mim. Começo a pensar que não consigo mais aturar outra rejeição e acabo adiando a ligação. *Onde isso pode me levar?*
Sexta	Devo ter olhado umas dez vezes para quele livro que o psicólogo me indicou. Mas o peguei para ler? Não, claro que não. Então me culpei por ser um cara patético que não consegue nem fazer uma coisa simples para se ajudar. *Acho que isso também não vai me ajudar.*

Morgan revisita o diário e se dá conta de quantas maneiras ele usa para evitar o trabalho produtivo quando se trata se melhorar seus problemas. Ele teme ainda mais perda e rejeição, então fica preso na depressão, garantindo o fracasso de encontrar uma nova relação. Quando ele escuta algo positivo sobre seu trabalho, se recusa a acreditar no chefe e ativamente discute com ele. A autocrítica só serve para diminuir ainda mais seu humor; raramente ajuda a motivá-lo a fazer algo melhor. E a insistência na própria falta de esperança apenas o encurrala em um canto.

O psicólogo de Morgan o ajuda a entender que ele se autolimita por um bom motivo — o medo de mudança que vimos anteriormente na seção "Expulsando o Medo da Mudança". Parece que rastrear sua autolimitação o ajuda a resolver os problemas. À medida que Morgan vê a miríade de maneiras como evita os esforços de recuperação e como mantém o atual estado de tristeza, começa a reconhecer sua autolimitação diante dos fatos. Então ele gradualmente para de evitar a mudança e começa a lidar com os problemas.

Se você se pegar evitando e se autolimitando, tente manter um diário de autolimitação. Mas não o use como um gatilho para a autocrítica e o abuso. Culpar-se apenas perpetuará a autolimitação ao fazê-lo se sentir pior com relação a si mesmo.

Suspendendo o julgamento

Se você está preso em uma teia de pensamentos de autolimitação enquanto lê este livro ou faz terapia, suspenda o julgamento por um tempo. Brinque com a ideia de que talvez somente a terapia possa funcionar para você. Ao suspender o julgamento, trabalhe o mais arduamente que puder nas técnicas que descrevemos ao longo deste livro ou nas que seu terapeuta lhe sugerir.

DICA

Quanto mais profunda sua depressão, mais recomendamos que você comece pela Parte 3. Isso porque se colocar em movimento é importante, e a Parte 3 traz uma variedade de maneiras para pular para a ação. Depois que começar a se movimentar, é provável que sua energia aumente e de dê um gás para lidar com o restante das técnicas importantes.

Ao trabalhar nas várias ferramentas antidepressivas que apresentamos, pode ser que se pegue se autolimitando de tempos em tempos. Lute contra isso com todas as forças. Ainda que simplesmente ficar repetindo frases positivas e de autoafirmação a si mesmo não ajude muito a curar a depressão, às vezes repetir certas ideias pode servir como um lembrete importante. Portanto, considere repetir regularmente uma ou mais das seguintes afirmações para si mesmo:

» O que eu tenho a perder ao tentar? Não tenho que contar a ninguém o que estou fazendo, então ninguém nem saberá se meus esforços não derem certo.

» O único fracasso real é nunca nem tentar.

» Concentre-se no progresso, não na perfeição.

» Quando eu me coloco para baixo, não ajuda. Tentarei me concentrar mais no que faço direito do que no que faço errado.

» Não julgue, apenas faça.

Indo devagar

Você também pode se limitar de uma maneira surpreendente — trabalhando muito árdua e rapidamente em sua depressão. Acredite ou não, tentar entrar de cabeça, na velocidade máxima, na batalha contra a depressão pode causar problemas inesperados. Certifique-se de ir devagar. Fazer as coisas com muita pressa pode gerar expectativas irreais. Foque os pequenos sucessos. Se acontecer de você vivenciar um grande sucesso, isso é ótimo. Mas o saboreie e evite seguir em frente por um tempinho.

LEMBRE-SE

Há maiores chances de você superar a depressão se tiver uma abordagem gradual e constante, em vez de ficar correndo para o gol.

Colocar um ritmo para si mesmo tem outra vantagem: pode evitar que você se sinta sobrecarregado pelas tarefas que tem em mãos. Algumas pessoas olham para um livro como este e percebem que ele tem mais de trezentas páginas e vários exercícios, e concluem que nunca seriam capazes de lê-lo inteiro. Se você acha que não conseguirá ler este livro, considere as ideias a seguir:

» Você não precisa ler todos os capítulos e fazer todos os exercícios para ter benefícios significativos. Se um exercício em particular não parecer pertinente para você, não o faça! E pode ser que ler certos capítulos não seja importante para você. Por exemplo, se tiver um relacionamento muito bom, talvez não tenha que ler o Capítulo 16.

» Olhar para o cenário completo de uma só vez pode levar à autolimitação, porque fazer isso pode sobrecarregá-lo. Concentre-se em um pequeno passo por vez. Por exemplo, se tivéssemos focado a escrita deste livro inteiro como se tivesse que estar completo em apenas uma semana, teríamos parado de escrever na mesma hora!

CUIDADO

Se você tiver um grau sério de depressão que inclua ideações suicidas e desesperança, ou se trabalhar nas estratégias deste livro e não obtiver sucesso, procure um profissional para lhe dar mais assistência.

Apreciando o progresso

Muitas pessoas que nos procuram pedindo ajuda com a depressão esperam melhorar, e estão corretas por ter essa expectativa. Mas com muita frequência elas também esperam ver uma melhora imediata que acontece progressivamente e sem grandes baques. O único problema com essa expectativa é que ela ainda nunca aconteceu com ninguém! Por quê?

Para ser honesto, não temos certeza do porquê, mas sabemos que os humanos quase inevitavelmente progridem aos poucos, com muitos picos e vales pelo caminho. É importante não esperar que seus esforços de mudança avancem com tranquilidade. A mudança simplesmente não progride assim. Seu progresso será parecido com a Figura 4-1.

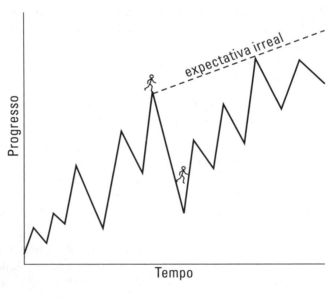

FIGURA 4-1: O caminho usual do progresso com a depressão.

© John Wiley and Sons, Inc.

Como você pode ver na Figura 4-1, o progresso contém picos e vales. Como os bonequinhos no gráfico, você ocupará várias posições enquanto supera a depressão:

» **Ficando em um topo:** Quando ocupar essa posição, você provavelmente formará expectativas positivas sobre como seu progresso se dará no futuro. Você precisa lembrar que vivenciará altos e baixos.

» **Andando em um vale:** Nesse momento, pode ser que fique tentado a concluir que nunca esteve em um lugar tão baixo. A verdade é que você pode ter feito algum progresso, mas nessas quedas pode ser que seja impossível enxergar isso — principalmente depois de estar em um pico mais alto. Tente resistir a fazer julgamentos sobre seu progresso durante as baixas inevitáveis.

Quando estiver em uma onda de alta, poderá avaliar seu progresso de uma perspectiva um pouco mais realista, mas precisa resistir à tentação de prever um progresso muito cor-de-rosa no futuro. E quando sofrer uma queda, tente não julgar o progresso como um todo, porque não será possível fazê-lo nesses momentos.

Por fim, queremos que você saiba que as quedas inerentes no processo de mudança têm vantagens. Isso porque cada declínio, apesar de ser desagradável, pode trazer informações úteis sobre os eventos que são gatilhos para o deixar para baixo. Nos Capítulos 5 e 6, você pode ver o que fazer com tais eventos. A chave está em esperar por esses momentos de baixa e não se atacar por vivenciar os altos e baixos na superação da depressão.

Reescrevendo suas páginas de histórias de fracasso

Se você está com depressão, provavelmente escreveu centenas de histórias de tristeza e melancolia. Ah, pode ser que não tenha colocado as palavras no papel, mas sua mente sem dúvidas imaginou a rejeição, as carências, os esforços jogados fora, as tentativas malsucedidas e a humilhação mais vezes do que você lembra. E essas imagens muito provavelmente incluem detalhes de você se atrapalhando com uma lista de horrores que resultariam de seu fracasso.

As histórias sobre fracassos potenciais podem fazer com que as pessoas evitem os esforços voltados à melhora da depressão. Em essência, as histórias se tornaram outra forma de autolimitação. Então, que tal considerar algo diferente?

Pegue seu caderno e uma caneta. Ou, se preferir, abra o aplicativo de anotações no celular. Escreva uma história sobre como você pode ser bem-sucedido em alguma coisa! Inclua detalhes de como você abordará o desafio, seus planos e as dificuldades que previr.

Escreva como imagina superar essas dificuldades. Certifique-se de incluir quaisquer pensamentos sobre seus medos, mas também inclua estratégias para lidar com eles. Se tiver dificuldades para ter ideias sobre como passar pelos obstáculos, pergunte-se o que outra pessoa faria. Escreva uma história suficientemente longa que inclua as especificidades; não seja mesquinho.

A BAIXA AUTOESTIMA AJUDA A CONSTRUIR BARREIRAS À MUDANÇA

Um grupo de pesquisadores do University of Washington e da University of Waterloo no Canadá conduziu uma série de estudos sobre a autoestima e seus efeitos na motivação para quebrar o mau humor. Em um desses estudos, os pesquisadores deixaram para baixo um grupo de estudantes (alguns dos quais tinham baixa autoestima, e outros, uma autoestima normal) ao fazê-los escutar músicas tristes e deprimentes. Então, os pesquisadores ofereceram vídeos para os alunos assistirem, inclusive uma comédia. Todos acreditaram que a comédia seria o melhor remédio para ajudá-los a melhorar o humor. Mas, surpreendentemente, menos da metade dos alunos com baixa autoestima escolheu assistir à comédia, enquanto cerca de três quartos dos outros participantes escolheram esse filme. Aqueles com autoestima baixa acreditaram que não é muito apropriado mudar um humor ruim. Além disso, eles também pensaram, com mais frequência do que os outros, que seu mau humor era aceitável.

A baixa autoestima costuma vir acompanhada da depressão. Esse fato sustenta a ideia de que as pessoas que estão lidando com a depressão e a baixa autoestima tipicamente entram em uma falta de ação. Assim, você precisa trabalhar para quebrar as barreiras contra a mudança de sua mente antes de tentar outras técnicas de recuperação.

> **NESTE CAPÍTULO**
>
> » Encontrando o tratamento certo
>
> » Procurando recursos
>
> » Obtendo ajuda com a psicoterapia
>
> » Discutindo sobre medicamentos com um profissional

Capítulo **5**

Encontrando Ajuda para a Depressão

ocê está se sentindo para baixo? Bem, vamos supor que, por estar lendo este livro, você ou alguém a quem ama está sentindo algum grau de depressão. Talvez você só esteja um pouco na fossa, ou talvez esteja desesperadamente melancólico. A boa notícia é que você pode encontrar ajuda em muitos lugares, da livraria ao consultório de um terapeuta. A notícia ruim é que o número de opções pode confundi-lo. Neste capítulo, esclarecemos a dúvida gerada pelas opções para obter ajuda e fornecemos as ferramentas de que precisa para tomar uma decisão informada.

Trazemos duas informações de bastidores sobre duas opções principais para lidar com a depressão — psicoterapia e medicamentos — para que você possa entender qual lhe parece a certa, o ajudamos a decifrar as diferenças entre os vários profissionais de saúde mental e a determinar se você combina com o profissional que escolheu. Também falamos sobre a autoajuda, que pode ajudar na psicoterapia ou com a medicação e, em casos leves, pode se provar suficiente.

Esbarrando em uma Solução

As pessoas costumam negligenciar o processo de tomada de decisão na busca por ajuda e não analisam cuidadosamente as opções. Às vezes isso funciona bem — apesar de as opções para lidar com a depressão serem numerosas e completamente diferentes.

> Considere **Verônica**, por exemplo. Ela trabalha como bibliotecária-chefe em uma nova cidade. Está animada com o emprego novo. Ainda assim, sente falta dos amigos e doa família muito mais do que imaginava. Aos 52 anos, ela é consideravelmente mais velha do que os colegas e acha difícil se relacionar com eles. Uma noite, depois de conversar com sua filha adulta ao telefone, se surpreende com as lágrimas nos olhos. Nas próximas semanas, seu humor se deteriora, e ela começa a chorar com frequência. Ela sente cada vez mais culpa e remorso por ter se mudado para longe das pessoas que ama.
>
> Verônica recebe uma nova carga de livros, nota um sobre lutar contra a depressão e começa a lê-lo. A mensagem do livro conversa com ela. Depois de ler alguns poucos capítulos, ela conclui que seu humor é um transtorno de adaptação com humor depressivo. Nas seis semanas seguintes, ela pega o livro muitas vezes e testa suas muitas sugestões. Seu humor gradualmente começa a melhorar, e ela começa a gostar do novo emprego e da cidade.

DICA

Verônica esbarrou na opção de autoajuda, e isso funcionou para ela. Sua depressão era bem leve e estava relacionada à mudança. À medida que foi se adaptando à situação, conseguiu lidar melhor. Outras pessoas encontram essa maneira na terapia, ou com medicamentos, e percebem que o tratamento dá certo com o tempo.

Infelizmente, muitos não encontram a melhor opção para lidar com a depressão na primeira tentativa. É importante considerar todas as opções de ajuda e ponderar as informações com cuidado para que possa tomar uma decisão acertada. Mas, se sua primeira tentativa não der certo, não desista. Tente outra coisa. Às vezes é necessário tentar algumas vezes até encontrar o melhor tratamento.

Prosseguindo com a Opção da Psicoterapia

A *psicoterapia* envolve trabalhar com um terapeuta usando técnicas psicológicas para aliviar problemas emocionais. E a psicoterapia funciona bem para tratar a depressão. Inacreditavelmente, ela se apresenta em centenas de formas e tipos diferentes; também é praticada por uma grande gama de profissionais. Credo! Como você conseguirá entender como conseguir a ajuda de que precisa nesse labirinto de opções?

Não tenha medo. Nesta seção, trazemos as informações de que você precisa para caminhar por esse labirinto. Primeiro, discutimos os tipos de psicoterapia que se sabe que funcionam para tratar a depressão, e depois contamos como organizar quem é quem entre os profissionais de saúde mental.

As terapias eficazes

Sinta-se livre para ler a vasta literatura que abarca centenas e centenas de artigos sobre a eficácia da psicoterapia no tratamento da depressão. Acreditamos que você não quer ler toda essa informação, então fizemos essa pesquisa por você. (Não se sinta mal por nós, é nosso trabalho.) A partir dessa literatura, chegamos a quatro terapias empiricamente validadas para a depressão.

O que significa dizer que uma terapia foi empiricamente validada? A abordagem empírica se refere a uma abordagem que sistematicamente testa a eficácia da terapia por meio de uma observação cuidadosa usando estudos de pesquisa cuidadosamente controlados. Muitos estudos são necessários antes que os cientistas endossem completamente uma abordagem terapêutica como empiricamente válida.

LEMBRE-SE

As terapias a seguir se provaram eficazes, e muitas produzem resultados excelentes em um período de tempo razoável.

» **Terapia cognitiva:** Em resumo, a terapia cognitiva opera no princípio de que a maneira de a pessoa pensar, perceber e interpretar os eventos tem um papel crucial em como pensam. Para o tratamento da depressão, nenhuma psicoterapia recebeu tanto suporte quanto a cognitiva. Direta e reta, ela funciona. E funciona pelo menos tão bem quanto os medicamentos para tratar a depressão, e ainda fornece um grau de proteção contra recaídas — algo que o medicamento não pode fazer. Veja a Parte 2 para uma vasta quantidade de técnicas e ideias baseadas nos princípios da terapia cognitiva.

» **Terapia de aceitação e compromisso (ACT):** A ACT tem muitas semelhanças com as terapias cognitiva e comportamental, no entanto, dá mais ênfase à aceitação de todos os sentimentos e emoções, em vez de tentar se livrar de todos eles. A ACT sugere que tentar eliminar ou evitar todos os sentimentos ruins quase sempre é um tiro pela culatra e só faz com que os sentimentos fiquem mais intensos. Ao aceitá-los, paradoxalmente, você ajuda a amenizá-los. Também dá certo para esclarecer o valor e o compromisso de viver uma vida com base em seus valores pessoais. A ACT provou-se ser um tratamento eficaz para a depressão. O Capítulo 9 se baseia bastante nas premissas da ACT.

» **Terapia comportamental:** Estudos descobriram que mudar seu comportamento também pode melhorar como você se sente e aliviar a depressão. A terapia comportamental se concentra em ajudá-lo a mudar comportamentos (como aumentar o número de atividades que trazem prazer e ensinar formas de resolver problemas). A maioria dos praticantes de terapia comportamental também inclui pelo menos algumas técnicas cognitivas em seu trabalho. Muitos desses profissionais se chamam de terapeutas cognitivo-comportamentais. Veja a Parte 3 para uma revisão sobre várias técnicas cognitivo-comportamentais.

» **Terapia interpessoal:** Esse tipo de terapia intenta ajudar as pessoas a identificar e modificar problemas nos relacionamentos, tanto os passados quanto os atuais. Evidências consideráveis sustentam o valor da terapia interpessoal na diminuição da depressão. Como a terapia cognitiva, essa abordagem também demonstrou aliviar a depressão quase tão bem quanto o medicamento. Às vezes, esse método de terapia se aprofunda em questões envolvendo perda, luto e mudanças importantes, como a aposentadoria ou o divórcio. Uma porção dessa abordagem também envolve o relacionamento entre o terapeuta e o cliente (como aprender a se relacionar com o terapeuta de forma que o ajude com outros relacionamentos), o que um livro não consegue fornecer. Verifique a Parte 4 para mais estratégias de como aprender a substituir perdas, derivadas em parte da terapia interpessoal.

A maioria das pessoas não sabe que há centenas de diferentes tipos de terapia. Se olhar por aí, pode ser que encontre profissionais de psicanálise, terapia hakomi, dessensibilização e reprocessamento por meio de movimentos oculares (também conhecida por EMDR — *eye movement desensitization reprocessing*), terapia centrada na pessoa, análise transacional e terapia Gestalt, para citar algumas. Acreditamos que muitas dessas terapias provavelmente têm valor, e algumas podem funcionar para a depressão. No entanto, a literatura científica é limitada nesses outros tipos de terapias na aplicação à depressão. Sugerimos que você comece com terapias que se provaram eficazes.

Quem é quem na psicoterapia

LEMBRE-SE

A maioria das pessoas não sabe que praticamente todo mundo pode se intitular terapeuta sem ter problema com as autoridades, porque o título "terapeuta" não é coberto pelas leis de licenciamento. Em vez disso, nos Estados Unidos, os estados regulam especificamente títulos profissionais e o direito a praticar psicoterapia ou prescrever medicamentos.

Na lista a seguir, analisamos a maioria dos títulos profissionais controlados pelos conselhos de licenciamento profissionais. Também descrevemos o treinamento usual requerido, nos Estados Unidos, para obter cada tipo de licença profissional, apesar de isso variar um pouco de estado para estado. Você precisa perguntar sobre o treinamento específico do profissional, porque nem todos foram capacitados nos tipos de psicoterapia que se provaram eficazes para a depressão (que descrevemos na seção anterior).

» **Psicólogos clínicos:** Nos Estados Unidos, para se tornar um psicólogo clínico licenciado, o indivíduo tem que ter doutorado em psicologia. Além disso, precisa completar um ano de estágio seguido por um ou dois anos de treinamento depois da pós-graduação. Os programas de doutorado em psicologia costumam enfatizar a ciência dos comportamentos humanos e providenciar treinamento em psicoterapias que foram validadas pelas pesquisas. Ainda assim, você precisa verificar a especialidade do psicólogo em uma terapia empiricamente válida antes de se comprometer a trabalhar em sua depressão com ele. Em alguns estados norte-americanos, os psicólogos clínicos que completaram treinamento adicional também podem prescrever remédios.

» **Conselheiros:** Nos Estados Unidos, conselheiros independentes e licenciados têm diploma de mestrado e dois anos de supervisão na pós-graduação. Em alguns casos, os conselheiros só podem ter diplomas em graduação em pedagogia, psicologia ou teologia. Os *conselheiros pastorais* têm treinamento teológico além do treinamento para serem conselheiros. A maioria deles oferece uma gama de psicoterapias. Pergunte-lhes sobre a experiência específica com os tipos de psicoterapia que observaram ser bem-sucedidas para a depressão.

» **Psiquiatras:** Os psiquiatras têm diploma de medicina e participam de um programa de residência de quatro anos que os treina no tratamento e diagnóstico de transtornos emocionais, incluindo a depressão. Seu treinamento costuma enfatizar tratamentos biológicos. Assim, muitos psiquiatras lidam exclusivamente com a administração de remédios e/ ou terapias biológicas alternativas, como a eletroconvulsoterapia (veja os Capítulos 17 e 18). No entanto, alguns psiquiatras recebem treinamento em psicoterapia. Se estiver interessado na obtenção de psicoterapia, certifique-se de perguntar ao psiquiatra com quem você pensa em trabalhar se ele a oferece.

» **Assistentes sociais:** Nos Estados Unidos, os assistentes sociais costumam ter vários títulos, como o de *assistente social licenciado* e o de *assistente social independente*. Os títulos de *assistente social qualificado em clínica* e de *assistente social diplomado em clínica* são dados para as pessoas que atingem os níveis mais avançados de treinamento. Para se tornar um assistente social qualificado em clínica, o concorrente deve ter pelo menos um diploma de mestrado em serviço social, ter trabalhado durante dois anos sob supervisão além do mestrado e ter sido aprovado em um exame nacional. Os assistentes sociais fornecem uma gama de psicoterapias, apesar de alguns deles se concentrarem em serviços sociais e ajudarem as pessoas a acessar recursos. O título de um assistente social não indica necessariamente a extensão do treinamento em psicoterapia, então pergunte ao assistente social com quem você quer trabalhar se ele oferece psicoterapia e foi treinado em abordagens eficazes para o tratamento da depressão.

DICA

Vários estados norte-americanos também podem licenciar alguns outros tipos de profissionais de saúde mental. Por exemplo, muitos estados licenciam terapeutas de casal e de família ou enfermeiras psiquiátricas para oferecer terapia. Verifique com o conselho de licenciamento profissional ou seu provedor de saúde. Se um terapeuta não for licenciado, tome cuidado.

Encontrando o terapeuta certo para você

Algumas pessoas dedicam à escolha de um terapeuta o mesmo tempo que demoram para escolher um melão no mercado. Isso é muito ruim, porque o terapeuta certo pode ajudá-lo a se recuperar e alcançar novos níveis de adaptação e bem-estar. E, no pior caso, o terapeuta errado pode consumir seu tempo e dinheiro, causando maior estresse emocional.

LEMBRE-SE

É importante considerar as questões a seguir quando estiver procurando um terapeuta:

» **Finanças:** Pergunte quanto o terapeuta cobra e se seu plano de saúde cobre aquele profissional específico. Alguns convênios têm uma lista dos chamados terapeutas preferíveis que eles cobrem. Alguns convênios permitem que você se consulte com quase qualquer profissional licenciado, enquanto outras restringem o acesso a um painel bem estreito de fornecedores. Ainda que seja incomum, algumas empresas cobrem apenas psicoterapias que se provaram eficazes, como as revistas neste livro. Certifique-se de verificar sua cobertura, em vez de cometer um erro caro com base em presunções. Algumas pessoas escolhem não usar o seguro porque querem se consultar com um profissional particular ou têm preocupações especiais com relação à privacidade.

DICA

Investir dinheiro em terapia com certeza dará retornos de inúmeras maneiras inesperadas. Por exemplo, estudos mostraram que a psicoterapia na verdade reduz as consultas médicas, e parece que também melhora a saúde física, além da mental.

» **Reputação e recomendações:** Os terapeutas não podem lhe dar uma lista com os nomes dos clientes satisfeitos, porque devem honrar a confidencialidade. Na maioria dos estados norte-americanos, é possível acessar informações do site governamental para ver se há reclamações formais ou violações éticas relacionadas a um profissional. Além disso, você pode pesquisar sobre a reputação de seu terapeuta em outras fontes. Pergunte. Converse com seus amigos e o médico de sua família.

CUIDADO

Tenha cuidado com anúncios no jornal, na televisão, nas redes sociais ou na lista telefônica: elas *não são* fontes de informação confiáveis a respeito da reputação de um terapeuta.

» **Agendamento:** Alguns terapeutas têm as agendas completamente cheias, com opções de agendamento bastante limitadas. Pode ser que você tenha que encontrar alguém que faça consultas à noite ou aos finais de semana. Certifique-se de perguntar a que horas o terapeuta atende.

» **Treinamento e licenciamento:** Discutimos os requisitos gerais de treinamento para os vários profissionais de saúde mental na seção "Quem é quem na psicoterapia". Considere esse tópico em nossa lista como um lembrete para perguntar sobre o treinamento e a experiência nas terapias que se sabe que funcionam para a depressão, como a terapia cognitiva, a terapia comportamental e a terapia interpessoal. (Para uma definição dessas terapias, verifique a seção "As terapias eficazes".)

DICA

A pandemia de Covid-19 semeou o rápido crescimento do que é conhecido como telemedicina ou teleterapia. A teleterapia usa os computadores ou smartphones para permitir que a terapia seja conduzida remotamente. Durante a pandemia, a teleterapia parecia a coisa certa a se fazer, por razões óbvias, e estudos preliminares indicam prováveis benefícios da teleterapia, mas consideravelmente mais pesquisas são necessárias para confirmar essa descoberta. Por outro lado, muitas pessoas preferem a terapia frente a frente. Os tempos estão mudando, e teremos que esperar para ver se a terapia remota tomará o lugar do cuidado presencial.

Decidindo se seu terapeuta é uma boa opção

Na maior parte do tempo, quando as pessoas escolhem um terapeuta, costumam sentir uma boa conexão, e melhoram. Os terapeutas costumam ser radiantes, gentis e habilidosos. No entanto, às vezes terapeutas e clientes simplesmente não combinam.

Pode ser que você depare um terapeuta que não combina com você. Talvez ele se pareça com seu ex-cônjuge, e toda vez que você vai à terapia, sente uma enxurrada de memórias dolorosas. Ou talvez não se sinta conectado ao terapeuta por algum motivo que não entende. Descobriu-se que a qualidade do relacionamento terapêutico consistentemente prevê resultados bons ou ruins, então é importante que você se sinta confortável.

Estas são algumas perguntas que você deveria fazer a si mesmo para ajudar a determinar seu nível de conforto depois de se consultar algumas vezes:

» Sinto que posso contar tudo para meu terapeuta?

» Parece que meu terapeuta se importa comigo?

» O meu terapeuta é razoavelmente otimista com relação ao meu possível progresso?

» Meu terapeuta me entende?

» Meu terapeuta parece interessado nos meus problemas?

» Parece que meu terapeuta tem uma agenda muito estrita e não me deixa trazer algo novo que é importante para mim?

» Meu terapeuta escuta o que estou tentando dizer?

» Meu terapeuta é confiável e costumar ser pontual?

» Meu terapeuta restringe as discussões sobre questões pessoais ao mínimo possível?

» Meu terapeuta é aberto e aceita críticas?

» Confio no meu terapeuta?

» Meu terapeuta não me julga nem é crítico comigo?

» Eu me sinto seguro discutindo meus problemas com meu terapeuta?

Se sua resposta a alguma dessas questões foi um retumbante "não", ou você respondeu várias delas com um claro "sim", discuta suas preocupações com o terapeuta. Se sentir que não pode discutir essas questões com ele, pergunte-se o porquê.

Se tiver bons motivos para se sentir tão inseguro que não consegue se imaginar falando com franqueza, você provavelmente precisa procurar outro terapeuta. Por outro lado, se sua reticência vier da timidez ou vergonha, saiba que os terapeutas são treinados para ouvir suas preocupações, e você tem o direito absoluto de expressá-las — e precisa fazer isso.

A maneira como seu terapeuta reagirá às suas preocupações sobre a qualidade do relacionamento cliente-terapeuta lhe dirá se pode seguir em frente com ele. Veja o exemplo de como um bom terapeuta talvez responda às preocupações de um cliente:

Cliente: Preciso falar com você.

Terapeuta: Claro, o que foi?

Cliente: Tenho sentido que não posso ser honesto com você, porque temo que você será crítico.

Terapeuta: Estou feliz que tenha mencionado. Pode me ajudar a entender quando sente que estou sendo crítico com você?

Cliente: Bem, na semana passada eu contei os meus planos para procurar outro emprego, e você disse que eu não deveria fazer isso.

Terapeuta: Pode ter soado como uma crítica, como se eu não estivesse lhe dando apoio.

Cliente: Sim, pareceu isso mesmo. Senti que você pensou que sou idiota.

Terapeuta: Deve ter sido horrível. Você pode pensar em outro motivo para eu ter feito aquela sugestão?

Cliente: Não. Havia outro motivo?

Terapeuta: Bem, sim. Eu simplesmente percebi que, quando as pessoas tomam decisões de vida importantes enquanto estão na agonia da depressão, elas costumam se arrepender depois. É muito difícil olhar com objetividade para as coisas em momentos como esse. Por outro lado, eu certamente quero explorar sua infelicidade no trabalho. Agora que estou pensando nisso, eu provavelmente não lhe perguntei o suficiente sobre isso. Você gostaria de me contar mais agora?

Essa troca parece ter ocorrido de uma forma bem legal, não parece? O terapeuta ouve com cuidado as preocupações do cliente, reconhece que não explorou o problema adequadamente e demonstra interesse em fazê-lo. Se seu terapeuta responder dessa maneira, sugerimos que siga em terapia um pouco mais de tempo para ver se o relacionamento pode se tornar mais produtivo.

DICA

Mas às vezes os terapeutas têm os próprios problemas e não respondem muito bem às preocupações dos clientes. Veja um exemplo:

Cliente: Preciso falar com você sobre uma coisa.

Terapeuta: Claro, o que foi?

Cliente: Tenho sentido que não posso ser honesto com você porque temo que você será crítico.

Terapeuta: Bom, eu certamente não acho que já o critiquei. O que o faz pensar nisso?

Cliente: Bem, na semana passada eu contei os meus planos para procurar outro emprego, e você disse que eu não deveria fazer isso.

Terapeuta: Isso porque você não está em condições de procurar emprego. Você está muito depressivo para fazer isso. Você realmente achou que eu estava criticando-o?

Cliente: Sim, pensei. Senti que você pensou que sou idiota.

Terapeuta: Isso não é verdade. Você obviamente está se sentindo na defensiva. Precisamos trabalhar isso.

Cliente: Para ser honesto, não me sinto ouvido por você.

Terapeuta: Bem, eu claramente estou ouvindo-o agora.

Nesse caso, a conversa não faz nada para reparar o relacionamento fragilizado. O terapeuta reage na defensiva e não oferece nenhum apoio, empatia ou conexão com o cliente. Se suas discussões com o terapeuta costumam se parecer com essa, você deveria considerar trocar de profissional.

DICA

É importante você saber que a maioria dos terapeutas não reagirá como o do exemplo anterior. Eles tendem a ter uma boa escuta, expressar empatia e reagir com abertura à crítica.

Desbancando os mitos sobre a terapia

Os mitos e as ideias equivocadas sobre a terapia e os recursos de autoajuda são outra razão importante para as pessoas evitarem buscar ajuda para a depressão. Às vezes escutamos as pessoas falarem da terapia de modo depreciativo. É claro que raramente essas mesmas pessoas fazem terapia. Elas a evitam como a praga porque realmente enxergam esse processo como inútil e equivocado. Se começam a terapia, costumam evitar participar por completo e então desistem muito logo, por causa das percepções errôneas. Essas pessoas compram os muitos mitos e as ideias equivocadas sobre a terapia. Nesta seção, discutimos cada um desses mitos e por que acreditamos que não são precisos.

A terapia é um processo longo e complicado

A terapia e a autoajuda envolvem um pouco de trabalho. No entanto, inúmeros estudos demonstraram que a maioria dos casos de depressão maior pode ser tratada com sucesso com cerca de vinte sessões dos tipos de terapia que discutimos neste livro. Outros estudos demonstraram que, para algumas pessoas, basta a autoajuda para oferecer assistência o suficiente para superar casos leves de depressão. Estudos também demonstraram que a autoajuda pode ser uma adição valiosa para a terapia.

Mas se estiver batalhando contra uma depressão crônica de longa data, pode ser que você descubra que precisa de uma terapia um pouco mais longa. Entretanto, você provavelmente sentirá uma melhora no humor dentro de alguns meses depois de ter começado a terapia, e há chances de sentir que os benefícios do trabalho contínuo valem muito o esforço.

A terapia apenas oferece desculpas

As pessoas que acreditam nesse mito costumam se ver como inferiores e acreditam que merecem sofrer com a depressão. Outras pessoas que veem a terapia como um gerador de desculpas acreditam que certas terapias (principalmente a terapia cognitiva; veja a Parte 2) simplesmente forçam o pensamento positivo. A verdade é que essas terapias não pedem simplesmente que você veja tudo com positividade. Em vez disso, elas o orientam a coletar e examinar evidências (mais ou menos como os cientistas). Quando você descobre evidências que dão apoio a um aspecto negativo sobre si mesmo ou seu mundo, você trabalha para mudar o que pode e aceitar o que não pode mudar.

A terapia e a autoajuda meramente banalizam a depressão

Ao longo deste livro, afirmamos que a depressão é um problema sério — às vezes até fatal, pois o suicídio impõe um risco significativo. Todos os bons terapeutas entendem a seriedade dessa condição.

Por outro lado, percebemos que a terapia lhe apresenta técnicas que vão direto ao ponto e não são muito complexas. Pode ser que elas realmente pareçam banais, afinal de contas, pode ser que você tenha batalhado durante anos contra uma depressão profunda, e a ideia de que algumas simples técnicas podem te ajudar a superá-la pode soar pouco crível. Mas os terapeutas tentam pegar ideias e informações complexas e quebrá-las em unidades digeríveis e facilmente compreensíveis. Se fosse pedir para alguém compreender e executar todas essas informações de uma só vez, a maioria das pessoas não daria conta.

Às vezes pode ser que você sinta que seu terapeuta está lhe pedindo para mudar com muita rapidez ou facilidade, o que pode fazê-lo se sentir diminuído, como se sua depressão fosse simples e a mudança fosse fácil. Se estiver em terapia, discuta esses sentimentos com seu terapeuta. Se estiver tentando se tratar com autoajuda e sentir que estão exigindo uma mudança muito rápida, talvez você se beneficie da inclusão de terapia em seus esforços.

A terapia ignora a importância das emoções e dos sentimentos

O campo da saúde mental reconhece a agonia e a dor por trás da depressão. É por isso que esse campo dedicou décadas de exploração profissional e pesquisa para encontrar maneiras de aliviar a dor causada por esse mal.

As emoções e os sentimentos são de extrema importância para os terapeutas. Além disso, às vezes eles lhe pedem para se concentrar em seus pensamentos além das emoções geradas por eles. Como resultado, pode parecer que suas emoções não são reconhecidas. Se estiver em terapia, discuta esse sentimento com seu terapeuta. Se tiver essa reação enquanto lê um livro de autoajuda como este, talvez queira suplementar seus esforços com um terapeuta que possa escutar e reconhecer seus sentimentos mais do que um autor pode fazer a distância.

Nem a terapia nem a autoajuda podem me dar aquilo de que eu preciso

Bem, esse pensamento tem um pingo de verdade. Nenhum terapeuta ou livro pode te dar tudo de que você precisa. A maioria dos terapeutas e autores sabe que têm limitações. Por exemplo, pode ser que você se sinta decepcionado com uma ou mais partes deste livro, e queremos saber de você, se esse for o caso.

Mas tente abordar tanto a terapia quanto os livros com a percepção de que suas necessidades serão apenas parcialmente atendidas. É mais provável que elas sejam atendidas por múltiplos recursos: livros, terapeutas, amigos, parentes, e assim por diante. E, infelizmente, não conhecemos ninguém que se sinta 100% pleno o tempo todo.

A terapia não funciona

Literalmente centenas de estudos demonstraram a eficácia das terapias que descrevemos neste livro. À medida que discutirmos cada uma delas, também tomamos nota brevemente das pesquisas que estão por trás. No entanto, nem todo tipo de psicoterapia se provou convincentemente eficaz. Se você fizer terapia, certifique-se de que seja uma que esteja neste livro.

Não posso mudar quem sou

Não posso mudar a menos que me sinta completamente compreendido, e nenhum autor ou terapeuta pode entender a complexidade e a profundidade dos meus problemas. A ideia de que nenhum autor ou terapeuta pode compreender com profundidade cada aspecto da sua depressão é absolutamente verdade. De fato, muitos profissionais de saúde mental nunca vivenciaram um episódio de depressão maior, então não podem dizer que entendem todo o entranhamento de sua tortuosa experiência emocional.

No entanto, a maioria dos terapeutas dá o melhor para ouvir e se conectar com o impacto devastador da depressão. Espero que o que eles escreverem reflita uma compreensão razoável do que escutam. E pesquisas mostram que a terapia funciona muito bem, apesar de a maioria dos terapeutas não poder afirmar que compreende 100% da agonia que você talvez esteja sentindo.

As pessoas que fazem terapia são fracas

Apesar de esse pensamento ser um obstáculo eficaz que impede que muitas pessoas procurem ajuda, acreditamos piamente que está embasado em uma mentira. Na verdade, procurar ajuda é um ato de coragem. Requer abaixar a guarda e ponderar suas vulnerabilidades. Pense nisso. Quem tem mais coragem? Alguém que se sente compelido a apresentar uma fachada falsa e evitar explorar quaisquer vulnerabilidades pessoais, ou alguém que assume os próprios problemas e decide enfrentá-los de cabeça erguida? Pensamos que o último é mais corajoso.

As pessoas só vão para a terapia para choramingar e reclamar

A grande maioria das pessoas que buscam ajuda revela algumas "reclamações" sobre suas vidas, mas então elas acabam tentando fazer alguma coisa para resolver seus problemas. A terapia tem tanto a ver com choramingar e reclamar quanto balançar seus braços rapidamente tem a ver com voar.

Falando com um Profissional sobre Tomar Antidepressivos

A decisão sobre tomar ou não remédio para sua depressão é complexa. No Capítulo 17, revisamos em detalhes os pontos positivos e negativos de tratar sua depressão com remédio. No entanto, se você optar pelos antidepressivos, ainda precisa saber com quem consegui-los. Uma variedade de diferentes profissionais prescreve medicamentos para depressão.

Como você deve imaginar, os médicos prescrevem a maioria dos antidepressivos. Dois tipos de médicos o fazem com mais frequência:

» **Médicos de atenção primária:** São os médicos que as pessoas mais consultam para sua rotina de cuidados, como check-ups anuais e tratamento para gripe ou resfriados. Esse grupo inclui especialistas, como médicos da família, internos, geriatras e, às vezes, até ginecologistas. Conversar com o médico da sua família sobre os sintomas da depressão pode ser uma maneira razoável de começar o tratamento.

Na verdade, pode ser que você ser fique surpreso ao saber que médicos de cuidados primários são responsáveis por 60% das prescrições dadas para transtornos emocionais. No entanto, se sua depressão for severa ou complicada pela presença de outros problemas, como ansiedade ou abuso de substâncias, você precisa consultar um psiquiatra.

DICA

Antes de pedir para seu médico de cuidado primário prescrever um antidepressivo, certifique-se de descobrir se ele fica confortável com esse tipo de medicamento. Alguns clínicos gerais têm treinamento considerável no uso de medicamentos para tratar transtornos emocionais, enquanto outros sabem muito pouco sobre essa área em específico.

» **Psiquiatras:** Lembre-se de que os psiquiatras recebem um treinamento mais extensivo no tratamento biológico da depressão do que qualquer outro grupo de profissionais que podem prescrevê-lo. Além disso, costumam consultar pacientes com depressão e outros transtornos emocionais, assim, têm experiência considerável com os efeitos colaterais e a interação medicamentosa envolvidos no uso de medicamentos antidepressivos.

Nos Estados Unidos, alguns poucos profissionais, além dos médicos, têm permissão para prescrever antidepressivos:

» **Enfermeiros e médicos assistentes:** A maioria dos estados norte-americanos permite que esses profissionais prescrevam antidepressivos além de outros remédios. A maioria desses profissionais tem um treinamento bem limitado sobre problemas emocionais, como a depressão. Lembre-se de perguntar. Se sua depressão não for severa nem complicada pela presença de outros problemas emocionais (como doenças físicas, abuso de substâncias ou ideações suicidas), você pode considerar obter seu antidepressivo com esses profissionais.

» **Psicólogos que prescrevem:** A maioria dos psicólogos não prescreve medicamentos, no entanto, um número crescente está completando um treinamento adicional que lhes permite prescrever. É preciso verificar em cada estado se os psicólogos têm treinamento especializado em psicofarmacologia. [Não se aplica ao Brasil.]

» **Farmacêuticos:** Em vários estados norte-americanos, os farmacêuticos estão fazendo lobby pelo direito de prescrever certos tipos de medicamentos. Geralmente, esse privilégio envolve a colaboração com um médico da atenção primária. Os farmacêuticos também têm um treinamento bastante limitado no tratamento de problemas emocionais, mas você pode considerar obter o medicamento com um farmacêutico se sentir uma depressão leve e sem complicações. (Veja o Capítulo 2 para maiores informações sobre os tipos diferentes de depressão.)

DICA

Se decidir fazer o uso de medicamento e receber terapia de outro profissional, incentive seu terapeuta a se comunicar com esse profissional de saúde que está prescrevendo seus remédios. A comunicação garante que ambos estejam na mesma página.

Explorando a Opção de Autoajuda

Todas as pessoas que estão lidando com a depressão podem se beneficiar da *autoajuda*, que se refere a esforços que você faz sozinho, sem a assistência profissional, para lidar com a depressão. Dezenas de estudos demonstraram o valor da autoajuda em dificuldades médicas, emocionais e comportamentais. Para alguns indivíduos, a autoajuda parece ser tudo de que precisam. No entanto, ela não costuma ser o suficiente. Mesmo que seus esforços não ajudem muito, a autoajuda pode ser um acréscimo potente à terapia, aos medicamentos ou a uma combinação dos dois.

Decidindo se a autoajuda é uma solução

Você deveria considerar a autoajuda uma maneira exclusiva de superar a depressão? Na maioria dos casos, provavelmente não. Mas antes de tomar a decisão de tentar somente a autoajuda como estratégia, pergunte-se o seguinte:

> » **Estou tendo pensamentos suicidas?** Se a resposta for sim, você precisa de uma avaliação feita por um profissional de saúde mental. Essa pessoa provavelmente recomendará psicoterapia, medicamento ou uma combinação dos dois, além da autoajuda.
>
> » **A minha depressão está interferindo seriamente em áreas de minha vida como trabalho, relacionamentos, sono, apetite ou lazer?** Mais uma vez, se a resposta for sim, pode ser que você esteja sofrendo de um transtorno de depressão maior, o que significa que provavelmente precisa de mais do que apenas a autoajuda.

Se respondeu "não" a ambas as perguntas, *pode ser* que a autoajuda seja um bom ponto de partida. No entanto, você precisa considerar outra questão antes de começar: "Eu tenho o desejo e a motivação de trabalhar nos conselhos que recebo das fontes de autoajuda?" Não estamos falando de horas de estudo todos os dias, mas a autoajuda requer mais do que uma leitura rápida de um artigo ou livro. E você, como muita gente, pode se sair melhor se tiver um coach adequado ou líder inspirando-o. Apenas você pode responder a essa questão. Se não conseguir responder "sim" com confiança, converse com um profissional de saúde mental sobre suas opções.

Se tomar a decisão de seguir com a autoajuda, isso é ótimo. Este livro é um excelente ponto de partida. Depois, se quiser obter recursos extras de autoajuda, pode escolher mais livros, vídeos, grupos de autoajuda ou a combinação de recursos que você imagina que funcionarão para você. Aplique o que aprender por um tempo e monitore seu progresso cuidadosamente. Você pode usar o formulário de monitoramento do humor (o Diário do Humor) que descrevemos no Capítulo 2 para rastrear sua melhora.

CUIDADO

Se não vir progresso depois de um ou dois meses com a autoajuda, procure assistência adicional. Se você se sentir desestimulado em algum momento, começar a ter ideações suicidas ou se a depressão piorar, procure ajuda adicional.

Revisando os recursos

Escolher a abordagem de autoajuda certa depende, em parte, de suas preferências pessoais e de seu estilo. O fato de já estar lendo este livro sugere que a palavra escrita pode ter um apelo para você. A lista a seguir cobre a maior parte das opções de autoajuda. (Daremos outras sugestões mais específicas no apêndice.)

CAPÍTULO 5 **Encontrando Ajuda para a Depressão** 93

» **Livros:** Este é o único livro em todo o universo literário que tem valor na ajuda de pessoas com depressão. Estou só brincando, gente! Ler diversos livros de autoajuda é uma ideia muito boa. Ainda que você possa escutar a mesma sugestão mais de uma vez, a repetição o ajuda a lembrar, e todos os autores têm maneiras levemente diferentes de explicar os conceitos. Os melhores livros para lidar com a depressão dão informações sobre tratamentos que sabemos que funcionam (como a terapia cognitiva, a terapia de aceitação e compromisso, a terapia comportamental, a terapia interpessoal e medicamentos).

Os livros são uma forma barata de obter ajuda e informações gerais, o que é uma vantagem óbvia. Mas o mais importante é que os livros também podem fornecer várias informações que levariam muitas sessões para serem abordadas por um terapeuta. E você pode voltar a essas informações com a frequência que desejar. Finalmente, se você combinar leitura com terapia, é provável que ficará melhor em menos tempo.

LEMBRE-SE

Certifique-se de que os autores dos livros de autoajuda que você comprar tenham as credenciais e experiência em ajudar outras pessoas a lidar com a depressão.

» **Vídeos:** Para aqueles que aprendem melhor escutando ou vendo, os vídeos têm seu mérito. Procure pelas mesmas credenciais e informações sobre abordagens eficazes que buscamos nos livros.

» **Grupos de autoajuda:** Os grupos de autoajuda oferecem apoio e compreensão. As pessoas com problemas em comum se reúnem nesses grupos para compartilhar informações e experiências. Os membros se ajudam ao expressar sentimentos e resolvendo problemas juntos. Infelizmente, não conhecemos nenhum grupo grande e organizado como os Alcoólicos Anônimos ou o Take Off Pounds Sensibly [grupo de autoajuda voltado à perda de peso], com uma rede nacional de grupos de autoajuda para pessoas com depressão. No entanto, nos Estados Unidos, o National Alliance for the Mentally Ill (`www.nami.org`, conteúdo em inglês) é um grupo de apoio e defesa para pessoas com problemas emocionais e a família delas. Eles oferecem informações relativas à disponibilização de grupos de apoio locais. Além disso, a divisão local do United Way provavelmente tem uma lista de recursos comunitários.

» **Sites:** Você pode encontrar na internet uma grande variedade de recursos relacionados à depressão. Você pode participar de chats ou fazer o download de artigos. Mas tome muito cuidado caso se aventure para longe dos sites que listamos no apêndice. Primeiro, a internet tem mais de indivíduos desqualificados, mas bem-intencionados, fornecendo conselhos do que deveria. Segundo, também há produtos e ideias fraudulentas na internet.

CUIDADO

Inúmeros empresários inescrupulosos vendem vários tipos de livros, ervas, vídeos e outros tipos de produtos que prometem alívio imediato da depressão com pouco ou nenhum esforço. Fiquem atentos, compradores! Não há curas milagrosas para a depressão.

2 Entendendo e Aceitando Pensamentos e Sentimentos

NESTA PARTE...

Compreenda o relacionamento entre pensamentos e sentimentos.

Reconheça como o pensamento fica distorcido.

Descubra novas maneiras de pensar.

Aceite emoções difíceis.

Obtenha ajuda se tiver ideações suicidas.

> **NESTE CAPÍTULO**
> » Descobrindo os sentimentos
> » Pensando sobre o pensar
> » Explorando como as emoções colocam você em movimento

Capítulo **6**

Entendendo a Conexão Pensamento/ Sentimento

As pessoas com depressão se sentem horríveis. Estão sobrecarregadas com a tristeza. Sentem-se letárgicas, melancólicas e desmotivadas. Com esses sentimentos, é quase impossível acreditar que alguma coisa mudará. É totalmente compreensível que, quando as pessoas com depressão pedem ajuda, o que mais querem é um alívio desses sentimentos terríveis. Na verdade, o alívio de sentimentos dolorosos representa o objetivo principal da maioria das pessoas que buscam tratamento.

Surpreendentemente, também é o alvo errado. Por quê? As emoções e os sentimentos são maneiras importantes de o corpo se comunicar com a mente. Eles informam e guiam o comportamento.

LEMBRE-SE

Acreditar que você precisa se livrar de todos os sentimentos desagradáveis *evita* que você aprenda como tolerar o desconforto e aprender com as emoções. Paradoxalmente, adquirir a habilidade de tolerar e de aceitar sentimentos desagradáveis pode levar a um maior conforto.

Neste capítulo, explicamos a relação entre emoções, pensamentos e comportamento. As emoções são respostas ou rótulos que surgem a partir de sensações físicas e interpretações dessas sensações. Por exemplo, você se sente com preguiça e cansado. Pode ser que interprete essas sensações como tristeza e depressão. Por outro lado, pode interpretar as mesmas sensações como o resultado de uma noite de sono ruim. Ao longo das próximas páginas, esquematizamos as interações dessas sensações, desses sentimentos e dessas interpretações e fornecemos as ferramentas para examinar e compreender sua própria vida emocional.

Entendendo as Emoções

As emoções são sinais para nossa mente sobre nossas respostas, sensações corporais, interpretações, reações e condições atuais. Por exemplo, pode ser que você responda a uma crítica com vergonha e se sinta triste e inútil. Ou pode reagir com afronta e sentir raiva. Pode ser que veja uma aranha e sinta um terror intenso. Ou talvez ache as aranhas interessantes e sinta curiosidade.

Como alternativa, imagine que está sentado ao ar livre em um dia de verão com bastante brisa, tomando chá gelado e se sentindo em paz e contente. Ou talvez esteja sentado ao ar livre em um dia de verão com bastante brisa, tomando chá gelado e se sentindo inquieto e entediado. A mesma situação, duas emoções diferentes.

LEMBRE-SE

As emoções lhe dão informações sobre como você está respondendo a vários eventos e situações. Preste atenção às emoções, pois elas têm muito a lhe contar.

PAPO DE ESPECIALISTA

Para nossos propósitos, usamos os termos emoções e sentimentos quase que intercambiavelmente. Alguns argumentam que as emoções surgem primariamente de nossas sensações corporais; outros acreditam que os pensamentos ou interpretações acontecem primeiro. Sugerimos deixar psicólogos e filósofos debaterem essas distinções. Em última instância, o objetivo é observar pensamentos, emoções e sensações corporais e ouvir o que estão tentando dizer.

Os sentimentos emergem de seu corpo

Acredite ou não, é possível vivenciar uma depressão total, mas permanecer inconsciente em relação aos sentimentos de tristeza. As pessoas com essa falta de consciência tendem a ter múltiplos sintomas físicos da depressão, como falta de energia, problemas com o sono, mudanças no apetite e tensão

Além disso, possivelmente não têm motivação e sentem-se extremamente pessimistas.

Outras pessoas com depressão tentam suprimir, negar e/ou evitar sentimentos desagradáveis. Elas tentam se sentir melhor não sentindo nada. E essa estratégia poderia até fazer certo sentido — mas negar os sentimentos não dá certo e apenas deixa tudo pior.

DICA

Engolir seus sentimentos é como encher uma sacolinha de mercado com muitas latas. Mais cedo ou mais tarde, a sacolinha rasgará, espalhando o conteúdo para todo lado. O resumo da pesquisa: negação e repressão estão ligadas a uma saúde emocional ruim, enquanto expressar e permitir a consciência dos sentimentos melhoram tanto o corpo quanto a mente.

Quando as pessoas percebem que a *negação* e a *repressão* (sejam elas tentativas conscientes ou inconscientes de evitar pensar em emoções e pensamentos desconfortáveis) não estão dando conta de ofuscar os sentimentos desagradáveis, às vezes elas se voltam a outras estratégias, como imergir em trabalho ou abusar de drogas e/ou álcool para afogar as mágoas. Infelizmente, evitar sentimentos ruins distraindo-se com trabalho excessivo ou ingestão de substâncias fornece um alívio efêmero e passageiro. No fim, ambos fazem com que você se afunde em um buraco maior e, enfim, aumentam a intensidade da depressão.

Muitas pessoas (com ou sem depressão) têm dificuldades de entender seus sentimentos. Se você frequentemente não sabe o que está sentindo ou se as pessoas dizem que você está desconectado de seus sentimentos, você pode mudar as coisas com um pouco de trabalho.

DICA

Se você começar a se ligar nas suas sensações corporais, achamos que provavelmente encontrará palavras que descrevam o que está acontecendo. Pode ser que demore um pouco, mas focar o que seu corpo está dizendo facilitará os esforços de chegar a um lugar melhor. Você pode começar a se conectar com suas sensações corporais prestando atenção ao seguinte:

- » Tensão muscular.
- » Sua respiração. (Está rápida, lenta, profunda ou superficial?)
- » Uma sensação de peso no peito.
- » Tontura.
- » Postura. (Está relaxado, rígido ou desajeitado?)
- » Náuseas e mal-estar.
- » Fadiga.
- » Insônia ou sono excessivo.

CAPÍTULO 6 **Entendendo a Conexão Pensamento/Sentimento**

>> Mudanças no apetite.

>> Sensação de bolo na garganta.

>> Desconfortos de qualquer tipo.

Passe cinco minutos por dia entrando ativamente em contato com tais sensações corporais. Todo mundo vivencia sensações como essas, então simplesmente comece a se ligar no seu corpo e reconhecer quando as sente. Tente pensar em palavras que possam capturar seu completo estado mental e corporal. Você pode começar a partir desta lista resumida:

Com medo	Irritadiço
Apreensivo	Para baixo
Melancólico	Taciturno
Perturbado	Abatido
Envergonhado	Nervoso
Vazio	Obcecado
Frustrado	Triste
Culpado	Inseguro
Intenso	Sombrio
Desesperançado	Tenso
Inadequado	Preocupado
Abalado	Inútil

Os sentimentos germinam em seus pensamentos

Além de virem de seu corpo, os sentimentos também emergem de seus pensamentos. Isso funciona bem quando seus pensamentos são interpretações corretas da realidade. No entanto, quando está deprimido, os pensamentos costumam ser uma variação dos eventos e acontecimentos reais. Veja dois exemplos de duas pessoas respondendo ao mesmo evento para ilustrar essa conexão:

Letícia e **Raul** trabalham na mesma equipe de uma empresa de plataforma de marketing. Durante a pandemia, os dois trabalharam de casa. Em uma reunião online, o supervisor sugere que sua equipe precisa melhorar no sistema de rastreamento de dados. Estas foram as reações de Letícia e Raul ao comentário.

Letícia pensa: "Bom, provavelmente ele está certo a respeito do sistema de rastreamento de dados. Precisamos fazer alguns pequenos ajustes e melhorias. No longo prazo, esse feedback nos ajudará em nosso trabalho."

Ela se sente energizada e entusiasmada com relação à tarefa. Suas emoções são positivas. Ela se sente feliz e pronta para se concentrar na busca por uma solução.

Raul, pelo contrário, pensa: "Esse supervisor sempre pega no nosso pé. Nunca somos bons o suficiente. Acho que ele me escolheu para sempre criticar. De qualquer forma, ele não gosta de mim. Quem sabe quanto tempo vou durar nessa equipe? Pode ser que eu seja rebaixado."

Raul se sente derrotado, exaurido de energia e tem dificuldade de se concentrar. Ele mal consegue pensar em uma solução para o problema; se sente desencorajado e melancólico. Sua motivação despenca. Raul sofre de depressão crônica.

DICA

Esperamos que agora você esteja começando a entender como os sentimentos e os pensamentos interagem. Tente lembrar ou observar padrões de pensamento e sentimento. Apresentamos mais estratégias para investigar esses padrões ao longo do livro.

Os sentimentos guiam seu comportamento

Os sentimentos também influenciam o comportamento. Muitas vezes, eles incentivam você a tomar ações apropriadas. As emoções agem como placas de trânsito que o levam na direção certa — bem, em grande parte do tempo.

Por exemplo, o medo requer cautela e alerta. Quando sentir medo, você deve rapidamente determinar se precisa lutar, fugir ou congelar. É uma ferramenta de sobrevivência importante. Ao dirigir, quando você escuta de repente uma sirene atrás de você, sua atenção se amplia, então ou você encosta para deixar o veículo de emergência passar, ou, se acabou de roubar um banco, pisa fundo no acelerador.

A raiva, uma resposta a sofrer uma ameaça ou a ser maltratado, o motiva a agir. Com sorte, a ação é uma resposta produtiva e assertiva que o ajuda a resolver problemas ou a se proteger de uma situação ameaçadora. No entanto, a raiva também pode ser dirigida à coisa errada e até perigosa.

A ansiedade é uma emoção que o faz prestar atenção ao que virá. Parecida com o medo, pode levá-lo a evitar uma situação potencialmente perigosa.

Diferente do medo, a ansiedade às vezes o motiva a se preparar para lidar com antecedência com a situação. Por exemplo, pode ser que você tenha medo de falar em público. A ansiedade te dá o incentivo para praticar antes de discursar. Ela também pode fazer você se perder no caminho. Por exemplo, quem tem ansiedade social pode evitar se socializar, e isso pode contribuir com sentimentos de solidão e isolamento.

A depressão também guia seu comportamento. Quando está deprimido, você tende a se afastar, desligar e recolher. Na verdade, a depressão costuma impedir comportamento direcionado a objetivos ou, pelo menos, faz com que seja mais difícil se movimentar. Às vezes esse recolhimento é um bom mecanismo para lidar com a situação, principalmente quando a depressão tem base no luto, ocasião em que você precisa se afastar e passar pelo processo. No curto prazo, o comportamento depressivo pode ajudar a lançar mão de fontes de empatia e apoio. Infelizmente, no longo prazo, pode servir para afastar as outras pessoas

E quando a depressão é crônica, suas tendências de impedir o comportamento podem levar a mais problemas. Esses sentimentos impedem o trabalho produtivo ou o cumprimento de responsabilidades diárias. Não conseguir fazer as coisas leva a mais sentimentos negativos. Assim, a depressão ininterrupta se alimenta e se aprofunda com o tempo.

Interpretando Pensamentos

Pesquisas mostram que pessoas com depressão são atormentadas por uma variedade de pensamentos negativos. Esses pensamentos intensificam os sentimentos de tristeza e desesperança. No entanto, algumas pessoas deprimidas declaram, com total convicção: "Não tenho pensamentos negativos! Só me *sinto* horrível."

Se tiver essa reação, acreditamos e sabemos que pode ser que você não escute as palavras e frases correndo em sua mente como muitas pessoas. Mas estamos nos referindo a pensamentos em um sentido mais amplo.

Considere os pensamentos suas *interpretações* ou *percepções* de eventos importantes em sua vida. Eles são a forma como você enxerga os acontecimentos. Em outras palavras, os pensamentos são os *significados* que você atribui consciente ou inconscientemente ao que está acontecendo ao redor.

DICA

Pode ser que não tenha ciência de um diálogo real acontecendo em sua cabeça quando algo acontece com você, mas os humanos têm uma maneira de atribuir significado às ocorrências na vida. Se você sentir uma onda repentina de sentimentos, tente se perguntar que evento precedeu imediatamente tais sentimentos e pondere sua percepção ou interpretação do evento.

Por exemplo, se alguém lhe disse "Gosto da sua roupa", pode ser que você não tenha ciência de nenhum pensamento em particular. Mas você sentirá algo imediatamente. Pode ser positivo, negativo ou neutro. Esse sentimento não saiu do nada.

Para determinar quais pensamentos estão comandando seus sentimentos, pergunte-se como interpretou aquele evento. Você ouviu a mensagem como um elogio sobre suas roupas? Ou ouviu o comentário como sarcasmo, significando que sua roupa está fora de moda? Ou talvez você tenha ouvido o comentário como uma mera tentativa de ser educado. Essas interpretações são seus sentimentos, e todos eles resultam em sentimentos diferentes sobre o comentário.

Talvez você ache que essas perguntas o ajudarão a entender seus pensamentos sobre os eventos:

» Para você, que significado o evento tem na sua vida?
» Quais são suas preocupações com relação ao evento?
» Que implicações ele tem para o futuro?
» Isso muda a forma como você se enxerga?
» Ele lembra algo que aconteceu com você no passado?
» O que acha que o evento poderia significar para você?
» Ele diz alguma coisa sobre como os outros o percebem?
» O que se passou pela sua cabeça durante o evento?

DICA

Analise essas perguntas e as use para entender quais pensamentos, percepções e interpretações você está tendo em resposta a situações ou eventos importantes. Pode ser que você fique surpreso com o quão atarefado seu cérebro estava ao tentar dar sentido às suas experiências.

Distinguindo pensamentos de sentimentos

Muitas pessoas têm dificuldade para discriminar pensamentos e sentimentos. Quando perguntadas sobre seus pensamentos com relação a um evento, pode ser que respondam com uma descrição dos sentimentos. E outras pessoas, quando lhes perguntam sobre seus sentimentos, respondem com uma amostra de pensamentos. Imagine um casal de amigos sentados ao ar livre, socialmente distantes, tomando café:

Emily e **Rich** são amigos íntimos há anos. Rich está dividindo com Emily algumas das dificuldades que tem tido com a namorada. Ele descreve uma briga que tiveram recentemente sobre finanças durante a qual sua namorada o acusou de ser aproveitador.

Emily exclama: "Nossa, isso é muito cruel! Como você se sentiu?"

"Senti que ela estava na versão mimada dela e que eu tenho boas oportunidades de emprego em vista, e então vou ganhar dinheiro de verdade", responde Rich.

Claramente, Rich confundiu pensamentos com sentimentos. Pode ser que ele não queira entrar em contato com seus sentimentos. Muitas pessoas são assim e têm dificuldade de aceitar e lidar com como se sentiram. Se você tiver dificuldade para entender seus sentimentos, volte à seção anterior, "Entendendo as Emoções".

Do outro lado da moeda, algumas pessoas não têm ciência dos pensamentos por trás das emoções. Veja outra conversa entre dois amigos, Aubrey e Wayne.

Aubrey e **Wayne** estão fazendo uma trilha juntos. Estão conversando sobre a recente avaliação negativa do trabalho de Wayne. Aubrey pergunta a Wayne o que ele acha que causou a avaliação ruim, ao que ele responde: "Bom, eu me senti péssimo. Fiquei com raiva de mim e do meu chefe. Me sinto inútil e inadequado."

Wayne claramente se sente mal, mas é difícil saber quais são seus pensamentos sobre a avaliação. Por exemplo, talvez ele pense que perderá o emprego. Ou talvez esteja sendo tratado injustamente e nunca receberá uma promoção na empresa. Ou pode ser que acredite que mereceu a avaliação. De qualquer forma, sem informações sobre seus pensamentos e sentimentos, dados úteis e consideráveis se perdem.

Emoções e pensamentos: Uma via de mão dupla

LEMBRE-SE

Os pensamentos têm uma forte influência sobre os sentimentos, e os sentimentos afetam os pensamentos. A interconectividade dos pensamentos e sentimentos têm um papel na depressão.

Mas a história não termina aí. Fatores físicos que ajudam a moldar os sentimentos também têm um papel na depressão. Fatores como fadiga, doença e bioquímica sanguínea podem produzir sentimentos lúgubres, os quais, por sua vez, disseminam as sementes para pensamentos sombrios e depressivos.

Por exemplo, **Carlo** está se revirando na cama pela terceira noite seguida. Ele não tem certeza do que está causando sua crise recente de insônia, mas sempre que pensa que está prestes a pegar no sono, outra parte de seu corpo coça ou a posição fica desconfortável. O dia de Carlo começa com ele preso no trânsito da hora do rush; sua aceitação calma de sempre se dissipa e se transforma em irritação. Sua fadiga compõe a crescente preocupação. Ele começa a pensar: "O que tem de errado comigo? Não vou dar conta de outro dia. Me sinto horrível. Não consigo focar nem me concentrar no trabalho. Vou perder meu emprego. O que tem de errado comigo?"

Os pensamentos de Carlo saíram de controle. Por quê? Muitos dias seguidos sem dormir direito colocam os pensamentos em uma marcha negativa. Pode ser que uma boa noite de sono permita que Carlo volte ao normal. Ou não. Às vezes um evento físico pode começar uma cascata de sentimentos negativos que simplesmente ficam por um tempo.

Ninguém sabe determinar qual dos três componentes (sentimentos, pensamentos ou fatores físicos) dá início à depressão, mas a boa notícia é que você pode interromper o ciclo da depressão de várias formas com tratamento, não importa o que tenha dado início à espiral negativa.

LEMBRE-SE

O objetivo da maioria das psicoterapias para depressão é ajudar a ter completa ciência do pensamento negativo quando ele ocorre e, então, ativamente repensá-lo em termos mais realistas. Depois de ter feito isso, é provável que sua depressão suma.

Explorando o Comportamento Gerado pela Emoção

Como já discutimos na seção "Os sentimentos guiam seu comportamento", as emoções o levam a agir ou não de certa forma. Por exemplo, o medo e a ansiedade têm probabilidade de ativar uma resposta de luta ou fuga. Alegria e felicidade costumam ativar o desejo de viver um evento ou situação. A depressão, por outro lado, geralmente leva ao afastamento e à evitação.

Essas tendências de ação geradas pela emoção envolvem instintos de sobrevivência que se adaptaram com a evolução. No entanto, nem todas as ações que seguem as emoções são adaptadas. Quando as pessoas têm transtornos depressivos crônicos, o afastamento não é uma resposta adaptativa e, na verdade, piora a depressão.

Por exemplo, se você se sentir deprimido e isso o impedir de se exercitar, não o fazer gerará duas consequências negativas. Primeiro, você terá perdido uma oportunidade de se sentir melhor depois que as endorfinas o preencherem com sentimentos positivos. Segundo, você provavelmente se sentirá culpado por não ter se exercitado. E essa não é uma ótima maneira de levantar o astral, certo?

As pessoas que estão deprimidas geralmente querem esperar até que se sintam melhor para fazer coisas como sair, se exercitar, finalizar tarefas e se reunir com familiares e amigos. No entanto, pode ser que esperem um longo tempo. Os bons sentimentos raramente germinam da inação. Veja a Parte 3 para maiores informações sobre voltar a se movimentar.

Os sentimentos não são fatos

A maioria das pessoas com depressão tem incontáveis pensamentos negativos sobre os eventos, então a mente usa as emoções como dicas ou evidências para apoiar a verdade desses pensamentos. A tentação de ver os sentimentos como fatos é chamada de *raciocínio emocional*. Ele ocorre mais ou menos assim:

> » Fiz algo errado. Eu me *sinto* culpado, então devo ter feito algo errado.
>
> » Tem algo errado comigo. Eu me *sinto* envergonhado, então deve ter algum defeito em mim.
>
> » Não tenho mais esperanças. Como me *sinto* tão terrivelmente desesperançado, não tenho mais esperanças.
>
> » Não consigo limpar a garagem porque não *sinto* vontade de limpar a garagem.
>
> » Não consigo trabalhar na minha depressão porque não *sinto* vontade de trabalhar na minha depressão.

O problema é que os sentimentos costumam ocorrer em resposta a visões distorcidas dos eventos, então o próprio sentimento que você está usando como forma de provar seu pensamento provavelmente surgiu da conexão com um pensamento negativo ou distorcido.

LEMBRE-SE

Os sentimentos *não* são fatos. Só porque você *sente* alguma coisa não quer dizer que seja verdade!

Francamente, se todas as pessoas que sofrem de depressão constantemente dessem bola às diretivas de seus sentimentos, poucas melhorariam com a terapia. Se estiver deprimido, você provavelmente não sente vontade de dedicar energia para fazer alguma coisa com relação à sua condição porque tem pouca energia. E se você der ouvidos, sem questionar, a sentimentos de desesperança, talvez conclua que não tem motivos para melhorar.

Mas não fique com a ideia errada. Sentimentos e emoções *são* importantes. Os sentimentos positivos informam sobre aquilo de que você gosta e de que não gosta. Emoções negativas alertam para o perigo e o auxiliam para saber que algo não está certo na sua vida. Valorizamos e respeitamos os sentimentos. Grande parte da intenção deste livro é ajudar a encontrar maneiras de melhorar.

No entanto, sugerimos resistir ao uso de sentimentos como se fossem fatos. Um exemplo comum de tal raciocínio falho é determinar seu valor pessoal com base em sentimentos. Assim, se você se *sente* péssimo, conclui que deve *ser* péssimo. Não é uma conclusão muito útil.

DICA

Comece a rastrear o uso do raciocínio emocional. Entre em sintonia com o momento em que sua mente lhe diz para evitar um empreendimento só porque você não *sente* vontade. Pergunte-se se já se sentiu assim, mas conseguiu afastar o sentimento. Você se sentiu melhor quando seguiu em frente ou quando cedeu ao sentimento?

Não conclua que estamos dizendo que os sentimentos negativos são errados e os positivos são os corretos. Se fosse assim, as pessoas deveriam consumir comida que engorda, certas drogas e álcool em abundância simplesmente porque se sentiriam bem! Nós só queremos dizer que os sentimentos podem distorcer sua percepção da realidade e de si mesmo, se você permitir.

Os sentimentos geram evitação

A maioria das pessoas com depressão quer desesperadamente reduzir o sofrimento, que se manifesta na forma de tristeza, solidão, desespero, melancolia, culpa, e assim por diante. Infelizmente, os sentimentos depressivos fazem com que as pessoas evitem fazer o que precisam para começar a se sentir melhor. É preciso coragem e trabalho duro para combater de cabeça erguida a depressão. Mais cedo ou mais tarde, você precisará fazer o seguinte:

» Observar, identificar e nomear seus sentimentos.

» Aceitar seus sentimentos.

» Tornar-se ciente dos seus sentimentos.

» Desafiar seus pensamentos.

» Tornar-se ciente de suas ações.

» Envolver-se em ações antidepressivas.

Ao longo deste capítulo, nos concentramos em entender seus pensamentos e sentimentos e como eles afetam uns aos outros. Nos capítulos a seguir, mostramos como os pensamentos podem ser distorcidos e maneiras de repensá-los.

OS ELEFANTES ROSA E OS PENSAMENTOS NEGATIVOS

Quando você escuta que o pensamento negativo aumenta as emoções negativas, pode pensar em uma rápida solução — ou seja, parar de pensar negativamente. Em outras palavras, elimine quaisquer pensamentos sombrios no momento em que os detectar. Você está curado! Bem, não tão rápido.

Os Drs. Richard Wenzlaff e Daniel Wegner revisaram pesquisas sobre essa técnica, conhecida como *supressão do pensamento*. Anos de pesquisa demonstraram que suprimir pensamentos indesejados não funciona. E o pior, tentar fazê-lo garante que você acabará vivenciando os pensamentos que estava tentando evitar, e em pior escala do que se não tivesse tentado suprimi-los. É mais ou menos como o velho ditado: "Não pense nos elefantes rosa." De repente, você se pega com elefantes rosa na sua mente, enquanto que, se ninguém tivesse dito para você não pensar neles, você provavelmente não teria pensado!

Pode ser que você pense que a psicoterapia defende a supressão do pensamento porque um de seus objetivos é pensar de maneiras menos negativas e distorcidas, mas pedimos que não tente livrar sua mente de pensamentos negativos meramente suprimindo pensamentos tristes. Em vez disso, procure uma forma de usar as habilidades que oferecemos para desenvolver novos hábitos de pensamento. Vale o esforço.

> **NESTE CAPÍTULO**
>
> » Dando-se conta dos perigos do pensamento distorcido
>
> » Coletando evidências
>
> » Procurando interpretações errôneas

Capítulo 7
Derrotando o Pensamento Distorcido

A mente é uma máquina de pensar extraordinária. Ela conjura histórias fabulosas, soluções criativas e poesias deslumbrantes. A mente relembra o passado, decifra o presente e prevê o futuro. Quando está agindo como deve agir, a mente dá o dom do funcionamento inteligente e sem problemas. Mas quando ela está encoberta pela depressão, pega o passado e o enche de arrependimentos e culpa. A mente faz do presente um inferno na terra e prevê um futuro de tristeza e escuridão.

Neste capítulo, mostramos como a mente deprimida distorce a realidade — passada, presente e futura. Apresentamos os tipos mais comuns de distorções cognitivas. Entender e rastrear as distorções ajuda a enfrentá-las. Então, mostramos como as pessoas com depressão tendem a deixar a vida mais difícil ao se criticarem demais e se envolverem em autoculpabilização. Além disso, fornecemos algumas ferramentas que você pode testar para diminuir essas tendências.

LEMBRE-SE

Ao longo deste livro, quando descrevemos várias ferramentas para lidar com a depressão, saiba que a decisão de realmente testá-las cabe a você, e a simples leitura delas pode ajudá-lo a completar tarefas similares com um terapeuta em algum momento. A última coisa de que você precisa é odiar a si mesmo porque não fez a atividade que recomendamos.

PAPO DE ESPECIALISTA

A *terapia cognitiva* é a abordagem mais pesquisada para o tratamento da depressão. Inúmeros estudos confirmaram que a terapia cognitiva alivia a depressão e reduz suas recorrências. O conteúdo deste capítulo se baseia largamente nos princípios da terapia cognitiva.

A terapia cognitiva é um tipo de psicoterapia. Todas elas envolvem o trabalho com um terapeuta que usa técnicas psicológicas para aliviar problemas emocionais e comportamentais, e a terapia cognitiva usa principalmente técnicas desenvolvidas para mudar pensamentos com o intuito de melhorar a maneira como você se sente. Uma concepção errônea sobre a terapia cognitiva é a de que os sentimentos não importam, mas, na realidade, o principal objetivo de mudar seu pensamento é melhorar a maneira como você se sente.

LEMBRE-SE

Uma grande ideia subjacente à terapia cognitiva é a natureza interconectada dos sentimentos (que também chamamos de emoções) e pensamentos. Estes têm uma forte influência nos sentimentos, que alteram os pensamentos, então os pensamentos e os sentimentos têm um papel na depressão.

Reconhecendo Distorções Cognitivas

Uma premissa primária da terapia cognitiva está na ideia bem estabelecida de que certos pensamentos que ocorrem em resposta a eventos, situações ou percepções levam a sentimentos depressivos. Nesta seção, mostramos como esses pensamentos que causam a depressão são quase sempre distorcidos. Por *distorcido* queremos dizer que não refletem, preveem ou descrevem com precisão eventos ou situações. Nesta seção, nós o ajudamos a analisar seus pensamentos em busca de distorções. Ao fazer isso, você pode começar a caminhar em direção a uma visão de mundo mais realista e precisa.

Ao pedir que analise seus pensamentos em busca de vários tipos de distorções, *não* estamos tentando fazer você *racionalizar* tudo de ruim que lhe acontecer. O objetivo da terapia cognitiva é ensinar a ponderar, refletir e pesar seus pensamentos distorcidos para depois trabalhar com eles a fim de que combinem com a realidade. (Veja o Capítulo 8 para maiores informações sobre desenvolver pensamentos substitutos precisos.) Quando a realidade é uma droga, não temos que negar esse fato. Em vez disso, queremos ajudá-lo a lidar com os eventos quando eles forem negativos.

DICA

Pode ser que você ache útil saber que as pessoas com depressão não têm o direito exclusivo ao pensamento distorcido. Todo humano neste planeta tem pensamentos significativamente distorcidos de vez em quando. A depressão apenas faz com que essas distorções sejam mais frequentes e intensas.

Mesmo as pessoas que não estão especialmente deprimidas poderiam fazer bom uso das estratégias para resolver tais distorções, e, se você estiver com depressão, descobrir novas formas de pensamento pode levar a uma existência mais alegre.

LEMBRE-SE

Se você se pegar fazendo objeções ao material deste capítulo porque as informações parecem muito simplistas ou porque de alguma forma tiram a importância dos seus sentimentos, por favor leia (ou releia) o Capítulo 4, que discute as barreiras comuns para a mudança. No Capítulo 5, descrevemos vários mitos sobre a terapia. A mente deprimida pode resistir e não dar ouvidos às informações a seguir. Se estiver deprimido, dê o seu melhor na leitura deste material e espere um pouco antes de chegar a conclusões.

Nas seções a seguir, discutimos cada um dos tipos de distorções e mostramos como você pode modelar suas percepções da realidade tão facilmente quanto pode moldar a massa de cookies em formato de pessoas, árvores ou monstros.

Conhecendo os embaralhadores da realidade

As *distorções que embaralham a realidade* envolvem deturpar a realidade de forma a fazer com que os eventos pareçam tão desoladores quanto você se sente. A mente humana tem uma rica variedade de maneiras de distorcer as informações que recebe, e a mente deprimida escala essas distorções a ponto de a realidade se transformar em uma bagunça entremeada de desinformação embaralhada.

Nas seções a seguir, discutimos cada um dos tipos mais comuns de distorções que embaralham a realidade e, então, mostramos exemplos de como essas distorções conspiram contra você e trabalham para aprofundar a depressão. Essa compreensão pode dar início ao processo de pensamento mais certeiro.

DICA

Todo mundo embaralha a realidade de vez em quando. As mentes deprimidas só usam os embaralhadores com mais frequência, e acreditam mais neles. Nas seções a seguir, revisamos alguns dos embaralhadores de realidade comuns — as táticas da mente para embaralhar os sinais de seu mundo. Leia cuidadosamente para ver se sua mente de vez em quando recorre ao seu uso.

Apesar de os apresentarmos separadamente, você deve saber que eles tendem a se sobrepor, e qualquer evento pode ser interpretado através da lente de múltiplas distorções.

CAPÍTULO 7 **Derrotando o Pensamento Distorcido** 111

Catastrofização

Sua mente usa esse embaralhador para ampliar ou *catastrofizar* a importância ou os horrores de eventos desagradáveis. Os pequenos problemas de sua vida se tornam catástrofes enormes. Veja alguns exemplos:

> » Imagine que seu computador trave e você precise reiniciá-lo. Você instantaneamente morre de medo de que todos seus arquivos tenham se perdido. Quando fala com o cara da TI, ele pergunta pela chave de recuperação. Você não tem ideia do que ele está falando. Não consegue acreditar que isso dará certo. Você está perdido.
>
> » Você tem uma leve dor de cabeça e presume que tem um tumor cerebral inoperável. Então, imagina uma morte lenta e demorada.
>
> » Seu parceiro saiu do trabalho e está trinta minutos atrasado, e você deduz que ele esteja tendo um caso ou, possivelmente, morto no meio de alguma rua.

As pessoas que catastrofizam fazem tempestade em copo d'água. A catastrofização pode levar a picos tanto de pensamentos ansiosos quanto de depressivos.

DICA

Se começar a catastrofizar, respire fundo algumas vezes e considere outra perspectiva.

Filtro mental

A mente deprimida costuma procurar por mínimos dados sombrios enquanto exclui as informações mais positivas. O resultado não é tão surpreendente? O mundo (ou você mesmo) se torna triste e desolador. Veja alguns exemplos de filtro mental que costumam acompanhar a depressão:

> » Você está tendo uma conversa agradável com bons amigos sobre seus filmes favoritos. Há uma abundância de risadas e sentimentos acolhedores. Durante a conversa, um de seus amigos faz um comentário sobre sua falta de bom gosto. A caminho de casa, você foca inteiramente esse único comentário e ignora a maior parte do momento agradável que passou com os amigos.
>
> » Você é um aluno na faculdade com uma boa média de notas. Você tira 7 em uma prova e se convence de que é estúpido e que não deveria cursar a faculdade. Sua perspectiva de trabalhos agora parece fraca. Você se esqueceu de todas as notas boas que tirou anteriormente.

DICA

Como é possível ver, o filtro mental pode criar uma percepção sombria e negativa quando a realidade em geral é relativamente positiva. A maioria das distorções não consegue capturar nuances que incorporam uma mistura de avaliações positivas e negativas.

Pensamento dicotômico ou polarizado: Tudo ou nada, oito ou oitenta

Esse embaralhador da realidade vê os eventos e seu caráter em termos absolutos, sem nuances. Tudo se torna tudo ou nada, branco ou preto, bom ou ruim. A seguir há exemplos de embaralhadores da realidade tudo ou nada:

- » Comi umas batatinhas e não deveria comer carboidratos. Nunca chegarei ao peso que quero. Eu deveria desistir logo.
- » O treinador disse que corro perigo de perder minha posição de arremessador. Nunca conseguirei a bolsa na faculdade e não posso pagar.
- » Todos naquele partido político são horríveis.
- » As pessoas têm duas versões, ou são boas ou ruins.

O problema com tal pensamento polarizado é que ele deixa você pronto para um fracasso, decepção ou abuso inevitáveis. O pensamento tudo ou nada impõe padrões que nenhum ser humano poderia alcançar.

DICA

A maioria das pessoas, dos eventos e das situações não estão nos extremos, mas em algum lugar no meio. Reserve um momento para procurar o meio--termo em todas as suas interpretações.

Descarte de evidências

Esse embaralhador olha para as evidências que podem contradizer os pensamentos negativos da mente e descarta essa evidência como inadmissível ou completamente irrelevante. Mesmo quando essa evidência é forte, sua mente deprimida a rejeita. Dê uma olhada nestes exemplos:

- » Suponha que você pense que é um fracasso, e então sua chefe lhe dá uma promoção pelo seu desempenho. Você presume que ela só o promoveu porque precisava preencher a vaga rapidamente e calhou de você estar disponível. Sua mente conclui que a promoção não teve um significado e que sua inadequação é profunda. Você rejeita qualquer feedback positivo que recebe.
- » Digamos que tenha sido aprovado na audição para a orquestra sinfônica de sua cidade. Você conclui que a organização paga pouco e é um grupo sem apoio do qual qualquer pessoa com um mínimo de talento musical poderia fazer parte. Você pega um momento que deveria ser de orgulho e o detona.

A forma como esse embaralhador da realidade funciona é mais ou menos como ser acusado de um crime e o juiz considerar irrelevantes todas as evidências que poderiam provar que você é inocente. Achamos que você pode adivinhar o veredito. Nesse caso, sua própria mente está ignorando as evidências e determinando o veredito.

Antes de descartar as evidências, considere passar um tempo avaliando sua veracidade.

Generalização

Este truque envolve olhar para uma única ocorrência desagradável e decidir que esse evento representa uma tendência geral e implacável. Assim, quando algo ruim ou infeliz acontece, você presume que continuará acontecendo e provavelmente ficará pior. Veja alguns exemplos:

- » Você derruba o garfo e conclui que é uma pessoa desastrada que vive derrubando as coisas.
- » Você termina com seu primeiro amor e conclui que nunca encontrará um bom parceiro.
- » Você tira uma nota ruim em uma prova de matemática e conclui que é ruim nessa matéria.
- » Você é rejeitado por um amigo e conclui que ninguém gosta de você.
- » Uma pessoa o corta no trânsito e você afirma que todo motorista da cidade é descuidado.
- » Seus filhos deixam a geladeira aberta e você grita com eles por nunca fecharem a porta.

Palavras como *sempre* e *nunca* são de lei para esse embaralhador da realidade.

Leitura mental

A leitura mental ocorre sempre que você pressupõe que sabe o que as outras pessoas estão pensando sem verificar com elas. Os casais são notórios por tentar ler as intenções dos parceiros. Veja alguns exemplos:

- » Uma esposa pressupõe que o marido não a ama porque ele parece distante.
- » Alguém pressupõe que um e-mail ou mensagem não respondida significa que o receptor o está rejeitando.
- » Alguém pode não convidar um novo conhecido para sair porque "sei que ele não sairia com alguém como eu".
- » Uma caixa de mercado pressupõe que os clientes nervosos estão com raiva dela, não que estão irritados por terem que usar máscara.

É útil dar um passo atrás quando começar a ler mentes. Verifique com a pessoa cuja mente você está tentando ler. Pode ser que você descubra que entendeu tudo errado.

Olhando para os embaralhadores de realidade em ação

Nas seções anteriores, demos algumas dicas sobre como diminuir o impacto dos embaralhadores de realidade. No entanto, a tarefa mais importante para diminuir as distorções cognitivas é aprender a identificá-las em ação, e você pode fazer isso analisando sua mente em busca delas. Sugerimos que faça uma lista de embaralhadores da realidade em seu telefone, tablet ou computador. (Talvez você devesse ativar um lembrete.) Então, quando algo o estiver chateando, pegue a lista e pense se não é um embaralhador em ação. Você talvez também queira fazer esse trabalho de um jeito mais formal. Se esse for o caso, siga os passos a seguir:

1. **Abra um arquivo ou um caderno.**

2. **Divida-o em três colunas.**

3. **Escreva na coluna à esquerda o evento que o chateia.**

4. **Na coluna do meio, registre seus pensamentos sobre o evento.**

5. **Na coluna à direita, liste os embaralhadores de realidade que você sente que estão influenciando seus pensamentos.**

6. **Reflita sobre a possibilidade de haver uma perspectiva mais equilibrada que corresponda melhor à realidade.**

7. **Observe se essa reflexão o ajuda a mudar sua visão e possivelmente diminui sua chateação.**

Mostraremos vários exemplos de como esse processo ocorre. A história de Brandon ilustra como os embaralhadores de realidade distorcem seus pensamentos e intensificam seus sentimentos negativos. Então, mostramos como Brandon e seu psicólogo usam essa informação para começar o lento processo de reformular seus pensamentos.

> **Brandon** trabalha como empreiteiro geral para uma construtora. Um dia, ele chega do trabalho e encontra um bilhete da esposa dizendo que ela decidiu dar entrada nos papéis do divórcio e levou os filhos consigo. O bilhete diz que ela estava farta de suas longas horas de trabalho e que planeja encontrar a felicidade em outro lugar. Brandon fica chocado e magoado. A tristeza não se dissipa, e ele lentamente cai em uma depressão profunda no ano seguinte. O que começou como uma reação normal à perda se transformou em uma sensação crônica de tristeza, inutilidade e desespero. Nesse ponto, seu chefe o aconselha a procurar um psicólogo para ajudá-lo, pois está preocupado com sua tristeza óbvia.
>
> O psicólogo de Brandon diagnostica um transtorno depressivo maior e decide que a terapia cognitiva provavelmente ajudará. Primeiro, como parte

da terapia, o psicólogo discute os tipos de embaralhadores da realidade que a mente depressiva costuma empregar. Brandon não tem certeza de que distorce alguma coisa em sua vida, mas concorda em analisar a possibilidade.

Em seguida, o psicólogo trabalha com Brandon para ajudá-lo a ver que seu pensamento está, sim, distorcido. Veja a Tabela 7-1, que mostra seu trabalho.

TABELA 7-1 ## O Rastreador dos Embaralhadores da Realidade de Brandon

Eventos	Pensamentos (ou Interpretações)	Embaralhadores da Realidade
Minha esposa me deixou.	Fui um marido horrível. Nunca encontrarei outra pessoa que se importe comigo e não consigo sobreviver sozinho. Ela nunca se importou comigo de verdade.	Catastrofização Generalização Leitura de mente
Uma bibliotecária do escritório de quem eu gosto disse que estou com cara de acabado.	Eu tinha uma quedinha por ela, e agora ela fala que eu estou com uma aparência horrível. Fui um completo idiota. Ela provavelmente pensa que sou o último homem na Terra com quem ela sairia. Ninguém nunca me achará atraente.	Catastrofização Tudo ou nada Leitura de mente Generalização
Um cheque meu foi devolvido.	Estou uma bagunça ultimamente. Meu score de crédito despencará se eu fizer coisas desse tipo! Nunca conseguirei o empréstimo para o carro de que preciso.	Generalização Catastrofização Tudo ou nada
Tive uma avaliação muito positiva no trabalho.	O chefe do departamento só está tentando me bajular. Ele quer que eu trabalhe mais horas, e não posso fazer isso. Da próxima vez, provavelmente receberei uma avaliação terrível se não fizer tudo o que ele quer.	Descarte de evidência Leitura de mente

Consegue ver na Tabela 7-1 o quão consistentemente a mente deprimida de Brandon embaralha seus pensamentos ou interpretações das coisas que acontecem com ele? O tempo todo sua mente catastrofiza o significado de eventos negativos e os coloca em termos de tudo ou nada. Até mesmo os eventos positivos são filtrados ou descartados. É de se espantar que ele esteja sentindo medo, desespero, tristeza e apreensão? A lista a seguir explicita cada um dos eventos de Brandon e os embaralhadores de realidade que se aplicam à maneira como ele interpreta esses acontecimentos desconcertantes.

>> **Primeiro evento: A esposa de Brandon termina com ele.** Sua reação contém três tipos de embaralhadores da realidade. Ele está *catastrofizando* quando diz que não consegue sobreviver sozinho. Afinal de contas, ele tinha sido um solteiro contente durante cinco anos antes de conhecer a esposa. Está *generalizando* quando afirma que foi um marido horrível. Nos primeiros

116 PARTE 2 **Entendendo e Aceitando Pensamentos e Sentimentos**

dois ou três anos, o casal era bem feliz um com o outro. Ele estava fazendo *leitura mental* quando pensou que ela nunca se importou com ele.

» **Segundo evento: Uma bibliotecária de quem Brandon gosta lhe disse que ele está acabado.** Mais uma vez, Brandon *catastrofiza* pensando que ela estava dizendo que ele tem uma aparência "horrível". Ele se envolve em pensamento de *tudo ou nada* quando diz que foi um completo idiota. Ele faz *leitura mental* quando pressupõe que é o último homem com quem ela sairia. Finalmente, *generaliza* ao prever que mais ninguém o verá como uma pessoa atraente.

» **Terceiro evento: Um cheque de Brandon é devolvido.** Ele *generaliza* ao afirmar que está fazendo tudo errado. Ele *catastrofiza* quando pensa que seu score de crédito despencaria. Finalmente, pensa em termos de *tudo ou nada* quando afirma que nunca conseguirá um empréstimo para o carro.

» **Quarto evento: Brandon recebe uma avaliação positiva no trabalho.** Brandon *descarta a evidência* quando pensa que o chefe só está tentando bajulá-lo para que ele trabalhe mais horas. Ele também está *lendo a mente* de seu chefe em busca de motivos.

Você provavelmente consegue perceber por que Brandon está deprimido. Sua mente piora as coisas ruins de forma consistente e faz com que as boas não sejam tão boas. Mas talvez você esteja se perguntando se, por acaso, os pensamentos dele *não* estão distorcidos pelos embaralhadores da realidade. É possível? Claro que sim. No entanto, é possível dizer que os embaralhadores de realidade estão em cena pelo fato de que Brandon não usa qualificadores, como "possivelmente", "talvez" ou "é provável". E ele não coloca outras considerações na conta, como a possibilidade de suas pressuposições em relação a outros resultados possíveis.

Esse é só o começo da mudança terapêutica de Brandon. Ele precisa de ajuda para ver como esses embaralhadores da realidade são parcialmente responsáveis pela sua tristeza. Então, ele pode começar a reinterpretar seu mundo com pensamentos mais equilibrados.

DICA

Apesar de essas estratégias irem direto ao ponto, a maioria das pessoas com depressão se beneficiará muito ao trabalhar com um terapeuta profissional que possa guiá-las no processo. Se você decidir buscar terapia, pode facilmente usar essas ferramentas ao mesmo tempo.

Comece rastreando seus sentimentos e veja se consegue conectá-los aos eventos de sua vida e a suas interpretações sobre esses eventos. Então, examine-os. Descubra se sua mente embaralha os significados das várias ocorrências do dia a dia.

DICA

Se achar fácil identificar esses embaralhadores da realidade, estará um passo à frente no jogo. Você provavelmente começará a ver a dúvida se instalar na verdade inquestionável das interpretações reflexivas de sua mente depressiva a respeito dos eventos. Em outras palavras, não demora muito, depois de ver que as interpretações podem conter distorções, para perceber que uma visão menos deturpada dos acontecimentos pode ser mais válida, bem como o fará se sentir melhor. Esse é o propósito de procurar por distorções nos pensamentos — fazer isso começa a mexer com a certeza que sua mente deprimida tem sobre os pensamentos. (Mostramos muitas outras maneiras de distorcer ativamente os pensamentos no Capítulo 8.)

A Tabela 7-2 contém mais três exemplos de eventos e pensamentos (ou interpretações) e sentimentos com relação a esses eventos. Também há um espaço para que você pense em possíveis embaralhadores da realidade embutidos nesses pensamentos. Veja se consegue descobrir quais embaralhadores se aplicam. Depois de preencher a coluna de embaralhador da realidade, verifique as respostas.

TABELA 7-2   ## Pratique Encontrar Embaralhadores da Realidade

Eventos	Pensamentos (ou Interpretações)	Embaralhadores da Realidade
Você chega em casa uma hora atrasada e seu marido pergunta: "Meu Deus, querida. Estava preocupado com você. O que aconteceu?"	Ele na verdade está sendo paranoico, achando que eu estava tendo um caso. Ele sempre fica no meu pé. Acho que talvez ele queira que eu tenha um caso para que ele possa se livrar desse casamento. Afinal de contas, com a minha depressão, não tenho sido a melhor das esposas.	
Você é coautor de *Depressão Para Leigos*, e o editor do seu projeto lhe manda um e-mail dizendo que gostaria muito de receber a primeira submissão e lembra que a próxima parcela é para daqui a duas semanas. Mas você está atrasado.	Nunca conseguirei terminar a tempo. E quando não terminar a minha parte, minha coautora (e esposa) ficará bem nervosa. E o editor será obrigado a descer a lenha em mim. Pode até ser que percamos o contrato. Não terá importância se o editor gostou muito da primeira parte se a segunda chegar alguns dias atrasada.	
Você chama alguém para sair. Ela diz: "Sinto muito, estou ocupada esse dia. Talvez outra hora?"	Obviamente, ela pensa que sou um zero à esquerda; ela só está sendo educada ao dizer "talvez outra hora". Nunca encontrarei alguém para sair comigo. O que tem de errado comigo?	

Estas são as respostas para o quiz:

>> **Primeiro evento, chegar atrasada:** Maximização, generalização, leitura mental, filtro de pensamento.

>> **Segundo evento, estar com prazo apertado no trabalho:** Maximização, filtro de pensamento, descarte de evidências, generalização e leitura mental.

> **Terceiro evento, ser rejeitado para um encontro:** Maximização, leitura mental, filtro de pensamento, generalização, tudo ou nada.

Fazendo Julgamentos Errados

Com muita frequência, a mente deprimida adquire o hábito terrível de fazer julgamentos duros e críticos sobre quase qualquer coisa que você faça, o que aprofunda a depressão a cada episódio em que se encontra uma falha. Não conseguimos nos lembrar da última vez em que trabalhamos com um cliente severamente deprimido que não recorria a autojulgamentos muito duros. Assim, o fato de que a culpa é um sintoma importante do transtorno depressivo maior não é uma coincidência. As pessoas que têm pouca ou não têm depressão costumam se julgar mais negativamente do que precisam, mas as que têm depressão às vezes andam por aí como se tivessem um grande "C" de culpa tatuado na testa.

Há três formas de distorção cognitiva "fazendo julgamentos errados":

» Deveria ter feito isso.

» Comparações injustas.

» Rotular a si mesmo.

DICA

Como os embaralhadores de realidade do início deste capítulo, todas essas três distorções ocorrem instantaneamente, reflexivamente e sem uma consideração cuidadosa da realidade. Continue lendo para mais informações detalhadas sobre cada uma das formas e como elas levam a sentimentos ruins. Quando perceber que está recorrendo com frequência a "deveria ter feito isso", "comparações injustas" e "rotular a si mesmo", você provavelmente os utilizará com menos frequência e se sentirá melhor.

Eu deveria ter

O psicólogo Dr. Albert Ellis (1913-2007) merece o crédito pela frase "eu deveria ter". Ficamos espantados com a quantidade de vezes que as pessoas usam essa frase para se punir pelo menor dos erros. Você provavelmente já ouviu as pessoas falarem o seguinte:

» Eu *deveria* saber que isso aconteceria.

» Eu *deveria* ter sido mais cuidadoso.

» Eu *não deveria* nem ter esse tipo de pensamento.

CAPÍTULO 7 **Derrotando o Pensamento Distorcido** 119

» Eu *não deveria* ter comido aquele bolo.

Se você acha que as pessoas não usam tanto essas frases, comece a escutar o que elas dizem. Entre em sintonia e observe sempre que escutar a palavra *deveria*. Algumas pessoas a usam com tanta frequência, que é de se imaginar que alguém ofereceu um dólar para cada vez que a usassem. A mente deprimida não só usa a palavra *deveria* com frequência, mas também a leva muito a sério.

LEMBRE-SE

Mas o que é tão ruim com relação ao *deveria*? Nada de mais, se você só usá-la no sentido de apresentar uma expectativa sobre algo que está para acontecer, como "A gente deveria levar um guarda-chuva, porque pode ser que chova". Mas quando você a usa para julgar a si mesmo ou ao seu comportamento, a palavra pode acrescentar uma montanha de julgamentos desnecessários e críticas pesadas em suas autoavaliações.

Ah, mas tem gente que acha que usar "deveria" como uma forma de se motivar a melhorar é uma boa ideia. O único problema dessa abordagem é que a motivação baseada na culpa não dá muito certo. Por exemplo, imagine dois tipos de professores — R.F. (de recompensador, mas firme) e I.C. (de indutor de culpa). R.F. trata suas crianças com gentileza e carinho, mas responde com firmeza quando saem da linha. I.C. julga seus alunos com dureza, diz a eles que não deveriam ser tão preguiçosos quando não estão trabalhando duro o bastante e os humilha com chapéus de burro quando têm um baixo desempenho.

Que professor você preferiria? Qual o deixaria mais motivado a fazer um bom trabalho? Os psicólogos sabem, em geral, que o reforço gentil, contrabalanceado com limites firmes quando necessário, funciona melhor do que a culpa induzida por frases com *deveria*. Mas qual abordagem você escolhe para si? Muitas pessoas se julgam com avaliações críticas e depreciativas pelo menor dos erros.

DICA

Comece a rastrear seus "deveria" hoje. Veja se consegue substituir por termos como "Eu preferiria", "Eu quero", "Seria melhor se" e "Eu gostaria de". Veja os seguintes exemplos com algumas ideias:

Frase com deveria: Eu *deveria* ter trabalhado melhor naquele projeto.

Frase alternativa: Eu *gostaria de ter trabalhado* melhor naquele projeto.

Frase com deveria: Eu *não deveria* ter comido aquele donut.

Frase alternativa: Eu *queria* não ter comido aquele donut. Tentar compensar de outras maneiras depois.

Frase com deveria: Eu *nunca deveria* perder as estribeiras.

Frase alternativa: Eu *gostaria de ter um controle melhor sobre mim mesmo*. Tentarei trabalhar nisso aprendendo alguns métodos de autocontrole.

Frase com deveria: Eu *deveria* me exercitar todos os dias.

Frase alternativa: Eu *gostaria* de me exercitar todos os dias, mas, com a minha agenda cheia, isso não é possível. Faço o melhor que posso.

DICA

Outra maneira de lidar com os "deverias" é se perguntar onde você leu que *deveria* fazer isso ou aquilo. A regra que você estabeleceu para si mesmo está encravada em alguma pedra em algum lugar? Se não, pode ser que você queira reescrevê-la. Finalmente, pergunte-se se "eu deveria fazer isso" o ajuda ou só faz você se sentir mal. Lembre-se, como observamos no início desta seção, de que a culpa e a vergonha não têm um grande papel na motivação de um comportamento positivo, especialmente quando usadas em excesso.

A propósito, se você é um leitor astuto, está prestes a nos pegar usando a palavra *deveria* de vez em quando neste livro. Apesar de evitarmos, a palavra está tão embrenhada na psique de todo mundo, que nós também escorregamos de vez em quando. É claro que sabemos que *não deveríamos*, mas somos humanos como qualquer outra pessoa.

Comparando criticamente

Se você realmente quiser se deixar deprimido, ou de aprofundar sua depressão, comparar-se de maneiras injustas com outras pessoas surtirá efeito. Muitas pessoas fazem essas comparações com uma frequência assustadora e sem pensar, e o sentimento de valor pessoal delas se desintegra com cada auto-humilhação que ocorre sempre que se comparam com outra pessoa. Algumas das comparações a seguir são familiares a você?

» Você tem um amigo mais bem-sucedido, então você conclui que é um fracasso.

» Você é estudante e tirou 9 em uma prova, mas deprecia seu desempenho porque algumas pessoas foram melhor.

» Você não vai a tantos encontros quanto alguns de seus amigos, então conclui que nao é desejável.

» Você é um adolescente que não é tão popular quanto outros, então pressupõe que é excluído.

» Você é um autor de livro de autoajuda bem-sucedido, mas um amigo seu escreve um best-seller do *New York Times*, então você conclui que sua escrita é péssima.

» Você está acima do peso e tem um amigo que é pele e osso, então conclui que é uma baleia sem autocontrole.

» Seu vizinho compra um novo carro elétrico de luxo pelo qual você não pode pagar, então acha que é pobre e inadequado.

Essa lista contém maneiras ótimas de se firmar na terra, mas pode ser que você se pergunte como essas comparações distorcem a realidade. Afinal de contas, em cada um dos casos, uma ou mais pessoas estão em um pódio mais alto do que você por determinado sucesso ou qualidade pessoal. Mas a distorção não está em enxergar as pessoas que se saíram melhor do que você. Esse fato é verdadeiro até onde se saiba. O problema surge na conclusão autodestrutiva de que, se você não se igualar ou superar outras pessoas, você não vale nada. O problema é parecido com o pensamento tudo ou nada, oito ou oitenta, que discutimos anteriormente neste capítulo na seção "Conhecendo os embaralhadores da realidade".

Outras distorções acontecem no fato de que essas comparações focam um único fator que a pessoa tem e que você não tem. A comparação se resume a um fato isolado e ignora a história toda. Por exemplo:

» O amigo altamente bem-sucedido também trabalha demais, a ponto de se sentir miserável.

» Seu amigo magrelo gasta dinheiro como água e não está economizando para a aposentadoria.

» O vizinho com o novo carro caro tem uma dívida de US$45 mil no cartão de crédito.

Se focar um único resultado, pode sempre encontrar alguém que você conhece que é ou poderia ser melhor do que você. Por exemplo, não temos nenhuma dúvida de que nenhum de nós tem uma única qualidade, traço, sucesso ou reconhecimento que outra pessoa não possa superar. Se nos preocuparmos com nossa inteligência, personalidade, escrita, aparência, renda ou feitos, certamente não teremos problema em encontrar outra pessoa no mundo que se classificaria com uma nota mais alta. Se nos compararmos em cada qualidade isolada, poderemos nos enfiar em um buraco negro ao somar essas comparações de fracassos pessoais.

DICA

Quando se pegar fazendo comparações com outras pessoas, tente pensar das seguintes maneiras:

» Perceba que focar questões individuais em que outras pessoas são melhores é uma perda de tempo e apenas mina seus sentimentos de mérito próprio. Em vez disso, aprenda a apreciar tanto seus pontos fortes quanto suas fraquezas em uma totalidade.

» Não se compare somente ao topo. Olhe a imagem total. Como você se destaca do meio ou até do fundo?

» Permita-se aceitar qualidades normais, na média ou até abaixo dela, em sua autopercepção. Todos os humanos têm algumas ou mais qualidades que ficam nessa faixa, e assumimos que você seja humano.

Rótulos difamatórios

O último método distorcido de fazer julgamentos errados envolve encontrar um rótulo especialmente odioso para aplicar a si mesmo, como *nojento*, *patético*, *idiota*, *porco*, *atrapalhado*, *toupeira*, *deslocado*, *esquisito*, *imbecil*, *nerd*, e assim por diante. E não cometa o erro de pensar que esses rótulos não têm consequências. O velho ditado "O que vem de baixo não me atinge", que provavelmente sua mãe lhe ensinou, parece ótimo. Mas não é verdade. As pessoas usam as palavras para se ferirem (e aos outros) o tempo todo.

O que você fala para si mesmo quando tropeça, esbarra ou derruba alguma coisa? Você se chama de desajeitado ou destrambelhado? Rótulos como *desajeitado* e *destrambelhado* destroem a autoestima. E a baixa autoestima é um sintoma de depressão. No exemplo a seguir, Aaron usa vários rótulos negativos e, como resultado, se sente destruído.

> **Aaron** é DJ em uma estação de rádio popular. As pessoas o conhecem na cidade toda porque, sendo o garoto-propaganda da rádio, seu rosto está em outdoors espalhados por todo canto. Mas Aaron não se sente particularmente notável, especial ou bem-sucedido. Ele é um perfeccionista que se ataca por qualquer erro. Depois de um único erro de pronúncia, ele se chama de idiota. Se ele inadvertidamente diz algo que ofende alguns ouvintes, ele acha que é um babaca.
>
> Rótulos como *aberração*, *monstro*, *zé-ninguém* e *tonto* perambulam pela sua mente. Seu senso de valor próprio se esvai a ponto de ele acreditar que seu público está só temporariamente enganado; que em breve todos eles se afastarão. Assim, ele recusa um trabalho que paga bem em uma cidade maior porque sabe que os ouvintes mais sofisticados daquela cidade o enxergarão de verdade e logo perceberão que é um impostor.

DICA

Se você for parecido com Aaron, comece a rastrear os rótulos que se dá. Veja com que frequência você os aplica a si mesmo em resposta a erros, fracassos e manias. Chamamos essa ferramenta de Estratégia de Substituição de Rótulo.

1. **Pegue um caderno ou abra uma nota no celular ou computador.**
2. **Divida o documento em três colunas.**
3. **Escreva o evento na coluna à esquerda.**
4. **Na coluna do meio, escreva o rótulo que você se deu.**
5. **Então, na coluna à direita, tente retrabalhar em seus rótulos com frases alternativas e menos extremas.**

DICA

Quer faça isso no papel, em seu dispositivo ou na imaginação, essa estratégia pode ajudar a mudar um hábito problemático. Ao fazer essa atividade, você pode começar a se ver de forma mais realista e parar a dor trazida por esses rótulos negativos. Veja a Tabela 7-3 para mais exemplos de como substituir seus rótulos.

TABELA 7-3 **Estratégia de Substituição de Rótulo**

Evento	Rótulo	Pensamento de Substituição de Rótulo
Você ganhou alguns quilos.	Estou uma *baleia!*	Certo, ganhei alguns quilos, vou tentar trabalhar nisso.
Você detonou o carro.	Sou um *perdedor patético.*	Bem, não gostei de detonar o carro, e foi minha culpa. Acho que terei que tentar ser mais cuidadoso. Estatísticas dizem que isso acontece com a maioria das pessoas em algum momento da vida.
Você não ganhou a tão esperada promoção.	Sou um completo *fracasso.*	Apesar de não ter ganhado a promoção, tive vários sucessos. Tenho que aprender a fazer do limão uma limonada.
Você foi rejeitado para um encontro.	Sou um *nerd esquisito.*	Uma pessoa me rejeitou. Por que isso faz com que eu seja esquisito? Se terei sucesso com encontros, haverá negativas.

DICA

Os rótulos que colocamos em nós mesmos podem passar pela nossa mente com tanta frequência que você não pode pegar todos. Se for assim, não se preocupe. Apenas escreva os que lhe chamarem mais a atenção e veja se consegue substituí-los por outros tipos de pensamentos. Se achar esse exercício difícil, talvez queira ler o Capítulo 8 e voltar a ele depois.

Atribuindo culpa à fonte errada

Outro tipo de distorção de pensamento envolve culpar a fonte errada por seu problema. Essa distorção pode assumir duas formas:

» O mais frequente é as pessoas com depressão *personalizarem* os problemas e culparem a si mesmas pelo apuro em que se encontram.

» Outra maneira é algumas pessoas colocarem a culpa de todos os seus problemas em outras pessoas, livrando-se, assim, de quaisquer responsabilidades para fazer mudanças na vida.

DICA

Nenhuma dessas estratégias é produtiva. Como alternativa, tente combinar todas as causas possíveis de seu problema em particular e alocar a responsabilidade de uma maneira justa e razoável. Falando genericamente, você pode apenas trabalhar na sua parcela do problema — a parte pela qual você é responsável.

Rachael reclamou para seu psicólogo que o filho estava tendo grandes problemas de comportamento na escola. A conclusão de Rachael? Que ela era uma *péssima mãe,* ponto-final. Além de usar um rótulo global, Rachael estava personalizando todo o problema como resultante de sua péssima maternidade.

Então, o psicólogo pediu a Rachael que listasse todos as possíveis causas para o mau comportamento do filho. Com alguma reflexão, ela percebeu que o pai de Logan tinha muito a ver com a maneira como ele estava se comportando, que ele passava horas e horas jogando videogame e que estava andando com umas crianças difíceis na escola.

Então, o psicólogo lhe pediu que considerasse qual seria a proporção do problema que ela poderia ter causado e quais fatores relacionados a ela durante a criação de Logan teriam contribuído para isso. Finalmente, ele lhe pediu para pensar no que poderia fazer com a parte dela da questão.

Chamamos isso de Estratégia da Realocação da Responsabilidade e Ação. Essa estratégia o ajuda a trabalhar na culpa e vergonha injustificáveis. Quando se sentir sobrecarregado de culpa por causa de um evento e outros fatores estiverem envolvidos, pergunte-se o seguinte:

» Qual é a situação que me faz sentir culpa?
» Quão responsável eu sou por esse resultado?
» Ha outras possíveis razões para esse resultado?
» Qual foi meu papel nisso?
» Quais são os outros fatores possíveis?
» O que posso fazer para melhorar a situação agora?
» O que posso fazer no futuro?

DICA

Com a Estratégia da Realocação da Responsabilidade e Ação, você evita se afundar em culpa e vergonha de si mesmo. A abordagem permite que você assuma a responsabilidade por uma parcela apropriada do problema e faça o que pode com ela. Se envolver algo que já acabou, não é possível agir. Mas você pode tentar se livrar da culpa, porque os sentimentos de culpa não o levarão a nenhum lugar e não lhe apresentam nenhuma vantagem.

O exemplo a seguir mostra as respostas às quais Rachael chegou. Quando terminou o exercício, ela percebeu que houve muitos outros fatores que influenciaram o filho. Ela foi capaz de se livrar de um pouco da culpa e seguir em frente para ações mais produtivas.

» **Qual é a situação pela qual me sinto culpada?** Eu me sinto horrível por meu filho Logan estar causando tantos problemas na escola. Ele está agressivo e respondendo para os professores.

» **Quão responsável eu sou por esse resultado?** Sou a mãe dele, então me sinto responsável. Sei que o mimei. Ele acabou ficando bem mal-educado.

» **Há algumas outras possíveis razões para esse resultado?** Bem, seu pai nunca esteve por perto. Quando ele aparecia, era muito crítico. Na verdade, ele estava sempre gritando com Logan, que tinha medo dele.

» **Qual é meu papel nisso?** Eu não conseguia fazer seu pai se afastar, então estava constantemente mimando Logan depois que ele tinha algum problema com o pai. Fora isso, eu era basicamente uma boa mãe. Logan sabe que é amado.

» **Quais são outros possíveis fatores?** Acho que há uma chance de Logan puxar ao pai. Ele também sempre tinha problemas na escola. Há a possibilidade de a genética ter seu papel. Além disso, Logan é muito viciado em videogames. Não sei se isso é bom ou ruim. Ele também está saindo com algumas crianças difíceis. Ah, e Logan tem que ter alguma responsabilidade por suas ações.

» **O que posso fazer para melhorar a situação agora?** Obviamente, preciso estabelecer expectativas claras e firmes para Logan. Trabalharei com a psicóloga escolar e verei o que ela pode fazer por mim. Não quero que Logan fique como o pai. Também posso procurar um terapeuta para Logan poder trabalhar algumas questões. Ele é um menino muito inteligente e tem muito potencial.

» **O que posso fazer no futuro?** Acho que tendo a me culpar por tudo. Quando faço isso, me sinto deprimida e me recolho. Então, em vez de resolver o problema, a culpa me deixa pior.

Quando Rachael dá uma olhada nas respostas das perguntas, ela percebe que não é o motivo completo para o filho estar tendo problemas. Ela se sente pronta para agir, em vez de ficar se consumindo em vergonha.

LEMBRE-SE

A culpa e a vergonha são emoções comuns encontradas em pessoas que sofrem de depressão. Elas geralmente são despropositadas, tendem a levar a soluções improdutivas e deixam as pessoas paralisadas. O perdão é o caminho para a cura.

NESTE CAPÍTULO

» **Rastreando eventos, pensamentos e sentimentos**

» **Levando os pensamentos ao tribunal**

» **Pesando as evidências**

» **Formulando pensamentos baseados em evidências**

» **Esquadrinhando um reparo de pensamento**

Capítulo **8**

Ponderando os Pensamentos que Espreitam a Depressão

É muito comum que a depressão desponte em resposta a crises de saúde. Na verdade, é provável que ela ocorra depois de ataques cardíacos ou derrames. Apesar de a depressão parecer, e talvez ser, em parte, puramente um problema fisiológico, trabalhar para mudar a maneira como você interpreta os eventos é um jeito eficaz de lidar com esse mal. A história de George é um retrato bastante preciso de como a depressão acompanha um ataque cardíaco.

Depois de seis meses de uma aposentadoria adorável, o *handicap* de golfe do **George** diminuiu em três tacadas. Ele faz uma tacada com seu taco ferro nove e sorri enquanto vê a bola voar pelo *fairway*. Ele resiste a alugar um carrinho; andar pelo percurso é parte de sua rotina de exercícios. Hoje, no entanto, nota uma pressão desconfortável no peito. Ignora a sensação, mas começa a sentir náuseas e suar. Fica tonto de repente, e a dor irradia do peito para o braço direito. Ele cai no gramado.

CAPÍTULO 8 **Ponderando os Pensamentos que Espreitam a Depressão** 127

Cinco semanas depois, após uma ponte de safena bem-sucedida, George fica em casa, deprimido e se sentindo desesperançado. Ele acredita que a vida nunca mais será a mesma e não consegue se imaginar jogando golfe de novo. Sua aposentadoria com certeza será cheia de doenças, infortúnios e tédio enfadonho.

O médico lhe prescreve reabilitação na academia do hospital e prevê que George estará jogando golfe em alguns meses. George cancela suas consultas de reabilitação. Não consegue encontrar energia para se vestir pela manhã, que dirá ir para uma academia. Com os sonhos destruídos, George contempla o suicídio.

George passou por um evento (ataque cardíaco) que foi um gatilho para liberar uma quantidade enorme de pensamentos sombrios sobre sua saúde futura e aposentadoria. Esses pensamentos o levaram direto à depressão. No entanto, a boa notícia é que seus pensamentos podem ser alterados de modo a fazê-lo se sentir melhor. Ele apenas tem que praticar uma série de habilidades que discutiremos neste capítulo, na seção "Repensando do começo ao fim".

Neste capítulo, contamos como desenvolver um *Rastreador de Pensamento*, o que o ajudará a ver as relações entre suas interpretações dos eventos e suas emoções. Depois de você ter coletado uma série de eventos, sentimentos e pensamentos, explicamos como examinar pensamentos e percepções usando evidências objetivas. Você pode então usar essas evidências para construir novos pensamentos "baseados em evidências". Além disso, oferecemos um grande kit de ferramentas para consertar pensamentos distorcidos, o que o levará a se sentir melhor.

Construindo um Rastreador de Pensamento, Sentimento e Evento

O objetivo da terapia cognitiva é ajudar as pessoas a desenvolverem pensamentos realistas. Para fazer isso, você deve aprender a prestar atenção às situações, aos pensamentos e aos sentimentos que ocorrem quando você está se sentindo deprimido. As pessoas com depressão, como descrevemos no Capítulo 7, costumam ter pensamentos distorcidos que aumentam os sentimentos negativos. Temos uma ferramenta para você começar o processo de repensar os pensamentos. Ela se chama Rastreador de Pensamento.

LEMBRE-SE

Os sentimentos são as palavras que você usa para descrever sensações físicas e pensamentos relacionados a um evento, uma situação, memória ou previsão.

DICA

Use o Rastreador de Pensamento quando tiver sentimentos conturbados. Ele pode ajudá-lo a rastrear e entender as conexões entre pensamentos, sentimentos e eventos que foram o gatilho. Além disso, o Rastreador de Pensamento pode ajudá-lo a ser mais consciente dos tipos de eventos que o perturbam e a prepará-lo para a batalha com seus pensamentos problemáticos. Abra uma página em seu caderno ou um arquivo em seu dispositivo móvel. Divida-a em três colunas e preencha cada uma delas com as informações a seguir (e verifique o exemplo da Tabela 8-1):

» **Sentimentos:** Use a coluna à esquerda para escrever *sentimentos* ruins (não pensamentos) e dê uma nota de 1 (muito leve) a 100 (extremamente severo). As pessoas costumam perceber seus sentimentos antes de mais nada, ainda que os pensamentos costumem preceder os sentimentos, então concentre-se primeiro no que você está sentindo. (Além disso, a depressão trata de sentimentos ruins.) Às vezes você se pegará vivenciando mais de um sentimento. Registre todos os sentimentos negativos que observar. Se tiver problemas para identificar as palavras para capturar o que está sentindo, verifique o Capítulo 6.

» **Eventos:** Use a coluna do meio para escrever o *evento* que precedeu ou foi o gatilho do sentimento. Tais eventos costumam ser coisas que acontecem com uma pessoa, mas às vezes envolvem um devaneio ou uma imagem que aparece na mente. Se reconhecer o evento antes do sentimento, sinta-se livre para preencher o evento primeiro. Em qualquer caso, os eventos acontecem antes dos sentimentos, então, se notar primeiro um sentimento desagradável, pergunte-se o que aconteceu nos minutos anteriores. Só ocasionalmente o sentimento emergirá mais de meia hora depois do evento; na maioria das vezes, ele é quase instantâneo.

DICA

Ao anotar o evento, tente ser o mais específico possível: inclua onde estava, quem estava lá e o que aconteceu.

» **Pensamentos:** Use a coluna à direita para registrar os pensamentos ou interpretações que tiver sobre o evento — em outras palavras, como você enxerga o que aconteceu. Esses pensamentos costumam acontecer automaticamente, sem uma reflexão cuidadosa ou consciente. Certifique-se de reservar um tempo para refletir sobre todas as reações ou interpretações possíveis que você tiver.

TABELA 8-1 **Rastreador de Pensamento de Sharif**

Sentimentos (0 a 100)	Eventos	Pensamentos (ou Interpretações)
Desespero (80)	O programa de computador no qual estou trabalhando travou de novo.	Meu chefe descobrirá que eu não sei o que estou fazendo e me demitirá.
Impotência (95)		Nunca conseguirei resolver esse problema.

Às vezes você terá pensamentos um pouco diferentes que se relacionam a diferentes sentimentos que germinam do mesmo evento. Olhe para os pensamentos que você tem que se relacionam com cada sentimento que você listou na coluna de sentimentos.

Por exemplo, se foi promovido recentemente e seu novo chefe lhe pedir para acelerar a entrega de um relatório, pode ser que você tenha sentimentos de medo e desespero. Os pensamentos relacionados ao medo podem se centrar nas preocupações de ser repreendido se não terminar a tempo, e os relacionados ao desespero podem focar a crença de que você é completamente inadequado para lidar com essa nova promoção.

Por outro lado, talvez você tenha sido promovido e seu novo chefe lhe pediu para acelerar a entrega de um relatório, e pode ser que você sinta felicidade e entusiasmo pela oportunidade de mostrar a seu chefe o quão capaz você é. Mesmo evento, sentimentos diferentes.

> Veja um exemplo de como o Rastreador de Pensamento funciona. **Sharif** trabalha em uma empresa de engenharia de software. Ele tende a ser bem perfeccionista, o que acrescenta mais estresse ao seu trabalho já de alta demanda. Quando um dos programas de computador em que ele está trabalhando fica travando, Sharif trava. Ele não consegue dormir; não consegue comer; e pensamentos de suicídio invadem sua mente. Sharif confidencia seu desespero a um amigo íntimo, que o aconselha a procurar um terapeuta. Sharif tem objeções, mas seu amigo insiste.
>
> O terapeuta sugere que Sharif preencha um Rastreador de Pensamento sempre que estiver se sentindo para baixo. Dê uma olhada na Tabela 8-1 para ver o que Sharif fez.

Dá para ver como os pensamentos de Sharif provavelmente contribuem para seus sentimentos ruins e sua depressão como um todo. Sugerimos que você preencha um Rastreador de Pensamento por mais ou menos uma semana. Tente capturar pelo menos um ou dois eventos problemáticos por dia. Depois de completar essa tarefa, você estará pronto para lidar com os pensamentos que geraram a depressão.

Encontrando Pensamentos de Substituição e Adaptação

A investigação do pensamento depressivo começa com o rastreio de pensamentos, emoções e eventos relacionados à depressão, com um Rastreador de Pensamento. Essa ferramenta ajuda você a ver vários exemplos de como os sentimentos naturalmente fluem de seus pensamentos, que também são acusados de uma séria distorção da realidade.

130   PARTE 2 **Entendendo e Aceitando Pensamentos e Sentimentos**

Agora levamos o Rastreador de Pensamento um passo além e demonstramos como levar seus pensamentos depressivos ao que chamamos de *Tribunal do Pensamento*. O objetivo do Tribunal do Pensamento é julgar seus pensamentos e, se forem culpados, desenvolver pensamentos precisos e críveis de substituição (não tecer emoções extremamente positivas sobre os eventos). Apesar de o Tribunal do Pensamento ser um termo lúdico que usamos para descrever o processo de repensamento, lembre-se de que a estratégia é tanto séria quanto poderosa.

DICA

O Tribunal do Pensamento é o trabalho central da terapia cognitiva. Assim, sugerimos que continue usando essa estratégia com frequência, persistentemente. A boa notícia é que você não tem que passar muito tempo fazendo isso. De modo geral, dedicar de dez a vinte minutos, quatro ou cinco vezes por semana, trará uma melhora notável para seu humor dentro de oito a doze semanas. E depois de começar a melhorar seu humor, sugerimos que continue o trabalho por, no mínimo, mais oito semanas, para se certificar de que sua nova maneira de pensar tenha bastante prática.

CUIDADO

Como em relação a outros exercícios sugeridos neste livro, sinta-se livre para tentar. No entanto, se você encalhar ou começar a ter dificuldades, considere procurar ajuda profissional com um terapeuta de saúde mental. Além disso, se estiver se sentindo desesperançado, intensamente desesperado ou tiver ideações suicidas, peça ajuda imediatamente.

Veja um breve resumo do processo do Tribunal do Pensamento. Apresentamos um relatório completo nas seções a seguir.

1. **Use o Rastreador de Pensamento:** Esta parte do Tribunal do Pensamento consiste em gravar todos os pensamentos, as interpretações ou percepções do evento que foi o gatilho de sua cascata de sentimentos difíceis. Você também pontua a severidade dos sentimentos resultantes.

2. **Pondere as evidências:** Este passo envolve reunir evidências que processam e defendem a verdade de seu pensamento. Pedimos que examine seus pensamentos com cuidado e pondere as evidências para determinar se você deveria se apegar aos seus pensamentos ou julgá-los culpados de distorcer a realidade e o deixar desnecessariamente deprimido, o que significa que deviam ir para a cadeia.

3. **Encontre pensamentos alternativos:** Este passo ocorre se você considerar seu pensamento culpado. Você desenvolve um pensamento de substituição reflexivo que parece crível, não irrealisticamente positivo. Esses pensamentos costumam incluir uma pequena parcela do pensamento negativo original, mas também incorporam informações positivas críveis.

DICA

> Você precisa desenvolver alternativos e adaptativos, porque é impossível não ter uma perspectiva ou interpretação dos eventos de sua vida. Em outras palavras, o cérebro humano está sempre tentando explicar o que os eventos significam.

4. **Avaliar os resultados:** Leve seus alternativos e adaptativos reflexivos para um *test drive*. É importante saber se eles são melhores do que os antigos pensamentos depressivos. Assim, esse passo pede a você que classifique como se sente como novo pensamento *versus* o antigo.

A persistência é a chave para processar com sucesso pensamentos negativos e depressivos. Pratique com regularidade e continue até que seus sentimentos de depressão estejam dominados por um bom tempo. Saiba que demora para ver melhoras. Mas, se as coisas ficarem piores em vez de melhores, considere procurar ajuda profissional.

DICA

Tente evitar usar essas técnicas somente "na sua cabeça". Fazer isso é um bom complemento para o trabalho que você faz no papel, mas é importante escrever no papel ou em um dispositivo. Escrever todos os elementos em um caderno ou colocá-los em um arquivo te ajuda a usar a parte objetiva de sua mente, o que é aquilo de que você precisa para essa tarefa. Além disso, escrever facilita a memória.

Revisar também não faz mal, e recomendamos que você analise os registros de pensamento de tempos em tempos para uma ajuda adicional. De certa forma, qualquer bom princípio de educação é um bom princípio para a terapia cognitiva, incluindo resumos e um pouco de repetição.

Com o processo do Tribunal do Pensamento, não estamos sugerindo que os pensamentos e sentimentos negativos não têm validade e que você deveria bani-los de sua vida. Antes de prosseguir na nossa discussão, queremos esclarecer esses possíveis erros conceituais. Considere o seguinte:

» **Os pensamentos negativos costumam ter um fundo de verdade (embora nem sempre).** Queremos que aprecie tal verdade. A negação não é útil. Quando as coisas ficam realmente ruins e difíceis, é melhor que você encontre maneiras de lidar com elas do que racionalizar e se fazer de idiota.

» **Tristeza não é a mesma coisa que depressão.** Perdas e adversidades de vários tipos o deixarão infeliz, e nem sonharíamos sugerir que você não deveria se sentir triste quando houver tais ocorrências. A morte de uma pessoa amada, a perda de um emprego, uma doença grave, dificuldades financeiras e deficiências físicas apresentam desafios sérios, uma turbulência emocional e tristeza profunda ou desespero.

DICA

Tipicamente, as reações a perdas não causam uma deterioração em seu senso de autoestima, e vão diminuindo com o tempo. Às vezes demora muito tempo, mas os sentimentos acabam melhorando mais cedo ou mais tarde. Veja o Capítulo 2 para maiores informações sobre a diferença entre o luto e a depressão. E veja o Capítulo 15 para ideias sobre como lidar com uma perda ou luto.

Rastreando sentimentos e pensamentos

Você deve encontrar o suspeito antes de ir ao tribunal. Relembre um momento em que sentiu fortes sentimentos negativos, como tristeza, desespero, culpa ou vergonha. Quem foi o culpado por esses sentimentos? Um Rastreador de Pensamento pode lhe contar ao descobrir os links entre os eventos, pensamentos e sentimentos. Um Rastreador de Sentimento mostrará que, na maior parte do tempo, suas emoções desagradáveis vêm de pensamentos, e suas interpretações, em resposta a eventos que aconteceram com você.

Para entender a relação entre pensamentos, sentimentos e eventos, você precisa registar seus pensamentos junto com os eventos que os precederam e os sentimentos que vieram a seguir. Classificar a intensidade desses sentimentos para saber o nível de problema em que seus pensamentos estão envolvidos também é uma boa ideia.

A história do Ramon ilustra como rastrear os suspeitos e preparar um caso. Seguimos Ramon por este capítulo para lhe mostrar como esse processo todo funciona.

> **Ramon**, com relutância, busca ajuda depois de se sentir seriamente deprimido por um mês. Ele não tem certeza de como sua depressão começou, mas sente o impacto no sono, na energia, em seus interesses e na concentração. Está começando a se atrasar para as aulas da faculdade e decide desistir de duas delas para não se sobrecarregar. Depois de muito esforço por parte de um de seus amigos, Ramon liga para o centro estudantil de saúde mental.
>
> O conselheiro do centro recomenda a terapia cognitiva porque tem o registro mais longo e mais bem estabelecido no tratamento da depressão. Além disso, a abordagem ajuda a prevenir recaídas. O conselheiro pede para Ramon começar a prestar atenção nos momentos em que ele se sente especialmente triste, deprimido ou chateado. Então pede que ele registre esses sentimentos em um Rastreador de Pensamento que lhe dá. Depois que Ramon preenche o formulário, o terapeuta sugere a ele que sublinhe o pensamento mais perturbador — aquele que gera as emoções mais difíceis. A Tabela 8-2 mostra os registros do Ramon.

TABELA 8-2   ## Rastreador de Pensamento de Ramon

Sentimentos (0 a 100)	Eventos	Pensamentos (ou Interpretações)
Vergonha (90) Culpa (80) Desespero (85)	Não passei na prova de inglês semana passada. Fiquei em 38º lugar de toda a sala. Dois colegas meus viram minha nota quando o instrutor jogou a prova na minha mesa, à plena vista de todos.	Eu nunca deveria ter feito essa aula. Esse F significa que sou burro e que nunca me formarei na faculdade. Eu estudei muito para aquela prova, e o melhor que pude fazer foi um F. Agora pareço um idiota para todos na sala.

Ramon diligentemente registra as especificidades desse evento desagradável e classifica seus sentimentos com cuidado. Ele contempla quais pensamentos passaram instantaneamente em sua cabeça depois de receber a prova. No começo, tudo o que ele se lembra dos pensamentos é que ele não deveria ter feito aquela aula. No entanto, quando considera as implicações para o futuro e o que ele pensa que essa nota diz sobre si, encontra mais informações para escrever na coluna de pensamentos. Finalmente, ele revisa vários pensamentos e conclui que um deles o perturba mais ao inflar seus sentimentos de vergonha, culpa e desespero. Esse pensamento é que o F em uma prova significa que ele é idiota e que nunca se formará.

Checando as evidências

Depois de identificar um pensamento especialmente perturbador, leve-o para o tribunal, onde você fará o papel de advogado de defesa do pensamento e de promotor. Seu trabalho é preparar o caso para os dois lados. A mente deprimida costuma não ter dificuldades para encontrar evidências para defender o pensamento negativo (ou seja, evidências que apoiem o pensamento). É provável que você tenha mais dificuldades para encontrar as evidências para o promotor (evidências que refutem o pensamento negativo).

Temos uma lista de perguntas para reunir evidências para te ajudar a preparar o caso para processar o pensamento problemático:

» Tenho alguma experiência ou evidência na minha vida que contradiria meus pensamentos de alguma forma?

» Já tive, no passado, pensamentos como esses e que não se mostraram verdade?

» Esse evento é tão horroroso quanto estou me permitindo acreditar que é?

» Esse pensamento negativo é ilógico ou distorcido de alguma forma? (Veja o Capítulo 7 para uma lista de distorções de pensamentos comuns.)

» Estou ignorando alguma evidência que contestaria esse pensamento?

» Meu pensamento se baseia em fatos ou em julgamentos críticos e reflexivos?

DICA

Usando um formulário Pensamentos no Tribunal (veja a Tabela 8-3 para um exemplo), registre em uma página de seu caderno as evidências tanto contra quanto a favor de seu pensamento problemático. Divida a página em duas colunas: "Defesa" (evidências que apoiam seu pensamento) e "Promotoria" (evidências contra seu pensamento).

TABELA 8-3 Formulário Pensamentos no Tribunal de Ramon

Pensamento Acusado: Esse F significa que sou idiota e que nunca me formarei na faculdade.	
Defesa: Evidências a Favor do Pensamento	Promotoria: Evidências que Refutam o Pensamento
Um F é claramente considerado uma nota de fracasso na faculdade.	Bem, acho que um F não significa que eu serei reprovado.
Se eu acumular muitos Fs, sem dúvida fracassarei.	Tenho certeza de que algumas pessoas inteligentes não passaram em uma ou duas provas.
No geral, apenas pessoas estúpidas fracassam.	
Essa aula de inglês só tinha calouros. Se já não passei em uma aula introdutória, não passarei nas mais avançadas.	
Minha mãe disse que obviamente eu não tentei ou não fui feito para a faculdade, o que significa que sou burro.	

Agora retornamos a Ramon para demonstrar como esse processo acontece. O conselheiro sugere que ele leve seu pensamento problemático (que um F na prova significa que é burro) para o tribunal. Para isso, ele pede que Ramon faça dois papéis — primeiro, como o advogado de defesa, depois, como o promotor.

Em seguida, ele dá a Ramon um formulário Pensamentos no Tribunal para que ele preencha o mais cuidadosamente possível. A Tabela 8-3 mostra o que Ramon entregou para seu conselheiro depois de ponderar os dois lados do caso.

Como você pode ver, o pensamento do advogado de defesa de Ramon tem uma mão mais firme nesses esforços iniciais. Ele obviamente tem dificuldades para desenvolver um caso plausível para o promotor para poder derrotar o pensamento negativo. Veja um diálogo entre Ramon e seu conselheiro que mostra como algumas perguntas certas podem ajudar.

> **Terapeuta:** Então, Ramon, você não passou nessa prova de inglês e então concluiu que é burro e nunca se formará, certo?
>
> **Ramon:** Bem, sim. Que outra, como se diz, hã, conclusão poderia haver?
>
> **Terapeuta:** Pense bastante nisso. Você pode pensar em alguma evidência que sugeriria que você na verdade é bem inteligente? Qualquer coisa vale.
>
> **Ramon:** Acho que sim. Tirei praticamente só A em todo o ensino médio. Mas provavelmente era uma escola muito ruim.
>
> **Terapeuta:** Certo, voltarei para a qualidade da sua escola daqui a pouco. Mas você tem alguma outra evidência que possa provar que você é inteligente?

CAPÍTULO 8 **Ponderando os Pensamentos que Espreitam a Depressão**   135

Ramon: Acho que tirei A em cálculo, A- em história latino-americana e A em biologia. Mas sei muito bem essas matérias. Elas não contam muito.

Terapeuta: Então me explica uma coisa: se você sabe uma matéria muito bem, isso não conta? Não será possível que você esteja usando a distorção de pensamento chamada de *descarte de coisas positivas?* Como você sabe muito bem sobre uma matéria a menos que tenha estudado e dominado ela? E dá para fazer isso se for burro?

Ramon: Tá, você tem certa razão. Talvez eu esteja ignorando informações importantes. Mas ainda assim fracassei em inglês.

Terapeuta: Ah, sim, fracassou. E isso me lembra de uma coisa. Onde você estudou no ensino médio?

Ramon: Em Buenos Aires, por quê?

Terapeuta: Há quanto tempo você fala inglês?

Ramon: Fiz minha primeira aula há dois anos, por quê?

Terapeuta: É possível que o inglês talvez seja um pouco mais difícil para você do que para a maioria dos alunos, já que começou a aprender a língua há apenas dois anos?

Ramon: Acho que sim, mas sempre fui excelente em tudo o que fiz.

Terapeuta: E quando você é excelente, isso significa que você está sendo sortudo ou é porque você é inteligente?

Ramon: Acho que, às vezes, sou inteligente.

Terapeuta: A propósito, você não me disse que mais de 40% da turma não passou na prova? E a maioria deles não fala inglês como língua nativa? Se for o caso, é possível que você esteja sendo um pouco duro com você mesmo, para dizer o mínimo?

Ramon: Tá, entendi aonde você quer chegar. Talvez eu esteja, como você diz, ignorando informações positivas e focando as negativas. Talvez um pouco mais de trabalho em inglês, talvez até um monitor, ajudaria.

Armado com esse empurrãozinho do terapeuta, Ramon desenvolve uma lista de evidências adicionais para o lado do promotor do caso contra seu pensamento negativo de que um F significa que é burro e que nunca se formará na faculdade. Sua lista de evidências para processar seu pensamento negativo agora inclui o seguinte:

» Tirei notas muito boas em três outras aulas que a maioria dos alunos achou difíceis.

» Costumo ser bem-sucedido na maioria das coisas que faço.

» Como eu costumo ser bem-sucedido, provavelmente desmorono quando fracasso.

- » Como posso esperar ser excelente em inglês se eu comecei a estudar há apenas dois anos? Só preciso de um pouco mais de trabalho e ajuda com a matéria.
- » Minha mãe me critica o tempo todo; só porque ela acha que não fui feito para a faculdade não significa nada. Além do mais, acho que é o jeito dela de tentar me fazer voltar para casa. Mais cedo ou mais tarde voltarei, mas não agora.
- » Suspeito que muitas pessoas inteligentes fracassem às vezes quando fazem aulas sobre assuntos que conhecem pouco e acham desafiadores. Preciso olhar para o panorama completo.

DICA

No começo, a maioria das pessoas acha difícil encontrar boas evidências para refutar seus pensamentos. Se isso acontecer com você, tente estas táticas:

- » **Não se apresse.** Você pode voltar ao formulário durante alguns dias, se precisar. O objetivo não é se sentir melhor imediatamente, mas descobrir a habilidade de sujeitar seus pensamentos a uma análise cuidadosa e objetiva. Descobrir habilidades demora.
- » **Cuidadosamente, revise as questões para reunir evidências que listamos nesta seção antes do formulário Pensamentos no Tribunal.** Pondere cada questão e se pressione para encontrar evidências que possam contradizer seu pensamento negativo.
- » **Considere procurar ajuda de um profissional para que você possa dar início.** Uma assistência profissional pode ajudá-lo a descobrir que a grande maioria de seus humores negativos é alimentada por pensamentos que ficam em um banco de areia.

Depois que Ramon preencheu completamente seu formulário Pensamentos no Tribunal com suas novas evidências, ficou pronto para o veredito. Ele declara seu pensamento "Esse F significa que sou burro e que nunca me formarei na faculdade" culpado de fraude e dissimulação. Ele agora percebe que o pensamento causa grande vergonha e dor, mas não tem muita base para isso.

Encontrando pensamentos alternativos e adaptativos

DICA

Depois de julgar os pensamentos que levam aos seus sentimentos depressivos como culpados, você precisa desenvolver uma percepção alternativa, um *pensamento refletido e mais adaptativo*. Esses pensamentos são *de reflexão* porque requerem um esforço para serem considerados. E a substituição de reflexão não ajudará se também for baseada em falsidade.

A perspectiva da Pollyanna, extremamente positiva e com negações simplistas de pensamentos negativos, é muito diferente de um pensamento substitutivo de reflexão racional. A *perspectiva da Pollyanna* é uma visão muito otimista sem nenhuma base. Uma *reação extremamente otimista* é uma tentativa atrapalhada de fazer com que um evento ou situação ruim pareça uma coisa boa (os políticos são muito bons nisso). E *as negações simplistas* são tentativas ineficazes de minimizar o significado de eventos desagradáveis.

Voltando a Ramon e a seus pensamentos negativos descartados sobre a nota F, verifique estes exemplos de três tipos *ineficazes* de pensamentos alternativos, seguidos pela abordagem *reflexiva*:

» **Pespectiva da Pollyanna:** Então tirei F na prova; tenho certeza de que tirarei A da próxima vez.

» **Reação extremamente positiva:** Um F no meu histórico mostrará aos recrutadores que sou humano; é uma coisa muito boa.

» **Negação simplista:** E daí? Um F não quer dizer nada. Sei que sou inteligente.

» **Pensamento de substituição reflexivo:** Um F não significa que sou burro; tenho muitas evidências que dizem o contrário. Mas significa que eu deveria analisar a fundo essa aula e ver se preciso de aulas de reforço, um tutor ou o que for, para dominar esse assunto. Sou inteligente o suficiente para passar por isso se conseguir a ajuda de que preciso.

LEMBRE-SE

Depois de ter levado seus pensamentos para o tribunal e passar pelo doloroso trabalho de considerá-los culpados, não os substitua por alternativas igualmente fajutas. Em vez disso, crie uma nova perspectiva baseada na razão, na lógica e em evidências sólidas. Em outras palavras, desenvolva uma perspectiva que seja uma interpretação reflexiva do que lhe aconteceu.

Tais interpretações reflexivas incluem qualquer verdade contida em seus pensamentos negativos. Por exemplo, Ramon percebeu que um F significava, sim, alguma coisa importante, só que não era burrice. E essas interpretações são melhores se incluírem informações positivas realísticas. No caso de Ramon, isso significa reconhecer sua inteligência.

Classificando seus pensamentos de substituição

Se considerar seus pensamentos culpados de uma negatividade fraudulenta e substituí-los com novas evidências baseadas em pensamentos alternativos e adaptativos, você já deu um ótimo passo. Mas o exercício só será útil se lhe fizer bem!

DICA

Sugerimos que, depois de levar seus pensamentos para o tribunal e substituí-los por pensamentos alternativos, você classifique o resultado. Como? É simples. Liste os sentimentos que originalmente classificou como provenientes de seus pensamentos negativos e então reclassifique seus sentimentos para ver se mudam.

Ramon escreveu cada um de seus sentimentos e encontrou estes resultados:

- » **Vergonha** foi de **90** para **55.**
- » **Culpa** foi de **80** para **40.**
- » **Desespero** foi de **85** para **65.**

Essas classificações indicam que o trabalho de Ramon na substituição de pensamento mudou significativamente seus sentimentos. No entanto, os sentimentos difíceis não vão embora completamente, e o fato é que você pode esperar que alguns sentimentos desagradáveis residuais permanecerão. Você terá que colocar esse exercício em prática muitas vezes antes de perceber que eles ficam tão diminuídos que quase não causam consequências.

Mas e se os sentimentos permanecerem iguais ou, o que é pior, aumentarem? Esse resultado pode acontecer ocasionalmente, então tente não entrar em pânico e considere as seguintes possibilidades:

- » **Você identificou o evento errado.** Para verificar essa possibilidade, pergunte-se sobre o que mais estava acontecendo na hora em que vivenciou esse sentimento perturbador. Possivelmente, o evento foi, na verdade, um devaneio, uma imagem ou um pensamento que tinha passado pela sua cabeça, e você não conseguiu perceber. Se conseguir capturar outro gatilho que pareça mais provável de ter dado início à queda morro abaixo, recomece e vá mais uma vez ao Tribunal do Pensamento.

- » **Você prendeu os pensamentos errados.** Pode ser que você tenha colocado no tribunal um pensamento que não o chateia tanto quanto outro pensamento sobre o evento. Por exemplo, se você se sentiu envergonhado e inadequado depois de errar um passe enquanto estava brincando de futebol com seus amigos, talvez tenha pensado que se sentiu assim porque era desajeitado. Então levou esse pensamento para o Tribunal do Pensamento e não se sentiu melhor depois de analisar e desenvolver um pensamento de substituição.

  Mas talvez o evento envolva pensamentos mais perturbadores. Além de pensar que é desajeitado, talvez você tenha se incomodado ao ver quão chateados ficaram seus colegas e pensado que você os tinha decepcionado terrivelmente. Se foi isso, você precisa levar o pensamento mais perturbador para o processo do Tribunal do Pensamento. Se não se beneficiar dele, certifique-se de se perguntar se pode ter tido mais pensamentos perturbadores e colocá-los em julgamento.

- » **Pode ser que tenha que lidar com mais pensamentos.** Falamos para você levar o pensamento mais perturbador para o Tribunal do Pensamento. No entanto, pode ser que queira levar os pensamentos remanescentes para o mesmo processo. Faça isso com quaisquer pensamentos se eles ativarem muitas emoções desagradáveis.

» **Você chegou a um pensamento refletido e mais adaptativo inacreditável.** Pergunte a si mesmo se seu pensamento de substituição se parece muito com a *perspectiva da Pollyanna*, a *solução extremamente positiva*, ou a *negação simplista* que discutimos na seção "Encontrando alternativos e adaptativos" neste capítulo. Desenvolva um pensamento refletido e mais adaptativo que pareça verdadeiramente crível.

» **Você tem uma sensação de que não quer realmente mudar seu sentimento quanto à situação.** Se essa preocupação parecer correta para você, talvez você queira ler o Capítulo 4, que lida com a quebra de barreiras à mudança. Pode ser que você descubra certas crenças bloqueando o caminho que o levará a se sentir melhor. Se for isso, será mais útil trabalhar nessas crenças primeiro.

CUIDADO

Se você trabalhou em todo o processo do Tribunal do Pensamento, bem como nas potenciais crenças que impedem a mudança no Capítulo 4, e ainda assim estiver tendo dificuldades para se sentir melhor depois de algumas semanas, por favor, procure ajuda profissional. Você deve buscar ajuda o quanto antes se estiver se sentindo desamparado e desesperançado e não se libertar desses sentimentos com rapidez. Este livro ainda pode ser um bom acompanhamento para a terapia, mas você não deveria tentar usá-lo sozinho em tais casos.

Repensando do começo ao fim

Introduzimos este capítulo com uma história sobre **George** e sua cirurgia de ponte de safena, e não queríamos terminar sua história para baixo. Além disso, relembrar o processo do George nos dá outro exemplo de como completar o processo do Tribunal do Pensamento.

O cardiologista de George recentemente participou de uma conferência de educação continuada que apresentou discussões sobre a frequência com que a depressão acontece depois de um ataque cardíaco e até aumenta a probabilidade de problemas cardíacos adicionais. Depois de fazer mais pesquisas sobre a terapia cognitiva, o cardiologista sugeriu que George procurasse um psicólogo clínico. George concorda, e depois de algumas sessões com seu psicólogo, decide levar seus pensamentos para o Tribunal. Foi assim que George aproveitou ao máximo seu processo no Tribunal do Pensamento.

Primeiro George preencheu um formulário Rastreador de Pensamento, como o mostrado na Tabela 8-4.

TABELA 8-4 **Rastreador de Pensamento do George**

Sentimentos (0 a 100)	Eventos	Pensamentos (ou Interpretações)
Desespero (85) Desesperança (85)	Ataque cardíaco, ponte de safena, hospitalização e a possibilidade de uma reabilitação demorada.	Sou velho. Nunca me recuperarei desse ataque cardíaco. A reabilitação parece extenuante. Mal consigo sair da cama. Nunca poderia ser feliz de novo sem jogar golfe.

Os pensamentos de George que geram maior desespero e desesperança incluem a ideia de que ele nunca se recuperará e que nunca mais será feliz sem jogar golfe. Ele analisa esses pensamentos com um formulário Pensamentos no Tribunal, como o mostrado na Tabela 8-5. Para isso, ele pondera as questões que reúnem evidências. (Veja a seção "Checando as evidências" neste capítulo para ver a lista de perguntas.)

TABELA 8-5 **Formulário Pensamentos no Tribunal do George**

Pensamento Acusado: Sou velho. Nunca me recuperarei desse ataque cardíaco. Nunca poderia ser feliz de novo sem jogar golfe.	
Defesa: Evidências a Favor do Pensamento	Promotoria: Evidências que Refutam o Pensamento
Já vi bons amigos definharem e morrerem depois de um ataque cardíaco.	Acho que também vi pessoas melhorarem depois de uma ponte de safena e viverem vários e bons anos ativos.
A reabilitação realmente demora meses, e pressupõe-se que ajudará.	Já pensei que as coisas iam mal no passado, e elas melhoraram. Já achei que nunca me recuperaria da perda de minha esposa. Foi muito difícil, e ainda sinto falta dela, mas consegui ser feliz de novo.
Não tenho energia para a reabilitação; talvez irei quando me sentir melhor.	Acho que pode ser que eu esteja ignorando o prognóstico de meu médico; ele disse que devo me recuperar.
Se eu não melhorar, nunca mais jogarei golfe.	Acho que talvez eu esteja tentando chegar a conclusões por causa de como eu me *sinto,* não por causa dos fatos.
	Dizem que a energia só vem depois que você começa a se movimentar e que o corpo se deteriora quando fica muito tempo deitado. Talvez seja verdade.
	Embora seja verdade que eu nunca mais jogarei golfe se não melhorar, nunca melhorarei se não começar a me mexer.
	Mesmo que não jogue golfe de novo, conheço alguns amigos que parecem bem contentes, apesar de terem limitações físicas.

Com base no formulário Pensamentos no Tribunal do George, ele elabora um pensamento refletido e mais adaptativo: "Há uma boa chance de que, com algum trabalho, eu possa me recuperar dessa cirurgia de ponte de safena. Não será fácil, mas é melhor do que a alternativa. E se eu não me recuperar como espero, ainda posso encontrar coisas interessantes para fazer."

Finalmente, George classifica os resultados de seus novos pensamentos alternativos e adaptativos ao reclassificar seus sentimentos:

» Desespero estava em **85**; agora está em **30**.

» Desesperança estava em **85**; agora está em **10**.

George continua trabalhando com o processo do Tribunal do Pensamento por vários meses. No fim, ele se recupera de sua cirurgia e volta a jogar golfe. Seu *handicap* de golfe nunca mais fica baixo como era, mas ele se sente bem com o resultado.

Abrindo um Kit de Reparo de Pensamento

Ir ao tribunal e ponderar as evidências a favor ou contra seu pensamento problemático não é o único método para lidar com pensamentos problemáticos. Desenvolvemos um kit de ferramentas para detectar e desfazer quaisquer distorções nesses pensamentos. Pode ser que você queira rever cada uma dessas ferramentas e testá-las em seus próprios pensamentos.

Veja a Tabela 8-1, o Rastreador de Pensamento mostrado anteriormente neste capítulo, e a preencha em seu caderno. Sublinhe o pensamento que gera as emoções mais difíceis e então faça uso de uma ou mais ferramentas de reparo das seções a seguir. Como com o Tribunal do Pensamento de antes, o objetivo é desenvolver alternativos e adaptativos críveis e precisos, em vez de pensamentos extremamente positivos sobre os eventos.

Dando seu problema a um amigo

O quê? Estamos sugerindo que você encontre alguma forma de despejar seus problemas em um amigo? Não exatamente. Essa ferramenta de reparo de pensamento envolve imaginar que um amigo íntimo passou por um evento idêntico ao seu e vivenciou exatamente os mesmos pensamentos e sentimentos. Dar seu problema a um amigo permite a você que veja os pensamentos de uma perspectiva diferente e mais objetiva.

Assim, você literalmente imagina que seu amigo está sentado ao seu lado, contando esses pensamentos negativos. O que você diria? Lembre-se de que não estamos pedindo que você faça seu amigo se sentir melhor mentindo ou distorcendo os fatos. Pensamos que você diria ao seu amigo imaginário o que realmente acha que faz sentido. A história de Paige ilustra como você pode fazer bom uso dessa ferramenta.

A infância de **Paige** consistia em uma enxurrada de críticas do pai; quer dizer, quando ele a notava. Agora, já adulta, ela trabalha como diretora assistente de uma grande agência de serviço social. Infelizmente, ela tem pouca confiança e encontra falhas em tudo o que faz. Além disso, aumenta os erros e os vê como maiores do que a vida. No entanto, o chefe, impressionado com seu relatório sobre desenvolvimento de projetos, insiste que ela faça uma apresentação para o conselho executivo da agência.

Cheia de medo, Paige aceita o pedido. Ela faz um bom trabalho, e vários membros do conselho fazem comentários positivos. Entretanto, ela só se lembra de entregar o material quando termina de falar, e um dos membros sugere que a apresentação teria feito muito mais sentido se tivessem recebido o material com antecedência. Paige se sente horrível, então preenche um Rastreador de Pensamento (veja a Tabela 8-1) e percebe que os sentimentos de vergonha e ódio por si mesma estão relacionados a seus pensamentos não questionados, que concluíram que seu desempenho havia sido um fracasso fenomenal e que seu emprego poderia estar em jogo.

Ainda que cética, Paige concorda em testar a ferramenta de dar seu problema a um amigo. Ela imagina sua amiga Kayla sentada em uma cadeira vazia ao seu lado. Kayla retransmite a informação sobre o discurso e declara que fracassou abissalmente e que pode até mesmo perder seu emprego. Afinal de contas, a pessoa com o comentário crítico foi o presidente do conselho dos diretores de sua agência!

Estranhamente, quando Paige escuta esses pensamentos da Kayla imaginária que está sentada na cadeira, ela percebe pensamentos diferentes e mais reflexivos em sua mente. Ela fala para a Kayla: "O quê? Você não ouviu o chefe dizendo que ficou tão impressionado com seu relatório que queria que você fizesse a apresentação? E por que está ignorando os comentários positivos feitos por vários dos membros influentes do conselho? É claro, é verdade que se lembrar do material com antecedência teria sido legal. O mais provável é que sua ansiedade tenha atrapalhado. Mas, fora isso, você fez um ótimo trabalho!"

Você provavelmente está pensando que essa estratégia é fácil demais para acreditar. Como pode algo tão simples assim funcionar? A ferramenta ajuda porque permite que você se afaste um pouco de seu problema e pondere a questão de outra perspectiva. Depois disso, pode ser que ache mais fácil ser um pouco mais objetivo. Muitas pessoas se beneficiam dessa estratégia.

Colocando o tempo do seu lado

É incrível quanta angústia as pessoas podem gerar nas coisas que acontecem na vida diária. Quando eventos desagradáveis batem na sua cara, ganhar perspectiva pode ser um desafio.

DICA

Colocar o tempo do seu lado é uma estratégia que lhe pede para ver o problema de um ponto distante e futuro no tempo. Você considera quão importantes serão seu problema e seus pensamentos sobre o problema daqui a semanas, meses ou até mesmo anos. É incrível quantas das coisas que as pessoas consideram desconcertantes parecem insignificantes no futuro. A história de Jacob mostra como ele faz uso dessa ferramenta.

> **Jacob** tem um problema sério com raiva. Ele é cáustico, rude e hostil — muito mais do que percebe. Ele tem poucos amigos, e sua pressão sanguínea disparou no ano passado. Ele está depressivo, e a psicóloga diz que a raiva contribui para a falta de amigos e a depressão. Ela sugere que Jacob comece a usar a estratégia que ela chama de colocar o tempo do seu lado.
>
> Ela diz: "Na verdade, é bem simples. Jacob, o que eu gostaria que você fizesse é observar o que está acontecendo sempre que sente raiva. Então, tire um tempo para dar um passo atrás e se fazer uma pergunta. Quão desconcertante é essa situação e quão importante ela será daqui a um ano? Classifique essa importância em uma escala de 0 a 100, sendo que 0 representa nenhuma consequência e 100 equivale a terroristas o sequestrando e dizendo que planejam torturá-lo até que morra bem devagar pelas próximas duas semanas, e a tortura acabou de começar."
>
> Jacob demora um tempo para começar a pegar seus momentos de raiva e dar um passo atrás que seja suficiente para responder à pergunta. No entanto, à medida que o faz, ele descobre que poucos dos momentos em que a raiva aparece em sua vida atingem um nível acima de 10 naquele esquema de pontuação que vai até 100 um ano depois. Devagar, mas consistentemente, ele percebe que sua raiva tem diminuído.

DICA

Colocar o tempo do seu lado funciona muito bem principalmente com eventos que geram raiva. No entanto, também pode colocar uma perspectiva melhor em outros acontecimentos que gerem outros sentimentos, como tristeza ou chateação. Veja se funciona para você.

Colocando seus pensamentos à prova

Muitos dos pensamentos que o perturbam podem ser colocados à prova. Em outras palavras, você pode fazer vários experimentos para ver se eles realmente seguram a água. Veja três experimentos do tipo que você pode testar.

Criando previsões negativas

A mente deprimida faz muitas previsões sobre o futuro, e essas previsões costumam ser nefastas e cheias de maus pressentimentos. Em parte, essas previsões parecem desoladoras devido às várias distorções discutidas no Capítulo 7, como o filtro de informações positivas e o aumento das negativas. Assim, as possibilidades positivas são excluídas, e os resultados negativos não são só presumidos, mas aumentados.

Se você estiver deprimido e ouvir as previsões da sua mente, provavelmente evitará atividades e eventos que contêm as mais remotas chances de resultados desagradáveis. Tente se forçar a experimentar com essas previsões. Em outras palavras:

» Vá àquela festa e veja se realmente será ruim como está presumindo.
» Voluntarie-se para dar aquela palestra e veja se você sobrevive.
» Ligue para sua amiga e veja se ela quer almoçar com você, ainda que pense que ela não quer.

LEMBRE-SE

Se planeja usar essa estratégia, sua melhor aposta é testar pelo menos dez de seus pensamentos e previsões negativas. Alguns deles podem se provar verdadeiros, mas, na maioria das vezes, quase todos eles são falsos. Ainda que acabem sendo verdadeiros, a experiência em si não costuma ser tão terrível quanto a previsão diz que será. Veja o Capítulo 13 para maiores informações sobre desafiar previsões negativas.

Fazendo uma pesquisa

Você também pode testar o pensamento ao ativamente coletar dados e informações. Em outras palavras, pode realizar uma pesquisa de família, amigos ou colegas. Por exemplo, talvez você acredite que a maioria das pessoas veem o dinheiro e status como a medida do valor de uma pessoa, e você acabou de aceitar um emprego que paga menos. Você poderia perguntar para um grupo de amigos (ou estranhos também) o que eles acham que faz com que alguém seja importante e válido aos seus olhos. É ter poder, prestígio ou outras qualidades, como honestidades, amizade, e assim por diante? Pode ser que você fique surpreso com o que dirão.

CAPÍTULO 8 **Ponderando os Pensamentos que Espreitam a Depressão** 145

Ou, se tiver uma preocupação específica com relação a uma pessoa em particular, você pode abordá-la e verificar. Tyler usa essa ferramenta para superar uma preocupação constante de que sua esposa está perdendo o interesse por ele.

> **Tyler** percebe que a esposa tem mostrado menos interesse por sexo ultimamente. Ele presume que ela não o acha mais desejável, então se afasta dela por medo de rejeição. Quanto mais ele se afasta, mais ela parece perder o interesse. Ele se torna irritável, e o relacionamento deteriora ainda mais. O psicólogo sugere a ele que pergunte o que está acontecendo. Ele não quer, mas com um empurrãozinho percebe que tem pouco a perder.
>
> Então, ele pergunta à esposa o que está acontecendo. Tyler se aproxima dela e pergunta: "Querida, tenho sentido sua falta ultimamente. Parece que nós dois trabalhamos muito. Podemos achar mais tempo para nós?" Ele fica surpreso ao descobrir que ela sente falta dele e tem tido a mesma impressão que o marido (que ele não tem mais interesse nela). Ela explica que o trabalho tem sido realmente intenso por alguns meses e que seu apetite sexual havia esmorecido por um tempo. Quando o interesse dela voltou, ele parecia ter ido embora. Essa conversa melhorou a relação.

LEMBRE-SE

Caso use essa ferramenta, certifique-se de não fazer com que o experimento seja um fracasso. Em outras palavras, se Tyler tivesse se aproximado de sua esposa com acusações, o resultado possivelmente não teria sido tão positivo. Como você acha que ela teria respondido se ele tivesse dito: "Por que você não quer mais fazer sexo? Você não se importa comigo ou com o nosso casamento?" Ao verificar alguma coisa, lembre-se de pesar suas palavras.

E se você infelizmente encontrar dados negativos ao verificar, pelo menos saberá com o que está lidando. Ainda que a esposa de Tyler tivesse dito que está tendo um caso, ele agora saberia o que está acontecendo e poderia decidir o que fazer. Descobrimos diversas vezes que a evitação raramente nos poupa da dor no longo prazo.

Aperfeiçoando suas habilidades de atuação

Um último método para colocar seus pensamentos à prova envolve atuar "como se" você não acreditasse neles. Em outras palavras, se você pensa que será rejeitado toda vez que se aproxima de alguém, encontre uma nova persona por uma ou duas semanas. Imagine que é uma pessoa que não será rejeitada. Aja como se você fosse aquela pessoa e veja o que acontece quando você se aproxima das pessoas. Não acredite em nós; teste. Fazer esse exercício aumentará suas chances de sucesso social porque você se colocará em *posição* de sucesso. Se as coisas não correrem bem, você não será esmagado. Em vez disso, você simplesmente tentará novamente com a próxima pessoa. Vá em frente. Veja por si mesmo.

Revisitando seu pensamento tudo ou nada

Como mencionamos no Capítulo 7, a mente deprimida pensa em tudo ou nada, oito ou oitenta, com muita frequência. Talvez você tenha sido presa desse tipo de pensamento de tempos em tempos. Se assim o for, talvez você sinta que deve atingir a perfeição, ou isso se tornará abissal e totalmente inadequado. Da mesma forma, pode ser que você pense que deve:

» Conquistar o que for possível, caso contrário, será um fracasso completo.

» Viver uma existência totalmente moral, ou será um escândalo, pecador, merecedor do inferno e da condenação.

» Sempre pensar nos outros, caso contrário, será egoísta.

Não estamos sugerindo que você não pode ter padrões altos para si mesmo, só que esse pensamento tudo ou nada que costuma acompanhar o perfeccionismo é um prato cheio para a infelicidade. Ninguém é perfeito.

DICA

Você provavelmente sentirá os benefícios de redefinir e recalcular seu pensamento tudo ou nada. Ao se encontrar nesse tipo de pensamento (e quase todo mundo faz isso de vez em quando), tente o seguinte:

1. **Defina com cuidado sobre o que você está falando.**

   Defina e elabore claramente o que você quer dizer pelos rótulos que aplica a você mesmo, como "fracasso", "perdedor" e assim por diante. Sem ter ideia do que esses rótulos significam para você, não há como seguir para o segundo passo.

2. **Recalcule sua nova definição em uma porcentagem ou base contínua.**

   É assim que você fará o recálculo: sempre que ouvir termos absolutos em sua mente, como "sempre", "nunca", "fracasso", "perdedor", "horrível", e assim por diante, continue pensando em termos contínuos, em uma escala de classificação. Em outras palavras, recalcule e estime uma *porcentagem* do tempo em que seu pensamento negativo é real.

   Assim, se pensar que é um fracasso, estime a porcentagem do tempo em que você obteve sucesso e em que porcentagem você fracassou e o que o fracasso significa para você, em vez de usar um rótulo global. Se pensar que é uma pessoa horrível, recalcule e pergunte-se qual porcentagem de suas ações é realmente "horrível", como você definiu o termo no primeiro passo, qual a porcentagem de ações "boas" e qual porcentagem das "neutras".

LEMBRE-SE

Poucas coisas na vida existem em termos de tudo ou nada. Redefinir e recalcular pode ajudá-lo a ver os tons de cinza que sua mente depressiva pode ter bloqueado de sua vista. Ao definir seus termos e colocar suas autoavaliações em um contínuo, é provável que descubra que sua avaliação recalculada é muito melhor — e, o mais importante, reflete melhor a realidade.

> **Erin** reclama para sua conselheira que é uma mãe inepta porque seus filhos estão se comportando mal na escola. A terapeuta pede que ela explique o que é uma mãe inepta; o que tal mãe faz que as outras não fazem? Erin explica que uma mãe inepta é aquela que não sabe nada sobre a maternagem, é maldosa com os filhos e os negligencia. A terapeuta pergunta para Erin se essa definição bate com ela, e Erin diz: "Bom, não muito. Acho que eu quero dizer que nem sempre sei como lidar com eles."
>
> "Certo, então, em vez de se perguntar com que frequência você é uma mãe inepta, porque isso não se aplica, deixe-me perguntar: com que frequência você não tem a menor ideia de como lidar com seus filhos em comparação com as vezes que você sabe o que fazer?", pergunta a terapeuta.
>
> Depois de pensar por um tempo considerável, Erin conclui que ela provavelmente sabe o que fazer com os filhos em cerca de metade do tempo. Essa redefinição e recálculo mais realista dos seus problemas a levam a uma discussão produtiva sobre como ela pode aprender mais sobre a maternagem e aumentar a porcentagem do tempo em que se sente competente para saber como lidar com os filhos. Ela percebe que, com algum trabalho, pode aumentar a porcentagem para 60% do tempo, e mais trabalho ainda pode fazer com que a porcentagem continue aumentando.

Encarando o pior

Encarar o pior é uma ferramenta de reparo de pensamento especialmente importante. A terapia cognitiva não funciona tão bem quando você coloca a cabeça em um buraco, como um avestruz. Em vez disso, você tem que pensar nas piores implicações possíveis e resultados potenciais de seus pensamentos.

Encarando o seu pior

É surpreendente com que frequência as pessoas conseguem ver que elas poderiam lidar com seus piores medos imagináveis se tivessem que fazer isso. É claro que ninguém quer isso, mas você está prestes a descobrir que é mais possível do que pensa.

DICA

Você pode identificar seus piores medos imagináveis ao se perguntar do que você mais tem medo. Então, se o que você teme realmente acontecer, como seria? Depois de identificar esses cenários, responda algumas questões sobre lidar com o medo. Elas podem ajudá-lo a lidar com os piores cenários mais temidos e incluem as seguintes perguntas:

» Qual a probabilidade de sua fantasia do medo mais temido virar realidade? (Considere atribuir uma probabilidade de 0% a 100% de probabilidade.)

» Se seu pior medo acontecer, de que maneiras você poderia lidar com ele?

» Se acontecer o pior, você pode pensar em opções ou planos de ação alternativos?

DICA

Se ficar paralisado ao refletir sobre essas questões relacionadas a lidar com o medo, pode achar útil revisitar outras ferramentas de reparo do pensamento, bem como o processo do Tribunal do Pensamento que discutimos neste capítulo. E se a ansiedade e o medo complicarem sua depressão, considere ler outro livro que escrevemos, *Dominando a Ansiedade Para Leigos* (Alta Books).

Colocando o pior para funcionar

Às vezes, o que parece "o pior" acontece. Quando isso ocorre, pode ser útil prever os vários resultados negativos e as possibilidades para lidar com a situação. A história de Jack ilustra como esse processo de enfrentar o pior acontece.

> **Jack** celebra seu 45º aniversário com uma sensação de tristeza e pesar. Ele trabalhou em uma empresa de manufatura de chip de alta tecnologia nos últimos 15 anos. Durante esse período, investiu 90% de seu fundo de aposentadoria em ações da empresa. Por um tempo, essa decisão pareceu muito boa para Jack enquanto seu fundo ia a alturas que ele nem imaginava, bem acima de US$2 milhões.
>
> Então a bolha da tecnologia estourou, e o valor das ações da empresa de Jack despencou tão rapidamente, que ele não pôde fazer nada para salvar da devastação seu fundo de aposentadoria. Jack naturalmente lamentou a perda e teme que a aposentadoria possa estar muito longe. O terapeuta de Jack lhe sugere usar o Rastreador de Pensamento, o que ele faz (veja a Tabela 8-1). O evento é o colapso de seu fundo de aposentador; seus sentimentos de desespero foram classificados em 80, e o ódio por si mesmo, em 85. Jack grava seus pensamentos em resposta ao evento como:
>
> - Talvez não consiga me aposentar antes dos 80 anos.
>
> - Fui burro de investir tanto dinheiro na minha empresa.
>
> É claro, Jack e o terapeuta poderiam ter trabalhado nesses pensamentos iniciais para ver se contêm distorções e para reunir evidências para os refutar. E, na verdade, fizeram isso usando muitas das técnicas ilustradas neste capítulo. No entanto, Jack vivenciou apenas uma pequena melhora em suas emoções perturbadoras de desespero e ódio por si mesmo. Assim, o terapeuta perguntou o seguinte a Jack:
>
> **Terapeuta:** Ainda que vejamos evidências do contrário, vamos presumir que você tenha sido burro de investir tão pesado na empresa e que você não poderá se aposentar antes dos 80 anos. Qual é o pior significado possível desses pensamentos para você se eles realmente forem verdade?
>
> **Jack:** Significa que eu seria ridicularizado.

Terapeuta: Certo, e digamos que você seja ridicularizado. O que é tão terrível nisso? O que aconteceria em seguida?

Jack: Todos me veriam como um burro e idiota.

Terapeuta: E se você realmente fosse burro e idiota, o que faz com que isso seja tão horrível para você? Qual é a pior coisa possível que você pode imaginar que aconteceria se isso fosse verdade?

Jack: Todos com quem eu me importo me abandonariam e não me amariam mais; eu não poderia suportar isso.

Nesse ponto, o terapeuta tinha atingido alguns dos medos mais profundos de Jack — abandono e solidão. Então os pensamentos do Jack têm um significado ainda maior para ele. Eles significam não só que ele é burro e que não poderá se aposentar por muito tempo, mas que todos com quem ele se importa o abandonarão e que ele não poderia suportar viver sozinho sem eles. O terapeuta de Jack apresenta as seguintes questões para ajudar a ganhar uma melhor perspectiva. As respostas de Jack seguem às perguntas.

- **Qual é a probabilidade de meu pior medo imaginado realmente virar realidade?** Na verdade, quando revisito a evidência, parece bastante improvável que minha família concluiria que sou burro e me abandonaria. Ainda que pensem que eu fiz uma burrice, tenho muitas evidências de sua lealdade absoluta. Então dou a esse cenário uma porcentagem de 5% de chance de acontecer.

- **Se seu pior medo realmente acontecer, quais são as possíveis maneiras de lidar com ele?** Ixe, seria muito difícil! Mas acho que eu encontraria uma maneira de lidar com a perda. As pessoas fazem isso. Talvez eu me inscrevesse em um grupo de ajuda. Poderia fazer terapia por mais tempo e imergir em distrações úteis, como leitura e exercícios.

- **Se o pior acontecer, pode pensar em opções ou planos de ação alternativos?** Eu tentaria manter contato com meus filhos, ainda que me desprezassem. Poderia encontrar um grupo de amigos que me dessem apoio. Mesmo que meus amigos atuais me achassem burro, não significa que outras pessoas pensarão do mesmo jeito, porque não saberiam o que fiz com meu dinheiro da aposentadoria. E eu poderia dominar novas habilidades de emprego ou encontrar trabalho em outra empresa de tecnologia. Algumas ainda estão contratando, e não sou tão velho. Tenho tempo para reconstruir minhas finanças. Finalmente, com o tempo, poderia até encontrar uma nova esposa. Não sou tão feio, afinal.

A terapia cognitiva funciona melhor se você não negar racionalizar ou evitar os piores pensamentos em sua mente. Em vez disso, ela entrega o máximo de resultados quando você lida de modo direto com as possibilidades mais terríveis.

NESTE CAPÍTULO

» Lidando com a negação

» Entendendo que VOCÊ não é sua mente

» Eliminando a tagarelice e o orgulho da mente

» Vivendo a vida por inteiro

Capítulo **9**

Aceitando Pensamentos e Sentimentos

Estar consciente do momento presente é o objetivo do *mindfulness*. Em um estado de atenção plena, você está consciente, engajado, conectado e sem julgamentos. O mindfulness é um aspecto central dos ensinamentos budistas, mas você não precisa praticar budismo para se beneficiar dele.

Pode ser que você esteja se perguntando o que o mindfulness está fazendo em um livro sobre depressão. Felizmente, temos uma resposta para sua pergunta: algumas décadas de pesquisas sobre o mindfulness e a depressão mostraram que a prática diminui os sintomas depressivos, que parecem estar relacionados com a redução de pensamentos de ruminação cognitiva possibilitada pelo mindfulness. A *ruminação cognitiva* envolve pensar a mesma coisa várias e várias vezes em um loop infinito. As pessoas com depressão costumam sofrer de pensamento negativo e repetitivo. Além disso, o mindfulness alivia a preocupação, ajuda as pessoas a mudarem a maneira de lidar com os pensamentos depressivos e diminui a evitação. E mais, a literatura indica que o mindfulness ajuda a prevenir a recaída da depressão.

Neste capítulo, tentamos ajudá-lo a se tornar mais atento. Para começar sua caminhada em direção ao mindfulness, iniciaremos com uma discussão sobre a evitação, e então explicaremos e descreveremos a diferença entre *você* e *sua mente*. Em seguida, mostraremos a bagunça da sua mente e como limpá-la. Finalmente, você pode descobrir como aplicar o mindfulness à sua vida diária. Fazer isso pode tanto diminuir a depressão quando ajudar a evitar que ela tenha um retorno indesejado.

Evitando a Evitação

Quando se está em um distúrbio emocional, é natural querer se livrar disso. O termo *mecanismo de evitação* refere-se a tentativas de negar ou minimizar o enfrentamento de emoções negativas ou desafios estressantes atuais. Todo mundo quer evitar a dor ou o estresse. De um ponto de vista evolutivo, esse instinto provavelmente tem algum valor. O mecanismo de evitação o encoraja a se afastar de riscos perigosos ou desconhecidos. Às vezes isso faz sentido, e no curto prazo a evitação pode ser adaptativa. Por exemplo, se tiver uma mancha no rosto, em vez de correr para o dermatologista, pode ser que você espere algumas semanas para ver se ela some (a menos que seja muito dolorosa e pareça preocupante). Se sumir, a evitação poupou muito tempo, trabalheira e dinheiro. Se não sumir, você provavelmente não a deixou pior.

Às vezes pode ser que você receba uma notícia horrível ou sofra uma grande perda. Nesses casos, a evitação de curto prazo o ajuda a enfrentar a situação até que possa reunir recursos. Por exemplo, muitas pessoas se sentem anestesiadas depois da morte de uma pessoa amada. Essa reação as protege de um luto avassalador, que geralmente aparece logo depois da perda. O tempo de negação permite que comecem a processar o luto.

No entanto, a evitação crônica tem um preço. As pessoas usam o mecanismo de evitação como uma estratégia ao longo dos anos correndo o risco de eventualmente desenvolver depressão. Quando você nega ou evita os sentimentos sobre uma situação, você...

>> Finge que está tudo bem.

>> Desliga-se de aspectos dolorosos e desagradáveis do que está acontecendo.

>> Tenta se distrair com drogas e álcool.

>> Minimiza o significado do problema.

>> Tenta não pensar no problema.

>> Tenta projetar o problema em outra pessoa ou outra coisa.

Essas tentativas de evitar apenas adiam a resolução e o enfrentamento do problema. Elas podem interferir nas ações ou na obtenção de ajuda quando necessário, mas os problemas crescem embaixo do ofuscamento da evitação. As seções a seguir mostrarão como aceitar em vez de evitar, pois a aceitação abre as portas para uma mudança positiva.

Traçando um Limite entre Você e Sua Mente

Como já dissemos, a mente humana é uma *máquina de pensamentos*. Sua mente usa a linguagem de forma contínua para formar julgamentos, avaliações e análises de si mesma e do mundo. A linguagem (como a palavra escrita) é exclusivamente humana. Se não concorda, tente enviar um e-mail a uma preguiça-de-três-dedos e veja qual resposta obterá.

LEMBRE-SE

Mas a mente humana tende a fazer muitos julgamentos e avaliações. Esses julgamentos se tornam seu senso de realidade, e, quando a mente está deprimida, eles podem ser arrasadoramente negativos. Acreditar que você *é* a mesma coisa que esses pensamentos e avaliações negativos é muito fácil, então, por mais importante que seja sua mente, nesta seção queremos que você perceba que *você* é algo além de sua mente.

Certo, talvez tenhamos nos aprofundado demais aqui, mas continue acompanhando. Tire alguns momentos para se relembrar da sua infância. Escolha qualquer idade de que você se lembre. Como era sua vida? O que você sentia? O que você fazia? Do que gostava e desgostava? Onde morava?

Você tem uma imagem sua de quando era criança; consegue se ver? Se sim, provavelmente não consegue se lembrar de muitos dos seus pensamentos na época. Quando as pessoas tentam se lembrar de si mesmas quando crianças, geralmente se lembram da vida que tinham. O *você* em sua memória consiste mais em suas experiências — o que você fazia e como se sentia — do que nos pensamentos que corriam em sua mente.

Outra forma de ver a diferença entre você e sua mente é o experimento a seguir: sente-se por um momento e escute um pensamento em sua mente. Talvez virá instantaneamente, ou demorará um tempinho. Quando sua mente gerar esse pensamento, escute. É *você* que está escutando. *Você* não é a mesma coisa que sua mente e seus pensamentos.

O *você* que não é sua mente é a parte sua que observa, vivencia, respira e vive sem julgamento e análise.

CAPÍTULO 9 **Aceitando Pensamentos e Sentimentos** 153

Perdendo a Cabeça

As pessoas com depressão têm a cabeça cheia de pensamentos pessimistas e de autossabotagem, que consistem em avaliações ruins de si mesmas e do mundo. Veja alguns exemplos:

» É dia do pagamento e não tenho o suficiente para pagar as contas. Acho que sou um fracasso. Aqui estou eu, com 35 anos e ainda não ganho o suficiente. O que há de errado comigo? Minha vida é uma merda.

» Olha esse cabelo branco. Credo, tô velha! Sou uma zona fora de forma. As pessoas devem olhar pra mim e pensar que sou uma perdedora.

» Fiquei presa em casa por sete meses por causa da pandemia. A vida nunca mais será a mesma. Não suporto o isolamento.

» Fui uma esposa horrível. Me arrependo de ter traído meu marido e não sei se posso me perdoar. Não mereço outra chance.

» Estou deprimida há tanto tempo que não vejo uma saída. Ninguém pode me ajudar. E eu não posso me ajudar.

Você já ouviu pensamentos assim passarem pela sua cabeça? A mente nunca para. Ela produz uma corrente consistente de avaliações e julgamentos ao longo do dia enquanto você está acordado. E essa falação às vezes até invade seus sonhos. Se você é como a maioria das pessoas, provavelmente já sonhou com situações nas quais se sentia despreparado, envergonhado ou humilhado.

O mindfulness trata de ver a diferença entre você e sua mente. Nesta seção, mostramos como parar de ver os pensamentos como fatos e começar a vê-los meramente como tagarelice da mente. Damos algumas ferramentas para abalar sua convicção de que os pensamentos negativos e de autoavaliação são verdadeiros. E também mostramos como a mente o mantém longe do presente se sentindo culpada pelo passado ou se preocupando com o futuro.

CUIDADO

Se seu pensamento é especialmente obscuro e desesperançoso, procure ajuda profissional imediatamente. O mindfulness pode ser parte de seu treinamento, mas você precisa de mais do que esforços de autoajuda.

Pensando nos pensamentos negativos como fatos

Quando nos sentamos para escrever hoje de manhã, nos sentimos muito bem porque tínhamos o que pensávamos ser uma ótima maneira de introduzir um conceito em particular. Mas logo percebemos que nós dois nos esquecemos completamente qual era a ideia. "Tudo bem, vamos só dar uma olhada em nossas anotações e encontrar", dissemos. Não tivemos sorte. Então, tivemos uma enxurrada de pensamentos negativos:

» Como pudemos esquecer algo assim?
» Somos muito desorganizados.
» Como pudemos ser tão burros e não anotar e arquivar a ideia?
» Estamos completamente paralisados e não conseguimos ter outra ideia.
» Isso vai arruinar nosso dia.

Pode ser que você tenha pensado que nosso humor despencou como uma pedra jogada em um lago. Mas isso não aconteceu. Em vez disso, levamos os cachorros para passear e percebemos como o dia estava maravilhoso. Observamos a felicidade desmedida dos cachorros enquanto cheiravam cada arbusto, latiam para os pássaros e faziam xixi em alguns locais.

Como nos mantivemos de bom humor e curtimos o passeio? Ainda que tenha demorado um tempo, nós agora levamos nossos pensamentos menos a sério do que costumávamos.

LEMBRE-SE

Os pensamentos são só pensamentos, não fatos. Ao se libertar e não duelar com nossos pensamentos negativos, simplesmente encontramos outra maneira para apresentar a questão.

Com muita frequência, a mente humana responde aos pensamentos como se eles realmente refletissem a realidade. Imagine cortar um limão fresco com uma faca bem afiada. Agora, finja que está levando o limão para perto de seus lábios e espirrando um pouco do suco. Você está salivando? Se sim, sua mente está respondendo a essas palavras e imagens associadas quase como se fosse um limão real. Não há nada de errado com isso.

No entanto, se você acredita que todos os seus pensamentos negativos são de alguma forma reais e sólidos como este livro que está segurando, você provavelmente está se preparando para uma angústia mental. Nos Capítulos 7 e 8, discutimos em detalhes com que frequência esses pensamentos contêm distorções. Neste capítulo, pedimos a você que leve essas ideias mais longe e veja os pensamentos como meramente pensamentos. O psicólogo Steven Hayes chama a enxurrada incessante de pensamentos que soam como tagarelice. Nas seções a seguir, temos algumas ideias para lidar com essa falação da mente de forma a ajudá-lo a começar a levar esses pensamentos menos a sério.

CAPÍTULO 9 **Aceitando Pensamentos e Sentimentos**   155

Agradecendo sua mente!

DICA

Quando escutar pensamentos negativos e que querem derrubá-lo passando pela sua cabeça, agradeça sua mente por criar essa ideia tão interessante! Caso esteja se perguntando, recomendamos que siga essa estratégia com uma dose significativa de sarcasmo dirigido à sua mente — lembre-se: você não é sua mente. Você também pode falar para ela o quão criativa está sendo. Dê uma olhada nas respostas que pode dar quando ouvir sua mente tagarelando:

> **O pensamento da sua mente:** Sou um idiota!
>
> **Você:** Obrigada, mente, por esse pensamento adorável!
>
> **O pensamento da sua mente:** Nunca encontrarei alguém para amar.
>
> **Você:** Que trabalho excelente! Obrigado!
>
> **O pensamento da sua mente:** Sou um caso perdido.
>
> **Você:** Muito bem. Como é que você tem essas ideias, mente?
>
> **O pensamento da sua mente:** Não suporto esse sentimento!
>
> **Você:** Obrigado, mente, por deixar o meu dia tão mais interessante!

Pegou a ideia? Tente essa técnica toda vez que ouvir a falação negativa da sua mente. Você tem uma escolha. Você pode decidir levar essa tagarelice a sério, ou pode ouvir essa palhaçada mental e rejeitá-la.

DICA

Todas as mentes geram uma certa quantidade de tagarelice. Você não tem exclusividade. Quando está deprimido, sem dúvida cai na armadilha de dar ouvidos a essa palhaçada como se ela tivesse real relevância a seu valor como ser humano. Entenda que essa falação não precisa ser levada a sério. Mas dominar essa habilidade demora um tempo; seja paciente.

Brincando com os pensamentos da sua mente

Uma de nossas estratégias favoritas para lidar com o pensamento negativo e que nos coloca para baixo é brincar com ele. Você pode mudar o significado de seus pensamentos e sua resposta a eles se for brincalhão. Nas seções a seguir, apresentamos várias ideias que você pode tentar.

Cante seus pensamentos

Escreva todos os seus pensamentos negativos do dia. Então cante-os para si mesmo várias e várias vezes. Isso mesmo, cante-os. Você pode usá-los como uma letra substituta de uma música popular ou compor sua própria canção. De alguma maneira, esses pensamentos negativos não têm o mesmo significado quando você canta. Ou fale-os em voz alta com uma voz distorcida. Gostamos de usar a voz do Pato Donald. Comprar a ideia da negatividade da tagarelice mental fica mais difícil quando você a ouve vindo do Pato Donald!

Seja sarcástico

Se tiver um parceiro em quem realmente pode confiar, pode fazer o que fazemos com a nossa tagarelice. Dizemos nossos pensamentos negativos em voz alta e deixamos o outro amplificar a falação. Falamos em um tom obviamente sarcástico e pateta. O diálogo acontece mais ou menos assim:

> **Dr. Elliott:** O que eu escrevi hoje é puro lixo. Quem vai querer ler isso?
>
> **Dr. Smith:** É isso mesmo! Você nunca escreve nada interessante mesmo. Você deveria desistir agora mesmo!
>
> **Dr. Elliott:** Tá certo, acho que vou desistir! Talvez eu deva encontrar um outro trabalho.
>
> **Dr. Smith:** Bem, seria uma boa ideia, mas quem o contrataria?

Obviamente, essa troca é para ser um exercício tranquilo. Se tentar e não se sentir assim, não o faça mais! Essa técnica *só funciona* se você e seu parceiro confiarem completamente um no outro e entenderem completamente a natureza da falação da mente e o valor de abordá-la a seu bel-prazer. Se tiver essa sorte, pode ser até divertido.

Faça uma declaração

Em seguida, considere fazer uma demonstração para si mesmo sobre a impotência dos pensamentos da sua mente. As pessoas costumam agir como se todos os pensamentos tivessem poder e significado, como se somente os pensamentos causassem eventos. Temos um exercício que você pode usar para se convencer do contrário:

1. **Declare em voz alta: "Não sei ler."**

2. **Fale mais alto: "Não sei ler!"**

3. **Agora, grite: "Eu realmente não sei ler!"**

4. **Mais uma vez: "Sério, não tem como eu saber ler."**

5. **Agora, perceba que você leu cada uma dessas frases para falar.**

Os pensamentos não têm nenhum poder se você não o der a eles.

Julgue tudo criticamente

Se ainda tem dificuldade para ver a enxurrada de pensamentos incessantes e julgadores como mera falação, temos outra ideia. Onde quer que esteja agora, observe seu ambiente. Se estiver do lado de fora, olhe para o céu e toda a paisagem. Se estiver do lado de dentro, observe de perto todos os detalhes. Agora, avalie negativamente cada aspecto do que está ao seu redor. Tudo. Não é tão difícil, é?

A mente humana é treinada para avaliar tudo, e pode fazer avaliações negativas em um piscar de olhos. Mas isso faz com que a avaliação esteja correta? É claro que não! Principalmente quando estamos nos julgando, a mente pode facilmente incorrer em negatividade.

Observe seus pensamentos flutuarem

Temos mais uma sugestão para lidar com os pensamentos e julgamentos negativos de sua mente. Quando ouvir esses pensamentos, tente imaginá-los escritos em uma grande folha. Então, veja essa folha gentilmente flutuar correnteza abaixo. Em outras palavras, pratique brincar com esses pensamentos como se fossem uma coisa fora de você. Observe-os. Assista-os flutuar. Veja como dançam e rodopiam enquanto passam. Liberte-os. Medite dessa maneira por dez a vinte minutos. Simplesmente sente e relaxe. Coloque cada pensamento em uma folha e observe-os flutuar, um depois do outro.

DICA

A conclusão: sugerimos que você crie uma nova relação com seus pensamentos. Afaste-se e só os observe (com a exceção de avisos ocasionais de perigo claro e presente, para os quais você precisa reagir). Em geral, considere seus pensamentos como possibilidades, em vez de afirmações de fatos.

Resistindo ao que é

Todo mundo quer se sentir bem, e isso é perfeitamente natural e humano. Além disso, alguns livros de psicologia populares até afirmam que basta se agarrar à felicidade e nunca soltá-la. Nunca se sinta mal de novo!

Então, o que a mente faz quando confrontada com uma experiência ou pensamento negativo? Resiste. A mente lhe diz que *não deve* se sentir assim. Evite, negue e suprima toda a negatividade! Recuse-se a aceitar o que é.

DICA

Infelizmente, negar a negatividade causa um problema: quanto mais você não deve ter ou sentir alguma coisa, mais certamente você a terá. Então, com muita frequência:

>> Se não suporta a ideia de se sentir ansioso, você se sentirá ansioso.

>> Se não tolera nenhuma tristeza, está a caminho da depressão.

> Quanto mais você não pode fracassar de jeito nenhum, mais provavelmente fracassará, pelo menos na sua cabeça.

LEMBRE-SE

Não há nada de errado em ter alguns sentimentos e resultados negativos. Geralmente é a luta para suprimir esses sentimentos que os intensifica e magnifica a ponto de virarem sobrecarga. Na verdade, os psicólogos estudaram o que acontece quando as pessoas com depressão tentam suprimir todos os pensamentos negativos. Você acertou: elas têm mais pensamentos negativos.

DICA

A depressão é o que você acaba sentindo quando desesperadamente tenta não sentir nada desagradável. Abra um espacinho para os sentimentos negativos. Literalmente aceite-os e convide-os para ficar por um tempo. Ao fazer isso, você tira um pouco do poder deles.

Vivendo em qualquer momento, menos no agora

Somente humanos têm um apreço profundo pelo passado. Apenas os humanos podem ver tão longe no futuro. Às vezes essa habilidade pode ser útil e agradável, mas com muita frequência a sua mente faz com que você fique esperando viver sua vida no futuro ou o prende em arrependimentos do passado. É uma pena, porque alguns sentimentos bem desagradáveis ocorrem do viver no passado ou no futuro. Por exemplo, pavor, preocupação, inquietação, estresse, ansiedade e desesperança florescem ao focar pensamentos sobre o futuro. Por outro lado, a culpa, o ressentimento, a vingança e o ódio por si mesmo surgem com a estadia no passado.

Nesta seção, mostramos como a mente bagunça com dois tipos de ilusões sobre o futuro, e então discutimos o que isso faz com o passado para arruinar seu presente. Quando perceber o quanto viver no passado ou no futuro mexe com você, esperamos que veja o valor de viver no presente.

Esperando para ser feliz

Analise com quem frequência você já pensou que será feliz *quando*:

» Terminar de escrever o livro em que está trabalhando.
» Puder comprar a casa dos seus sonhos.
» Aposentar-se.
» Terminar sua faculdade.
» Finalmente conhecer alguém.
» Puder comprar aquele carro novo.

Assim, você se pega continuamente envolvido em uma série de dificuldades insatisfatórias para chegar em um lugar de felicidade. Talvez trabalhe muitas horas ou escolha uma carreira que pague mais, mas que você não ache tão agradável quanto o trabalho que paga menos. Você estabelece objetivos, mas depois de consegui-los, a mente estabelece outro objetivo que promete a felicidade suprema. Então você se sacrifica novamente para atingir esse objetivo. A sedução repetida de uma felicidade prometida no futuro consegue arruinar momento após momento no presente.

Projetando imagens de um futuro intolerável

A mente depressiva tem outro truque com relação ao futuro: ela lhe fala que não há nada além de eventos desoladores e mau agouro no futuro. E o faz acreditar que essas ocorrências futuras se provarão intoleráveis.

> **Janet,** aluna do doutorado em sociologia, luta contra uma depressão leve há mais de um ano. Ela terminou o curso, falta somente sua dissertação para poder se formar. Somente? Uma dissertação é um trabalho bem grande. Ela deve revisar exaustivamente uma grande base da literatura. Então deve criar um estudo, enviá-lo para diversas revisões com o comitê de doutorado, obter aprovação do comitê para seu estudo, conduzi-lo, analisar os resultados e escrever todo o projeto.
>
> Sua mente foca imagens horríveis da quantidade de trabalho que a aguarda. Essas imagens causam um esgotamento motivacional. Janet não tem ideia de como seguirá adiante. Mas finalmente vai a fundo e começa a trabalhar.
>
> Quando ela enfim completa a dissertação, olha para trás e percebe: ela não conseguia se lembrar de nenhum momento em que esteve realmente trabalhando na sua dissertação e que pareceu horrível ou insuportável. Nenhum. E muitas vezes o trabalho pareceu surpreendentemente positivo.

Na verdade, a reação de Janet é bem comum. Como muitas pessoas, ela previu uma quantidade horrível de trabalho extenuante, mas descobriu que a realidade era muito menos onerosa e, às vezes, até agradável. As pessoas costumam prever futuros negativos que acabam sendo toleráveis ou gratificantes.

Adotando o vitimismo do passado

Sentimos que entender as origens de seu pensamento negativo tem certo valor. Por exemplo, você pode valorizar que suas respostas aos eventos têm mais a ver com os eventos do passado do que com o que acabou de acontecer com você. Entender essa diferença pode ajudá-lo a reinterpretar a realidade atual de uma maneira mais útil.

No entanto, não permita que sua mente fique muito apegada às tragédias do passado. Se o fizer, sua mente pode focar todas as injustiças revoltantes que encontrar na sua vida. Logo você se encontraria se transformando em uma vítima que se ressente e culpa outras pessoas por tudo o que já lhe aconteceu. Em essência, você poderia se *definir* em termos do seu passado. O Capítulo 4 discute a sedução do pensamento de vítima, bem como maneiras de se livrar desse mindset.

Encontrando culpa no passado

A mente também pode levar você a se julgar hoje com base no seu passado. Se cair nesse truque, provavelmente você fará esses julgamentos duros e imergirá em culpa e ódio por si mesmo. Conhece alguém que não amaria refazer muitas decisões e ações do passado?

DICA

É claro que, se você voltasse no tempo, sabendo o que sabe hoje, faria muitas coisas de outro jeito. Mas você não sabia na época o que sabe hoje. Além disso, não pode mudar o passado. Ele é útil para uma coisa e somente ela — como um guia para fazer mudanças. Você faz essas mudanças *agora* — no presente.

Nossos cães não vivem no passado, mas parece que aprendem com ele. Pelo menos às vezes. Chegamos em casa há alguns meses e estava cheio de penas espalhadas. Penas na sala, penas no quarto, penas nos banheiros, penas na cozinha, penas em todo canto. Um edredon não existia mais.

E nossos dois cachorros não poderiam estar com mais cara de culpados, nem se tentassem. Eles realmente pareciam envergonhados quando brigamos com eles. Mas quanto tempo você acha que demorou para se recuperarem de sua transgressão e culpa? Cerca de três minutos. Tínhamos certeza de que se sentiram mal pelo que tinham feito. E temos a mesma certeza de que não passaram os próximos dias se martirizando. Na verdade, apenas momentos depois eles estavam correndo felizes como se nada tivesse acontecido.

DICA

Da próxima vez que fizer bagunça, **tente** sentir culpa como um cachorro. Sinta-se mal por um tempinho, e então deixe o assunto para lá. Ficar se martirizando por um tempo prolongado não o ajudará em nada. Isso apenas arruinará o presente, além do passado.

Vivendo com Atenção Plena

Se você leu as seções anteriores deste capítulo, está mais preparado para viver sua vida com atenção plena, o que consiste em duas práticas: aceitação e conexão com a experiência.

Quando a vida lhe entrega as cartas, aceitar o mantém no jogo. Quando você descobre a aceitação, não se julga como um bom ou mau jogador, você só joga. E vê o *dealer* como neutro, nem bom, nem mau.

Conectar-se com a experiência também requer que você fique no jogo. Você não passa o tempo se lamentando sobre as mãos anteriores ou jogos futuros. Se sua mão é boa, você joga com prazer. No entanto, quando recebe uma mão ruim, faz o melhor que consegue. Você não joga suas cartas na mesa com desgosto e vai embora. Pode ser que você consiga retirar cartas melhores, ou não. A conexão abarca o que quer que você receba.

Adquirir aceitação

A *aceitação* é uma vontade de lidar com o que quer que entre no seu caminho, incluindo certo grau de tristeza. A aceitação é o oposto da rejeição e resistência. Para aceitar, você precisa desistir de julgar e avaliar a si mesmo, aos outros e aos eventos. Isso porque os julgamentos e as avaliações levam à rejeição e ao desconforto.

A aceitação pode ser um conceito bem estranho para você. É provável que sua mente esteja treinando há muito tempo para lutar e resistir a tudo e a todos que pareçam desagradáveis. Fazer o oposto parece ilógico, perigoso e uma derrota a si mesmo. Praticamente impensável.

Como poderíamos escrever um livro sobre se livrar da depressão e agora sugerir que você aceite a depressão? *Queremos* que você fique deprimido? Estamos sugerindo que você se *entregue* à depressão? Muito pelo contrário.

Pode ser que sua mente esteja falando agora: "Essas ideias são uma loucura! Você não pode aceitar que está se sentindo deprimido! Não escute essa baboseira!" Tente ficar conosco por mais um tempinho.

DICA

Os psicólogos estão descobrindo que algo que os monges budistas conhecem há séculos aparentemente é verdade: a aceitação na verdade é uma chave para a paz e a harmonia. Aceitar seu estado atual pode parecer errado, mas tem um grande valor:

> » **A aceitação permite a você que se afaste da batalha.** Imagine que está brincando de cabo de guerra com a depressão com toda sua força e está botando tudo o que tem nesse jogo. Inexplicavelmente, sua depressão só se aprofunda. Ainda assim, esse cabo de guerra não é brincadeira. A depressão é como um monstro de 3,5 metros e 400 quilos. E entre vocês há um cânion gigantesco cujo fim não dá para ver. Sempre que você puxa com mais força do seu lado da corda, o monstro da depressão o puxa ainda mais forte. Você se sente gradualmente sendo puxado para o

162 PARTE 2 **Entendendo e Aceitando Pensamentos e Sentimentos**

buraco. Você se sente desesperançado. Então tem uma ideia. Você solta a corda. O monstro cai de bunda. E você caminha para longe da batalha.

A aceitação envolve se afastar da guerra. Isso porque, como dissemos anteriormente neste capítulo, na seção "Resistindo ao que é", quanto mais você tenta não ter algo como ansiedade e depressão, mais provavelmente você acabará com o que está tentando evitar.

» **A aceitação de onde você está agora costuma ajudar a descobrir um caminho melhor.** Imagine que você está dirigindo à noite em uma nevasca. Você está a 15km de casa e seu carro desliza na neve. Você pisa no acelerador e as rodas patinam. Você acelera mais, e elas apenas patinam mais rapidamente. Você está completamente encalhado e teme que vá morrer se o socorro não chegar logo. Então, paralisado de medo, você acelera ainda mais, e os pneus começam a soltar fumaça.

Então você se recolhe por um tempo e se lembra de que o jeito de sair dessa situação não é pisando no acelerador. Então acelera gentilmente, e quando as rodas começam a girar, você para de pisar. O carro balança um pouco para trás, e então você coloca mais pressão no acelerador. Você consegue um ritmo. Devagar, o carro balança para a frente e para trás. Enfim, você vai para a frente.

» Em essência, você escapou dessa situação ao *aceitar* a ideia de lidar com o que estava acontecendo por um tempo (encalhado), permitindo que você fosse para trás (não é aonde queria ir) e só então indo gentilmente para a frente. Trabalhar com a depressão é como sair de um banco de neve.

Agora que você tem um senso sobre o que é a aceitação, temos mais estratégias nas próximas seções para incorporar a aceitação em sua vida.

Entender as habilidades da aceitação requer prática e tempo. *Quaisquer* ganhos podem melhorar sua vida. A aceitação não se trata de julgar o quanto você conseguiu aceitar. Aceite onde está; caminhe em frente gradualmente, como pode.

Aceitando sem julgar

Sugerimos que você considere o valor da aceitação sem julgamentos. Se quiser avaliar ou julgar alguma coisa, julgue as consequências de suas ações, em vez do seu "eu". A propósito, é o mesmo conselho que psicólogos dão para os pais que estão criando seus filhos. Eles falam para os pais julgarem o comportamento dos filhos como ruim ou indesejável, mas não rotular a criança assim. Por exemplo, se a criança empurra e provoca outra criança, você pode falar que empurrar e provocar é errado, mas não falar que ela é uma criança má.

Se não gostar de algo que fez, aprecie a lição que aprendeu ao olhar para as consequências não desejadas de suas ações. Não se julgue por inteiro.

CAPÍTULO 9 **Aceitando Pensamentos e Sentimentos** 163

AUTOABSORÇÃO

Pesquisas feitas por psicólogos implicaram o papel da autoabsorção em vários transtornos emocionais, inclusive a depressão. Pesquisadores descobriram que, quanto mais a pessoa aumenta o foco em si mesma, mais os sentimentos negativos se intensificam. Às vezes, quem tem depressão fica obcecado com seus pensamentos e sentimentos em uma tentativa compreensiva de ganhar algum tipo de "insight". No entanto, parece que essa prática pode causar mais danos do que benefícios. Além disso, grande parte desse autofoco envolve se julgar e avaliar, com frequência negativamente. As técnicas envolvidas tanto na terapia cognitiva discutida nos Capítulos 7 e 8 quanto no mindfulness discutido neste capítulo resultam em um autofoco diminuído. Embora esses exercícios exijam que você analise aspectos de si mesmo, o provável resultado no final será que você estará engajado em menos autoavaliação.

DICA

Você provavelmente não julga outras pessoas tão duramente quanto se julga. Você gosta de seus amigos e conhecidos pelo que eles são como um total. Tente fazer o mesmo consigo mesmo.

Viver como se ninguém soubesse

Imagine se ninguém soubesse de nenhuma das coisas importantes que você faz na sua vida. Ninguém saberia do que conquistou, nem de seus fracassos. Ninguém o julgará, nem você nem mais ninguém.

Depois que essa ideia estiver fixa em sua cabeça, pergunte-se o que você faria diferente se mais ninguém soubesse de seus sucessos ou fracassos. Você faria mudanças no jeito de viver? Se sim, está dançando na música tocada pelos julgamentos de outras pessoas. Tente viver por si só.

Conectando-se com a experiência

Quando começar a encontrar a aceitação, estará preparado para vivenciar a vida no presente. Conectar-se com a experiência do momento presente é uma coisa desconhecida para muitas pessoas. Estar conectado com o agora exige prática. No entanto, até mesmo pequenos passos nessa direção podem trazer uma trégua e paz importantes.

Não se esqueça de que poucas pessoas no mundo sabem como aceitar completamente o que é. O mundo de hoje o bombardeia com incontáveis pressões e distrações. Em face a todas essas distrações, tome um tempo para adquirir essas habilidades. Não julgue suas tentativas. Sua mente gerará pensamentos desagradáveis tão inevitavelmente quanto o Sol nasce e se põe todos os dias. Você pode adquirir essa habilidade mais facilmente se apreciar cada conquista e aceitar cada e toda disrupção.

Vivendo como um cachorro

Relativamente poucas experiências momento a momento são terríveis. Obviamente, há alguns eventos horríveis na vida, mas a maioria das coisas que chateiam as pessoas são as pequenas coisas. E os pensamentos podem facilmente tirá-lo da sua experiência real e fazer com que você se concentre em sentimentos terríveis, desagradáveis e *manufaturados pela mente*. O exemplo a seguir ilustra esse conceito.

Arturo nunca se sente tão aterrado e em paz como quando ele sai para passear com seu cachorro e vai correr três ou quatro vezes na semana. Ele sai pela porta e em alguns minutos chega ao West Mesa, um local elevado de onde pode ver toda Albuquerque. A cidade toda fica aos pés de uma montanha majestosa. A vista é de tirar o fôlego, e é possível ver muitos quilômetros no horizonte.

O planalto é traçado com estradas de terra e ravinas criadas por chuvas torrenciais ocasionais que marcam a terra outrora árida. Coelhos costumam passear pelos caminhos das águas, e de vez em quando é possível avistar um coiote a distância. Arturo se conecta com a experiência observando o ritmo de sua corrida, a alegria óbvia de seu cachorro, a quietude e (geralmente) a brisa.

Como ele corre um longo percurso, às vezes prever uma tempestade repentina é impossível. As primeiras vezes que começou a garoar, Arturo amaldiçoou seu destino e apertou o passo para chegar em casa o mais rapidamente possível. Mas Arturo costumava ficar ensopado antes de chegar em casa e se sentia incomodado com isso. Afinal, todo mundo sabe que é horrível ser pego de surpresa na chuva. Certo?

Mas ele percebeu que parecia que o cachorro nunca se importava com a chuva. Os cachorros geralmente chacoalham o excesso de água e continuam a gostar da corrida como sempre. Arturo se perguntava como ele poderia continuar conectado com a experiência sem se incomodar e sem se abalar. Então, ele percebeu. A mente de seu cachorro não está aprisionada por pensamentos de quão terrível é ficar encharcado. Ele apenas se conecta com a deliciosa experiência, nada mais.

E Arturo não poderia fazer o mesmo? Sim. Então ele percebeu que a sensação da chuva não é tão diferente daquela de seu banho matinal. Qual o problema de "ficar encharcado"? A experiência de correr em uma paisagem linda, ainda que chova, seria maravilhosa se ele deixasse os pensamentos de lado e apenas existisse.

É claro, você pode estar se perguntando a respeito dos relâmpagos. Não seria perigoso e indicaria uma necessidade de ação? Sim, e é por isso que os pensamentos são úteis.

DICA

Nas ocasiões em que os pensamentos o alertam para um perigo real e legítimo, você precisa escutá-los. No entanto, com muita frequência, os pensamentos enviam mensagens falsas que não envolvem uma avaliação realista de dano em potencial.

Você pode usar a mesma abordagem de Arturo em muitas outras atividades de sua vida. Quando os pensamentos ampliarem a atrocidade do que você está vivenciando agora, tente se desvencilhar deles. Apenas se conecte com a experiência real, não com o que você está imaginado que a experiência é.

Conectando com o presente

Quando você se pegar remoendo arrependimentos do passado ou preocupações com relação ao futuro, tente o exercício a seguir. Sugerimos que o pratique frequentemente — talvez dez minutos por dia durante algumas semanas. Com o tempo, você descobrirá que sua habilidade de ficar no momento presente aumenta. Esse exercício lhe ensina como observar seus pensamentos com *atenção plena*. Tente não ficar chateado se pensamentos desagradáveis ou que o distraiam interferirem no exercício. Mas se eles entrarem em sua mente, apenas os observe sem julgar se você está fazendo o exercício corretamente.

» Concentre-se em cada momento que lhe ocorrer.

» Estude todas as sensações em seu corpo, incluindo toque, visão, audição e olfato.

» Você provavelmente perceberá alguns pensamentos passando pela sua cabeça. Repare se são a respeito do passado ou do futuro. Caso sejam, apenas os observe. Então volte às sensações de seu corpo. Foque sua respiração entrando pelo nariz, indo para os pulmões e saindo novamente.

» Observe o ritmo de sua respiração.

» Sem dúvida, mais pensamentos passarão pela sua cabeça. Lembre-se: *pensamentos são só pensamentos.*

» Retorne à sua respiração. Perceba como é bom sentir o ar.

» Se tiver sentimentos de tristeza ou ansiedade, observe como você os sente em seu corpo. Seu peito parece apertado ou seu estômago revira? Fique com essas sensações.

» Se tiver pensamentos sobre esses sentimentos, repare como é interessante que a mente tenta avaliar tudo. Observe esses pensamentos e os deixe vagar. Retorne ao momento presente de seu corpo.

- » Se vierem mais pensamentos, repare em *você* observando esses pensamentos no momento presente.
- » Retorne à respiração. Veja como é agradável e rítmica.
- » Se ouvir sons, tente não julgá-los. Por exemplo, se ouvir uma caixa de som alta vindo do lado de fora, repare nos sons enquanto sons. Nem bons nem ruins. Pegue o ritmo ou as notas e permita-se ouvi-las. Se seu telefone tocar, faça o mesmo, mas não atenda agora.
- » Perceba o que você vê por trás das suas pálpebras ao fechar os olhos. Veja os padrões e as formas que aparecem e vão embora.
- » Mais uma vez, observe sua respiração por um tempo.

DICA

Se tiver algum problema com essa abordagem para lidar com seus pensamentos, talvez você devesse ler ou reler os Capítulos 7 e 8, que o ajudarão a perceber como os pensamentos intrincados não refletem a realidade. As técnicas da terapia cognitiva naqueles capítulos provaram ser de grande ajuda para as pessoas retrabalharem os pensamentos de uma maneira útil. Depois de completar essa tarefa, as estratégias neste capítulo podem ajudá-lo a melhorar ainda mais sua relação com seus pensamentos.

LEMBRE-SE

Ao começar a explorar a ideia de ver seus pensamentos como algo a ser observado, em vez de afirmações de fatos, você sem dúvida escorregará em hábitos antigos. Assim, você às vezes descobrirá que esteve ouvindo seus pensamentos com muita seriedade. Nessas horas, tenha cuidado para não começar a ter pensamentos negativos com relação a seus pensamentos negativos. Perceba que formar uma nova relação com seus pensamentos demora. O objetivo é um lento progresso em direção à conexão direta com a experiência do que com os pensamentos.

Conectando com atenção plena até mesmo com o mundano

A mente tem um jeito interessante de transformar tarefas mundanas e diárias em tarefas que se quer evitar. Talvez você se pegue esperando na fila do mercado com quinze carrinhos entre você e o caixa. Já ouviu pensamentos como estes passando pela sua cabeça?

- » Isso é horrível; tenho muita coisa pra fazer hoje.
- » Por que eu vim aqui em um dia tão lotado? Sou burro ou o quê?
- » Nunca conseguirei fazer tudo.
- » Não suporto esperar na fila.
- » Por que não há mais caixas abertos?

- » Essa fila não está nem andando.
- » Deveria ter escolhido aquela fila; pelo menos está andando.
- » Ah, não, a luz está piscando; terão que pedir pra alguém ir verificar o preço. Eu *nunca* serei atendido.
- » Essa fila deve estar no caixa mais lento do mundo.
- » Ah, que ódio!

Parece familiar? Esses são os sons da mente *resistindo ao que é*. E o que você acha que esses pensamentos fazem com a pessoa que os está escutando? É provável que causem tensão, ansiedade e angústia. E são fúteis, porque o que é é. Simples assim.

DICA

Para resistir ao que é, a alternativa é considerar *aceitar o que é* da próxima vez que estiver em algum lugar fazendo alguma coisa que sua mente lhe diz que é inaceitável. Pegue a tarefa irritante de esperar em uma grande fila por um bom tempo, por exemplo. É uma grande chance de praticar aceitar o que é:

- » Repare na sua respiração.
- » Sinta o ar entrando em suas narinas, descendo para os pulmões e saindo novamente.
- » Observe o ritmo da sua respiração.
- » Repare como você sente o contato de seus pés com o chão.
- » Observe os sons ao seu redor. Tente não julgá-los. Em vez disso, escute os barulhos altos e agudos, os sons tranquilos, o burburinho de fundo e as interrupções inesperadas.
- » Veja as pessoas ao seu redor sem julgamento. Olhe como elas são. Perceba o que fazem.
- » Se pensamentos sobre coisas que você tem que fazer começaram a entrar na sua mente, observe como são interessantes e os deixe flutuar. Então se concentre no agora.
- » Perceba sua respiração mais uma vez. Sinta o ar.
- » Repare em quaisquer cheiros no ar. Novamente, não os julgue como bons ou ruins.
- » Não suprima os pensamentos; apenas observe enquanto tentam interferir na sua tentativa de experimentar e aceitar o que é.

A quantas tarefas de lugar-comum você resiste? Talvez lavar a louça, cortar a grama, passar aspirador de pó, limpar a casa ou fazer compras? Você provavelmente terá uma lista grande se pensar nas coisas que fica adiando.

LEMBRE-SE

Quanto mais você resiste, mais acumula sentimentos negativos e tensão.

Tente pensar nas tarefas da vida com atenção plena. No começo, muitos pensamentos que expressam irritação no presente, apreensão com o futuro e arrependimento com o passado inevitavelmente tentarão interromper e conturbar suas tentativas de se conectar com o que é. Devagar, mas com consistência, com prática, você começará a reparar nesses pensamentos que interrompem apenas como pensamentos passageiros. Enquanto faz isso, você descobrirá que a maioria das tarefas diárias não lhe causa mais a mesma evitação e chateação.

Aumentando o prazer com a atenção plena

A mente deprimida também consegue roubar de você os pequenos prazeres ao gerar pensamentos sobre o futuro ou o passado. Por exemplo, quantas vezes você se sentou para fazer uma refeição e terminou sem nem sentir o sabor da comida? Isso acontece quando seus pensamentos ficam correndo pela sua mente. Geralmente, você está remoendo o passado ou o futuro.

DICA

Da próxima vez em que se engajar com o que parece ser uma atividade prazerosa (quase qualquer atividade servirá), tente abordá-la com atenção plena. Por exemplo, se você se sentar para fazer uma refeição, faça-o com a estratégia *comendo com atenção plena*:

» Observe a comida no prato, os formatos, as cores, os cheiros e as texturas.

» Pegue um pedaço da comida e o leve para perto do nariz.

» Sinta o cheiro da comida por um tempinho.

» Toque a comida primeiro com os lábios e depois com a língua.

» Coloque a comida na boca, mas espere um momento antes de mastigar.

» Sinta a textura da comida na sua língua.

» Mastigue bem devagar.

» Observe a sensação da comida e os sabores em diferentes partes da língua.

» Engula a comida e sinta o sabor e a textura enquanto ela escorrega pela garganta.

» Continue a consumir a refeição dessa maneira.

Considere transformar em hábito o comer com atenção plena. Você provavelmente terá mais prazer ao fazer isso. Se pensamentos perturbadores começarem a interferir, lide com eles como sugerimos em várias seções deste capítulo — perceba que esses pensamentos são só pensamentos e retorne

CAPÍTULO 9 **Aceitando Pensamentos e Sentimentos** 169

seu foco à comida quando puder. Você provavelmente terá mais benefícios ao se sentir mais relaxado enquanto come. Pode ser até que perca um pouco de peso, porque comer mais devagar permite que o cérebro perceba a sensação de saciedade.

LEMBRE-SE

Pensamentos são só pensamentos.

NESTE CAPÍTULO

» Detectando sinais de risco de suicídio

» Analisando o suicídio na juventude

» Enfrentando pensamentos suicidas

» Encontrando ajuda rapidamente

Capítulo **10**

Pensando o Pior: Suicídio

Ao longo dos últimos vinte anos, as taxas de suicídio têm aumentado progressivamente. Antes da epidemia viral de 2020, os suicídios estavam nos níveis mais altos desde a Segunda Guerra Mundial. De acordo com estatísticas recentes, 1,4 milhão de pessoas nos Estados Unidos tentaram suicídio, e mais de 48 mil tiveram sucesso em um ano. O suicídio é a décima causa de mortes em adultos e, tragicamente, a segunda entre jovens de 10 a 34 anos.

As taxas de suicídio aumentaram 30% nas últimas décadas. Em mulheres e meninas, as taxas subiram 50%, e em homens e meninos, 21%. E isso antes da pandemia. Desde então, as taxas continuaram a subir. Isolamento social, estresse financeiro, medo e perdas estão contribuindo para uma taxa alarmante de depressão e suicídio.

As tendências de suicídio parecem estar em alta desde o começo da pandemia, ainda que seja muito cedo para chegar a conclusões definitivas. Medidas de autorrelato indicam que a depressão, um fator de risco para o suicídio, aumentou cerca de quatro vezes, quando comparado com as taxas em 2019. Além disso, múltiplos indicadores sugerem que o uso de drogas e álcool disparou. Somente as vendas de álcool aumentaram mais de 25%. Finalmente, pensamentos de suicídio sérios foram relatados por mais de 10% da população. Antes da pandemia, tais pensamentos pairavam em menos de 5% da população.

Além disso, a taxa de uso de opioides e drogas continua a aumentar vertiginosamente. Esse aumento no uso de drogas levou a uma explosão de overdoses que levaram à morte (às vezes acidentalmente, outras vezes de modo intencional). Algumas pessoas com depressão usam drogas para se automedicar, geralmente com consequências fatais.

O suicídio é um tópico frequentemente ignorado ou negligenciado e é um assunto particularmente doloroso para a maioria das pessoas. Elas temem falar sobre isso com familiares ou amigos depressivos porque têm uma percepção incorreta de que falar sobre o suicídio pode, na verdade, fazer com que isso aconteça. Quem perde alguém para o suicídio costuma sentir culpa, luto e dor intensos. Essas pessoas acreditam que deveriam ter feito mais para de alguma forma evitar a tragédia e se culpam pela morte do indivíduo que amavam, assim, elas costumam usar um manto escuro de culpa que as acompanha pela vida.

Neste capítulo, discutimos os sinais de alerta e os fatores de risco associados ao suicídio em adultos, adolescentes e crianças, discutimos maneiras de procurar ajuda e obter perspectiva e damos informações sobre onde e como conseguir apoio imediato. Finalmente, oferecemos um conforto para aqueles que perderam alguém para o suicídio.

Sinais de Alerta para o Suicídio em Adultos

Os profissionais de saúde mental batalham há muitos anos para prever com eficácia quem pode tentar ou cometer suicídio. Escalas de inúmeros sintomas, listas de sinais, testes psicológicos e técnicas de entrevistas foram desenvolvidos e testados ao longo da história do tratamento de saúde mental. Infelizmente, nenhum provou ser confiável em prever quem irá ou não cometer suicídio. Quando essas medidas fracassam na previsão do suicídio, uma tragédia ocorre. Quando preveem um risco de suicídio que não existe, podem resultar em hospitalizações psiquiátricas desnecessárias e intensa ansiedade emocional. Além do mais, há sinais e fatores de risco que aumentam a probabilidade de suicídio, e eles são consideradas com cuidado quando pessoas são avaliadas como potencialmente suicidas.

> ## ESTATÍSTICAS BRUTAIS SOBRE O SUICÍDIO E OVERDOSES DE DROGAS
>
> O método mais comum de suicídio nos Estados Unidos é o uso de arma de fogo, tanto para homens quanto para mulheres. Mais de metade dos suicídios cometidos por homens ocorre por meio de arma de fogo, e quase um terço, por sufocamento (geralmente enforcamento). Por fim, uma pequena porcentagem dos homens usa outros métodos, como overdoses de drogas. As mulheres, como os homens, estão cada vez mais usando armas de fogo para se matar (cerca de um terço de todos os suicídios femininos). Os dois terços restantes dos suicídios femininos completos são divididos quase igualmente entre envenenamento ou sufocamento.
>
> Com quase 70 mil overdoses por droga nos Estados Unidos, o abuso de drogas continua sendo uma emergência de saúde pública. Com a introdução de drogas sintéticas (como o fentanil), que são muito mais mortais, a taxa de overdose provavelmente continuará sendo um problema sério. Elas não são contadas como suicídio, a menos que haja evidência de tentativa de dar fim à vida (como uma afirmação a alguém presente ou uma nota de suicídio). No entanto, certamente há overdoses que são erroneamente identificadas como acidentais, mas que, na verdade, são suicídios.

Dividimos as seções a seguir em duas categorias: sintomas e fatores de risco. Isso não quer dizer que são absolutamente distintas umas das outras, mas são descrições gerais de sintomas de curto prazo *versus* fatores de risco de longo prazo. Ambos são geralmente considerados quando os profissionais avaliam o risco de suicídio.

LEMBRE-SE

Apesar de uma falta de certeza completa, há fatores de risco estatisticamente relevantes que clínicos experientes consideram quando avaliam alguém que possa ser suicida. É importante perceber que, apesar de não haver maneiras perfeitas de prever o suicídio, todas as pessoas que estão sofrendo deveriam ser avaliadas. A maioria dos clínicos pecará pelo excesso para proteger o indivíduo enquanto respeitam ao máximo sua autonomia.

Sintomas problemáticos em adultos

Queremos enfatizar, mais uma vez, que nenhum desses sintomas isolados indica se uma pessoa irá ou não cometer suicídio. No entanto, enquanto grupo, podem ser considerados bandeiras vermelhas. Então, se alguém com quem você se importa o procurar relatando algum desses sintomas, certifique-se de fornecer uma ampla oportunidade para essa pessoa discutir essas preocupações. Pergunte se ele ou ela tem tido pensamentos de suicídio, pois é um mito que trazer a questão à tona e fazer essa pergunta aumenta o risco. Tente ficar com a pessoa até que um profissional ou outra fonte de ajuda possa ser incluída na situação.

CUIDADO

Se você pessoalmente tiver pensamentos, comportamentos, sintomas ou fatores de risco crônicos como os que estamos prestes a listar, procure ajuda imediatamente. Eles não devem ser ignorados. Há ajuda disponível. Veja a seção "Escolhendo a Vida e Obtendo Ajuda" neste capítulo.

A lista de sintomas a seguir costuma aumentar o risco de suicídio em curto prazo. Leve-os a sério e consiga ajuda profissional ou conselho para mais esclarecimentos, se estiver preocupado. Perceba que, mesmo com sintomas, a maioria das pessoas não tira a própria vida, no entanto, eles certamente sugerem a necessidade de ajuda de um profissional de saúde mental. Pessoas suicidas podem fazer o seguinte:

» **Falar sobre a possibilidade de cometer suicídio.** Por exemplo, alguém pode indicar que queria estar morto. Outras pessoas podem discutir abertamente um plano suicida. Outra pessoa pode dizer que o mundo seria um lugar melhor sem ela. Esses gritos por ajuda representam sinais de uma possível tentativa de suicídio.

» **Expressar um estado atual de desesperança.** Quem tem um risco aumentado de suicídio costuma expressar a perda de esperança. Eles se sentem encurralados, desamparados e não veem solução para seus problemas.

» **Especialmente alguém com pouco ou nenhum histórico de atos agressivos pode começar a demonstrar raiva, irritação ou desejo por vingança inesperados.** Alguns suicídios são tentativas de se vingar de alguém (geralmente um parceiro ou cônjuge). Alguns suicídios envolvem tanto assassinato quanto suicídio.

» **Ter experiências psicóticas, que envolvem a perda de contato com a realidade.** As experiências psicóticas às vezes precedem uma tentativa de suicídio. Pessoas com psicose podem ouvir vozes que falam para elas acabarem com a própria vida. Quem sofre experiências psicóticas tem maior risco de ter ideações, tentativas ou de fato concluir o suicídio.

» **Admitir fazer pesquisas online para métodos suicidas.** Assim como falar sobre suicídio, pesquisas online são quase sempre um indicativo de ideações suicidas. No entanto, algumas pessoas podem só estar curiosas, então pergunte. Novamente, é um mito comum, mas errôneo, que falar sobre ou questionar alguém sobre suicídio fará com que essa pessoa o coloque em prática.

» **Expressar sintomas de dor insuportável.** A dor costuma ser relatada como incessante e excruciante. Essa dor poderia ser psicológica ou física. Uma pessoa suicida pode não ver um fim para sua dor.

» **Proclamar que não têm motivo para viver.** Um observador de fora pode ver essa situação de uma perspectiva bem diferente, mas as pessoas suicidas experimentam uma profunda perda de propósito e significado na vida.

» **Acreditar que são um fardo pesado para outras pessoas.** Elas se veem como dependentes, inúteis e pensam que drenam as pessoas com quem se importam.

» **Se isolar e renunciar a atividades com pessoas com quem se importam.** Elas tipicamente presumem que ninguém quer ficar perto delas.

» **Vivenciar um conflito interpessoal recente que terminou mal.** A experiência pode incluir rejeição, perda ou humilhação.

» **Aumentar o uso de drogas ou álcool.** O consumo abusivo de álcool ou outras drogas faz com que as pessoas ajam impulsivamente. O uso excessivo pode também exacerbar a depressão, a agitação e outros problemas de saúde.

» **Despedir-se das pessoas com quem se importam de forma a apresentar um significado sugestivo da ideia de permanência.** Por exemplo, podem dizer: "Pode ser que você não me veja mais por um bom tempo" ou "Espero vê-lo em um lugar melhor algum dia".

» **Doar posses anteriormente estimadas, como coleção de moedas, arte, joias ou outras recordações significativas.** Também podem falar de colocar as coisas em dia antes de uma tentativa de suicídio.

» **Expressar um sentimento novo e inesperado de resolução e paz surpreendente.** Quando a decisão de cometer suicídio foi tomada, algumas pessoas se sentem emocionalmente estáveis e aliviadas. Infelizmente, não podem ver as melhores alternativas que quase sempre existem.

Até mesmo profissionais experientes acham extremamente estressante a avaliação do risco de suicídio, porque ninguém pode fazer tal determinação definitivamente com 100% de precisão, então não ache que, como um amigo ou familiar preocupado, você pode chegar a essa conclusão sozinho.

DICA

Se tiver preocupações sérias sobre alguém com quem se importa, procure ajuda. Ligue para uma central de ajuda ao suicídio, como o CVV (188). As ligações são confidenciais e podem ser feitas 24 horas por dia.

PAPO DE ESPECIALISTA

Os cuidados paliativos são uma prática que permite que um paciente doente terminal, com prognóstico de menos de seis meses de vida, peça uma prescrição para o médico terminar sua vida, mas a pessoa que está fazendo o pedido deve demonstrar competência mental. Essa prática permite que uma pessoa doente terminal tome o medicamento e morra em paz enquanto dorme. Não é considerado suicídio ou suicídio assistido, e é legal em cada vez mais países.

Fatores de risco em adultos

Muitas pessoas têm um ou mais fatores de risco para o suicídio, mas isso não significa que correm risco de cometer suicídio em breve, se é que algum dia o cometerão. Muitas pessoas vivem com condições crônicas de saúde, vêm de ambientes de pobreza ou passaram por perdas recentes. Ainda assim, pode ser que não apresentem risco de suicídio. No entanto, ao combinar os sintomas discutidos na seção anterior com vários fatores de risco crônicos, as preocupações aumentam.

Problemas de saúde

A saúde afeta basicamente tudo: humor, finanças, mobilidade, capacidade de ganhar dinheiro e relacionamentos sociais, para citar alguns poucos. Uma saúde ruim e outras condições de saúde, como abuso de substâncias, também aumentam o risco de suicídio. A lista a seguir apresenta detalhes particularmente comuns, condições de saúde problemáticas que em alguns casos levam indivíduos vulneráveis a considerarem o suicídio:

» **Condições de saúde mental:** A depressão é sempre um fator de risco para o suicídio. Surpreendentemente, a ansiedade incessante, principalmente quando envolve agitação, também é um risco. Pessoas com transtorno de déficit de atenção e hiperatividade (TDAH) também têm um risco mais alto para depressão e suicídio. Quem tem TDAH tende a ser impulsivo, o que afeta sua habilidade de tomada de decisão, ocasionalmente levando a tentativas impulsivas de suicídio.

» **Transtornos de abuso de substâncias:** As pessoas que lutam contra o consumo problemático de álcool ou drogas têm um risco mais elevado de suicídio. Múltiplos estudos mostraram que, antes de uma tentativa de suicídio, o uso de substâncias costuma aumentar.

» **Condições de saúde física:** Pessoas com dor crônica que não é bem controlada têm um risco um pouco mais elevado de suicídio do que as pessoas com condições de saúde crônicas que causam sofrimento físico ou emocional. A insônia crônica e não tratada também é um fator de risco moderado para o suicídio. Quando condições físicas crônicas ou dolorosas também incluem a depressão, o risco é maior.

Problemas sociais

Problemas de vida também contribuem para o risco de suicídio. Mais uma vez, queremos reforçar que essas questões são comuns na vida de todo mundo de tempos em tempos. No entanto, quando questões sociais são combinadas com a depressão e outros sintomas e fatores de risco, a preocupação com relação ao suicídio aumenta.

» **Isolamento:** A solidão e o isolamento são fatores de risco para a depressão e o suicídio. Quando as pessoas estão isoladas, podem não procurar ajuda quando estão se sentindo sobrecarregadas. O isolamento social é uma preocupação especial durante a pandemia. Grande parte da população ativa está trabalhando de casa, com pouco contato com colegas ou amigos. Outros estão desempregados e sem poder desfrutar atividades sociais usuais. Este pode ser um motivo para as taxas de depressão e ansiedade terem tido um pico durante a pandemia. Além disso, os idosos correm grande risco de isolamento por causa da perda do contato com amigos e com a família por causa das recomendações para ficar em casa que cerceiam suas atividades regulares. E mais, eles podem estar isolados devido à perda de mobilidade, à inabilidade de dominar a tecnologia — o que poderia ajudar a mantê-los conectados — e a problemas de saúde crônicos.

» **Perda de relacionamentos importantes:** O risco de suicídio aumenta após a perda de um relacionamento. No entanto, para a maioria das pessoas, esse risco é bem pequeno. A maioria consegue passar pela grande perda com luto e tristeza, mas sem ideações ou ações suicidas. As pessoas que passam por divórcios ou separações extremamente conflituosos tendem a vivenciar mais raiva e depressão, que aumentam as chances de suicídio. Além disso, a perda de um parceiro por causa da morte aumenta as ideações suicidas tanto em homens quanto em mulheres. Algumas pesquisas sugerem que, embora mulheres enlutadas tenham mais ideações suicidas depois da morte de um cônjuge, os homens têm mais probabilidade de consumar o suicídio. O apoio social de amigos e da família ajuda a proteger as pessoas que estão sofrendo com o luto.

» **Problemas financeiros ou pobreza:** Ser capaz de fornecer comida e abrigo para você e sua família é um objetivo de todas as pessoas do mundo. Quando há obstáculos para que essas necessidades básicas sejam atendidas, estresse extremo e ansiedade costumam acompanhar a depressão. Além de serem um dos resultados da pobreza crônica, os suicídios aumentam entre aqueles que enfrentam dívidas que se acumulam. Esse risco é maior quando há uma percepção de que será impossível pagar a dívida. Enquanto há esperança, há uma proteção para o desespero. Mas estressores financeiros certamente são um risco para a depressão e para o suicídio.

» **Relacionamentos cronicamente ruins:** O apoio social é um fator de proteção contra o suicídio. Quando adultos têm relacionamentos prejudiciais, desagradáveis e especialmente violentos com as pessoas com as quais têm contato, esse conflito aumenta o risco de automutilação. Alguns suicídios ocorrem depois de brigas enormes ou desentendimentos com a família ou amigos. Em raras ocasiões, as tentativas ou ameaças de suicídio podem ser pedidos de ajuda bem-sucedidos quando uma ameaça ou tentativa resultam em um restabelecimento significativo da relação, mas não é uma estratégia que recomendamos. A ameaça ou tentativa também pode ser um esforço de punição ou obtenção de vingança do perpetrador. Se o suicídio é consumado, todos os sobreviventes sofrerão um trauma psicológico duradouro.

» **Baixo acesso à saúde:** Para os milhões de pessoas que não têm os cuidados de saúde mental por falta de seguro ou de acesso, o risco de doença mental não tratada é extremamente alto. Muitas áreas nos Estados Unidos têm falta de profissionais de saúde mental treinados ou de fornecedores de saúde primária. Para muitas pessoas, o custo do tratamento é proibitivo. Vidas são perdidas devido a essa situação desoladora.

» **Estigma atrelado ao cuidado mental e ao suicídio:** Um estigma é uma mancha, uma desgraça ou uma avaliação negativa associada a um ato ou a uma circunstância. Os problemas de saúde mental são onipresentes no mundo estressante de hoje. Apesar de décadas de tentativas de normalizar problemas de saúde mental e seu tratamento, ainda é um estigma para grande parte da população, o que leva à falta de procura por tratamento. Há ainda mais
estigma associado com o suicídio. As pessoas que tentam suicídio costumam se sentir envergonhadas, culpadas e estigmatizadas. É provável que se sintam fracas e incapazes de lidar com as situações. Quem tem ideações suicidas costuma ter sentimentos similares de desesperança. Assim, pode ser que tentem esconder esses sentimentos de outras pessoas. Essa vergonha pode levá-las a não buscar ajuda. Na verdade, o estigma atrelado ao suicídio pode aumentar o risco de suicídio.

» **Médias fatais:** A porcentagem de pessoas que morrem em uma tentativa de suicídio é amplamente influenciada pelo método da tentativa. É importante que membros da família restrinjam o acesso a armas potencialmente letais de uma pessoa suicida. No entanto, é impossível prevenir todas as tentativas de suicídio. As armas de fogo são o método mais letal e costumam ser fatais (cerca de 80% ou 90% das vezes). Esse fato é especialmente preocupante, porque cerca de metade de todas as tentativas de suicídio por homens e um terço pelas mulheres é por armas de fogo.

LEMBRE-SE

Ideações suicidas são comuns. Elas podem ocorrer aleatoriamente em resposta a um evento estressante e não levado muito a sério. Não queremos que nossos leitores fiquem muito temerosos por pensamentos ocasionais de desesperança ou até mesmo suicídio. No entanto, queremos que você saiba que a comunicação com outras pessoas sobre suas preocupações é obrigatória. Não sinta medo de pedir ajuda. Não há do que se envergonhar. A ajuda está disponível para você e para a pessoa que você ama. Há consultas grátis disponíveis em linhas de apoio contra o suicídio, e elas podem oferecer opções de ajuda grátis ou bem baratas.

Histórico

O risco de suicídio é considerado o resultado de uma interação entre fatores de saúde mental e física, genética, estressores atuais e fatores históricos. Ao considerar o risco como um todo, todos esses fatores devem ser investigados e avaliados. Entrevistas cuidadosamente conduzidas por um profissional de saúde mental são cruciais. Os fatores de risco a seguir envolvem experiências anteriores que aumentam a probabilidade de uma tentativa de suicídio:

» **Histórico familiar de confusão, abuso e negligência:** Famílias amorosas e que dão apoio são uma parte importante do desenvolvimento normal de uma criança saudável. Quando a família é distante, distraída e caótica, as crianças podem ter problemas de desenvolvimento e psicológicos. Esses problemas aumentam quando há abuso e negligência. As crianças nessas circunstâncias têm mais probabilidade de desenvolver transtornos de conduta, questões com gerenciamento da raiva e depressão. Esses problemas frequentemente continuam na idade adulta e aumentam o risco de suicídio posterior.

» **Histórico familiar de suicídio:** Um suicida na família, principalmente de um membro íntimo, aumenta a chance de uma tentativa ou conclusão de suicídio, o que se acredita ser causado por uma variedade de fatores ambientais e possivelmente genéticos. Estudos de gêmeos fraternos e idênticos confirmam a herdabilidade do suicídio. Gêmeos idênticos têm mais probabilidade de tentar e concluir o suicídio do que os gêmeos fraternos. Uma família como a do autor Ernest Hemingway é um trágico exemplo da influência das batalhas familiares contra a depressão e o suicídio. Sete membros da família de Hemingway se suicidaram.

» **Ser veterano de guerra:** Cerca de vinte veteranos de guerra cometem suicídio todos os dias nos Estados Unidos. No geral, os veteranos têm uma vez e meia mais chances de morrer por suicídio do que os não veteranos. Os que têm problemas com abuso de substâncias têm um risco ainda maior. Mulheres veteranas têm duas vezes e meia mais chances de cometer suicídio do que as mulheres não veteranas. Infelizmente, os veteranos de guerra com mais de 55 anos contabilizam mais da metade de todos os suicídios de veteranos.

» **Histórico de tentativas de suicídio:** Pesquisas sobre suicídios completos indicam que muitas pessoas que se suicidaram tentaram isso no passado. Esse assunto obviamento é difícil de ser estudado. Algumas tentativas de rastrear pacientes hospitalizados depois de uma tentativa não concluída indicam que muitos deles tentam suicídio novamente, e alguns completam o ato. Taxas específicas não são conhecidas, no entanto a maioria dos pesquisadores e profissionais de saúde mental está certa de que tentativas anteriores aumentam o risco e, na verdade, podem ser o previsor mais forte do suicídio.

» **Hospitalizações psiquiátricas recentes:** As pessoas que sofrem de depressão aguda e que são avaliadas como um perigo para elas mesmas ou para outros costumam ser hospitalizadas para se estabilizar. Isso, na verdade, pode aumentar a probabilidade de suicídio depois que elas recebem alta. Uma revisão recente publicada no *Harvard Review of Psychiatry* indicou que pacientes que receberam alta recente de hospitais psiquiátricos tinham 20 vezes mais chance de tentar suicídio do que a população geral. Eles também tinham mais chance de cometer suicídio do que pacientes com doença similar que não foram hospitalizados. Essa revisão e pesquisa analisou os registros de 1,7 milhão de pacientes. Esses registros obviamente demonstram a necessidade de uma aproximação e de cuidados com aqueles que receberam alta do hospital.

CUIDADO

A síndrome dos estudantes de medicina é um problema comum entre os alunos de medicina, que acreditam que têm os sintomas de qualquer doença que estão estudando. Isso também acontece com psicólogos. Queremos que você saiba que é sempre uma boa ideia ficar informado sobre as condições que o preocupam, como a depressão ou o suicídio. No entanto, nunca é uma boa ideia tentar se diagnosticar ou diagnosticar algum amigo ou alguém que você ama.

Reconhecendo Sinais em Crianças e Adolescentes

O suicídio sempre é trágico. No entanto, quando pessoas jovens se suicidam, as ondas de luto se espalham pelas famílias, pelos bairros, pelas escolas e pela sociedade em geral. Vidas jovens encurtadas pelo suicídio fazem todo mundo desejar ter interferido.

O que faz com que o suicídio de crianças e adolescentes seja tão doloroso é que, no geral, eles não querem realmente acabar com a vida. A maioria das tentativas de suicídio por jovens são tentativas de ganhar aceitação, sensibilidade e empatia dos relacionamentos íntimos (como pais ou amigos). Essas tentativas são meios desesperados de encontrar soluções para problemas da vida, e apesar de esses problemas parecerem sem importância aos olhos dos demais, são dolorosamente reais para os jovens que estão sofrendo.

LEMBRE-SE

A maioria dos jovens com ideações suicidas não tenta ou cumpre o suicídio. No entanto, todos os pensamentos suicidas devem ser considerados como um grito por ajuda.

A maioria das crianças e dos adolescentes comete suicídio em casa, e os sinais de alerta são tão imprevisíveis e pouco confiáveis quanto o que acontece com os adultos. Mais uma vez, todas as ameaças e tentativas devem ser levadas bastante a sério.

Como na seção anterior sobre o suicídio de adultos, dividimos as seções a seguir em duas categorias: sintomas e fatores de risco. Em geral, fatores de curto prazo são sintomas atuais, e os fatores de risco são considerações de longo prazo. Ao avaliar o risco de suicídio, tanto os sintomas quanto os fatores de risco devem ser considerados.

Sintomas em crianças e adolescentes

As crianças aprendem sobre o suicídio quando são bem novinhas. A maioria das crianças do terceiro ano sabe o significado da palavra suicídio, e elas também podem descrever maneiras de levá-lo adiante. Felizmente, o suicídio em crianças pequenas é muito raro antes dos 12 anos. Apenas alguns anos depois, na adolescência, é que o suicídio emerge como a segunda causa de morte. De acordo com dados coletados nos Estados Unidos, quase 12% de todos os adolescentes contemplam o suicídio. Todas as crianças e adolescentes com os sintomas a seguir devem ter acesso a cuidados com a saúde mental:

» Ameaças de suicídio.

» Preocupação com a morte.

» Automutilação (como se cortar, queimar e bater).

» Depressão profunda, afastamento da família, dos amigos e de interesses.

» Aumento do abuso de substâncias.

» Queda de notas escolares.

» Perturbação severa do sono.

» Crises de relacionamento e términos.

» Pensamentos irracionais.

- » Aumento de comportamentos de risco (como dirigir em alta velocidade, roubar e brigar).
- » Doar posses sem razões claras.
- » Contágio suicida social (quando colegas e amigos tentam ou cometem suicídio, às vezes isso leva outras crianças vulneráveis a imitar o comportamento).

CUIDADO

Crianças e adolescentes com risco de suicídio recebem prescrição de antidepressivos com frequência. Embora essas drogas possam salvar vidas de crianças deprimidas, há perigos significativos devido a esse uso. A FDA divulgou seu aviso mais forte, o "Aviso Tarja Preta", para antidepressivos que estão sendo prescritos a jovens suicidas. A FDA reporta que os antidepressivos podem, na verdade, aumentar as ideações e o comportamento suicida em crianças, adolescentes e jovens adultos. Esses antidepressivos prescritos devem ser monitorados muito de perto devido a essa possibilidade.

Fatores de risco em crianças e adolescentes

Além dos sintomas atuais do risco de suicídio, fatores de risco de longo prazo também aumentam a probabilidade de ideações ou ações suicidas. Só porque uma criança ou adolescente tem alguns desses fatores, não significa que se tornarão suicidas. No entanto, quando combinados com sintomas de curto prazo, o risco de suicídio deve ser avaliado por um profissional de saúde mental.

- » **Doença mental:** A depressão aumenta o risco de suicídio em todas as idades. O transtorno de déficit de atenção e hiperatividade (TDAH) também aumenta o risco, principalmente em adolescentes mais jovens e crianças. A tomada de decisão impulsiva, comum em crianças com TDAH, pode aumentar o comportamento suicida em crianças perturbadas.
- » **Ser vítima de abuso físico ou sexual:** O abuso infantil aumenta o risco para a maioria das doenças mentais, inclusive depressão, ansiedade e transtornos de conduta, e isso aumenta o risco de suicídio.
- » **Discordância familiar severa:** As crianças não precisam ser abusadas física ou sexualmente para sofrerem devido a um conflito familiar. Ser testemunha de violência e conflito pode ter um impacto duradouro e negativo nas crianças. O abuso psicológico pode ser tão danoso quanto outros tipos de abuso.
- » **Perda recente:** A perda de um membro íntimo da família ou amigo é um fator que aumenta o risco de suicídio em crianças e adolescentes. Além disso, dolorosos aniversários da perda podem ser um fator de risco.

» **Rejeição social ou ser vítima de bullying:** O que às vezes parece uma provocação de pouca importância para os adultos pode causar uma dor excruciante nas crianças e adolescentes. Pesquisas confirmaram que a vitimização de pares aumenta as ideações e ações suicidas.

» **Doença crônica e deficiência, principalmente quando acompanhada de dor e rejeição dos pares:** Crianças assoladas por doenças ou deficiências como espinha bífida, deficiências intelectuais e esclerose múltipla são especialmente vulneráveis à depressão e a maiores taxas de suicídio.

» **Trauma:** Eventos emocionais e fisicamente traumáticos também contribuem para um pequeno aumento no risco de suicídio em pessoas jovens.

» **Histórico familiar de suicídio:** Infelizmente, crianças e adolescentes que têm na família alguém que cometeu suicídio também têm esse risco aumentado para elas mesmas.

» **LGTBQIA+:** Descobriu-se que problemas para se adequar à identidade sexual é outro preditor de ideação e conclusão suicida na adolescência. Parte desse risco se deve ao bullying e à rejeição pelos pares, mas esses fatores não contam completamente para o aumento do risco. Muitos jovens LGBTQIA+ sofrem para aceitar quem são. Um estudo publicado no *JAMA Pediatrics* observou que os jovens de minoria sexual tinham três vezes mais chances de tentar suicídio do que seus pares heterossexuais. Jovens transgêneros tinham um risco ainda maior (cerca de seis vezes maior).

CUIDADO

A maioria das crianças terá um ou mais fatores de risco ou sintomas de tempos em tempos. Embora eles geralmente não apresentem um grande risco, deve-se conversar a respeito deles e procurar ajuda caso pareçam sérios. Se estiver em dúvida, é melhor errar para o lado da segurança. Converse com um profissional. Levantar a questão não incutirá a "ideia" na cabeça do jovem.

Escolhendo a Vida e Obtendo Ajuda

Se estiver enfrentando uma crise suicida, quer seja sua ou de alguém com quem você se importa, a prioridade é procurar ajuda, e geralmente, a maneira mais rápida de encontrá-la é por meio de uma linha de apoio contra o suicídio (como o CVV, no 188), de um pronto-atendimento (Samu, no 192) ou ligando para a polícia, no 190.

Primeiro e antes de tudo, saiba que não é para você intervir e prevenir o suicídio. Entretanto, veja algumas dicas do que você pode fazer enquanto espera intervenção profissional:

> » Fique calmo e fale devagar e com clareza.
>
> » Faça perguntas sem julgamento sobre os pensamentos suicidas.
>
> » Pergunte se a pessoa tem algum plano específico e acesso a meios de colocá-lo em prática.
>
> » Ofereça esperança e ajuda.
>
> » Ajude a pessoa a focar razões para viver; não imponha seus motivos.
>
> » Não deixe a pessoa sozinha.
>
> » Ouça cuidadosamente sem brigar.
>
> » Tente descobrir se ele ou ela tomou uma overdose.
>
> » Encoraje a pessoa a ligar para uma linha de apoio.
>
> » Se parecer que a pessoa é incapaz de fazer a ligação, se ofereça para fazer.
>
> » Tente contatar um membro da família ou amigo.
>
> » Ligue para o 190 se sentir que o ato é iminente ou que você está correndo perigo.

LEMBRE-SE

A maioria dos problemas pode ser resolvida ou ao menos melhorada. O suicídio, no entanto, é uma solução permanente a um problema tipicamente temporário. Você pode argumentar isso com a pessoa que está em crise, mas não brigue nem dê sermão.

Linhas de prevenção ao suicídio

As linhas de prevenção ao suicídio são uma das melhores e mais rápidas maneiras de pedir ajuda. No Brasil, há o Centro de Valorização da Vida (CVV), 188.

Você pode ligar simplesmente para ter um suporte emocional. Algumas pessoas ligam para falar sobre o abuso de substâncias, doenças, problemas de relacionamentos, violência doméstica, depressão ou problemas de identidade de gênero. Você também pode ligar para buscar ajuda e informações sobre recursos se estiver preocupado com alguém que você conhece que pode ser suicida.

As ligações costumam ser atendidas em menos de um minuto e são completamente confidenciais. Voluntários treinados e trabalhadores que lidam com crises ajudarão a desenvolver planos de segurança e recomendar recursos locais. Em quase todos os casos, as situações diminuem de escala. Quando raras ocasiões apresentam um perigo em particular, pode ser que o conselheiro contate as autoridades locais para uma ajuda adicional.

Para as pessoas que preferem escrever a falar, nos Estados Unidos há o número 741741. Apenas diga "help [socorro]" ou "hello [olá]", e sua mensagem receberá uma resposta imediata.

Há outros números para obter apoio nos Estados Unidos. Um em particular é chamado Trevor Lifeline e é destinado a ajudar jovens lutando com questões relacionadas a LBGTQIA+: 866-488-7386.

Para quem mora fora dos Estados Unidos, este site lista números em todo o mundo: `www.suicide.org/international-suicide-hotlines.html` (conteúdo em inglês).

Departamentos de emergência

A maioria dos hospitais locais tem departamentos de emergências que também atendem pacientes suicidas. Geralmente eles têm uma equipe de conselheiros treinados e trabalhadores da área de saúde mental. Nas áreas rurais, encontrar pessoal treinado pode ser mais desafiador, no entanto os departamentos de emergência podem manter os pacientes suicidas seguros durante uma crise e ajudar a encontrar um acompanhamento apropriado na comunidade de saúde mental. O tempo de espera pode variar, e as emergências também podem ser um pouco caóticas e barulhentas. Considere levar alguém para o ajudar a se comunicar com a equipe a respeito de suas preocupações.

A equipe fará perguntas pessoais; esteja preparado para responder honestamente e espere uma resposta sem julgamentos. As comunicações são confidenciais.

LIDANDO COM A PERDA DE UM ENTE QUERIDO PARA O SUICÍDIO

A perda de um amigo íntimo ou de alguém amado é devastadora em qualquer condição. No entanto, a perda de alguém para o suicídio apresenta desafios adicionais ao processo natural de luto. Geralmente, é difícil falar sobre a morte de alguém a quem se ama, mas quando alguém pergunta, a maioria das pessoas fica razoavelmente confortável com a descrição de uma morte por doença ou acidente. No entanto, quando se pergunta sobre a morte de alguém por suicídio, a maioria se sente estigmatizada, com culpa e vergonha. Para muitas pessoas, o suicídio representa um fracasso da parte dos amigos e da família em dar apoio à vítima com o cuidado certo. Essa culpa quase sempre é deslocada. O suicídio é causado por múltiplos fatores, como a depressão, o abuso de substâncias e a sobrecarga de problemas, e essas questões geralmente não estão relacionadas aos que ficaram para trás.

O sentimento de culpa é forte entre aqueles que perdem um filho para o suicídio. Qualquer perda de um filho é horrível, mas quando é por causa do suicídio, os pais sentem que fracassaram na responsabilidade de dar ao filho o apoio e o cuidado.

Essas pessoas ficam se perguntando o porquê. O suicídio às vezes é totalmente inesperado, e as razões costumam ser inexplicáveis. Luto complicado, depressão, raiva, pensamentos suicidas e prejuízo no funcionamento são razões comuns para o suicídio. É importante que as pessoas que ficam para trás procurem ajuda por meio de grupos de luto, aconselhamento espiritual ou psicoterapia. Para maiores informações sobre o luto, a perda e a tristeza, veja o Capítulo 15.

Não importa o quão familiarizado você esteja com os sintomas e fatores de risco, ninguém pode prever com segurança quem irá ou não colocar em prática suas intenções suicidas. Até mesmo profissionais altamente preparados têm problemas com essa questão. A culpa nunca é de uma pessoa.

3 Agindo Contra a Depressão

NESTA PARTE...

Descubra maneiras de se movimentar.

Remova obstáculos que o impedem de participar de atividades.

Aumente a motivação para se exercitar.

Melhore sua habilidade de resolver problemas.

NESTE CAPÍTULO

» **Entendendo a motivação**

» **Monitorando sua atividade**

» **Curando o "não consigo"**

» **Dando o crédito devido**

Capítulo **11**

Saindo da Cama

A depressão rouba de suas vítimas a confiança, a energia, a motivação e o desejo. Se está severamente deprimido, é provável que você sinta uma real falta de habilidade de executar até mesmo as tarefas básicas do dia a dia. Até mesmo o ato de sair da cama parece um suplício.

Neste capítulo, apresentamos ferramentas para construir um plano de ação que funciona para que você se movimente de novo. Primeiro, contamos como a depressão reduz a motivação. Depois, oferecemos exercícios e ferramentas para superar a inércia. Nesse momento, pode ser que você pense que ler algumas páginas não pode ajudá-lo a lidar com a extrema inércia que sente, mas continue conosco; o que você realmente tem a perder ao ler o que virá?

O relógio soa 1, 2, 3... 10 horas da manhã. Lágrimas correm pelo rosto de **Paul**. Ele ainda está na cama. Uma nova onda de vergonha o envolve. Outro dia perdido em casa. Ele se sente como um fracasso preguiçoso desde que as ordens pandêmicas de ficar em casa o impediram de ir trabalhar. Falta motivação até mesmo para as reuniões diárias no Zoom. A roupa para lavar está se acumulando, e sua casa está uma bagunça. A tristeza desoladora o paralisa. Ele é um prisioneiro da depressão e incapaz de escapar. A dor e o tédio se aprofundam, e cada dia é pior que o anterior. "Quando isso vai acabar? Estou muito solitário. Não sei se consigo seguir em frente", ele resmunga.

CUIDADO

Se você está praticamente imóvel há dias e tem pensamentos de desesperança profunda ou morte, precisa consultar um profissional. Muitos deles têm disponibilidade para consultas online. E se é muito difícil marcar uma consulta, peça para um amigo ou familiar ajudar, ou ligue para uma linha de apoio, como o CVV (188). Se está incapaz de conter seus pensamentos suicidas, ligue 190.

Agindo

Lavar a louça, tirar o lixo, pagar as contas e cuidar das plantas — você provavelmente não anseia por essas tarefas mundanas, mas, quando está se sentindo bem, encontrar a motivação necessária não é um grande problema. Na maioria dos dias, você só faz o que tem que fazer sem pensar duas vezes.

Mas quando a depressão ataca, a vida no dia a dia é parecida com uma caminhada em uma estrada de lama grudenta e grossa. Uma cozinha com algumas louças sujas pode se parecer com o salão bagunçado de um batalhão, pagar as contas mensais se parece com pagar três anos de impostos, e tirar o lixo é como escalar o Monte Everest.

LEMBRE-SE

Quando você está batalhando contra a depressão, é provável que esteja negligenciando tarefas importantes. E isso é bem compreensível. No entanto, adiar tarefas necessárias pode ativar uma cascata de mais pensamento negativo e culpa, que mina ainda mais a motivação e aprofunda a depressão. É por isso que é tão importante agir, mesmo que os passos sejam bem pequenos.

Chamamos esses pensamentos de *pensamentos bloqueadores de ação*, o que inclui quaisquer pensamentos negativos com relação à inabilidade de agir ou a futilidade disso. Esses pensamentos param de repente em seu caminho, evitando que você dê o primeiro passo e fazendo com que se sinta pior quando não consegue agir.

Se você se pegar tendo pensamentos bloqueadores de ação, tire um tempo para analisá-los. Se considerar cuidadosamente as distorções nesses pensamentos, descobrirá que eles foram construídos em fundações fracas. Esse tipo de exame pode ajudá-lo a escapar das garras tenazes e quebrar o ciclo de inatividade.

Nas seções a seguir, elucidamos quatro pensamentos bloqueadores de ação comuns para descobrir sua falhas centrais, e mais à frente do capítulo fornecemos ferramentas para superar a inatividade.

Não me sinto motivado para fazer nada

Quando você está se sentindo bem, não costuma ter falta de motivação — e quando não se sente especialmente motivado, às vezes o desejo de começar a atividade parece chegar do nada.

LEMBRE-SE

A motivação raramente é espontânea no meio da depressão. Você não pode simplesmente esperar por ela. *Quando você está deprimido, as ações quase sempre têm que preceder a motivação.* Agir, na verdade, cria a motivação.

Estou muito cansado e deprimido para fazer qualquer coisa

Esse pensamento, como o anterior sobre motivação, essencialmente coloca a carroça na frente dos bois. Quando está fatigado, é fácil acreditar que descansar recarregará suas baterias. Algumas pessoas passam mais e mais tempo na cama, continuando a pensar que, se descansarem o bastante, estarão prontas para fazer os trabalhos que vêm adiando há um bom tempo.

Mas o fluxo de vigor imaginado nunca chega, porque o descanso excessivo faz com que os músculos se enfraqueçam e a fadiga aumente. Os humanos, ao contrário das baterias, ficam recarregados apenas com um equilíbrio saudável de atividade e descanso.

LEMBRE-SE

A atividade (a menos que seja incomumente excessiva e prolongada), na verdade, recarrega o corpo com mais vigor e energia. A única cura para a fadiga e inatividade é trabalhar para acelerar seu motor — um pequeno passo de cada vez.

Se eu tentar, fracassarei

É claro que fracassará! Todo mundo fracassa. Não conseguimos pensar em ninguém que conhecemos que não fracassa de tempos em tempos. Então, onde está a falha nesse pensamento? Ninguém, nem uma única pessoa, fracassa em tudo, todas as vezes. A depressão convida às previsões negativas, e o fracasso é uma delas. Mas, ao começar aos poucos e dividir as tarefas em passos factíveis, você pode minimizar o fracasso.

Sou só uma pessoa preguiçosa

Atribuir a si mesmo o rótulo de *preguiçoso* só dificulta ainda mais dar o primeiro passo. O problema com os rótulos é que eles generalizam grosseiramente e atribuem julgamentos sobre seu caráter. Quando está deprimido, você realmente se sente cansado e tem bem menos entusiasmo para cumprir as tarefas necessárias.

Os psicólogos sabem que as pessoas não entram em depressão por causa da preguiça. Dos milhares de estudos que vimos sobre depressão, não podemos pensar em nenhum que tenha implicado a preguiça como uma causa. Começar pequenas tarefas quando você está se sentindo para baixo já é difícil; não acrescente o fardo da culpa e vergonha ao colar o rótulo de *preguiçoso* em si mesmo.

Colocando um Pé na Frente do Outro: Registros de Atividade

DICA

Manter um Registro de Atividade é um dos melhores primeiros passos que você pode dar se tiver depressão severa e estiver negligenciando responsabilidades ou tarefas importantes. A técnica é direta e bem simples. (Verifique a Tabela 11-1 para um exemplo de Registro de Atividade.)

1. Pegue seu caderno e escreva cada dia em uma coluna no lado esquerdo da página. (Você também pode usar o app de calendário em seu celular ou dispositivo, se preferir.)

2. Marque uma atividade negligenciada para cada dia. *Faça com que seja uma atividade pequena no começo!* E queremos dizer bem pequena. Pegue um limpa-vidros e passe um pano no espelho do banheiro. Ou responda a uma única mensagem de texto. Não tente fazer muita coisa.

3. Depois de completar a atividade, escreva como foi e como você se sentiu ao completá-la.

TABELA 11-1 Registro de Atividade

Dia	Atividade	Resultado
Segunda	Comprar alguma coisa no drive-through de um restaurante fast-food.	Bom, fiz a atividade. Não tive vontade de comer, mas me mimei com um chocolate maltado. Estava muito bom.
Terça	Parar no mercadinho e comprar algumas coisas para jantar e um cereal, para o caso de eu não querer cozinhar.	Foi bem mais difícil. Não queria sair do carro, mas pelo menos a fila estava pequena. Quando cheguei em casa, não cozinhei; só comi o cereal.
Quarta	Deixar algumas roupas na lavanderia.	Foi surpreendentemente bom sair da minha rotina. Eu até decidi colocar no micro-ondas o que comprei ontem. Não foi tão ruim.
Quinta	Marcar uma consulta para meu checkup anual.	Não foi tão difícil quanto eu pensei que seria. Tive que me forçar a fazer, mas acho que foi bom.
Sexta	Pagar minhas contas online.	Eu estava muito cansada; não consegui fazer. Talvez amanhã.
Sábado	Pagar minhas contas. Comprar comida no mercadinho.	Paguei minhas contas em dia esse mês! Que alívio! Eu realmente fico muito brava comigo por acumular multas por atraso por causa da minha procrastinação. Me senti muito bem. Fui no mercado e fiz compras.

Dia	Atividade	Resultado
Domingo	Ligar para minha amiga Becky e dar o feedback da semana.	Tenho que admitir que me senti muito bem contando para ela que fiz algumas coisas. Tenho um longo caminho pela frente, mas já é um começo.

Simplesmente rastrear suas atividades aumentará a motivação? Surpreendentemente, sim. Sabemos que isso foca sua atenção e ajuda a se movimentar.

A história de Karlene dá um exemplo de como manter um Registro de Atividade. **Karlene** está lentamente se afundando na depressão. No mês passado, ela passou a maior parte dos finais de semana na cama. Sua mente a enche de ódio por si mesma. Embora ela vá trabalhar na maioria dos dias, ela colapsa assim que chega em casa. Sua dieta agora consiste de cereal puro e bolacha água e sal, porque ela não tem energia para preparar nada ou ir até o mercadinho.

A melhor amiga de Karlene, Becky, observa seu humor se deteriorando e sua perda de peso. Becky está preocupada com Karlene, então, faz uma visita. Ela pergunta a Karlene o que ela tem comido, porque vê que a geladeira está vazia. Karlene fala: "Basicamente, cereal puro." "Então o que você vai fazer quando ficar sem cereal?", Becky pergunta. Karlene dá de ombros e responde: "Acho que vou parar de comer. Não me importa."

Sua amiga sugere que Karlene comece um Registro de Atividade e explica rapidamente como fazer. Becky diz: "Vou ver como você está em alguns dias. Quero ver comida na geladeira. Se não começar a se mexer um pouco e se sentir melhor muito em breve, eu a levarei ao médico."

Karlene concorda com relutância, porque sabe que Becky está falando sério. No começo, Karlene acha que não consegue encontrar motivação para começar um Registro de Atividade. Também acha que é muito preguiçosa e que, se tentar, provavelmente fracassará. No entanto, Karlene confia em Becky, então percebe que não tem nada a perder ao tentar fazer o exercício. A Tabela 11-1 mostra o Registro de Atividade da Karlene na primeira semana. Observe que não há grandes projetos nele.

DICA

Ao criar seu Registro de Atividade, selecione objetivos pequenos e viáveis. Nenhum deles deve demorar mais de vinte ou trinta minutos no começo. Depois de começar, você pode considerar fazer tarefas maiores.

Karlene não fez tudo o que planejou para cada dia. E não se preocupe se você não completar tudo. Celebre seus sucessos e perdoe seus fracassos. Se não completar um item, considere colocá-lo na lista para o dia seguinte. Se não conseguir fazer no dia seguinte, pode ser que seja mais do que você consegue fazer no momento. Tente adiar aquela atividade por mais algumas semanas.

LEMBRE-SE

Se não conseguir iniciar seu Registro de Atividade ou não se sentir um pouco melhor depois de usar o registro por algumas semanas, consulte um profissional para o ajudar.

Vencendo os "Não Consigo"

A mente humana produz um fluxo de pensamentos quase constante sobre o indivíduo, outras pessoas e o futuro. Quer esteja deprimido ou não, muitos desses pensamentos têm tanto a ver com a realidade quanto a ideia de que você está prestes a criar asas e voar. Na seção a seguir, revisamos pensamentos de "não consigo" específicos e maneiras de combatê-los. Ao longo deste livro, e principalmente nos Capítulos 5, 7 e 8, você pode achar maiores informações sobre as várias outras maneiras pelas quais os pensamentos podem distorcer a visão de alguém de tempos em tempos e o que você pode fazer para mudá-los.

A depressão aumenta substancialmente a negatividade da falação da mente. Um dos pensamentos mais comuns que ouvimos de nossos clientes quando discutimos a ideia de agir é: "Bom, eu faria, mas não consigo." Se você já teve esse pensamento, é provável que realmente acreditava que era incapaz — seja por causa de uma inadequação básica, incompetência ou depressão em si — e que as ações contempladas estavam além de suas habilidades.

Revisando seus pensamentos

Quando você rotineiramente fala para si mesmo que é incapaz de completar certas tarefas, chamamos esse tipo de pensamento de "não consigo". Embora esse diagnóstico possa parecer um pouco excêntrico, garantimos que seus efeitos não o são. Simplesmente por causa da repetição, os "não consigo" podem se tornar um mantra que você enxerga como uma verdade fundamental. Revise os pensamentos comuns a seguir:

» Não consigo pensar com clareza.

» Não consigo limpar a garagem de jeito nenhum; é muito estafante.

» Não consigo me concentrar em nada.

» Não consigo me motivar para fazer nada.

» Não consigo nem funcionar mais.

Esses pensamentos lhe parecem familiares? Eles são para nós! Em alguns dias, pensamentos como esses passam pela nossa cabeça. Por exemplo, apesar de já termos escrito uma dezena de livros, alguns dias pensamos: "Não consigo escrever hoje!" Apesar de *escolhermos* não escrever em alguns dias, simplesmente não é verdade que *não conseguimos* sentar e escrever um pouco quando esse pensamento aparece em nossa cabeça.

Então, quando os pensamentos "não consigo" aparecem do nada nos dias em que marcamos para escrever, geralmente tentamos usar uma estratégia para derrotá-los. Especificamente, colocamos o pensamento à prova. Sentamos de frente para o computador por trinta minutos e vemos se conseguimos escrever alguma coisa — o que for. Até mesmo uma única frase digitada no computador pode contestar o pensamento de que não conseguimos escrever. Uma frase ou duas nos deixam com vontade de escrever mais. Em raras ocasiões, o desejo de escrever mais não aumenta, e tomamos a decisão de tirar o dia de folga. Não há nada de errado nisso: ao ter escrito apenas uma ou duas frases, refutamos os pensamentos "não consigo".

Talvez você esteja pensando que colocar os pensamentos "não consigo" à prova pode dar certo para autores produtivos, mas que não dará certo para você quando está terrivelmente deprimido. Se for o caso, talvez queira saber que a vasta maioria de nossos pacientes deprimidos também pensa que essa estratégia não ajudará. Ainda assim, quando tentam, quase sempre descobrem que testar esses pensamentos "não consigo" ajuda.

Sondando o terreno

DICA

Tente colocar à prova seus pensamentos "não consigo". Você pode provar que cada um deles é falso com uma única evidência que os refute. E, depois que encontrar uma contradição, você pode trabalhar para acumular mais delas. Veja algumas ideias que você pode usar para colocar à prova os pensamentos "não consigo" que listamos na seção "Revisando seus pensamentos".

» **Não consigo nem funcionar mais.** Respirar é basicamente tudo de que você precisa para refutar essa ideia! Você pode testar a ideia saindo da cama, pegando um copo d'água e escolhendo, e fazendo, algumas pequenas atividades. Se seus pensamentos "não consigo" começarem a interferir, ignore-os e se concentre apenas em movimentar seu corpo para realizar a tarefa. Faça com que refutar esse tipo de pensamento seja uma tarefa diária: construa um Registro de Atividade que liste uma nova atividade todos os dias.

» **Não consigo me lembrar de nada hoje em dia.** Temos que agradecer ao nosso colega, Dr. Steve Hayes, por essa ideia. Tente se lembrar dessa sequência de números — 1, 2, 3. Agora finja que lhe oferecemos 1 milhão de dólares (não se esqueça que falamos "finja!") se conseguir se lembrar de "1, 2, 3". Isso mesmo, vamos lhe dar 1 milhão de dólares se conseguir se lembrar de "1, 2, 3".

Estamos dispostos a apostar que, se 1 milhão de dólares estivessem em jogo, você se lembraria dessa sequência daqui a alguns minutos. (Caso não se lembre, sugerimos que marque uma consulta com um médico, porque pode ser que haja algo além da depressão.) Se passar nesse teste, pode encontrar muitos mais exemplos de coisas de que consegue se lembrar. Se conseguir se lembrar de alguma coisa — qualquer coisa —, você pode refutar o pensamento "não consigo". Ao mesmo tempo, saiba que a depressão causa algumas dificuldades de memória. Se quiser mais ajuda com sua memória, veja o Capítulo 20.

» **Não consigo limpar a garagem de jeito nenhum; é muito estafante.**
Limpe um item ou espaço muito pequeno de sua garagem. Depois de conseguir isso, considere limpar outra área pequena no dia seguinte. Talvez em alguns poucos dias você consiga cumprir dois ou três espaços pequenos. Acredite ou não, é assim que projetos insanos são concluídos — um único pedacinho por vez.

Quando você está deprimido, sua mente tenta enganá-lo e fazê-lo focar o projeto inteiro à sua frente — como se tivesse que concluir tudo de uma vez só. Por exemplo, se imaginar todos os quilômetros que percorrerá no ano seguinte, e acreditar que precisa caminhar a distância completa hoje, você provavelmente não vai nem querer começar.

Quebre as tarefas em blocos bem pequenos e factíveis. Você pode derrotar os "não consigo" escolhendo um pedaço pequeno do que você acha que não consegue e fazer.

Traçando Seu Caminho através das Previsões Negativas

A mente mantém a inação de outra forma inteligente: fornecendo previsões petrificantes para você ponderar. Quando a depressão bate, essas previsões negativas costumam parecer mais críveis e monumentais do que nunca. Você pode sentir como se seu horóscopo constantemente dissesse: "Hoje é um dia horrível para tentar coisas novas. Retire-se, recolha-se e mantenha um posicionamento passivo. Espere para agir." Mas a mensagem nunca vacila; todos os dias, é a mesma previsão.

Se está escutando previsões lúgubres semelhantes da cartomante de sua mente, talvez seja hora de testar se você deveria continuar pagando por esse conselho "esplêndido".

Se você fica paralisado quando se trata de resolver tarefas importantes, tente usar nossa técnica Negando Previsões Negativas. Comece usando-a por uma semana. Pode ser que você perceba que ela o ajuda a se movimentar. Não estamos dizendo que essa estratégia curará sua depressão, mas pode ajudar a dar início ao processo de melhora. Siga o passo a passo e verifique as tabelas de exemplo na Tabela 11-2.

1. **Para cada dia da semana, escreva uma ou duas tarefas que você tem evitado.**

    Tente pensar em projetos relativamente pequenos e factíveis. Se você escolher algo maior, divida em pedaços pequenos e então resolva um por vez.

2. **Faça uma previsão de estresse para cada tarefa.**

Preveja (em uma escala de 0 a 100) quanto estresse a tarefa causará. Por exemplo, você imagina que pagar as contas será onerosamente difícil? Em caso positivo, talvez você queira prever o fator de estresse em 70 ou mais.

3. **Faça uma previsão de "encorajamento" para cada tarefa.**

Classifique (em uma escala de 0 a 100) quanto encorajamento na satisfação, confiança e humor você prevê que sentirá ao completar a tarefa. Por exemplo, se você acha que pagar as contas lhe dará um encorajamento de leve a moderado em seus sentimentos de satisfação, humor ou confiança, pode ser que queira classificar o encorajamento esperado em mais ou menos 25.

4. **Registre o resultado (ou a experiência em si) em seu gráfico nas categorias de estresse e "encorajamento".**

5. **Depois de completar a tarefa, escreva quanto estresse e agravamento você *realmente vivenciou* ao fazer o projeto, mais quanto encorajamento na satisfação, confiança e humor você realmente sentiu.**

TABELA 11-2   ## Gráfico Negando as Previsões Negativas

Dia	Tarefa	Estresse Previsto	Estresse Vivenciado	Encorajamento Previsto	Encorajamento Vivenciado
Segunda	Fazer compras.	50	25	10	20
Terça	Exame de primeiro grau.	70	20	10	30
Quarta	Lavar a louça.	45	10	5	20
Quinta	Finalmente chamar o Thomas para conversar.	50	5	20	60
Sexta	Pagar contas.	75	30	25	70
Sábado	Cortar a grama.	50	50	15	50
Domingo	Plantar flores.	40	10	25	60

A história a seguir mostra como usar a técnica Negando Previsões Negativas pode valer a pena.

Anise, uma professora universitária, está deprimida há um mês. Ela começou a chegar atrasada no trabalho e colapsar no momento em que chega em casa. Ela se arrasta para a cama depois de ficar assistindo televisão a noite toda. Tarefas importantes, como preparar as aulas, dar notas para as provas, pagar contas e comprar comida, começam a se acumular. Anise decide tentar a técnica Negando as Previsões Negativas. A Tabela 11-2 mostra o gráfico dela.

CAPÍTULO 11 **Saindo da Cama**   197

Como você pode ver na Tabela 11-2, Anise consistentemente previa que as atividades envolveriam mais estresse e aborrecimento do que realmente vivenciou. O estresse foi tão ruim quanto ela antecipou em apenas um caso — e isso porque o cortador de grama ficava emperrando. Apesar de nem todas as tarefas terem dado um encorajamento tão grande na satisfação, na confiança e no humor, o encorajamento que ela sentia era sempre muito maior do que o que ela imaginava que seria. Depois de uma semana, Anise ainda se sentia deprimida, mas ao menos se sentia um pouco energizada com o exercício, e essa energia tornou mais fácil começar novas tarefas.

Se você é como a maioria das pessoas com depressão, provavelmente vivenciará resultados parecidos com os de Anise. Pode ser que você preveja que as atividades serão mais estressantes e menos recompensadores do que realmente serão. Tente essa simples estratégia por algumas semanas.

Não incluímos nenhum item que envolva atividades especialmente prazerosas e divertidas no exercício anterior. Excluímos esses itens porque pensamos que você não deveria ou não conseguiria se divertir se estiver deprimido? Não. Excluímos porque pensamos que encontrar prazeres renovados é tão importante que devotamos todo o Capítulo 13 a esse tópico.

Dando Crédito a Si Mesmo

A mente deprimida tem outro truque cruel que pode aparecer do nada no seu caminho. Qual truque? Que bom que perguntou. Considere este cenário:

Você eventualmente consegue cumprir algo que vem adiando há um bom tempo. Então sua mente destrói o sucesso com o pensamento: "Bom, claro que fiz, mas e daí? Qualquer idiota conseguiria!" Como esse pensamento demonstra, a depressão não só estraga a qualidade de vida, mas também destrói os esforços que você faz para seguir em frente.

Quando ouvir pensamentos de sua mente dizendo que você deveria ignorar suas conquistas, considere uma perspectiva alternativa. Se fosse fazer compras em um humor normal, talvez não pensaria muito em sua conquista. Mas se fosse fazer comprar com a perna quebrada, não valorizaria muito mais o feito?

Certo, você não tem uma perna quebrada, mas o efeito da depressão é bem similar. A depressão deixa tudo mais difícil do que quando você está em um bom estado mental. Como discutimos no Capítulo 2, a depressão esgota as energias do corpo, mina o entusiasmo, rouba o sono e cria confusão mental.

DICA

Dado o grande leque de males que a depressão inflige, conseguir fazer qualquer tarefa nessa condição é um feito admirável. Assim, não se esqueça de se dar bons créditos por conseguir fazer as coisas quando está deprimido. Você se dá o crédito ao se parabenizar por cada esforço que conseguir completar.

> **NESTE CAPÍTULO**
>
> » **Respondendo à pergunta "Por que se exercitar?"**
>
> » **Encontrando motivação nos lugares certos**
>
> » **Escolhendo uma rotina com a qual se consegue viver — e curtir**

Capítulo **12**

Exercitando-se para Diminuir a Depressão

Q uando você se sente deprimido, provavelmente a última coisa que quer fazer é ir à academia ou correr. A depressão costuma drenar a energia e empurrá-lo de volta para a cama com as cobertas por cima da cabeça. No entanto, como você provavelmente sabe, essa não é uma boa ideia.

Neste capítulo, contamos como fazer polichinelo, ginástica e correr estão acima de qualquer outra coisa que você possa fazer para melhorar a qualidade de sua vida e saúde. O exercício exorciza a depressão. Explicamos como estabelecer um plano para superar a inércia e contrariar sua depressão quando ela fala que você não pode continuar seguindo em frente, e o ajudamos a escolher o tipo certo de exercício para você.

> Às 4h da manhã, **Patricia** acorda e não consegue voltar a dormir. Ela sabe que a falta de sono afeta seu desempenho no trabalho, o que a deixa ainda mais chateada e faz com que voltar a dormir seja mais difícil. Esse despertar cedo tem que acabar. Ontem, seu chefe comentou que ela parecia cansada. Patricia fica se virando na cama pelas próximas duas horas e finalmente levanta às 6h da manhã. Que começo de dia miserável!

A depressão é comum na família de Patricia. Ela tem se tratado intermitentemente com medicação há cerca de cinco anos. Seu médico diz que ela provavelmente precisará de medicamento antidepressivo para o resto da vida. Mas ultimamente, apenas o medicamento parece não funcionar. Sua depressão se intensifica. Primeiro o médico dela aumenta a dose; quando não dá certo, sugere adicionar outra droga para melhorar sua resposta à medicação. Patricia, preocupada com os efeitos colaterais de curto e longo prazo, pergunta para o médico sobre outras alternativas a serem consideradas em vez da medicação adicional. Ele sugere exercícios regulares. (E nós concordamos!)

LEMBRE-SE

Por mais que defendamos os exercícios, eles representam apenas uma peça do quebra-cabeça. Se você tentar e tentar e não conseguir se exercitar, não fique se culpando. Este livro está cheio de outras maneiras para combater a depressão.

Por que Se Exercitar?

Pesquisas extensivas mostraram que o exercício faz tão bem para você quanto os conteúdos combinados da maioria dos armários de remédio. Os médicos regularmente estimulam o exercício como uma parte crítica da vida saudável. Isso vale tanto para que tem 8 ou 80 anos. Infelizmente, suas recomendações costumam ser desprezadas. Em geral, para muitas pessoas, o exercício é um luxo para aqueles que têm tempo para isso. No mundo atribulado de hoje em dia, não é possível encaixar mais isso em uma agenda já lotada, então os médicos recomendam os exercícios, mas sabem que a maioria de seus pacientes ignorará esse conselho.

Benefícios para a saúde mental: Endorfinas

Quem não quer se sentir bem? Há inúmeras maneiras de se sentir bem: gargalhar, fazer uma refeição ótima, fazer sexo ou caminhar na praia são apenas alguns exemplos. Mas o que nessas atividades faz com que as pessoas se sintam bem?

A resposta está, em parte, no cérebro, que tem receptáculos que recebem *opiáceos*, drogas como a heroína e a cocaína que aliviam a dor e induzem um alto senso de bem-estar. O corpo humano produz substâncias naturais, chamadas *endorfinas*, que funcionam como opiáceos no cérebro. Elas produzem o mesmo tipo de "barato" que a heroína e a cocaína. Com a diferença de que as endorfinas são legais, e você pode gerá-las por meio de exercícios e atividades prazerosas. As endorfinas induzem um sentimento de prazer e bem-estar que pode neutralizar a depressão.

ENDORFINAS: UMA CURA MILAGROSA?

A ciência tem muita certeza de que a endorfina reduz a dor. Há inúmeras histórias sobre soldados que, depois de serem feridos em batalha, conseguiram heroicamente seguir em frente por horas, aparentemente sem ter conhecimento da dor dos ferimentos que normalmente seria incapacitante. As endorfinas, liberadas pelo corpo em resposta às demandas do campo de batalha, impedem temporariamente que os sinais de dor cheguem ao cérebro.

Além disso, há muitas especulações de que as endorfinas têm um papel na melhoria do sistema imunológico ao ativar células de glóbulo branco que atacam as doenças. Também podem melhorar a circulação e até manter as células cerebrais jovens e saudáveis ao neutralizar substâncias tóxicas. O sistema da endorfina pode fornecer uma proteção contra o estresse, e há algumas sugestões de que o corpo não produz níveis suficientes de endorfina durante a depressão. Em tempo, a ciência limita-se a esclarecer como e até que ponto as endorfinas influenciam nosso corpo de maneiras benéficas, mas podemos ter certeza de que elas ao menos fornecem uma melhora temporária no humor e no bem-estar.

É possível aumentar as endorfinas fazendo sexo, comendo chocolate, consumindo comida apimentada e, você adivinhou, se envolvendo em algum exercício. Você pode tentar aumentar seu nível de endorfina ao ficar sentado comendo chocolate o dia inteiro ou fazendo sexo sem parar, mas fatores óbvios fazem com que essas abordagens sejam um pouco difíceis e não aconselhadas. Então, resta o exercício.

DICA

Um crescente corpo de pesquisa sugere que o exercício alivia a depressão. Dos vários tipos de exercícios, não fica claro se algum deles é a melhor para diminuir a depressão (ou se todos funcionam igualmente bem). Ainda que não recomendamos o exercício como única resposta à depressão maior, você terá benefícios incríveis ao se exercitar regularmente.

Benefícios para a saúde física

O exercício regular não só estimula a produção de endorfina, mas também otimiza o corpo inteiro. O exercício melhora a saúde física das seguintes maneiras:

- » Fortalece o coração.
- » Aumenta a capacidade pulmonar.
- » Reduz o risco de vários tipos de câncer.
- » Diminui o risco de diabetes.
- » Equilibra o colesterol.
- » Fortalece os ossos.

- Mantém a tonicidade e a saúde muscular.
- Ajuda no controle de peso.
- Combate a insônia.
- Livra seu corpo de adrenalina excessiva que causa ansiedade e outros problemas.
- Melhora a amplitude de movimento físico e o gerenciamento de dor.
- Deixa a pele mais saudável e jovem.
- Aumenta a energia.
- Ajuda a manter um bom funcionamento cognitivo.

Quem poderia ignorar benefícios extensos assim? Somente um tolo! Na verdade, a maioria dos humanos não incorpora exercícios suficientes em sua vida. Poucos podem afirmar que fazem isso. Na verdade, estima-se que 80% dos cidadãos norte-americanos não se exercitam o suficiente. Isso é muito ruim, porque, bem, os exercícios deixam você mais saudável.

DICA

A maioria dos especialistas recomenda 150 minutos de exercício moderado ou 75 minutos de exercício de alta intensidade por semana, e você pode alcançar esse tempo com algumas caminhadas rápidas.

CUIDADO

Sempre consulte seu médico antes de começar qualquer programa de exercícios — principalmente se você estiver com sobrepeso, tiver acima de 40 anos ou problemas de saúde. Você também precisa consultar seu médico se sentir dores fortes, tontura, náusea ou outros sintomas perturbadores depois de se exercitar, porque esses sintomas não costumam ocorrer depois de exercícios moderados.

Combatendo o Sofá

Os exercícios podem ajudá-lo a se sentir melhor emocional e fisicamente, mas há um problema: a depressão fala para você se recolher, se afastar e hibernar. Quando você está deprimido, a paralisia pode tomar conta. A vida simples do dia a dia pode exigir esforços extraordinários, e pode ser que você sinta vontade de ficar na cama embaixo das cobertas.

Assim, o simples fato de pensar em se exercitar pode soar incrivelmente impossível para você no meio da depressão. Você mal consegue colocar um pé na frente do outro; como podemos sugerir que comece a se exercitar? A mente deprimida tece pensamentos que reprimem a iniciativa e a motivação, e esses pensamentos talvez estejam dizendo que você não pode ser bem-sucedido na implementação de um regime de exercícios. Sabemos que você se sente assim. Por favor, entenda que não subestimamos a dificuldade de superar a inércia da depressão. Ainda assim, acreditamos que você achará que os benefícios do exercício são maiores do que seu custo.

LEMBRE-SE

Você *pode* responder a esses pensamentos sombrios que reprimem a atividade; não tem que permitir que eles tirem sua força de vontade. Você pode começar submetendo-os ao escrutínio e à análise. Pergunte-se se há alguma perspectiva alternativa para a visão de sua mente deprimida. Sua mente está exagerando, distorcendo ou fazendo previsões negativas sem qualquer base real? Em caso positivo, tente substituir a negatividade com alternativas realistas. Você precisa cortar pela raiz quaisquer pensamentos negativos que vierem à sua cabeça e começar a movimentar seu corpo.

DICA

Na primeira coluna da Tabela 12-1, listamos os cinco pensamentos que mais frequentemente atrapalham pontos de vista racionais e alternativos e o impedem de seguir em frente. Se você se pegar tendo quaisquer desses pensamentos desmotivadores, discuta de volta com os pensamentos motivadores como os da segunda coluna. (Veja o Capítulo 8 para mais ideias sobre como superar pensamentos bloqueadores de ação.)

TABELA 12-1 **Combatendo Pensamentos Desmotivadores**

Pensamentos Desmotivadores	Pensamentos Motivadores
Estou muito deprimido para me exercitar.	Sim, é assim que eu me "sinto", mas não quer dizer que seja verdade. Posso testar esse pensamento ao andar por 10 minutos.
Mas consigo sair da cama; não consigo me exercitar de jeito nenhum.	Outro pensamento interessante. Mas eu saio da cama todos os dias. E se eu consigo sair da cama, consigo me forçar a fazer uma pequena quantidade de exercícios.
Não vale a pena se exercitar.	É assim que me sinto, mas as evidências dizem o contrário. O exercício ajuda as pessoas a se sentirem melhor.
Não gosto de me exercitar.	É verdade, mas não tenho que me tornar uma pessoa *fitness*. Posso me beneficiar até mesmo de pequenas quantias de exercícios.
Não tenho tempo de me exercitar.	Demoro escovando meus dentes todos os dias. Se algo é realmente importante, posso encontrar uma maneira de fazer dar certo em alguns dias na semana.

Depois de identificar seus pensamentos desmotivadores e combatê-los, pode ser que você se sinta desmotivado. E alguns poucos pensamentos desmotivadores provavelmente permanecerão. Perceba que eles são só pensamentos — não são necessariamente verdadeiros.

DICA

Para mostrar como os pensamentos não são uma verdade incontestável, temos um breve exercício para você. (Se tiver algum problema físico que o impeça de sair confortavelmente de uma cadeira, construa um cenário parecido que afirme sua habilidade de combater pensamentos desmotivadores.)

1. **Sente-se em uma cadeira confortável.**
2. **Diga em voz alta: "Não consigo me levantar!"**

CAPÍTULO 12 **Exercitando-se para Diminuir a Depressão** 203

3. **Diga forçadamente em voz alta "Não consigo me levantar!" mais dez vezes.**

4. **Agora se levante.**

Você conseguiu se levantar? Sua mente disse que você não conseguiria, mas você o fez (ou, pelo menos, assumimos que tenha feito). A questão desse exercício tolo é demonstrar que os pensamentos negativos aos quais as pessoas dão ouvidos nem sempre são inerentemente verdade.

As pessoas costumam pensar coisas que não são verdade, e então agem como se fossem. Por exemplo, aposto que você ouviu várias pessoas falarem: "Não consigo parar de fumar." Com certeza, parar de fumar é incrivelmente difícil; às vezes, pode ser impossível. Ainda assim, *milhões* de pessoas que dizem isso eventualmente conseguem parar. É claro, quando os fumantes pensam que não conseguem parar, realmente acreditam nisso, e quando você está deprimido, acredita piamente no pensamento que lhe diz que você não consegue se exercitar.

LEMBRE-SE

Os pensamentos são só pensamentos — muitos dos pensamentos gerados por uma mente deprimida não são mais reais do que "Não consigo me levantar" ou "Não consigo parar de fumar".

DICA

Se sua mente está te dizendo que você não consegue parar de fumar (ou usar cigarro eletrônico), considere dar uma olhada em nosso livro recente *Quitting Smoking & Vaping For Dummies* (Wiley).

ASPIRANDO A DEPRESSÃO?

Pesquisas demonstraram que se exercitar pode ajudar a aliviar a depressão, mas e tarefas domésticas? Seu cônjuge ou colega de quarto pode incentivá-lo a aumentar seus exercícios lavando a louça, varrendo o chão ou tirando pó dos móveis. É claro, a motivação deles pode não ser totalmente altruísta — principalmente se for a vez deles de fazer uma dessas atividades.

Mas as tarefas domésticas aliviam a depressão como o exercício? Aparentemente, não. De acordo com pesquisadores da Universidade de Glasgow, as tarefas domésticas, ao contrário de quase qualquer outro exercício físico, na verdade diminuem o humor. E quanto mais tarefas domésticas você faz, mais baixo fica seu humor. Então, se estiver deprimido, comece a se exercitar, mas tudo bem deixar a tarefa doméstica pra lá por um tempo até que seu humor melhore.

Por outro lado, não estamos sugerindo que você deixe a casa totalmente de lado. Fazer um pouco de tarefas domésticas pode até lhe dar um senso de missão cumprida. Mas se você tem alívio ao fazer as tarefas, esse alívio vem do senso de tarefa cumprida, não dos benefícios aeróbicos.

Facilitando o Exercício

Com alguma sorte, você pode se convencer de que é possível começar a se exercitar. Mas isso não significa que será fácil. A depressão realmente remove a energia de seu corpo, então sugerimos que você comece com um programa suave e bem vagaroso.

DICA

A maioria dos gurus de exercícios prega a importância de se exercitar por pelo menos 30 minutos, 5 vezes por semana. Pesquisas mostram que quase qualquer quantidade de exercício é melhor do que nada, então até mesmo 10 minutos, 3 ou 4 vezes por semana, podem ajudar. E você pode facilitar seu caminho para o mundo dos exercícios com atividades que mal parecem exercícios:

- » Estacione um pouco mais distante do seu trabalho.
- » Pegue as escadas, e não o elevador.
- » Faça alguns exercícios breves nos intervalos do trabalho.
- » Se usa um telefone sem fio, caminhe enquanto fala.
- » Da próxima vez que fizer compras, dê algumas voltas no shopping.

Andar um pouco mais rápido, usar as escadas e se movimentar um pouco mais são um bom começo para seu programa de exercícios. Então, se quiser, você pode adicionar um pouco mais de movimentos à sua rotina diária. Para obter benefício máximo do exercício, mexa o corpo com um pouco mais de vigor a cada dia.

DICA

A lista a seguir mostra três decisões que você tem que tomar ao montar seu programa de exercícios. Para cada uma delas, comece devagar e aumente aos poucos. E lembre-se de que você não está competindo com ninguém, então não se compare com outras pessoas na academia ou na esteira.

- » **Frequência:** "Com que frequência inserirei o exercício na minha vida?" Para iniciantes, considere duas vezes na semana.
- » **Intensidade:** "A que velocidade caminharei ou correrei? Que pesos usarei?" Para iniciantes, sugerimos que não seja tão rápido nem tão pesado!
- » **Tempo:** "Quanto tempo eu quero me exercitar por vez?" Novamente, tente começar com dez minutos.

Mas que tipo de exercício funcionará melhor para você? Podemos dizer honestamente que não fazemos nem ideia. E talvez você também não saiba.

Então, na seção a seguir, discutimos rapidamente alguns tipos de exercícios que você pode considerar. Se quiser mais informações sobre todas as possibilidades que existem, verifique com um clube local ou leia o *Fitness For Dummies*, de Suzanne Schlosberg e Liz Neporent (Wiley).

Ponderando as Opções de Exercícios

DICA

Recomendamos que você revise as várias opções de exercícios e escolha uma que tenha o maior apelo inicial para você — ou, ao menos, a que pareça menos terrível.

Não importa que tipo de exercício você escolha, teste-o por algumas semanas. Se não começar a gostar do exercício que escolheu, tente outro. Talvez você tenha que experimentar um pouco, mas provavelmente encontrará um exercício que funcione bem para você. Nesta seção, revisamos treinamento de força, exercício aeróbico e yoga — três das opções de exercícios mais populares.

LEMBRE-SE

O objetivo não é se tornar um triatleta profissional; você só precisa aumentar devagar a intensidade de seu exercício para começar a observar os benefícios.

Puxando ferro

Treinamento de força envolve a criação de músculos. Você pode conseguir esse crescimento levantando peso por meio de halteres, aparelhos de musculação ou barras. No entanto, na verdade você não precisa usar máquinas nem pesos. Você pode tentar os exercícios que aumentam força e que não requerem nenhum equipamento especial:

>> Barra supinada
>> Abdominais
>> Afundo
>> Flexão
>> Agachamento

DICA

Pode ser que você ache que o treinamento de força é só para *body builders* ou o público jovem. Não é bem assim. Inúmeros estudos demonstraram que o treinamento de força fornece incríveis benefícios em quase qualquer idade, talvez até mais em populações mais velhas. Parece que o treinamento de força melhora o humor, reduz o risco de quedas, melhora a memória e a habilidade de pensamento e prolonga a vida.

Já contratamos um *personal trainer* para nos mostrar do que trata o treinamento de força. Depois das primeiras semanas, não tínhamos tanta certeza sobre nossa decisão de fazer exercícios. Descobrimos músculos que doíam que a gente nem sabia que tinha. Mas no final do mês, tínhamos adquirido um novo hábito saudável. Considere fazer o que fizemos e contrate seu próprio *personal trainer* para lhe apresentar uma miríade de benefícios que o treinamento de força pode trazer para sua vida. Para aqueles que trabalham de casa, você pode contratar um profissional pelo Zoom.

CUIDADO

O treinamento de força pode facilmente levar a contusões se você não tiver cuidado nem souber o que está fazendo. Recomendamos que você primeiro tente consultar um treinador em uma academia ou leia um livro sobre o assunto, como o *Weight Training For Dummies*, de Liz Neporent e Suzanne Schlosberg (Wiley).

EXERCÍCIOS DURANTE A PANDEMIA

Quando a pandemia de covid-19 fez com que muitas academias fechassem e operassem em capacidade reduzida, se exercitar ficou um pouco mais desafiador para as pessoas que ficaram presas em casa. Dependendo das regras locais, algumas pessoas tiveram dificuldade para encontrar lugares adequados e métodos para se exercitar. Elas sentiram falta de seus amigos da academia, da variedade de treinos disponíveis e dos equipamentos. É claro que a maioria das pessoas pode caminhar, pedalar e correr ao ar livre com máscaras (quando necessário) se morarem em uma área onde é seguro fazer isso, mas com frequência os parques, as ciclovias e os ambientes ao ar livre estão lotados, e o clima às vezes interfere. Veja algumas dicas para tentar se exercitar quando não tiver as condições apropriadas:

- Se não tiver que se deslocar, use o tempo que sobrou para se exercitar.
- Encontre espaço para uma bicicleta ergométrica, uma esteira ou um *stepper*. (Você pode colocar na sala, visto que provavelmente não receberá visita durante a pandemia.)
- Se não tiver espaço para um equipamento, pegue alguns pesinhos de mão, um *kettle bells* ou elástico extensor.
- Siga rotinas de exercícios disponíveis online (geralmente grátis ou por um baixo preço de inscrição). O YouTube está cheio delas.
- Mude suas rotinas para não ficar entediado.
- Faça agachamento ou polichinelo durante os comerciais da televisão.
- Fique em pé durante as reuniões.

É normal se sentir um pouco preguiçoso e frustrado quando você não consegue manter suas rotinas regulares, mas com o estresse adicional durante as ordens de ficar em casa, o exercício é uma boa maneira de manter o máximo possível sua paz de espírito.

Acelerando o coração e os pulmões

Exercício aeróbico (ou *exercício cardiovascular*) é um dos programas de exercício mais fáceis de começar. Esse tipo de exercício aumenta sua inalação de oxigênio e acelera sua frequência cardíaca. (*Aeróbico* significa "com oxigênio".)

Caminhar é a forma mais básica de exercício aeróbico. Para praticar, você só precisa aumentar o ritmo de sua caminhada para que sua frequência cardíaca suba. É claro, você também pode executar outras atividades aeróbicas, como corrida, andar de skate, pedalar e — se prepare — aeróbica. Basicamente, uma atividade se classifica como aeróbica se o acelera a ponto de você se sentir um pouco ofegante, mas ainda conseguir falar uma frase curta sem precisar parar para respirar.

Profissionais da saúde costumam recomendar que você estabeleça uma *frequência cardíaca* para seu exercício aeróbico. Você pode determinar a zona desejada de frequência cardíaca subtraindo sua idade de 220. Esse número representa sua frequência cardíaca máxima, um valor que você deve evitar exceder. Sua zona inicial deve ficar entre 0,5 e 0,8 da sua frequência cardíaca máxima, a depender do seu nível de condicionamento.

Por exemplo, uma pessoa de 45 anos subtrairia 45 de 220, que é 175 batidas por minuto. Dependendo do seu nível de condicionamento, o alvo estaria em algum lugar entre cerca de 85 batidas por minuto até cerca de 150. No entanto, esse método pode não ser apropriado para seu corpo e sua condição de saúde. Seu médico pode ajudá-lo a determinar seu nível de condicionamento e sua zona ideal.

Credo! Yoga?

Quando você pensa em yoga, pode ser que imagine corpos torcidos como pretzels. Ou talvez visualize fileiras de monges com roupão sentados de pernas cruzadas em tapetes, entoando "Ommmm...".

Mas hoje é mais provável que você encontre praticantes de yoga vestidos com roupas de academia da última moda, se alongado e suando em um clube esportivo local. E embora algumas pessoas com habilidades de yoga altamente avançadas possam torcer o corpo como pretzels, a maioria dos exercícios de yoga não exige tal flexibilidade incrível. Começamos a praticar yoga há algum tempo e podemos garantir a você que não somos tão flexíveis.

Você pode fazer aulas de yoga no clube local. Também pode aprender yoga ao ler um livro, como o *Yoga Para Leigos*, de Georg Feuerstein e Larry Payne (Alta Books). Como acontece com várias rotinas de exercícios, você não saberá como se sente em relação à yoga a menos que tente.

> **NESTE CAPÍTULO**
>
> » Sentindo-se bem de novo
>
> » Descobrindo o que é divertido
>
> » O prazer destrói a sensação de tristeza

Capítulo **13**

Redescobrindo Prazeres Saudáveis

Quando você está deprimido, nada parece agradável. A comida não tem um gosto tão bom, a música não o acalma e a comédia não é tão engraçada. Mesmo as atividades que você costumava curtir parecem sem graça, entediantes e desinteressantes. Então, como pode trazer o prazer de volta à sua vida?

Neste capítulo, contamos sobre os efeitos surpreendentes do prazer tanto no humor quanto no corpo. Em seguida, o ajudamos a redescobrir alguns de seus prazeres favoritos ou encontrar alguns novos e explicamos por que o prazer é algo que você merece, mesmo que pense que não. E talvez você não acredite que seja capaz de se divertir, mas mostramos como derrotar suas previsões negativas.

Levando a Diversão a Sério

Quando a depressão bate, você mal consegue dar conta das demandas do dia a dia. Pode ser que nem sinta vontade de sair da cama. Divertir-se parece tanto inconcebível quanto frívolo.

No entanto, propomos a você que dê uma olhada séria no prazer. Por quê? Primeiro porque o prazer melhora o humor. O estímulo pode ser temporário e leve no começo, mas com o tempo e a persistência, atividades prazerosas podem ajudam a combater a depressão.

Encontrando o equilíbrio certo

Algumas pessoas têm sorte o bastante para curtir e sentir prazer significativo no trabalho. Poucas são tão felizes no trabalho a ponto de raramente tirarem uma folga para passar um tempo com a família ou fazer algo especial para elas mesmas. Contudo, para a maioria das pessoas, encontrar uma maneira de se entregar o suficiente ao trabalho e à carreira enquanto equilibram sua vida em casa é uma batalha. Pesquisas demonstraram que famílias que trabalham e têm filhos apresentam as maiores dificuldades para conciliar as responsabilidades. Veja algumas dicas para ter em mente quando tentar viver uma vida equilibrada:

- » Seja realista com relação a quantas coisas você consegue fazer em um dia.
- » Cuidado com a procrastinação, e não gaste tempo em fofocas sem sentido.
- » Comunique honestamente quando precisar de uma folga; a maioria dos chefes é flexível.
- » Encontre um tempo para desligar os dispositivos e se desconecte quando estiver em casa.
- » Tente manter uma agenda que inclua tempo para relaxar.
- » Não marque muitos compromissos para você ou sua família.
- » Fique o mais saudável possível, com boa comida e exercícios.
- » Descubra algo de que toda a família possa gostar e faça!

LEMBRE-SE

Certo, entendemos. Às vezes a vida é tão corrida que você não consegue fazer tudo de que precisa. Esses são objetivos motivacionais. Esforce-se para simplificar sua vida e faça o melhor possível. Você e sua família merecem ser felizes.

Entendendo a necessidade de diversão

Além dos efeitos positivos nos seus estados emocionais e mentais, o prazer pode fornecer efeitos físicos, como:

- » Alívio da dor crônica.
- » Risco diminuído de ataques cardíacos.
- » Melhora na saúde.
- » Aumento na função imunológica.
- » Prolongamento da expectativa de vida.

O prazer também combate o estresse diário. As pessoas que praticam atividades prazerosas se sentem mais felizes, mais relaxadas e mais calmas. Quando se leva todos esses fatores em conta, a procura pelo prazer não é uma empreitada frívola.

Fazendo uma Lista e Verificando Duas Vezes

Quando está deprimido, pode ser que você nem consiga se lembrar de como é o prazer, e gerar uma lista de possíveis atividades prazerosas pode parecer inimaginavelmente difícil. Não se preocupe — estamos aqui para ajudá-lo a dar o primeiro passo.

Se estiver deprimido, revisite as listas de atividades prazerosas nesta seção. Obviamente, nem todas as atividades serão atraentes para você. Entretanto, sugerimos que você circule cada um dos itens de que ou atualmente *ou alguma vez* já gostou de fazer, e então pense nos que pareçam factíveis. Por exemplo, se você mora sozinho e não tiver um parceiro sexual disponível, fazer sexo pode não ser uma escolha razoável para você nesse momento. Tente começar trazendo o máximo possível de itens factíveis para sua vida.

DICA

A lista a seguir contém os resultados de uma pesquisa internacional sobre o que as pessoas acham agradável. Prazeres simples trazem mais alegria. Essas atividades incluem:

- » Beber uma taça de vinho.
- » Tomar chá ou café.
- » Comer chocolate.

- » Entreter amigos.
- » Fazer exercícios.
- » Comer fora.
- » Fazer sexo.
- » Brincar com crianças.
- » Ler.
- » Fazer compras.
- » Passar um tempo com a família.
- » Tomar um banho quente.
- » Assistir à televisão.

Se já esteve em uma padaria francesa, provavelmente não será uma surpresa para você que os franceses têm uma predileção por se satisfazer com confeitaria. Os italianos classificam que o sexo é mais importante em sua lista de prazeres, e os britânicos aparentemente gostam de tomar chá e beber álcool.

DICA

Talvez a lista anterior não capture seus interesses. Se esse for o caso, saiba que há muitos outros recursos para se divertir a serem considerados. Muitos desses outros prazeres envolvem os sentidos, como:

- » Comer comida apimentada.
- » Receber uma massagem.
- » Escutar música.
- » Olhar a beleza da natureza e da arte.
- » Sentar e olhar um lago ou o oceano.
- » Sentir o cheiro de flores frescas.
- » Passar um tempo em uma sauna.
- » Tomar um longo banho quente.

DICA

Você pode buscar prazer em atividades de entretenimento também, como:

- » Acampar.
- » Dançar.
- » Fazer trilhas ou caminhar.
- » Hobbies.

- » Ir a teatros, concertos ou shows de comédia.
- » Ir ao cinema.
- » Praticar esportes.
- » Jogar jogos de tabuleiro.
- » Brincar com animais de estimação.
- » Jogar cartas.
- » Maratonar shows gravados.
- » Cozinhar.
- » Tirar uma soneca à tarde.
- » Fazer voluntariado.
- » Assistir a esportes.
- » Viajar e tirar férias.

DOR OU PRAZER? ALGUMAS PESSOAS GOSTAM BEM APIMENTADA

No nosso grande estado de Novo México, consideramos a dor um sabor! A dor vem dos molhos de pimenta que os *chefs* derramam por cima de quase tudo. Quanto mais apimentado, melhor. Uma pergunta comum em um restaurante do Novo México é: "Vermelha ou verde?", que se refere à cor da pimenta utilizada para fazer o molho. O comensal sofisticado geralmente responde: "Qual é a mais apimentada?"

Os novos moradores e visitantes não entendem esse ritual. Na verdade, muitos pratos ficam quase intocados depois da primeira ou segunda mordida. Esses visitantes procuram loucamente por algo que alivie a dor (o que pode ser conseguido com sour cream ou mel). Eles ficam desnorteados vendo as outas pessoas, entusiastas da pimenta mais experientes, abocanhar imensas quantidades de comida flamejante. Mas, se quiserem experimentar de novo, a maioria desses neófitos em breve se pega desejando pimenta tanto quanto os nativos.

A ciência descobriu uma causa para os estranhos hábitos alimentares dos moradores de Novo México e outros que desejam comida picante. As pimentas, na verdade, são viciantes. Veja o porquê: quando você morde algo apimentado, a *capsaicina* (a parte da pimenta que a faz ser picante) é liberada na boca. Quando a capsaicina entra em contato com os nervos em sua boca, sinais de dor correm para seu cérebro. O cérebro responde liberando uma onda de *endorfinas* (assunto do Capítulo 12), que pararão a dor e induzirão um estado de bem-estar e prazer. O cérebro também libera endorfinas quando você se envolve em qualquer variedade de atividades muito prazerosas, como as que detalhamos neste capítulo.

DICA

Um ótimo jogo para quem tem um dispositivo com GPS é o geocaching. Você caminha, em quase qualquer lugar do mundo, e basicamente participa de uma caça ao tesouro. Um geocache é um contêiner escondido que contém itens especiais. Às vezes você ganha algumas moedas, rochas bonitas ou outros itens interessantes. Você assina seu nome e a data em que achou o cache, então o devolve, para que outra pessoa possa encontrá-lo. O jogo é ótimo durante uma pandemia porque você pode brincar sozinho ou com as pessoas com quem você mora. (É claro, usando máscaras, se for o exigido pelas orientações.) Para maiores informações sobre esse tipo de entretenimento, visite o site www.geocaching.com (conteúdo em inglês).

Combatendo os Estraga-prazeres

Quando você está batalhando contra a depressão, reincorporar atividades prazerosas em sua vida não é tão fácil quanto parece. Na verdade, pode ser que você tenha as seguintes reações negativas ao tentar fazer isso:

» **Complexo de culpa:** O complexo de culpa ocorre quando você acredita que o prazer é uma perda de tempo, frívolo, improdutivo ou até mesmo pecaminoso. Explicamos mais sobre o complexo de culpa na próxima seção.

» **Previsão negativa:** A depressão aumenta a probabilidade de que eventos futuros sejam vistos como desanimados e sem graça. Veja mais sobre as previsões negativas na seção "Esperando pelo pior", neste capítulo.

Você não chegará muito longe em sua tentativa de trazer o prazer de volta à sua vida se a culpa ou a previsão negativa estiver bloqueando a passagem para a felicidade. Assim, abordamos cada um desses estraga-prazeres separadamente.

Complexo de culpa

A culpa pode ser uma coisa boa. Quando você faz algo realmente errado, a culpa lhe diz para não fazer de novo, e saber que talvez você sentirá culpa evita que faça coisas que não sejam saudáveis ou sejam moralmente erradas. A culpa é uma bússola moral, *quando está funcionando direito*.

LEMBRE-SE

Quando passa um ímã pela bússola, a agulha roda para todo lado. Da mesma forma, muita culpa faz com que a agulha de sua bússola moral aponte a direção errada. A culpa fora de controle exagera o significado de quaisquer transgressões reais ou imaginadas. Por exemplo, a culpa em excesso pode lhe dizer que uma única barra de chocolate representa uma gulodice descontrolada. Além disso, a culpa pode fazê-lo se sentir desmerecedor de qualquer prazer.

A culpa excessiva é uma característica primária da depressão, então você fica para baixo e triste e, para completar, se sente culpado. A culpa e a depressão fazem com que a busca pela felicidade seja dolorosamente difícil, porque a depressão drena sua energia da busca por prazer, e a culpa diz que você não merece se sentir bem.

Aumentando sua consciência

Aumentar a consciência de como a culpa pode influenciar sua decisão para realizar prazeres saudáveis é importante. Descobrimos que, quando a culpa entra no meio da tarefa de procurar por diversão, certos pensamentos podem correr repetidamente pela sua cabeça. Veja se alguns destes pensamentos soam familiares:

>> Não sou bom o suficiente; não mereço ser feliz.
>> Sinto que o prazer é uma perda de tempo frívola.
>> Se eu me forçar, pode ser que me sinta motivado a fazer algo mais produtivo.
>> Eu *deveria* ter feito tudo diferente (há milhões de variáveis desse pensamento).
>> Sou um fracassado; o prazer é para os vencedores.

Pensamentos como esses induzem poderosos sentimentos de culpa. Mas como você pode saber se a sua culpa indica uma resposta apropriada e saudável com base em uma bússola moral que está funcionando bem, ou uma resposta fora de controla que pode estar te encaminhando erroneamente em direção a pensamentos e ações de autoabuso e autossabotagem? Na verdade, identificar o tipo de culpa que você está vivenciando não é tão difícil.

LEMBRE-SE

A culpa é apropriada e razoável só quando ocorre depois de atos intencionais e desnecessário que causam dano a você ou a outra pessoa. E a culpa apropriada tem um limite de tempo; ela não prossegue por muito tempo, porque prolongar os sentimentos ruins apenas o machuca, intensificando sua depressão. Apegar-se à culpa simplesmente leva à ruminação e ao autoabuso.

Quebrando o poder de negação do prazer da culpa

DICA

Pergunte-se se suas indulgências prazerosas verdadeiramente refletem comportamentos conscientes e maliciosamente motivados. Se for o caso, talvez um pouco de culpa de curto prazo te lembrará de colocar "o pé no freio" no futuro. Mas antes de chegar a essa conclusão, certifique-se de se fazer estas perguntas supressoras da culpa:

» Minha indulgência tinha a pretensão de me magoar?

» É possível que se divertir um pouco seja uma coisa boa, não ruim?

» É possível que eu esteja maximizando a atrocidade de minhas indulgências?

» Estou me culpando em excesso por algo que, na verdade, tem muitas causas?

» Estou me repreendendo meramente por ter imperfeições humanas?

» Onde está escrito que eu *deveria* ter feito algo diferente?

Veja um exemplo de como você pode usar essas questões.

Connie é enfermeira em uma clínica hospitalar bem movimentada. O estresse de trabalhar longas horas (que são preenchidas lidando com as necessidades urgentes dos pacientes) recai sobre ela. A falta de profissionais de saúde em sua comunidade a faz aceitar regularmente turnos extras de trabalho. Ela tem pouco tempo para passar com amigos e se divertir. Sua fadiga e solidão gradualmente se transformam em depressão.

Alguns colegas de trabalho notam o humor cada vez pior de Connie e falam que ela precisa fazer alguma coisa por ela mesma de vez em quando. Suas sugestões incluem:

- Comer chocolate.

- Comprar coisas para si.

- Receber uma massagem.

- Ir a um show de comédia.

À medida que Connie contempla seus prazeres possíveis, pensamentos negativos se acumulam em sua mente. Ela pensa: "Ótimo, já estou 5 quilos acima do peso; pense em como ficarei gorda comendo chocolate. E me sentiria terrivelmente culpada ao gastar meu dinheirinho suado em algo tão autoindulgente quanto fazer compras pra mim ou uma massagem. Massagem é coisa de rico. Então fico com a comédia. No meu humor? Não tem nenhuma chance de eu gostar."

Connie sente culpa em *antecipação* por desfrutar de alguns prazeres simples, como comer alguns chocolates, beber uma taça de vinho ocasional ou receber uma massagem. Depois de responder às perguntas supressoras da culpa que listamos anteriormente nesta seção, seus sentimentos podem ter mudado:

- » **Minha indulgência tinha a pretensão de me magoar?** Resposta de Connie: "Bom, na verdade, ainda não fiz isso. Mas minha intenção é desfrutar alguma coisa, não me magoar."
- » **É possível que se divertir um pouco seja uma coisa boa, não ruim?** Resposta de Connie: "Acho que eu raramente me dou espaço para aproveitar bastante alguma coisa. O que é tão horrível em sentir um pouco de prazer? Estou começando a parecer a minha mãe! Já li que o prazer, na verdade, é bom para o corpo e a mente."
- » **É possível que eu esteja maximizando as atrocidades de minhas indulgências?** Resposta de Connie: "Acho que comer um chocolate, beber uma taça de vinho ou receber uma massagem de vez em quando não é exatamente igual a ser um serial killer. Ben Franklin tinha razão quando defendeu os benefícios de fazer tudo com moderação."
- » **Estou me culpando em excesso por algo que, na verdade, tem muitas causas?** Resposta de Connie: "Bom, no caso do meu peso, acho que é causado por muitas coisas: genética (a maioria de meus parentes está acima do peso), pouco exercício físico, comida que ganho de representantes de vendas farmacêuticos quase todo dia, comida processada, muito fast food, e assim por diante. Alguns poucos doces ou uma taça de vinho teriam pouco a ver com o problema."
- » **Estou me repreendendo meramente por ter imperfeições humanas?** Resposta de Connie: "Ah, pelo menos sou muito boa em me repreender! Acho que, se eu pensar um pouco, todo mundo tem suas falhas. Cinco quilos a mais não é exatamente a pior coisa que eu consigo imaginar."
- » **Onde está escrito que eu *deveria* ter feito algo diferente?** Resposta de Connie: "Uso essa palavra *deveria* muitas vezes comigo mesma. Talvez eu deveria, oops, quero dizer, talvez *seria melhor se* eu repensasse essa palavra. Apesar de os livros de dieta não promoverem exatamente comer chocolate nem beber vinho, a maioria deles recomenda indulgências modestas e que quase nenhuma comida deveria cair na categoria 'absolutamente nunca'."

Esperamos que você revisite seriamente essas perguntas supressoras da culpa e chegue às conclusões de Connie sobre prazeres saudáveis. Acreditamos que você mereça um equilíbrio razoável de prazer em sua vida. Não precisamos ganhar o direito de perseguir a felicidade — desfrutar algumas alegrias pode ser uma ferramenta poderosa para lutar contra a depressão se você se der o direito a isso.

DICA

Se respondeu às perguntas supressoras da culpa que listamos anteriormente nesta seção e a culpa ainda continuar impedindo que você procure prazer, por favor, leia os Capítulos 4, 6, 7 e 8 para maiores informações sobre como lidar com a culpa que vem junto da depressão e que rouba seu direito humano mais básico: o direito de experimentar o prazer.

CAPÍTULO 13 **Redescobrindo Prazeres Saudáveis** 217

CULPA: A *TOUR* MUNDIAL

Uma pesquisa internacional analisou a relação entre a culpa e a diversão e descobriu que a culpa destrói a experiência da diversão. Aparentemente, os holandeses gostam de se divertir e não sentem culpa ao desfrutar atividades prazerosas. Por outro lado, os alemães sentem mais culpa por se divertir do que outros europeus e, então, ficam no fim da fila em termos de diversão no geral.

Apesar de os pesquisadores não terem conduzido uma pesquisa sobre diversão e culpa nos Estados Unidos, se tivesse feito, imaginamos que eles teriam descoberto altos níveis de culpa e relativamente baixos níveis de diversão. Acreditamos que a tal chamada ética de trabalho, que é tão altamente promovida nos Estados Unidos, pode gerar esses sentimentos de culpa. Por exemplo, a maioria das empresas norte-americanas distribui férias com a generosidade de Ebenezer Scrooge. Também acreditamos que a culpa viceja nos Estados Unidos por causa da constante onda de manchetes contraditórias, mas sensacionalistas, que induzem os cidadãos a parar de beber, bem como a beber moderadamente, a fazer dietas de baixo teor de gordura, ou de alto teor de gordura, ou a comer carboidratos, ou a evitar carboidratos. Pode ser que você tenha a impressão de que, não importa o que você faça, é a coisa errada.

Esperando pelo pior

Você selecionou uma variedade de atividades potencialmente prazerosas para testar, e então, quando contempla a possibilidade de realmente colocá-las em prática, sua mente de enche de pânico. Você começa a imaginar as tais atividades prazerosas como tarefas enfadonhas e desagradáveis. A depressão forma uma nuvem de pensamentos lúgubres que obscurecem sua habilidade de pensar claramente sobre o futuro.

Lucas se formou em arquitetura e imediatamente encontrou um trabalho que ama em uma pequena empresa em Seattle. No entanto, com a queda na economia, há um corte de custos, e ele é dispensado. Mais ou menos na mesma época, Lucas termina com a namorada com quem estava havia quatro anos. Compreensivelmente, percebe que seu humor está horrível, sua energia está baixa, e seu sono, conturbado. O conselheiro de Lucas sugere que ele faça uma lista de atividades que achava prazerosas no passado. Ele apresenta:

- Passar um tempo com os amigos.

- Acampar.

- Participar de uma liga de softball.

- Sair à noite.

Mas sua mente imediatamente se enche de pensamentos negativos. Ele prevê que seus amigos o acharão um tédio por causa de seu mau humor, imagina que acampar será ruim por causa de toda a trabalheira envolvida e acredita que não tem dinheiro sobrando para sair à noite.

CUIDADO

Se estiver vivenciando até mesmo uma depressão leve, cuidado. Suas previsões para o futuro possivelmente são tão confiáveis quanto um carro usado de uma concessionária de revenda. Como o prazer parece impossível quando você está para baixo, antecipar felicidade é uma coisa muito difícil de fazer. Siga em frente e tente ignorar o pessimismo de sua mente.

DICA

Se você achar difícil simplesmente ignorar as previsões mentais calamitosas com relação a atividades que deveriam ser divertidas, pode combater a previsão melancólica com uma atividade que chamamos de Demitindo a Previsão Defeituosa da Sua Mente. Abra seu guarda-chuva, pegue caneta e papel, leia o passo a passo a seguir e construa uma tabela parecida com a do exemplo na Tabela 13-1. Você pode se surpreender com o quão útil essa atividade pode ser.

1. **Escolha três ou quatro pequenas atividades potencialmente prazerosas.**

   Você não tem que ver essas atividades como realmente prazerosas. No entanto, deveria escolher itens que parecem relativamente "não tão horríveis" ou que você gostava de fazer.

LEMBRE-SE

   Se tiver motivos sólidos para não se envolver em alguma atividade (que não seja baixa expectativa de prazer), não selecione esse item.

2. **Em uma escala de 0 a 10, classifique a quantidade de prazer ou diversão que você pensa que sentirá com a atividade.**

   Zero indica que você não espera nenhuma diversão, 5 significa que você imagina uma quantia moderada de diversão, e 10 sugere que você espera êxtase total. Duvidamos que você completará muitos 9 ou 10 se estiver deprimido.

3. **Faça a atividade.**

   Esta é a parte difícil. Mesmo que tenha classificado um item como 0 ou 1, faça-o de qualquer forma. Pode ser que sua mente resista com pensamentos negativos. Corte esses pensamentos pela raiz e movimente seu corpo.

4. **Depois de completar a atividade, classifique quanto prazer você realmente sentiu e descreva brevemente sua reação em palavras.**

   Se completou este exercício, provavelmente descobrirá que se divertiu mais do que previu. Descobrir que suas previsões foram inexatas pode te levar a tentar mais atividades prazerosas. E quanto mais prazer você sentir, menos deprimido ficará.

TABELA 13-1   **Demitindo a Previsão Defeituosa da Sua Mente**

Atividade	Diversão Prevista	Diversão Vivenciada
Passar um tempo com os amigos.	3	6 — foi uma experiência surpreendentemente boa.
Acampar.	2	4 — foi uma trabalheira, mas gostei de me afastar.
Softball.	3	5 — estava bem enferrujado, mas foi legal estar com os caras.
Sair à noite.	4	2 — me senti muito mal por gastar o dinheiro.

Voltamos ao Lucas, que havíamos apresentado mais cedo nesta seção. Ele tem quatro itens em sua lista de diversão. Nenhum deles parecia satisfatório para ele, então tentou o exercício Demitindo a Previsão Defeituosa da Sua Mente. A Tabela 13-1 traz os resultados.

Observe que, em três dos quatro casos, Lucas vivenciou significativamente mais diversão e prazer do que havia antecipado. Em um caso, no entanto, ele teve um momento bem ruim. Experimentar menos prazer do que você originalmente antecipou pode ocorrer por inúmeros motivos. Para Lucas, suas preocupações com finanças eram realistas.

Perceba também que Lucas não teve o momento mais divertido do mundo com nenhuma das atividades; isso é normal, porque a depressão silencia a diversão. No entanto, se Lucas continuar tentando fazer atividades prazerosas, a quantidade de diversão que sente provavelmente aumentará com o tempo.

Como Lucas, pode ser que você tenha menos prazer do que antecipou. Por exemplo, pode ser que vá acampar em um final de semana chuvoso. Ou, ao sair à noite, você pode se sentir desconfortável ou estranho. Mas perceba que, quanto mais atividades prazerosas você tentar, mais aumentarão suas chances de experimentar o prazer.

A depressão é um inimigo formidável. Acrescentar prazer à sua vida é um pequeno passo em sua luta. Dê uma chance à diversão, e perceba que redescobrir hábitos saudáveis e prazerosos requer tempo e paciência.

> **NESTE CAPÍTULO**
>
> » Desenvolvendo um plano potente para resolver problemas
>
> » Aplicando suas habilidades de resolução de problemas à sua vida

Capítulo **14**

Resolvendo as Dores de Cabeça da Vida

A depressão despeja lama no maquinário de resolução de problemas do seu cérebro. A então diminuída capacidade de encontrar soluções faz com que todas as dificuldades que você enfrenta cresçam em tamanho e complexidade. Os problemas que podem parecer um pequeno grão de areia para uma pessoa com um humor normal de repente assemelham-se a montanhas gigantescas. E quando você está deprimido, grandes problemas induzem a um estado de paralisia e desesperança. Por vezes, esse desencorajamento desolador aumenta a depressão e obscurece a habilidade de ver uma saída.

No entanto, temos uma boa notícia para você: aprender mais estratégias de resolução de problemas eficazes ajuda a combater a depressão. Essa abordagem continua sendo apoiada pelas pesquisas nas últimas décadas. Um grande número de estudos validou que a resolução de problemas funciona, e essa técnica funciona para pessoas com e sem depressão. Você descobrirá que é fácil pegar o jeito da resolução de problemas e logo poderá encontrar maneiras de aplicá-las aos problemas da vida real.

Neste capítulo, apresentamos um planejamento abrangente para desvendar dilemas que surgem em diversas formas, cores e tamanhos. A história de Adele é só uma dos inúmeros tipos de problemas que as pessoas com depressão enfrentam. Mas pegar o jeito de algo novo é sempre mais fácil se você tiver exemplos, então, use a história dela ao longo deste capítulo para ter mais ideias de como seguir nossa fórmula de resolução de problemas.

Usamos o exemplo de Adele e do marido, Eddie, ao longo deste capítulo para dar a você uma ideia de como a resolução de problema funciona. Primeiro, apresentamos Adele e sua lenta percepção de que tem algumas dificuldades a resolver se ela e Eddie quiserem ter um casamento feliz.

> **Adele** se casou com o marido, **Eddie**, que se autodeclarava geek, aos 19 anos. No 25º aniversário de casamento, Adele percebe que sente um tédio tremendo. Parece que ela e Eddie não conversam mais, e a vida juntos parece estar ruim e entendiante. Os filhos estão vivendo cada um a própria vida, e o trabalho parece menos interessante do que costumava ser. Ela tenta discutir seus sentimentos com Eddie, mas ele não se interessa e está distante. Enquanto os meses passam, Adele lentamente se esvai em uma depressão que se aprofunda. Ela contempla um divórcio ou ter um caso, mas nenhuma das opções é válida para ela. Ela se sente paralisada e é incapaz de ver uma saída.

Desenhando o Plano de Resolução de Problema — S.O.C.E.P.E.

Nos últimos anos, a abordagem de resolução de problemas para combater a depressão ganhou mais popularidade devido ao aumento dos esforços de pesquisa que demonstraram sua eficácia. Os objetivos primários dessa abordagem, quando aplicada à depressão, são:

» Descobrir problemas da vida que podem contribuir para a depressão.

» Entender como a depressão diminui as habilidades de lidar com a situação.

» Ensinar técnicas eficazes de resolução de problemas.

» Como resultado de habilidades melhoradas, evitar uma recaída.

DICA

Para que seja fácil lembrar seu plano de resolução de problema, o baseamos no acrônimo S.O.C.E.P.E., que o conduz por um passo a passo. Esses passos o ajudarão a encontrar soluções eficazes para seus problemas e a implementar essas soluções.

- **S** representa a *situação*, ou o problema em si. A situação inclui a natureza e as causas do problema, os sentimentos sobre o problema e as crenças a respeito de tentar resolvê-las. Por exemplo, pode ser que você acredite que o problema seja insuperável. Essa crença é parte da situação ou do problema.
- **O** representa quaisquer *opções* possíveis para abordar o problema criativamente.
- **C** representa as *consequências* prováveis da concretização de cada uma das opções.
- **E** representa fazer uma *escolha* final sobre qual opção você quer tentar.
- **P** representa seu *plano emocional* para executar sua opção, porque algumas delas requerem um pouco de coragem.
- **E** representa *executar* e *revisar*. Esse passo exige que você implemente seu plano e então reveja o resultado para verificar se sua solução funcionou. Também inclui descobrir o que fazer em seguida se seu plano não funcionar.

DICA

Os planos de resolução de problemas S.O.C.E.P.E. não garantem sucesso, mas a abordagem lhe dá uma melhor maneira de pensar nos problemas. Uma análise meticulosa o ajuda a melhorar suas chances de descobrir e implementar as melhores soluções possíveis. O S.O.C.E.P.E. ajuda a aliviar a depressão, aumentando sua confiança e competência.

Nas seções a seguir, exploramos individualmente cada um dos passos do plano S.O.C.E.P.E. Como muitos dos exercícios ao longo deste livro, a maioria dos passos envolve papel e caneta (ou um teclado), então pegue seu caderno (ou ligue seu computador).

CUIDADO

Se você vê os problemas de sua vida como absolutamente irremediáveis e não consegue imaginar nem tentar lidar com eles, procure ajuda profissional antes de usar nosso plano de resolução de problemas. Obter ajuda é especialmente importante se você sente que a vida não vale a pena ou se tiver pensamentos suicidas. O plano ainda pode ajudar, mas você precisará de assistência profissional para executá-lo.

Avaliando a Situação do Seu Problema (S)

O primeiro passo em nossa abordagem de resolução de problemas S.O.C.E.P.E requer uma observação cuidadosa dos prós e contras do dilema. Você precisa considerar várias questões, que abordaremos nas seções a seguir.

Invente uma descrição para o problema

Cuidadosamente, considere o que o problema envolve. Se parecer que um problema envolve uma variedade de problemas, tente focar um aspecto importante primeiro. Depois de se concentrar em uma questão-chave, escreva o máximo que puder sobre o problema.

> Adele (que descrevemos no começo do capítulo) reflete e decide que a qualidade de seu casamento é um problema maior do que o tédio — apesar de este ainda ter um papel que não é bem-vindo. Ela decide focar o casamento. Também percebe que ela e o marido não compartilham nenhum interesse em comum; eles raramente fazem sexo, e durante as noites geralmente ela assiste à televisão por várias horas enquanto ele trabalha no computador. Ela quer mudar, mas não sabe o que fazer.

Reflita acerca de seus sentimentos com relação ao problema

Refletir acerca de todos os sentimentos que você tem relacionados a um problema é importante. Fazer isso o ajuda a entender o impacto do problema em sua vida.

> Adele percebe que o tédio é um dos sentimentos que está vivenciando. Ela tem que dar duro para descobrir o restante deles, porque tem o hábito de pensar que não merece muito da vida e que ela não tem o direito de ter certos sentimentos, como raiva. No entanto, Adele chega à conclusão de que, além do tédio, ela está ressentida com o marido e ansiosa com a possibilidade de abandonar o casamento.

Considere as causas do problema

A depressão pode enganá-lo quando se trata de descobrir as causas de seu problema. Mentes deprimidas costumam assumir que a pessoa que tem o problema também é a causa de todo o problema. Embora você possa ser parcialmente responsável por ele, considerar quaisquer causas é importante. Às vezes, uma compreensão de todas as causas pode apontar para certas soluções.

> No caso de Adele, ela primeiro se culpa por ser uma esposa inadequada e não entusiasmada. À medida que pondera mais a fundo sobre a situação, percebe que fez tentativas para melhorar as coisas e que seu marido Eddie a rejeitou. Ela conclui que outra causa pode estar no vazio que sentiram depois que o último filho escolheu se inscrever em uma faculdade fora do estado, há seis meses. Finalmente, ela especula que ela e Eddie ficaram sentindo que não tinham vida social depois que seus amigos íntimos se mudaram no ano passado.

224   PARTE 3 **Agindo Contra a Depressão**

Procure informações sobre o problema

Provavelmente você não é a primeira pessoa a vivenciar um problema como o que está tendo. Pesquise sites, livros e artigos sobre o assunto. Seja um problema nas áreas de finanças, relacionamentos, carreira, sexo, problemas com a família do cônjuge, dificuldades com os filhos ou o que for, deve haver uma abundância de artigos sobre o assunto. Leia. Além disso, considere conversar com um especialista na área para ter mais conselhos.

> Adele, que prefere ouvir podcasts e assistir vídeos no YouTube para obter informações, fica sabendo de um pesquisador bem conhecido sobre casamento e relacionamentos, o Dr. John Gottman. Ela assiste a vários de seus vídeos curtos e seleciona algumas boas dicas que acha que ajudarão no casamento.

Considere a importância do problema

Pergunte-se quanto desse problema importa para você e sua vida. Resolvê-lo o ajudaria? Se sim, quanto você pode classificar o problema em uma escala de 0 (não tem nenhuma importância para você) a 100 (nada no mundo poderia ser mais importante). Pode ser que essa classificação diga quanto esforço colocar no projeto.

> Adele percebe que a qualidade do casamento é muito importante para ela. Ela avalia a questão como 75, em uma escala de 0 a 100, e decide que vale a pena se esforçar nisso.

Verifique crenças que interfiram na solução

Depois de descrever os aspectos precedentes do problema, resta um passo crucial. Você precisa se perguntar se tem alguma crença que possa interferir nas suas tentativas de resolver o problema. Essas crenças podem impedi-lo até mesmo de fazer alguma coisa com relação ao problema. Assim, são parte dele.

> Adele percebe que tem cinco crenças principais que podem ser uma barreira para suas tentativas de resolução de problemas. Suas crenças interferentes são as que nós encontramos com mais frequência quando ensinamos a resolução de problema para nossos pacientes.

DICA

A Tabela 14-1 lista as cinco crenças que mais comumente interferem na resolução do problema (em nossas experiências) e fornece maneiras alternativas e positivas de analisar essas crenças para facilitar soluções.

TABELA 14-1 Crenças Comuns que Interferem nas Soluções e Algumas Visualizações Facilitadoras

Crenças que Interferem nas Soluções	Visualizações Facilitadoras
Meus problemas são muito grandes para serem resolvidos.	Claro que meus problemas são grandes, mas não têm que ser resolvidos de uma vez só. As pessoas resolvem problemas grandes o tempo todo. Só é necessário perspectiva.
Acho que meu problema não tem solução.	É claro, sempre é possível que meu problema não tenha solução, e nesse caso eu terei que trabalhar para descobrir como lidar com ele. No entanto, não saberei se tem solução a menos que eu tente tudo o que posso antes.
Não sou um bom solucionador de problemas.	Bem, nem sempre lidei com problemas grandes no passado, mas isso não significa que eu não possa aprender. O plano de resolução de problema S.O.C.E.P.E. parece bem direto ao ponto. Além do mais, o que tenho a perder se tentar?
Prefiro deixar que os problemas se resolvam sozinhos.	Claro, acho que isso poderia acontecer — provavelmente quando a vaca tossir. Minha experiência é a de que os problemas costumam seguir por perto ou piorar se eu não fizer algo a respeito.
Se eu tentar resolver meu problema e fracassar, me sentirei um fracasso ainda maior. É melhor nem tentar.	E é claro que, se eu não tentar, garantirei o fracasso. Além disso, se minhas tentativas falharem, posso aprender alguma coisa com o fracasso e fazer outro esforço com o problema, armado com informações adicionais.

DICA

Se você descobrir que tem uma crença impedindo sua tentativa de resolver os problemas de sua vida, coloque-a em uma tabela como a Tabela 14-1 e veja se você pode chegar a visualizações facilitadoras que contrapõem essas crenças que interferem. Se você tentar essa estratégia e não conseguir visualizações alternativas, considere ler os Capítulos 6, 7 e 8 para maiores informações sobre como lidar com pensamentos e crenças problemáticos.

Caçando Opções (O)

O passo dois no plano de resolução de problema S.O.C.E.P.E. o ajuda a encontrar possíveis soluções para o seu problema. Nesse ponto, você precisa suspender todo o julgamento enquanto procura em distâncias maiores por essas soluções. Escreva tudo o que vier à sua mente; não dê ouvidos a seu crítico interno dizendo: "É uma ideia muito estúpida!" Pedimos que avalie suas ideias depois, não agora. Às vezes, a solução mais absurda leva a outra ideia que seja mais fundamentada na realidade.

A procura por soluções criativas sem julgamento também é conhecida como *brainstorming*. Descobrimos três maneiras de melhorar sua habilidade de brainstorming: "desprender-se", "pensar visualmente" e "permitir ludicidade". Depois de sua sessão de brainstorming, você pode revisar todas as opções que criar.

Desprender-se

Acredite se quiser, se tentar resolver um problema com muito afinco, provavelmente baterá a cara no muro. Muita intensidade pode asfixiar a criatividade. Você precisar dar um tempo para o processo; não se cobre demais. Provavelmente você está trabalhando no problema há um tempo, então, demorar um pouco mais para resolvê-lo não fará nenhum mal — na verdade, pode ser que ajude.

DICA

Primeiro, sugerimos relaxar seu corpo e sua mente como uma forma de liberar seu potencial criativo. Temos uma rápida técnica de relaxamento que você pode usar com esse propósito:

1. **Coloque sua mão no abdômen.**
2. **Inspire devagar e profundamente e observe seu abdômen expandir.**
3. **Segure momentaneamente essa respiração.**
4. **Expire devagar e relaxe seus ombros.**
5. **Enquanto exala, diga a palavra *relaxe*.**
6. **Repita esse exercício dez vezes.**

Se praticar essa técnica de relaxamento várias vezes ao dia por cinco dias seguidos, pode ser que perceba que ele relaxa seu corpo e sua mente. Se não funcionar para você, ou até mesmo se piorar sua tensão, talvez você queira ler o Capítulo 21 para maiores ideias sobre como se desprender. E mais: se sofre de ansiedade além da depressão, talvez queira ler um outro livro nosso: *Dominando a Ansiedade Para Leigos* (Alta Books).

Pode ser que você se beneficie de outras estratégias de desprendimento ao tentar procurar opções para o seu problema. Costumamos encontrar nossas melhores ideias para escrever ou resolver outros problemas quando levamos nossos dois cachorros para um longo passeio ou corrida. De alguma forma, o prazer óbvio que os cães vivenciam nos distrai de nossas preocupações. Assim, nossa mente se sente livre para vagar e considerar novas possibilidades sem pressão.

Sinta-se livre para experimentar com esse exercício. Outras atividades, como caminhar, levantar peso ou fazer ioga (veja o Capítulo 12), também são uma boa ideia. Ou você pode tentar uma atividade recreativa de que gosta como uma forma de se desprender (falamos sobre isso no Capítulo 13). É claro, um banho de banheira não é nada mal.

LEMBRE-SE

Desprender-se como uma forma de encontrar soluções criativas funciona melhor se você não forçar sua mente a encontrar respostas.

Pensar visualmente

Muitas pessoas descobrem que seus sucos criativos começam a fluir mais facilmente quando entram em um modo visual. Você pode começar relaxando e imaginando seu problema. Imagine as várias formas de lidar com o problema, e o faça sem a expectativa de colocar alguma ideia em prática.

DICA

Algumas pessoas acham que os gráficos e diagramas ajudam a encontrar melhores opções para resolver seus problemas. Tente imaginar todos os componentes do seu problema em caixas separadas. Desenhe soluções possíveis para cada componente nessas caixas separadas e, então, desenhe setas para o componente relevante do problema.

> Adele colocou seus problemas maritais no gráfico. Ela pôs cada componente do casamento problemático em uma caixa, e então desenvolveu soluções para cada um deles. Dê uma olhada na Figura 14-1 para fluir seu suco. Pode conter um dos componentes da situação de Adele, bem como ideias para atacar o problema.

FIGURA 14-1: O gráfico de resolução de problemas de Adele.

© John Wiley and Sons, Inc.

Permitir ludicidade

Sim, sabemos da seriedade do seu problema. No entanto, permitir-se brincar com ideias é importante. Saiba que a rigidez apenas o deixa paralisado. Brinque com o máximo de soluções absurdas possível. A ludicidade permite que você esqueça as regras usuais e saia da caixa.

Uma maneira é considerar soluções que pareçam o total oposto de suas primeiras ideias. Por exemplo, Adele (que descrevemos no começo deste capítulo) tem um casamento difícil. Uma solução que ela considera é ter um caso. Então pensa o oposto — ter um caso com o marido. "Que absurdo", ela inicialmente pensa consigo mesma.

Mas então ela percebe que pode ser que valha a pena tentar. Ela pode imaginar que ele é um homem que acabou de conhecer e acha atraente (afinal de contas, ela realmente o achou atraente anos antes, e ele não mudou tanto). Então, ela pode imaginar como seduzi-lo.

Revisando as opções

Quando fizer o brainstorm de opções para lidar com seu problema, liste tudo o que você pensar. Não deixe nenhuma ideia de fora nesse momento. Depois de terminar de escrever sua lista, revisite-a e veja se alguma ponderação leva a mais ideias.

Adele lista opções para lidar com seus problemas maritais. Como você pode ver, a lista das opções de Adele contém possibilidades que variam de possivelmente produtiva a absolutamente destrutiva:

- Ter um caso.

- Ter um caso com meu marido.

- Me divorciar.

- Pedir um tempo para que eu possa botar minha cabeça em ordem.

- Procurar um aconselhamento marital se conseguir convencer o Eddie a ir.

- Simplesmente trabalhar sozinha para melhorar nosso casamento ao mostrar mais carinho e afeto, bem como trabalhar para não ficar na defensiva (sobre o que falamos no Capítulo 16).

- Ir a uma viagem exótica para a Ásia e não contar para ninguém.

- Me concentrar em me deixar feliz de maneiras que não estão relacionadas com meu casamento, como criar novos hobbies, procurar por uma carreira mais interessante, expandir meu ciclo social, encontrar trabalho voluntário, e assim por diante.

- Beber mais.

- Parar de choramingar e tentar esquecer essa questão!

DICA

Esperamos que sua lista de possíveis soluções possa conter opções que variam de muito útil a bastante destrutivo. Um bom brainstorming evita o julgamento até das opções mais malucas. A fase de avaliação vem em seguida. Nessa fase, você não se avalia por ter boas ou más ideias, meramente avalia as prováveis consequências de suas ideias.

Contemplando as Consequências (C)

DICA

Pegue as opções que você levantou na seção anterior "Caçando Opções" e as liste na coluna "Opções" de uma tabela de duas colunas, como mostrado na Tabela 14-2. Em seguida, rotule a segunda coluna como "Consequências Prováveis". Então contemple cada opção, uma por vez. Para cada uma delas, liste resultados ou consequências possíveis. Pense na probabilidade de cada resultado quando começar a considerar qual opção pode funcionar melhor.

A Tabela 14-2 lista as opções e os resultados que Adele considerou mais prováveis para cada uma delas. Este exemplo pode dar uma ideia de como começar a sua tabela.

TABELA 14-2 Consequências Prováveis das Opções de Adele

Opções	Consequências Prováveis
Ter um caso.	Diversão e entusiasmo; culpa e arrependimento; doença sexualmente transmissível; eventual ruína de meu casamento.
Ter um caso com meu marido.	Diversão e entusiasmo; possível melhora no meu casamento; mais rejeição de meu marido.
Me divorciar.	Alívio dessa dificuldade; tristeza e perda; eventualmente, um relacionamento novo e melhor; possível perda do relacionamento íntimo com meus filhos.
Separação temporária.	Colocar minha cabeça no lugar para ver o que eu realmente quero fazer; maior distância de meu marido; maiores chances de meu marido ter um caso ou simplesmente decidir me deixar.

230 PARTE 3 **Agindo Contra a Depressão**

Opções	Consequências Prováveis
Procurar aconselhamento de casal se o Eddie topar.	Melhora no casamento, se ele topar; raiva e fúria de Eddie porque ele sempre foi contra essa ideia; rejeição de Eddie; divórcio, se não funcionar.
Trabalhar sozinha para melhorar o casamento.	Melhorar o casamento; prejudicar de alguma forma; ficar mais frustrada.
Fazer uma viagem exótica e não contar para ninguém.	Diversão e entusiasmo; fim do meu casamento, se o Eddie descobrir.
Aumentar minha própria felicidade por meio de uma carreira nova.	Ser mais feliz; ficar mais distante de meu marido; não ser tão dependente de sua atenção.
Beber mais.	Diminuição temporária da dor; me tornar viciada em álcool; dor maior no longo prazo.
Parar de choramingar e esquecer o problema.	Insatisfação maior; o casamento dificilmente melhorará por si só.

Às vezes, esse exercício aponta para uma solução simples que está na opção mais óbvia. Mas muito frequentemente as melhores opções não são tão óbvias. Então, na próxima seção, ajudamos você a se aprofundar e fazer uma escolha.

Escolhendo Seu Plano (E)

Depois de passar pelos três primeiros passos do plano de solução de problema S.O.C.E.P.E., você pode escolher sua(s) opção(ões). Comprometa-se consigo mesmo.

LEMBRE-SE

Mesmo quando decidir não escolher uma opção para lidar com seu problema, você ainda está fazendo uma escolha — você está escolhendo viver o problema "como ele é".

O quarto passo no plano de solução de problemas S.O.C.E.P.E. requer que você cuidadosamente reflita a respeito de cada opção. Pode ser que consiga rapidamente focar uma, duas, três ou talvez quatro possibilidades simplesmente revisitando as consequências possíveis de cada uma. A opção o faz se sentir esperançoso, aflito, ansioso, calmo, nervoso, triste, aliviado, ávido ou uma combinação desses sentimentos? Elas podem fornecer informações adicionais.

DICA

Por favor, saiba que a opção que você escolher para lidar com o problema pode envolver uma combinação de várias opções; elas não precisam ser mutuamente exclusivas.

Adele escolhe três opções que aparentam ter a melhor chance de ajudar em seu casamento conturbado:

- Fazer tudo o que eu puder para melhorar meu casamento.
- Aumentar minha própria felicidade ao explorar uma nova carreira.
- Procurar aconselhamento marital.

Depois de refletir um pouco mais, Adele decide não escolher a opção de ter um caso com o marido — ele repeliu avanços sexuais dela no passado, e ela não quer correr o risco de ser rejeitada novamente. Ela decide que as duas primeiras opções da lista anterior poderiam melhorar sua felicidade sem incorrer em grandes riscos. Ainda que tenha inicialmente acreditado que explorar uma nova carreira poderia criar uma distância do marido, ela acredita que isso não acontecerá se ela combinar as duas primeiras ideias.

Adele tem só um problema. Ela teme que despertará a fúria de Eddie se falar mais uma vez de aconselhamento marital. E, se não funcionar, teme uma chance maior de um divórcio angustiante. Essa é a escolha que ela quer fazer?

Se você se encontrar paralisado com uma indecisão sobre uma ou mais opções que escolheu, temos mais duas estratégias que podem ajudar: Consultando o Amigo Interno e Escolhendo Lados. Você precisará de duas cadeiras para ambas estratégias. Sim, cadeiras — dê ouvidos a nós.

Consultando o amigo interno

Você tem um amigo para o qual pode solicitar outra perspectiva, e esse amigo reside em você! Essa técnica pode ser uma das mais simples que você encontrará neste livro, mas não se deixe enganar pela simplicidade.

DICA

Achamos a técnica Consultando o Amigo Interno surpreendentemente útil. Para usá-la, sente-se em uma cadeira e coloque outra cadeira, vazia, na sua frente. Imagine que um amigo íntimo está sentado nela. Por acaso, seu amigo tem basicamente o mesmo problema que você; ele escolheu a mesma coisa que você para solucionar, mas receia colocá-la em prática. Comece a conversar com seu amigo. Fale em voz alta. Quando acabar, pergunte se o conselho parece bom para você também.

Pode ser que você não só ache que essa ideia é simplista, mas se pergunte como poderia ajudá-lo se você não foi nem capaz de escolher uma opção até agora. Bem, francamente, não temos certeza de por que funciona, mas funciona. Suspeitamos que é porque o processo o ajuda a se distanciar emocionalmente da questão, o que libera sua mentalidade paralisada.

Adele experimenta essa estratégia. Este foi o monólogo dela com sua amiga:

> "Bom, sabe, por mais que trabalhar no seu casamento pareça uma boa ideia, duvido que funcionará a menos que você combine com terapia de casal. Tenho certeza de que está assustada! Mas o que você tem a perder se tentar? Quais as chances de o casamento dar certo por si só se a terapia de casal falhar? Muito baixas, eu diria. Seu marido fica bravo, mas nunca bateu em você. E daí se ele ficar bravo? Já aconteceu um monte de vezes, e você sobreviveu. Se ele rejeitar a ideia totalmente, tente de novo. E de novo. E se ainda assim ele não topar, talvez você precise dar ouvidos a essa informação e considerar outras opções. Pare de evitar essa questão!"

Adele achou esse exercício bastante útil, mas não se sente pronta para implementar a decisão de pedir a Eddie que vá à terapia de casal. Ela precisa de mais uma técnica: Escolhendo Lados. Você pode dar uma chance a ela também.

Escolhendo lados

DICA

A estratégia Escolhendo Lados, como a anterior, Consultando o Amigo Interior, requer que você coloque duas cadeiras, uma de frente para a outra. Rotule a primeira cadeira como representante de um dos lados de seu argumento, e a segunda, o outro lado. Sente-se na Cadeira nº 1 e imagine que o outro lado de seu argumento está sentado na Cadeira nº 2. Discuta com o outro lado em voz alta e o mais forçosamente que conseguir. Quando ficar sem fôlego, troque de cadeira e discuta com o outro lado.

Você se sentirá meio idiota? Talvez. Mas use essa técnica sozinho e dê uma chance a ela. Pode ser que você se surpreenda com o quanto irá achá-la útil. Os psicólogos recomendam essa abordagem há muitas décadas, e os clientes continuam a relatar que ela ajuda a tomar decisões difíceis.

O diálogo da Adele foi mais ou menos assim quando ela testou a estratégia Escolhendo Lados para ajudá-la a determinar se sua opção de aconselhamento marital realmente é a melhor opção para ela. Ela rotula a Cadeira nº 1 como "Fazer Terapia", e a Cadeira nº 2 como "Não Fazer".

> **Cadeira Fazer Terapia (Falando para a Cadeira Não Fazer):** "Olha, você sabe que a terapia tem a melhor chance de ser bem-sucedida. Você fez algumas tentativas por conta, mas elas não deram certo.

Você revisitou as possíveis consequências e sabe que conseguir ajuda parece ser a melhor opção."

Cadeira Não Fazer: "Certo, claro. Pensei nisso com cuidado, mas a questão é que não sei se eu suportaria se a terapia fosse um fracasso e eu acabasse divorciada. A solidão e a sensação de perda seriam demais para mim."

Cadeira Fazer Terapia: "Ah, então é isso que está impedindo! Primeiro, quem disse que a terapia de casal seria um fracasso? Não há muita possibilidade disso, se você combiná-la com seus próprios esforços. Você já pensou que essas ideias nos livros que está lendo são encorajadoras. Como a ajuda de um profissional treinado, pode dar certo."

Cadeira Não Fazer: "Claro, mas se o Eddie rejeitar, vou me sentir mais frustrada e brava. Isso aumentaria as chances de um divórcio. A questão é que eu acho que não suportaria isso."

Cadeira Fazer Terapia: "Então você acha que ignorar o problema tem uma chance melhor? Duvido! Se seu casamento está caminhando para o divórcio, é melhor descobrir isso o quanto antes. E quem disse que você não suportaria? As pessoas se divorciam todos os dias, e a maioria consegue passar por isso."

Cadeira Não Fazer: "Mas eu odiaria."

Cadeira Fazer Terapia: "É claro que você não gostaria de se divorciar! Não conheço muita gente que gostaria disso. Mas pare de dizer que você não suportaria. Você estava bem sozinha antes de conhecer o Eddie, e ficaria bem de novo. Além do mais, namorar pode não parecer muito bom agora, mas há outros homens por aí para você conhecer."

Cadeira Não Fazer: "Certo, entendi aonde você quer chegar. Eu não gostaria disso, mas a vida provavelmente seguiria em frente. De alguma forma, encontrarei a coragem de seguir em frente com essa opção, mas... acho, de qualquer forma."

Adele se sente mais resoluta em sua decisão de procurar aconselhamento marital depois de tentar a técnica Escolhendo Lados. Ainda assim, estreme ao pensar em abordar o assunto com Eddie. Ela ainda não sabe se tem coragem para isso.

Algumas opções para resolver problemas podem causar reações inesperadas. Você pode ter certeza de que sua decisão é a certa, mas ainda sentir medo. Se for o caso, pode ser que precise de um plano emocional para ajudá-lo a seguir em frente. Acontece que temos um na seção a seguir.

Lidando com Suas Emoções (P)

Assumindo que você escolheu a opção ou as opções que pareçam ter a melhor chance de ajudar a resolver o problema, emoções perturbadoras podem sabotar suas melhores intenções. Esse passo no processo de resolução de problemas é mais bem visto como uma muleta para ajudá-lo a implementar sua escolha.

DICA

Se você sente uma enorme incerteza com relação à decisão, volte às sugestões nos tópicos de caçando opções, contemplando as consequências e escolhendo seu plano nas seções, anteriormente neste capítulo. Se chegar à mesma solução e ainda se sentir desconfortável, tenha certeza de que são sentimentos normais que podem ser lidados com esse passo a passo de solução de problemas.

LEMBRE-SE

Implementar a maioria das soluções para problemas difíceis requer um pouco de coragem. Se não fosse assim, as soluções simplesmente pipocariam na sua mente com mais facilidade. Afinal de contas, dissemos problemas "difíceis".

Duas técnicas razoavelmente simples podem ajudar a maneirar o mal-estar que você sente na boca do estômago antes de agir em sua solução: ensaio e discurso consigo mesmo.

Tentando um ensaio geral

Imagine a qualidade de um musical da Broadway se os músicos, os atores e as atrizes nunca ensaiassem. O medo do palco faria sentido, porque ninguém saberia o que fazer. A produção provavelmente seria um desastre, e possivelmente não demoraria muito para que a plateia começasse a jogar tomates. Os ensaios não só melhoram a performance, eles também ajudam a diminuir o medo do palco.

DICA

Se a sua opção para resolver o problema envolve um confronto com alguém ou gerar ansiedade, pode ser que o ensaio ajude. Você pode revisar o seu plano:

» Na sua cabeça.

» Na frente de um espelho.

» Fazendo troca de papéis com um amigo de confiança.

> Escrevendo um roteiro.

Falando consigo mesmo

Pode ser que você pense: "Falar sozinho? Vocês acham que sou maluco?" Na verdade, a maioria das pessoas fala sozinha. No entanto, elas não costumam tentar controlar o conteúdo dessa conversa; elas meramente seguem no piloto automático. E, caso se sintam ansiosas ou deprimidas, é porque essa conversa geralmente contém previsões negativas e afirmações que acabam com elas mesmas.

LEMBRE-SE

As curtas afirmações positivas nos parágrafos a seguir não são uma cura para a depressão, nem funcionam para problemas de longo prazo. No entanto, podem servir como um band-aid temporário para que você possa passar por momentos difíceis.

Você pode decidir selecionar conteúdos novos e mais produtivos para conversar consigo mesmo. Para expulsar o pensamento negativo, pode ser que primeiro precise ensaiar o roteiro em voz alta. Escreva afirmações curtas, simples e positivas. As possibilidades incluem o seguinte:

> O que estou prestes a fazer é a coisa certa.
> Isso realmente é difícil, mas eu consigo.
> Considerei todas as opções.
> Tenho o direito de fazer isso.
> Só vai e faz.

De volta à situação de Adele, eis o que ela decidiu fazer:

> Adele decidiu pedir ao marido Eddie para fazer terapia de casal como uma forma de resolver o problema dela — o estado do casamento. Ela marcou uma consulta em uma noite livre no calendário dos dois. Primeiro, ela ensaia como abordará Eddie com a ideia. Então, ela escolhe falar para si mesma a frase: "Consigo lidar com qualquer reação que ele tiver." Ela usa essa frase como um mantra, repetindo-a várias e várias vezes na cabeça enquanto se aproxima do marido.

Colocando em Prática e Revisitando (E)

Certo, nesse ponto, você já passou por todos os passos de resolução de problemas, exceto o último. Você já descreveu a situação-problema, escolheu uma opção e está pronto para seguir em frente. Chegou a hora de colocar seu problema à prova e executar seu plano.

As chances de seu problema ser resolvido são maiores porque fez sua lição de casa. Ainda assim, o S.O.C.E.P.E. não vem como uma garantia incondicional. Depois de implementar sua solução, reveja como foi. Cuidadosamente, considere o que funcionou e o que pode não ter funcionado. Talvez tudo tenha corrido bem e o problema tenha sido resolvido, mas se o problema ou um resquício dele continuar, volte para o início e comece um novo plano S.O.C.E.P.E..

Veja como foi o plano S.O.C.E.P.E. de Adele:

> Adele repete "Consigo lidar com qualquer reação que ele tiver" várias vezes em sua cabeça ao entrar no escritório onde Eddie está usando o computador. "Eddie, será que a gente pode conversar rapidinho?"
>
> Eddie se vira para ela e responde: "Certo, mas tem que ser rápido, estou ocupado."
>
> "Não vai demorar muito. Estou preocupada com o nosso casamento; parece que nenhum de nós está muito feliz", Adele começa.
>
> Eddie a interrompe: "Fale por si mesma. Não estou infeliz. Mulheres nunca estão satisfeitas. O que mais você poderia querer? Isso não é o paraíso; é a vida real."
>
> Adele, que está prestes a chorar, continua: "Não estou pedindo a Lua, Eddie. Quero que fiquemos mais próximos. E marquei uma consulta com um conselheiro de casais. É na próxima quinta, às 6h da tarde. Quero que venha comigo."
>
> "Esquece. Não vou a um terapeuta cheio de frescuras e intrometido", Eddie levanta a voz. "Você já encontrou outra maneira de jogar o meu dinheiro suado no lixo. Não vou gastar meu tempo falando sobre isso!" Eddie volta para o computador e ignora Adele.
>
> Aff! Adele passou por todos os passos e recebeu um resultado ruim. Demorou uns dois dias para se recuperar, mas ela faz um novo planejamento S.O.C.E.P.E. Dessa vez, ela decide fazer terapia sozinha e

CAPÍTULO 14 **Resolvendo as Dores de Cabeça da Vida** 237

explora outras opções com o conselheiro. Depois de várias sessões, o conselheiro ajuda Adele a encontrar uma maneira melhor de convidar Eddie a ir ao menos a algumas sessões com ela.

Em um período de meses, Eddie percebe o quanto valoriza Adele. Ambos se comprometem a fortalecer o casamento.

Confessamos que, às vezes, gostamos de um final feliz. Em alguns casos, principalmente com problemas maritais de longo prazo, as coisas não se resolvem com tanta facilidade, mas um trabalho duro e terapia podem ajudar muitos dos relacionamentos mais difíceis a se fortalecer. Além disso, a terapia pode ajudar uma pessoa com depressão a passar por um término difícil e encontrar contentamento em outro lugar. Então, mesmo quando os problemas parecerem insuperáveis, vale a pena dar um passo atrás e usar uma abordagem lógica de solução de problemas. E não hesite em pedir ajuda quando se sentir paralisado.

Se você ou alguém com quem se importa está deprimido, os problemas parecem maiores do que a vida, e as soluções, incrivelmente elusivas. Tire um tempo para preparar um plano. Veja como o S.O.C.E.P.E. funciona para você.

4
Reconstruindo Conexões

NESTA PARTE...

Lide com perdas das transições da vida e trabalhe com o luto.

Comunique-se mais claramente.

Planeje interações positivas.

NESTE CAPÍTULO

» **Entendendo os diferentes tipos de perda**

» **Superando o luto**

Capítulo **15**

Trabalhando a Perda, a Tristeza e o Luto

J á ficou na pia da cozinha com os olhos cheios de lágrimas enquanto cortava cebolas? Se sim, já experimentou as respostas de seu corpo a substâncias irritantes. As lágrimas ajudam a limpar os olhos das moléculas nocivas liberadaspela cebola fatiada. No entanto, depois de chorar nas cebolas, você provavelmente não sentiu nenhuma mudança em seu estado emocional. Na verdade, pode ter se sentido um pouco irritado pela dor que sentiu nos olhos.

Como você provavelmente também sabe, seu corpo produz lágrimas em resposta a outros estímulos — emoções fortes. Os dois tipos de lágrimas têm diferentes componentes químicos. Dado o quase universal relato de alívio depois de um choro emotivo, os cientistas especulam que chorar de alguma forma limpa as toxinas emocionais do corpo e o devolve a um estado mais relaxado.

Tristeza e choro são reações normais à perda, no entanto, às vezes, a tristeza se prolonga e causa maiores prejuízos na vida. O luto pode ser um gatilho para a depressão (veja o Capítulo 2 para uma descrição dos tipos de depressão). A perda pode causar sentimentos depressivos sem que você se dê conta. Às vezes, eventos do passado continuam assombrando-o por mais tempo do que você percebe. Mesmo que não tenha vivenciado uma grande perda em décadas, analisar uma tristeza não resolvida como uma possível causa para sua depressão atual pode gerar insights proveitosos.

Neste capítulo, exploramos a resposta exclusivamente humana à perda e discutimos os vários tipos de perdas que as pessoas vivenciam e como reagem a elas. Se estiver deprimido, considere se algum de seus sentimentos problemáticos se origina de uma dessas perdas. Trabalhar em sua tristeza pode ajudar a aliviar sua depressão, então damos uma variedade de maneiras para trabalhar com a tristeza, seja ela normal e descomplicada ou uma experiência profunda e traumática.

Perdendo Aquilo com que Você Se Importa

Todas as pessoas vivenciam um ou outro tipo de perda ao longo da vida. As pessoas sentem luto em todos os diferentes tipos de perdas. Ainda assim, a resposta a cada perda em particular varia de pessoa para pessoa. Não temos uma maneira fácil de dizer como alguém reagirá quando alguma coisa ruim acontecer, e não há uma maneira certa ou errada de lidar com a perda. Parece que algumas pessoas se recuperam rapidamente, enquanto outras continuam em um estado prolongado de luto intenso.

CUIDADO

Se sua tristeza se prolongar por muito meses sem uma trégua, se estiver sobrecarregado de pensamentos de nostalgia e perda, se tiver pensamentos sobre a futilidade do futuro ou se você se sente inútil e excessivamente culpado, pode ser que tenha um luto complicado e/ou um transtorno depressivo maior (veja o Capítulo 2 para maiores informações sobre o luto e vários tipos de depressão). Se você tiver alguns desses sintomas, procure ajuda profissional. Ambas as condições requerem tratamento imediato.

Não podemos dar uma lista completa dos tipos de perdas que levam ao luto, mas as três principais categorias são

- » Morte.
- » Transições na vida.
- » Término de relacionamento.

HÁ ESTÁGIOS DE LUTO?

Elisabeth Kubler-Ross é uma psiquiatra que dedicou a maior parte de sua carreira profissional aos cuidados de pessoas moribundas. Seu amplamente citado livro *Sobre a Morte e o Morrer* propôs que as pessoas passam por uma série de estágios quando enfrentam uma doença terminal:

- **Negação:** De jeito nenhum, não estou morrendo; não pode ser eu!
- **Raiva:** Que merda! Por que eu?
- **Barganha:** Deus, me ajuda! Vou fazer de tudo pra sair dessa.
- **Depressão:** Não consigo, não suporto. Eu desisto.
- **Aceitação:** É o fim; vou tentar ir em paz e com dignidade.

Esses estágios foram estendidos para incluir reações a outros tipos de perdas, como a morte de um ente querido, perda de saúde física ou términos de relacionamentos. No entanto, cada pessoa é única, e parece que nem todo mundo passa por todos os estágios descritos por Kubler-Ross. Pesquisas indicam que as pessoas podem pular de um estágio ao outro, pular alguns ou até retornar a um estágio anterior. Nesse sentido, é melhor pensá-los não como estágios, mas como estados de reações emocionais que as pessoas frequentemente vivenciam quando em luto.

Ainda assim, alguns conselheiros de saúde mental acreditam erroneamente que a resolução de um luto só acontece depois de vivenciar todos seus estágios em sequência. Mas não há uma única forma saudável de passar pelo processo de luto. O trabalho de Kubler-Ross ajudou as pessoas ao redor do mundo a lidar com transições difíceis. No entanto, o luto é complicado, diverso e não facilmente categorizado.

Nas próximas seções, discutimos a fundo essas categorias da perda. Não há uma maneira certa ou errada de lidar com tais perdas, e é importante entender como cada evento afeta você. Com a consciência, você pode desenvolver seus recursos para lidar com a situação. Na seção "Trabalhando com o Luto", damos ideias para lidar de maneira eficaz com essas perdas.

Perdendo alguém

Nunca é fácil lidar com a morte. Mesmo as pessoas com fortes convicções religiosas sentem uma grande tristeza quando ocorre a morte de um ente querido. A morte inesperada costuma ser mais difícil de aceitar do que a morte após uma doença prolongada, mas o período de antecipação antes da perda não é o único fator que afeta a resposta à morte. Por exemplo, a idade da pessoa, a dificuldade do processo de morte, se houve uma oportunidade de se despedir, os recursos remanescentes e as conexões disponíveis para o enlutado contribuem para a relação de maneiras complicadas.

CAPÍTULO 15 **Trabalhando a Perda, a Tristeza e o Luto** 243

Seu relacionamento com o indivíduo também tem um papel importante em como a perda o afeta:

» **Morte de um parceiro de vida:** Costuma-se pensar que esse tipo de perda é um dos mais difíceis de vivenciar. Ele requer maiores ajustes.

» **Morte de um filho:** A maioria dos especialistas acredita que essa perda provavelmente envolve a recuperação mais lenta e dolorosa. De alguma forma, é como se fosse contra as leis da natureza que um filho preceda um pai na morte.

» **Morte de um pai:** A dificuldade dessa perda depende de muitos fatores, como a idade do pai e do filho na hora da morte, a natureza do relacionamento e questões não resolvidas. Às vezes o luto é intensificado se o relacionamento era tempestuoso e conflituoso.

» **Morte de amigos e parentes:** Novamente, a dificuldade de lidar com amigos e parentes que se vão varia consideravelmente.

» **Morte por suicídio de alguém com quem você se importa:** Como discutimos no Capítulo 10, a perda de alguém pelo suicídio pode envolver emoções mais difíceis, como culpa e arrependimento.

» **Morte de um animal de estimação:** O apego que as pessoas têm pelos animais pode ser bem forte. Eles se tornam membros especiais da família. Às vezes, outras pessoas não apreciam completamente ou entendem a intensidade do luto que a perda de um animal de estimação pode evocar. Tal falta de compreensão por parte dos outros pode compor o sentimento de isolamento.

» **Morte de outras pessoas:** Às vezes um evento traumático testemunhado por partes sem envolvimento pode causar reações de luto. Por exemplo, quando um motorista bêbado mata uma criança, pode retraumatizar uma família que perdeu um filho anos antes. Ou testemunhar um crime violento ou morte por combate também pode enlutar o observador.

Transicionando pela vida

Nada nunca permanece completamente a mesma coisa. As pessoas têm vários papéis na vida. Por exemplo, são pais, empregados, empregadores, alunos, maridos, esposas ou parceiros. Muito do jeito que as pessoas se definem vem de tais papéis.

As pessoas também se definem de acordo com a visão que têm de si mesmas, como se ver como uma pessoa que é consistentemente saudável, segura, prestigiosa, atraente, e assim por diante. Ainda assim, os papéis e como as pessoas se enxergam mudam devido a circunstâncias inevitáveis. Quando essas mudanças acontecem, a transição pode ser tranquila ou conturbada.

OS CACHORROS SENTEM LUTO?

Recentemente, perdemos um de nossos cachorros. Apesar de ela ser idosa, nós dois sofremos com a perda e ainda sentimos falta dela quase todos os dias. Nosso cachorro mais novo aparentemente também pareceu perdido sem a irmã. Normalmente, ele saía para passear diariamente abanando o rabo enquanto cheirava todos os arbustos com entusiasmo. Depois da morte dela, notamos que ele começou a andar com indiferença, com o rabo todo para baixo, aparentemente procurando por ela.

Os veterinários relatam que os cachorros sentem a perda mais ou menos como as pessoas. Eles costumam mostrar uma perda de energia, de apetite e de interesse. Felizmente para nós, nosso cachorro mais novo se recuperou e atualmente parece estar gostando do status de "cachorro único". Veremos quanto tempo isso vai durar!

As pessoas rotineiramente não se dão conta do impacto que a transição de um papel ou percepção de si mesmo para outro pode ter em seu senso de eu e no bem-estar. Quando a transição envolve uma perda (e muitas delas envolvem), o luto ou a depressão podem ocorrer. Às vezes a transição é óbvia, como quando você perde um emprego; outras, é mais sutil, como perder a sensação de segurança por causa do aumento nos crimes onde você mora.

DICA

Ninguém responde exatamente da mesma maneira a essas transições da vida. Como com a morte, não há respostas certas ou erradas. Os tipos de transição que frequentemente causam problemas incluem:

» **Sair de casa:** Adolescentes e jovens adultos costumam ansiar pelo dia que poderão sair de casa. No entanto, quando isso se efetiva, eles experimentam perda e geralmente ficam bastante surpresos com isso. Não podem mais contar com os pais para conselhos e apoio instantâneos. Podem sentir uma perda de conexão e talvez uma perda dos aspectos livres e irresponsáveis da infância. Outra perda relacionada chega na hora da graduação. O jovem deve seguir da rotina e dos amigos familiares do ensino médio ou faculdade para responsabilidades novas e inexploradas.

» **Casar-se:** Você pode se perguntar por que incluímos o casamento como uma transição complicada. Para a maioria das pessoas, o casamento é um momento festivo mas desgastante da vida. E o casamento inclui perdas, que costumam levar a sentimentos inesperados de depressão. Quando você se casa, abre mão de uma identidade enquanto pessoa solteira. Você pode perder o contato com amigos solteiros. Como sair de casa, o casamento requer abrir mão da irresponsabilidade da infância.

» **Ter um bebê:** Outra ocasião festiva! Mas junto de amor e alegria consideráveis, trazer um recém-nascido para sua vida causa uma perda da liberdade e há a inauguração de um novo estresse. Quando você tem um bebê, se pega tendo que gastar mais dinheiro e perde a oportunidade de dormir até tarde nas manhãs de sábado.

CUIDADO

Vivenciar um desconforto pequeno depois de ter um bebê é normal para os dois pais. No entanto, a depressão nas mulheres depois do parto pode ser séria: essa condição é denominada *depressão pós-parto*. Veja o Capítulo 2 para maiores detalhes sobre essa condição perturbadora que requer tratamento imediato.

» **Mudando de emprego:** Se você está começando no seu primeiro emprego, recebeu uma promoção ou rebaixamento, ou foi demitido, mudar o que você faz diariamente causa uma perda de tempo livre. Uma promoção pode levar a uma sobrecarga de responsabilidades. Rebaixamentos e demissões causam uma perda tanto monetária quanto de status.

» **Ir para a prisão:** Ser condenado por um crime e então encarcerado gera inúmeras perdas. Óbvio.

» **Vivenciar grandes mudanças econômicas e políticas na sociedade:** Todos os mercados de ações declinam. A maioria das pessoas conhece algumas pessoas que adiaram a aposentadoria ou tiveram problemas para enviar os filhos para a faculdade quando a bolsa despencou. Na maioria das vezes, ninguém sente que passará por decepções duradouras quando a liderança política troca de mãos. No entanto, em alguns países, novos regimes podem trazer a perda da liberdade, dificuldade financeira ou possivelmente guerra. Essas mudanças podem desestabilizar famílias e vidas de forma avassaladora.

» **Perda do senso de segurança:** A pandemia de Covid-19 de 2020 mudou o mundo de diversas formas. A maioria das pessoas sentiu a perda na confiança em um mundo previsível. Além disso, outras perdas incluem a perda da liberdade de ir e vir, de conexões sociais, de segurança financeira e de saúde. Taxas de ansiedade e depressão dispararam no mundo todo.

» **Mudança:** Mudar para uma nova casa, seja na mesma cidade ou outro lugar, é empolgante, mas acompanha perdas. Você pode perder conexões com amigos, a simplicidade de sua antiga residência ou o senso de história com um lugar de que você gostou por um bom tempo.

» **Lidar com o ninho vazio:** Ser pai ou mãe é a única relação amorosa cujo objetivo é encorajar a independência e a partida eventual. Faça bem o seu trabalho e seus filhos o deixarão. Pode ser que você não sinta somente a perda dos filhos, mas de seu papel como mãe ou pai também.

» **Passar por uma doença crônica:** O diagnóstico de uma doença crônica abala o seu mundo. Você perde uma medida de controle sobre sua vida; de repente o sistema de saúde fica responsável por aspectos significativos de sua vida diária. Você encontra a perda da invencibilidade. Além disso, sua situação financeira, sua liberdade e seus status podem sofrer.

» **Envelhecer:** Você provavelmente prefere ser velho à alternativa. Ainda assim, o envelhecimento inevitavelmente ilumina a certeza da morte. Junto da ameaça da perda da vida em si vem a perda da função, de entes queridos, da independência, da aparência, do status e da boa saúde.

LUTO ANTECIPATÓRIO

Milhões de pessoas no mundo são cuidadoras de familiares com uma doença crônica. À medida que a doença progride, pode haver mudanças nas necessidades e na habilidade da pessoa com a doença. Tanto a pessoa que está doente quanto o cuidador experimentam o que é chamado de *luto antecipatório*, que é quando as pessoas ficam enlutadas pelo que já está perdido e pela perda de um futuro que uma vez foi imaginado.

A pessoa que está recebendo os cuidados pode ficar em luto pela perda da saúde, papel na família, autoestima e possivelmente habilidades mentais. A pessoa com a doença pode se sentir culpada pela nova dependência de outras pessoas e ficar temerosa pelo potencial de deficiências futuras. O cuidador também provavelmente sentirá o luto — da perda do relacionamento anterior, da perda antecipada devido à doença e da perda de liberdade. Os cuidadores costumam assumir responsabilidades adicionais na casa e têm grande risco de depressão. Como a saúde do cuidador pode evitar hospitalizações desnecessárias e cuidado de longo prazo, é imperativo que recebam o suporte necessário de outros membros da família, amigos e, quando necessário, de profissionais da saúde.

Com um suporte adequado, esse momento desafiador de perda pode levar a relacionamentos familiares mais fortes, comunicações mais profundas e gratidão pela vida já vivida. A antecipação pode gerar momentos de cuidado e amor preciosos que fazem com que a perda seja uma parte da vida a ser valorizada.

DICA

Essas mudanças são esperadas no curso de uma vida, mas a depressão pode ser uma consequência inesperada. Se você sente uma tristeza intensa ou depressão e não consegue entender por quê, revisite as transições recentes de sua vida. Pergunte-se se algumas das questões que discutimos na lista anterior pode ser parte do problema.

Enfrentando os desafios do isolamento

A pandemia de Covid-19 aumentou o estresse do isolamento entre grandes grupos da população. Ordens de ficar em casa fizeram com que muitos trabalhadores ficassem em casa em um regime que parece o de home office. O distanciamento social, o uso de máscaras e a restrição de multidões aumentaram a sensação de isolamento para muita gente. Essas ações de saúde pública ocorreram para reduzir a disseminação do vírus. Muitas pessoas tiveram um aumento na ansiedade e depressão; no entanto, a maioria conseguiu lidar com a desorganização da vida normal.

Infelizmente, muitos cidadãos idosos não ficaram nada bem com o isolamento imposto. Milhões de idosos perderam conexões sociais antes da pandemia, e a solidão é uma segunda pandemia muito séria para uma população já isolada. Os idosos podem se sentir invisíveis em bairros rurais isolados ou prédios altos. A solidão dos cidadãos idosos foi associada com morte e doenças prematuras. Um estudo indicou que o isolamento é um risco maior para os idosos do que a obesidade, a poluição, o fumo e a inatividade física.

DICA

Então, da próxima vez que estiver na rua e encontrar vizinhos idosos, certifique-se de perguntar como estão. Ajude os idosos quando puder e considere fazer um voluntariado para pegar remédios ou fazer compras. Se você tem um membro idoso na família, pelo amor de Deus, faça uma ligação ou ensine a eles como usar o Zoom, FaceTime ou Skype.

Terminar é extremamente difícil

Perder alguém por um término ou divórcio também pode levar a uma depressão severa. Infelizmente, a sociedade tende a dar muito mais apoio para quem perdeu um ente querido pela morte do que àqueles que perderam por causa do fim de um relacionamento. A expectativa típica é a de que as pessoas se recomporão e seguirão a vida em um período relativamente curto de tempo. A intensidade da tristeza que é sentida depois de um término pode pegar muita gente de surpresa e sobrecarregá-las. Depois do fim de um relacionamento, as pessoas costumam sentir-se sozinhas e isoladas.

Ainda assim, quando as pessoas consideram o término, geralmente não compreendem a magnitude da desorganização e perda, assim, tomam a decisão de deixar alguém que amam de modo displicente. Raiva, luxúria ou tédio podem levar à escolha de terminar um relacionamento.

DICA

Quando você termina com seu parceiro, potencialmente incorre em muitos tipos de perdas:

» **O relacionamento:** Companheirismo, afeto, objetivos mútuos, apoio, um senso de história construída com o parceiro, amor e sexo.

» **Uma visão:** A maioria das pessoas que começam um relacionamento sério tem uma expectativa com relação ao futuro do relacionamento. No caso de parceiros com filhos, a visão de uma família intacta desintegra quando o relacionamento acaba.

» **Família e amigos:** Laços com a família do parceiro perdido costumam desaparecer. Amigos mútuos costumam escolher um lado.

» **Finanças:** Seja o dinheiro gasto com advogados, terapeutas ou cuidando de duas casas, o divórcio ou o término com parceiros de uma vida tem um alto custo.

» **Status:** Às vezes as pessoas têm prestígio por causa da conexão com o parceiro.

» **Ego:** Pode ser que seu ego sofra, especialmente quando você sente que está sendo rejeitado. No entanto, mesmo a pessoa que toma a decisão de ir embora às vezes é pega de surpresa pelos sentimentos de fracasso e culpa e pelas outras perdas que listamos aqui.

DICA

Não há uma maneira certa ou errada de lidar com o luto depois de um término ou divórcio. Dar a si mesmo permissão de sentir quaisquer sentimentos que surjam pode ajudá-lo a lidar com a perda. Se esses sentimentos se apoderarem de você ou persistirem, nas próximas páginas deste capítulo trazemos estratégias para ajudá-lo a lidar com o tormento.

Trabalhando com o Luto

A perda de pessoas, de papéis e da visão de si mesmo, como descrevemos neste capítulo, costuma gerar sentimentos de luto. Isso é o esperado. No entanto, esse luto às vezes se aprofunda e continua a prejudicar a felicidade e o bem-estar bem além dos típicos seis a doze meses. Quando o luto persiste por muito mais tempo, as pessoas costumam não perceber a fonte de sua infelicidade.

DICA

Então, se você atualmente está deprimido, sugerimos que considere se alguma perda em sua vida, recente ou não, pode estar contribuindo para sua melancolia. (E veja o Capítulo 2 para maiores informações sobre as diferenças entre uma tristeza simples e a depressão.)

LEMBRE-SE

Uma tristeza complicada ou que não passa costuma necessitar de assistência profissional. Procure ajuda se seus esforços de autoajuda como os deste livro não trouxerem alívio substancial ou se você tiver sintomas depressivos severos.

Se determinar que o luto não resolvido é parte de sua vida, você precisa pensar sobre como pode aliviar sua carga. Explique sua situação para amigos e familiares de confiança. Peça ajuda e apoio e deixe-os saber que você precisará de considerações a mais durante esse período de tempo. Considere delegar ou até mesmo se livrar de algumas responsabilidades por um tempo. Mesmo que não esteja fisicamente doente, você deve a si mesmo as mesmas considerações que daria para alguém que está.

DICA

Quando estiver pronto para abordar amigos e familiares para pedir assistência e compreensão, pode se perguntar como eles lhe darão um desconto se seu luto envolver uma perda de muito tempo atrás. Pode ser que você queira explicar que está trabalhando em seu luto temporariamente, e que, se não melhorar, pretende procurar ajuda profissional. Diga que você sabe que já faz muito tempo e que também se surpreendeu pela descoberta de que o luto ainda está lhe causando problemas.

A tristeza drena sua energia. Melhorar requer esforço e tempo — você não pode forçar o processo. Enquanto estiver trabalhando nisso, não se esqueça de cuidar de seu corpo:

- » Coma alimentos saudáveis.
- » Faça exercícios regularmente.
- » Certifique-se de que está descansando o bastante.

LEMBRE-SE

Antes de começar a destrinchar seu luto, você tem que entender que o objetivo desse trabalho não é fazer com que você se esqueça dessas perdas dolorosas, nem fazer você parar de se importar com a pessoa ausente ou outras perdas. O objetivo é fazer você voltar a viver uma vida feliz e produtiva.

As pessoas às vezes dizem que se sentiriam consumidas por culpa se superassem o luto. Mais uma vez, trabalhar com o luto não se trata de "superar" *em si*. Você sempre sentirá a perda, mas pode refocar e renovar seu espírito. Você merece amar e sorrir novamente.

CUIDADO

Trabalhar com o luto pode, na verdade, levar a um aumento de sentimentos negativos por um curto período de tempo. Esses sentimentos são naturais. Se você vivenciar um aumento significativo na depressão com sentimentos de desesperança ou ideações suicidas, precisa de uma avaliação profissional imediata.

Nas seções a seguir, discutimos maneiras de lidar com a perda das pessoas, papéis e visões de si mesmo discutidos na seção "Perdendo Aquilo com que Você se Importa". A próxima seção lida com a perda de pessoas importantes da sua vida, seja pelo divórcio, morte ou separação.

Reconstruindo o relacionamento

Quando o luto perdura ou envolve questões complexas, as pessoas costumam focar somente os detalhes da perda que sofreram. Em outros casos, fixam em algum aspecto específico do luto, como o vazio que sentem. Ter um foco tão estreito pode bloquear sua habilidade de processar todos os efeitos da perda. Também pode evitar que você vivencie sentimentos difíceis.

DICA

Sugerimos que você amplie seu campo de visão para te ajudar a reconstruir todos os aspectos do relacionamento perdido e do que ele significava para você. Valorize o fato de que nenhuma pessoa consiste somente de qualidades positivas ou negativas. Então, faça a si mesmo as Perguntas de Exploração do Luto a seguir. Talvez você devesse escrever suas respostas a essas questões em um caderno ou aplicativo:

- » Como era a minha vida com essa pessoa?
- » Que diferença essa pessoa fez na minha vida?
- » O que eu valorizava nessa pessoa, e com o que eu tinha dificuldade?
- » O que eu aprendi com essa pessoa (tanto bom quanto ruim)?
- » Como minha vida mudou como resultado dessa perda?
- » Sinto-me ressentido pelo quê, quando se trata dessa pessoa?
- » Sinto-me grato por quais aspectos de meu relacionamento?

Tire um tempo para responder a essas perguntas. Pode ser que requeiram uma ponderação cuidadosa e podem evocar uma dor inesperada. Depois de exaurir por completo sua revisão, talvez queira discutir e possivelmente comparar seus sentimentos com os de alguém em quem você confie completamente e que conhecia bem a pessoa.

Quando completar essa parte da tarefa, talvez queira escrever uma carta à pessoa que você perdeu. Essa carta pode ajudá-lo a processar mais completamente o significado do relacionamento e a natureza de sua perda.

LEMBRE-SE

Quando você evita os sentimentos, os deixa agitados dentro de você. Expressá-los pode ajudar na cura.

> A mãe de **Bruce** morreu quando ele era criança. Agora, muitos anos depois, Bruce tem um filho. Ele se pega tendo sentimentos de tristeza. Bruce conclui que tem um luto não resolvido, então responde às Perguntas de Exploração do Luto e então processa seu luto na carta à sua mãe falecida, na Figura 15-1.

Querida Mãe,

Adivinha? Minha esposa e eu teremos uma bebê. Uma menina! Colocamos o seu nome nela. Tenho um emprego e uma casa. Estou me saindo bem. Mas, depois da bebê, comecei a me sentir muito triste de vez em quando. Li um pouco e acho que é porque eu nunca lidei com a sua morte. Sei que aconteceu há muito tempo, mas acho que nunca superei.

Eu tinha só doze anos quando você me deixou. Estava brincando na rua e o carro da polícia parou. Corri para a varanda. O papai estava lá, chorando. Nunca tinha visto ele chorar antes. Mãe, as coisas mudaram muito depois que você morreu. O papai nunca superou; ele estava triste ou bêbado a maior parte do tempo. Comecei a me meter em cada vez mais problemas. Minha vida foi muito difícil. Até passei um tempo na cadeia. Nunca falei disso com ninguém. Não me deixava nem pensar nisso. Me magoa demais.

Eu sabia que estava triste, mas só agora percebi o quanto estou bravo. Estou bravo porque eu lembro que, quando você estava em casa, costumava ficar no quarto. De alguma forma, eu pensava que era minha culpa que você estava sempre chorando. Eu estava solitário e assustado. Estou bravo, mãe, porque você estava tão deprimida, mas eu não podia ajudar. Estou bravo porque o papai não te ajudou. Mãe, se você se importasse comigo, não teria se matado.

Bom, já falei. Estou bravo. Mas ao longo dos anos aprendi que a depressão é uma doença. E que você e o papai provavelmente não sabiam que as pessoas podiam receber ajuda e melhorar. Então, mãe, te perdoo por ter me deixado. E prometo não deixar meus próprios sentimentos de tristeza machucarem minha menininha.

Com amor,

De seu filho, Bruce

FIGURA 15-1: A tentativa do Bruce de processar o luto.

Depois de completar sua reconstrução do relacionamento, você estará mais preparado para lidar com a próxima questão.

Eileen deixou o marido há dois anos. Ela sentiu tristeza, culpa e raiva inesperadas. Seu terapeuta a ajuda a conectar sentimentos não resolvidos em relação ao divórcio como a causa dessas emoções. Ela primeiro responde às Perguntas de Exploração do Luto que listamos nesta seção, e então elabora a carta na Figura 15-2.

> *Querido Henry,*
>
> *Por que eu te deixei? Eu estava com medo. Sua fúria era cuidadosamente escondida por vezes, mas eu nunca sabia quando ela ia emergir. Henry, você nunca me bateu, mas a punição era pior do que apanhar. Você me torturava com o silêncio — um silêncio que parecia durar para sempre. Silêncio nos feriados, nas viagens, nos aniversários e graduações. Silêncio à mesa de jantar e depois que fazíamos amor.*
>
> *Nunca brincamos com ideias ou trabalhamos no compromisso. Você estava sempre certo; você sabia a verdade. Eu temia expressar meus pensamentos, sentimentos ou emoções porque, se fossem diferentes do que você queria ouvir, você ficava bravo. Quando você ficava bravo, eu era punida. Quanto mais crítico você era comigo, mais eu me afastava de você. Eu não conseguia plantar tomates ou dobrar a roupa direito. Depois de perder a confiança, a autoestima e o autocontrole, eu pedi ajuda. E me tornei mais independente e mais ambiciosa — para que eu pudesse me virar sozinha, para não ter que depender de você.*
>
> *Sei que você foi profundamente machucado quando era criança. Entendo que minhas reações exageradas ao seu criticismo vinham das minhas questões de infância. Agora, a distância, me lembro dos momentos bons. Você era um homem brilhante e generoso demais. Você se preocupa com as pessoas. Espero que seja feliz.*
>
> *Se cuide,*
>
> *Eileen*

FIGURA 15-2: A carta de Eileen ao ex-marido.

DICA

Quando estiver pronto, pergunte-se como pode começar o processo de repor o máximo do que você perdeu. Pode ser que você queira pensar em alternativas ativas, como:

» **Namorar:** Isso pode ser assustador, mas você definitivamente pode aprender a amar novamente.

» **Grupos de apoio ao luto:** Pode ser que você encontre conforto em sentir compaixão por outras pessoas com quem você vivenciou perdas parecidas. Você pode encontrar grupos de apoio para o luto, bem como para a perda de um relacionamento.

» **Lazer:** As pessoas que estão enlutadas costumam se afastar de atividades prazerosas, e então não conseguem voltar quando o luto diminui. (Veja o Capítulo 13 para maiores informações sobre redescobrir o prazer.)

» **Grupos de congregação religiosa:** Estes grupos podem oferecer apoio, conexões e guia espiritual.

» **Trabalho voluntário:** Esta pode ser uma ótima maneira de restabelecer conexões e obter um senso de propósito renovado.

Passando por papéis

Como já discutimos na seção "Transicionando pela vida", as circunstâncias podem exigir que você desista de um ou mais dos papéis que ocupa na vida, como o papel de pai, empregado, estudante ou filho. Como esses papéis abrangem grande parte de como as pessoas se definem, a perda pode parecer devastadora.

A sociedade não definiu claramente o tipo de transição da perda, mas às vezes o luto envolvido é tão intenso quanto o que você sente depois de uma morte ou de um divórcio. Também pode te deixar se sentindo desnorteado com relação ao que fazer em seguida. Se um papel de transição parecer estar causando um problema, recomendamos que você se faça as Perguntas de Exploração do Papel. Novamente, considere escrever suas respostas em um caderno ou aplicativo.

» Do que eu gostava no meu papel anterior?

» O que meu papel anterior permitia que eu fizesse?

» Do que eu não gostava no meu papel anterior?

» Que liberdades ou limitações eu sentia no meu papel anterior?

» Quais sentimentos positivos e negativos eu senti quando desisti do meu papel anterior?

» Do que eu me ressinto a respeito do meu papel anterior?

» Sinto-me grato por ter tido meu papel anterior?

Suas respostas a essas questões o ajudarão a apreciar e entender melhor a natureza da sua perda. Se idealizou a posição que costumava ocupar, responder a essas perguntas o ajudará a ver seu papel anterior sob uma luz mais realista. E quando você revisitar exatamente o que sente que era importante na perda, pode começar a procurar alternativas. As alternativas podem estar em encontrar um novo papel, procurar novas maneiras de atender às suas necessidades, ou até mesmo explorar novos interesses e significados. Veja o Capítulo 21 para maiores informações sobre usar suas descobertas do campo da psicologia positiva para facilitar essa exploração.

CAPÍTULO 15 **Trabalhando a Perda, a Tristeza e o Luto** 253

Mike se aposentou de seu cargo de professor de Inglês de uma escola de Ensino Médio. Ele está contando os dias para a aposentadoria. Planeja viajar, ler livros que nunca teve tempo de ler e pescar. Quatro meses depois da aposentadora, ele começa a acordar às 4h da manhã e não consegue voltar a dormir. Ele adia seus planos de viagens para pescar. Os livros que ele ia ler continuam na estante. Mike está sofrendo as consequências dessa mudança de papéis. Sua esposa sugere a ele que responda às Perguntas de Exploração do Papel. Veja as respostas do Mike:

- **Do que eu gostava no meu papel anterior?** "Eu gostava da interação com as crianças. Amava atingir um aluno desmotivado."

- **O que meu papel anterior permitia que eu fizesse?** "Eu fazia diferença na vida de algumas crianças. Isso era fantástico."

- **Do que eu não gostava no meu papel anterior?** "Eu odiava a papelada sem fim. E as reuniões entediantes me deixavam louco."

- **Que liberdades ou limitações eu sentia no meu papel anterior?** "Eu amava a liberdade de desenvolver novas maneiras de ensinar. Mas, à medida que os anos passaram, havia mais e mais requisitos. Perdemos a maior parte da liberdade de escolher materiais."

- **Quais sentimentos positivos e negativos eu senti quando desisti do meu papel anterior?** "Eu estava superansioso para começar a pescar! E conhecer novos lugares me entusiasmava. Me sentia aliviado da rotina do dia a dia. E me sentia feliz e jovial. Depois senti uma profunda sensação de perda. Sinto falta de trabalhar com as crianças. E sinto falta de pensar em mim como professor."

- **Do que eu me ressinto a respeito do meu papel anterior?** "O salário, é claro. Também sentia a pressão cada vez maior da administração de passar os alunos de ano mesmo que não merecessem. Ressentia a falta de respeito por parte de alguns pais — isso parecia ficar pior a cada ano."

- **Me sinto grato por ter tido meu papel anterior?** "Não são muitas pessoas que têm a chance de fazer a diferença na vida de outras pessoas. Sei que eu fiz. E, apesar do salário patético, me sinto bastante grato pelos excelentes benefícios da aposentadoria."

Depois de revisar suas respostas, Mike compreende melhor de onde vem seu luto e percebe que pode substituir alguma coisa do que perdeu ao se voluntariar em uma clínica de leitura para adultos perto de sua casa. Ele pode usar as habilidades de professor para fazer uma enorme diferença na vida de alunos não alfabetizados mas entusiasmados.

LEMBRE-SE

Sua depressão poderia vir de uma mudança em sua vida. Lembre-se de que, às vezes, a mudança pode ser boa, assim como se casar, começar uma nova carreira ou ter um filho. Ainda assim, todos os ajustes requerem um pouco de tempo, energia e planejamento.

NESTE CAPÍTULO

» Vendo a conexão entre a depressão e a rejeição

» Melhorando seu relacionamento com um comportamento positivo

» Superando a defensiva

» Melhorando sua habilidade de comunicação

Capítulo 16
Melhorando o Relacionamento

A depressão cobra um alto preço das amizades e relações íntimas. Mas nem tudo está perdido! Você pode fazer muita coisa para melhorar a qualidade de seus relacionamentos, quer esteja deprimido ou não. Esse é o propósito deste capítulo — mostrar como despistar a tortuosidade das ideias da depressão quando elas começarem a prejudicar seus relacionamentos.

Neste capítulo, discutimos as maneiras como a depressão afeta insidiosamente relacionamentos importantes. Mas não se desespere — não apresentaríamos essa informação sem dar ideias do que você pode fazer para contornar as coisas, então, oferecemos algumas boas ferramentas para melhorar suas habilidades de relacionamento.

DICA

Se seu relacionamento não está indo bem, você pode pedir para seu amigo ou parceiro ler este capítulo também. Mas se ele se recusar, você ainda pode fazer muitas coisas para melhorar o relacionamento.

Você pode usar as ferramentas que apresentamos neste capítulo para melhorar a forma como se relaciona com amigos, colegas de trabalho, familiares e parceiros íntimos. No entanto, focamos nossa discussão e as técnicas em relacionamentos íntimos aqui, porque problemas nesses relacionamentos criam mais transtornos do que as dificuldades com amigos e conhecidos. A depressão pode causar problemas em relacionamentos íntimos, e esses problemas podem piorar a depressão.

CUIDADO

Relacionamentos abusivos às vezes causam depressão. Se você acredita que seu parceiro está sendo emocional ou fisicamente abusivo, talvez precise terminar com ele. No entanto, quando se está deprimido, essa decisão pode ser especialmente difícil. Procure aconselhamento profissional se você tiver alguma dúvida. Se tiver questões sobre abuso ou quiser conversar com um conselheiro treinado, ligue para o CVV (188).

A Conexão Depressão-rejeição

A depressão é horrível — você sente tristeza, fadiga, pessimismo e sentimentos de falta de valor próprio, e pode ser difícil lidar por conta própria com esses sentimentos. Mas um dos truques mais cruéis que a depressão inflige em quem sofre com ela é uma maior probabilidade de rejeição. A rejeição magoa, e pode intensificar sua depressão.

Quando as pessoas ficam deprimidas, amigos e familiares costumam responder inicialmente com ofertas de empatia e apoio, mas depois de um tempo, e por mais que queiram ajudar, têm dificuldade de sustentar seu apoio — por inúmeras razões:

» Passar muito tempo com alguém no auge da depressão pode ser difícil.

» As pessoas com depressão não têm energia para responder positivamente a outras pessoas, então tipicamente se retraem. Amigos e familiares, que podem começar a se sentir rejeitados, mais cedo ou mais tarde diminuem o apoio e mostram menos cuidados e envolvimento.

Além dessa maior probabilidade de enfrentar a rejeição, a depressão faz com que as pessoas lidem com a comunicação de outra pessoa de maneira autodestrutiva. Primeiro, intensificam as intenções negativas dos outros. Segundo, procuram por feedback negativo mesmo que ele não exista. E, finalmente, tendem a ficar bravas e na defensiva em resposta a críticas legítimas. Todas essas tendências geram mais problemas interpessoais.

Exagerando o negativo

LEMBRE-SE

Quando as pessoas depressivas recebem feedback negativo, costumam ver mais negatividade do que de fato existe. Em outras palavras, exageram o grau de qualquer rejeição que recebem.

A história de Keith ilustra como a depressão obscurece a visão de suas vítimas. **Keith,** que é da Califórnia, escolhe uma faculdade em Nova York. Seu primeiro ano começa sem grandes surpresas. No entanto, quando chega o final de outono e os dias começam a ficar mais curtos, o humor de Keith se deteriora. Ele tem problemas para sair da cama e começa a faltar a suas aulas matinais. Seu colega de quarto se esforça bastante para ajudá-lo — oferecendo-se para acordá-lo, sugerindo que fale com um conselheiro e o convidando para eventos sociais.

Mas Keith responde com uma retração taciturna. Uma manhã, com o pavio curto, seu colega de quarto explode: "Olha, já fiz o que posso por você. Pare de sentir tanta pena de si mesmo e saia da cama, ou pelo menos peça ajuda."

Em vez de entender a frustração de seu colega, Keith conclui que ele o odeia. O comentário de seu colega de quarto foi negativo, mas partiu de uma preocupação. Keith amplificou a mensagem e deu a ela um tom pessoal, como o de total rejeição.

DICA

Veja os Capítulos 6, 7 e 8 para maiores informações sobre como a depressão insidiosamente distorce as perspectivas das pessoas sobre os eventos da vida.

Procurando por feedback negativo

LEMBRE-SE

Pessoas deprimidas costumam pedir por desaprovação e menosprezo das outras pessoas. Uma série de estudos conduzidos pelo Dr. William B. Swann e outros colegas demonstra que a depressão faz com que as pessoas procurem por feedback negativo. E, quando o conseguem, se sentem ainda pior.

Essas descobertas significam que pode ser que as pessoas deprimidas *desejem* se sentir mal? Achamos que não. Há evidências consideráveis que dizem que a maioria dos humanos é altamente motivada à *autoverificação*; em outras palavras, as pessoas ativamente procuram informações que confirmem aquilo em que quer que acreditem sobre si mesmas e rejeitam informações que vão contra isso. Assim, as pessoas com autoestima positiva trabalham para manter essa visão cor-de-rosa, enquanto as pessoas com autoestima negativa trabalham diligentemente para sustentar uma visão sinistra de si mesmas.

Às vezes as pessoas depressivas procuram reafirmação positiva de seus parceiros. Se receberem uma dose de apoio, com muita frequência encontram uma razão para rejeitar e negar os esforços positivos de seus parceiros (por causa da necessidade de autoverificação). Não é de surpreender que seus parceiros então se sintam rejeitados. E um parceiro rejeitado tipicamente se afasta e demonstra menos apoio. Esse padrão pode envolver um círculo vicioso de rejeição e aumento da depressão.

Billy tem uma depressão crônica leve conhecida como transtorno da depressão persistente. Ele reclama para sua esposa que é um fracasso no trabalho, esperando uma reafirmação. Quando a esposa diz que ele é muito bem-sucedido, sua depressão faz com que ele rejeite o apoio dela dizendo: "Você não sabe do que está falando." A esposa se magoa e se afasta.

Lutando contra a crítica construtiva

Aparentemente contrário à informação que apresentamos nas seções anteriores, algumas pessoas com depressão ocasionalmente tentam se defender da crítica. No entanto, a depressão raramente permite que façam isso construtivamente. Em vez disso, sua mente deprimida às vezes dita uma resposta defensiva que ou nega o feedback ou contra-ataca.

Quando recebem uma crítica construtiva, essas pessoas podem ficar bravas e acusar quem está tentando oferecer feedback de atacá-las pessoalmente. Pode ser que também neguem a veracidade da informação, recusem a aceitar a responsabilidade e culpem outras pessoas. Novamente, um ciclo de negatividade e rejeição.

Perseguindo os Positivos

A depressão estimula o afastamento, a evitação e o isolamento. A mente depressiva não só lhe fala para esperar reações negativas, mas também o guia a induzi-las. Assim, muitos de seus relacionamentos podem sofrer. Superar essas mensagens obscuras de sua mente requer um esforço considerável, e reunir esforços não é fácil quando você está deprimido. Mas você pode ignorar a falação de sua mente e começar a se aproximar das pessoas que ama, uma por vez.

Se você está deprimido há um tempo, provavelmente já caiu em alguns hábitos ruins em seu relacionamento. Mesmo que não procure por feedback negativo, você provavelmente não tem vontade de construir interações positivas, e sua mente deprimida pode estar falando que, se você fizer algo positivo, as outras pessoas só o rejeitarão.

LEMBRE-SE

Repetir os mesmos velhos comportamentos não melhorará seu relacionamento. Você tem que fazer algo diferente. O que tem a perder? Infundir interações positivas em um relacionamento raramente causa problemas! Se de cara não receber uma resposta extremamente positiva de seu parceiro, continue tentando. A persistência é a chave.

Todo mundo gosta de um tapinha nas costas de vez em quando. Quando está deprimido, você não dá um tapinha nas suas costas, nem nas de ninguém. Depois de um tempo, ninguém quer fazer o mesmo por você. Mas a cola que mantém os relacionamentos é baseada em interações positivas.

Pensamos que os tapinhas são uma forma de melhorar os relacionamentos. Quando os incluímos em nossos relacionamentos, estes inevitavelmente melhoram, e melhorar seus relacionamentos o ajudará a diminuir sua depressão.

Os tapinhas podem acontecer de quatro maneiras: elogiando, fazendo coisas agradáveis, planejando momentos positivos juntos e introduzindo momentos prazerosos em sua rotina diária. Se estiver deprimido, entendemos completamente que você provavelmente não quer se esforçar para realizar essas façanhas positivas. É por isso que as simplificamos para você.

Elogiando

DICA

Receber admiração, agradecimento, gratidão e elogios é muito bom. Tenha o objetivo de expressar um ou mais de seus sentimentos por dia. Encontre uma maneira de se lembrar de fazer. Talvez você possa escrever um recado em seu planejamento diário ou colocar um adesivo no espelho. Não se esqueça de que, quando você está deprimido, sua memória pode derrotar suas melhores intenções. (Veja o Capítulo 20 para maiores informações sobre a depressão e a memória.)

Tenha em mente algumas coisas quando oferecer elogios e admiração:

» **Seja específico.** Não diga meramente "Eu te admiro". (Não tem problema falar isso de vez em quando.) Tente focar as razões pelas quais você admira a pessoa, como a ajuda de seu parceiro na cozinha, no cuidado com os filhos, com as compras ou com as finanças. Ou elogie seu parceiro a respeito de aspectos específicos de sua aparência, amizade, habilidade de resolução de problemas ou talentos especiais.

» **Evite os "mas".** Evite a tentação de elogiar e depois voltar atrás. Não fale para seu parceiro: "Admiro sua tentativa de equilibrar as contas, mas você cometeu um erro."

» **Seja sincero.** Não seja falso. Fale coisas que você realmente pensa. Você pode encontrar coisas para elogiar. Se não conseguir, não invente nada. No entanto, se você não consegue pensar em nada positivo para dizer, talvez devesse considerar procurar ajuda de um especialista.

Fazendo coisas agradáveis

DICA

Os elogios podem ser muito úteis, mas as ações falam mais alto do que as palavras. Novamente, a depressão pode dificultar fazer coisas agradáveis, então veja uma lista para que você possa começar. Ter uma lista pode inspirá-lo a agir, por mais que não tenha vontade. (Veja o Capítulo 11 para maiores informações sobre como a ação cria mais motivação.) Então, circule os itens dos quais você acredita que seu parceiro gostará e sinta-se livre para adicionar alguns por conta própria. Tenha a meta de realizar uma ação positiva duas ou três vezes na semana. Chamamos esse plano de Sendo Agradável.

- » Leve flores.
- » Faça um jantar romântico.
- » Expresse quanto você se importa.
- » Dê um abraço.
- » Segure as mãos.
- » Envie uma mensagem para expressar carinho.
- » Ofereça um carinho nas costas.
- » Prepare café da manhã na cama.
- » Coloque um bilhete carinhoso na marmita de seu parceiro.
- » Resolva um problema.
- » Envie um cartão eletrônico sem motivo.
- » Assuma uma tarefa que seu parceiro costuma fazer, como lavar as roupas.
- » Fale para seu parceiro tomar um banho quente enquanto você lava a louça.
- » Lave o carro de seu parceiro.

LEMBRE-SE

Sendo Agradável não é um reparo rápido. Não espere retornos instantâneos e não mantenha uma pontuação. Ao longo do período de semanas, o exercício provavelmente melhorará o tom emocional de seu relacionamento. Se isso não acontecer, considere procurar aconselhamento.

Planejando momentos positivos juntos

Muitos casais atribulados dedicam tempo para agradar outras pessoas — buscam e levam seus filhos para atividades extraescolares, cuidam de seus pais idosos e trabalham longas horas para impressionar seus chefes. Se um dos membros do casal está deprimido, essa negligência quase sempre aumenta.

DICA

Você pode melhorar seu relacionamento ao planejar momentos positivos juntos. Essas atividades não têm que envolver férias ou saídas caras. Em vez disso, simples prazeres podem operar maravilhas. A chave é sentar e planejar momentos agradáveis e então fazer com que aconteçam. Seja criativo; certifique-se de que a atividade é algo que os dois curtirão. Veja algumas sugestões para começar:

- » Compre uma massagem de casal em um spa.
- » Compre um sundae.
- » Saia para dançar.
- » Façam um passeio de carro.
- » Planeje um encontro.
- » Plantem um jardim.
- » Assista a um filme e deem as mãos.
- » Passem a noite juntos em um motel.
- » Façam um passeio juntos.

LEMBRE-SE

Se estiver deprimido, pode ser que essas saídas não sejam muito atraentes. No entanto, a depressão faz com que você tenha uma visão sombria das atividades futuras. Veja os Capítulos 11 e 13 para maiores informações sobre esse processo de previsões negativas e como superá-las.

Introduzindo momentos prazerosos em sua rotina

DICA

Uma das melhores ideias para fazer algo agradável é sugerir uma conversa com seu parceiro no final de todos os dias de trabalho. E se seu cronograma simplesmente não permitir uma conversa diária, tente pelo menos agendar isso para três vezes na semana. Chamamos esse exercício de Notícias Diárias, e o propósito dele é criar intimidade com seu parceiro. O Notícias Diárias consiste de um número de componentes importantes:

- » **Separe de vinte a trinta minutos de tempo ininterrupto.** Desligue os celulares.
- » **Fale um por vez.** Deixe seu parceiro falar por pelo menos dez a vinte minutos e, então, assuma uma quantia parecida de tempo.

CAPÍTULO 16 **Melhorando o Relacionamento** 261

» **Permita qualquer assunto.** Cada um pode discutir seu dia, suas preocupações, ou o que quiser.

» **Evite conflito.** Discuta apenas itens que não envolvam conflito entre os dois. Em outras palavras, converse sobre coisas de fora do seu relacionamento.

» **Expresse empatia.** Fale para seu parceiro que você entende como ele se sente. Tente endossar ou validar suas emoções. Você pode dizer: "Acho que ficaria estressado com isso também", ou "Entendo por que você está chateado". Foque a perspectiva de seu parceiro; não encontre problemas. Por exemplo, se seu parceiro está reclamando do comportamento de outra pessoa, não é uma boa hora para apontar que talvez a pessoa esteja certa.

» **Ouça.** Ouvir significa fazer perguntas para elaborar e compreender melhor. Significa se concentrar no seu parceiro e mostrar interesse por meio de acenos de cabeça, toques gentis no braço e breves comentários, como "Entendi", "Ah", "Aham" e "Uau". Você pode melhorar a escuta demonstrando afeto e aprovação. Por exemplo, você pode dizer: "Realmente gostei do que achou sobre isso", ou oferecer um abraço se você sentir que há desconforto.

» **Fique longe dos conselhos.** Não dê conselhos, a menos que seu parceiro peça especificamente por ajuda com uma questão. Mesmo que seu parceiro peça um conselho, seja moderado e deixe claro que é apenas uma opção para considerar.

Você pode ficar surpreso com o quanto o Notícias Diárias pode melhorar seu relacionamento — às vezes em questão de dias.

April e **Tasha** estão juntas há oito anos. O relacionamento começou a sofrer com a depressão da April, que está no meio de uma menopausa complicada por uma depressão prolongada. Ainda faltam muitos anos para Tasha, sua parceira, entrar na menopausa. Apesar de ela simpatizar com April, sua paciência está curta depois de meses de afastamento, mau humor e irritabilidade. As mulheres, que outrora eram quase inseparáveis, encontram-se cada vez mais distantes.

April começa a conversar com um conselheiro e percebe que seu afastamento de Tasha é uma resposta normal aos seus sentimentos depressivos. O conselheiro ensina a April uma técnica similar ao Notícias Diárias, que ela pode usar como uma técnica para combater a depressão e melhorar seu relacionamento. April valoriza muito sua relação e promete melhorá-la. Apesar de se sentir momentaneamente desinteressada, ela explica: "Tasha, a depressão tentou ficar entre nós. Não posso prometer uma recuperação instantânea, mas pode ser que ter momentos positivos juntas todos os dias ajude. Vamos sentar para tomar chá e conversar."

Tasha, sentindo um alívio por sua parceira estar fazendo um esforço, responde com empatia e compaixão renovadas. A conversa diária se torna um ritual que ajuda a diminuir a lacuna entre elas.

Derrotando a Defensiva

Quando os relacionamentos começam a ir ladeira abaixo, as pessoas começam a fazer o que chamamos de *pressuposições maliciosas* a respeito de seus parceiros. Em outras palavras, reflexivamente, interpretam frases potencialmente ambíguas ou até mesmo carinhosas como tendo motivos hostis e maliciosos. A depressão, com toda a sua melancolia, pode aumentar a frequência das pressuposições maliciosas.

Depois que a pressuposição maliciosa toma conta, as pessoas costumam fazer algo tipicamente autodestrutivo: ficam na defensiva em resposta ao ataque. E a defensiva praticamente garante que a outra parte se tornará hostil, mesmo que a hostilidade não fosse o originalmente pretendido!

Ed percebe que a esposa, **Sheila**, tem estado letárgica e deprimida nas últimas semanas. As contas que ela normalmente pagaria começam a se acumular, ainda fechadas, na sua mesa. Sheila, que geralmente é meticulosa com sua aparência, recentemente parou de usar maquiagem. Ed se importa profundamente com ela e teme que talvez ela esteja doente. Em um sábado pela manhã, ele se aproxima dela e pergunta: "Querida, estou preocupado com você. Você não tem cuidado das coisas como sempre faz. Está se sentindo bem?"

Sheila irrompe sarcasticamente: "Que ótimo, você acha que não estou contribuindo. Muito obrigada por me dar tanto apoio. Faço o melhor que posso; trabalho horas demais; tudo o que eu faço é trabalhar. Além de tudo isso, não preciso da sua crítica."

"Mas, Sheila, não estou criticando você. É só que você mudou, e não parece com quem costumava ser. Não estou tentando brigar, só quero ajudar", Ed argumenta.

"Se quer ajudar, me deixe em paz. Não pode ver que já estou me matando de trabalhar? É claro que algumas coisas não estão sendo feitas! Não sou uma máquina." Sheila cai no choro.

DICA

Então, o que constitui uma resposta na defensiva? Basicamente tudo o que você pode dizer para absolvê-lo de qualquer culpa ou responsabilidade por uma percepção de crítica. E talvez você se pergunte o que poderia estar errado com isso; afinal, pode ser que você não tenha feito nada de errado. Bem, a defensiva é um problema por dois motivos:

> » Assume que seu parceiro absolutamente pretendia ser hostil.
>
> » Colocar pimenta na sua defensiva na forma de crítica e hostilidade é muito fácil.

Então, o que você pode fazer para evitar cair em um modo crítico e defensivo quando sente que seu parceiro pode ter dito alguma coisa depreciativa para você? As seções a seguir discutem duas estratégias particularmente úteis: Verificar e Despersonalizar.

Testando a estratégia Verificar

A melhor maneira de contra-atacar pressuposições maliciosas que levam à defensiva é usar a estratégia Verificar. Esta técnica de dois passos é basicamente o que parece:

1. **Reprima sua necessidade de ficar na defensiva ou atacar.**
2. **Questione gentilmente o que seu parceiro quis dizer e o que pretendia com o que falou.**

Na seção anterior, Ed diz a Sheila: "Querida, estou preocupado com você. Você não tem cuidado das coisas como sempre faz. Está se sentindo bem?" Sheila responde na defensiva e com sarcasmo: "Que ótimo, você acha que não estou contribuindo. Muito obrigada por me dar tanto apoio. Faço o melhor que posso; trabalho horas demais; tudo o que eu faço é trabalhar. Além de tudo isso, não preciso da sua crítica."

Sheila obviamente interpretou o comentário do Ed como uma crítica maliciosa, mas ela poderia ter verificado sua pressuposição dizendo: "Ed, você está chateado por eu não estar fazendo o suficiente? Se estiver, estou disposta a conversar."

Da mesma forma, Ed poderia ter respondido com algo parecido com: "Não, de forma alguma. Só estou preocupado porque você parece um pouco cansada ultimamente. Tem alguma coisa errada?"

Em geral, se você tira um tempo para verificar o significado do que você percebeu como uma crítica, descobre que a intenção não era tão vil quanto você pensou. Sentir-se um pouco na defensiva quando você "pensa" que foi criticado e perfeitamente natural, mas respire fundo e verifique.

Por outro lado, às vezes pode ser que você descubra que seu parceiro ter uma reclamação real. Se for o caso, tente manter uma postura não defensiva. Continue fazendo perguntas e considere usar as técnicas de amortecimento e neutralização que discutiremos neste capítulo.

LEMBRE-SE

Não tente usar o Verificar, ou mesmo as outras técnicas de comunicação que discutiremos neste capítulo, se você estiver se sentindo hostil e significativamente chateado. Se avaliar sua chateação como mais alta do que 50 em uma escala de 0 a 100, a chance de você pensar em algo útil ou produtivo a dizer são de cerca de uma em dez bilhões. Peça um tempo e volte a discutir a questão quando estiver relativamente calmo — talvez em 30 minutos, em algumas horas ou mesmo em um dia ou dois. Mas não adie a conversa por muito mais tempo do que isso, porque pode haver ressentimento. E tirar um tempo para esfriar a cabeça sozinho não é de forma alguma uma licença para evitar a comunicação.

LEMBRE-SE

A técnica Verificar requer que você bloqueie sua pressuposição maliciosa enquanto indaga gentilmente o que seu parceiro quis dizer e o que pretendia com isso.

Despersonalizar

Personalizar ocorre quando você atribui as birras, as tiradas e os comentários transtornados de seu parceiro a você.

> Por exemplo, **Patrick** derruba um copo d'água no teclado do computador, e sua parceira **Beth** explode. Patrick, já profundamente envergonhado pelo acidente, se sente ainda pior consigo mesmo depois de escutar a explosão da Beth. Patrick, talvez naturalmente, presume que a explosão da Beth está relacionada a ele e à sua falta de jeito. Mas não é isso.

Na verdade, Beth veio de uma família extremamente abusiva em que acidentes eram tratados como catástrofes. Gritar com Patrick foi resultado de um hábito aprendido há muitos anos. Pode ser que outra pessoa tivesse respondido com um pequeno desconforto ou uma preocupação empática.

LEMBRE-SE

Despersonalizar significa descobrir quando as reações de seu parceiro têm menos a ver com você e mais a ver com a criação ou aprendizados que formaram as crenças centrais sobre o significado de certos tipos de eventos.

Todo mundo tem crenças centrais, instiladas durante a infância, que continuam a exercer uma enorme influência em como percebem e se sentem com relação aos eventos. As crenças centrais estão por trás de suas esperanças, seus sonhos e medos — em outras palavras, todas as questões com as quais você tem fortes sentimentos. E você não tem que ser depressivo para que uma ou mais dessas crenças gerem muita emoção. A Tabela 16-1 mostra algumas das crenças centrais comuns (pontos fracos) que interferem nos relacionamentos.

TABELA 16-1 Pontos Fracos (Crenças Centrais) dos Relacionamentos

Ponto Fraco	O que Significa	Origens Comuns
Vulnerabilidade	Esperar o pior e ter preocupações intensas sobre questões como saúde, dinheiro e segurança.	Uma infância pobre, pais pessimistas e eventos traumáticos durante a infância.
Medo de abandono	Temer que todo mundo que é próximo de você mais cedo ou mais tarde vá embora.	Um pai que foi emocionalmente indisponível, pais que se divorciaram muito cedo, e outras perdas sérias de pessoas próximas a você.
Inadequação	Pensar que você precisa de mais ajuda do que realmente precisa.	Um pai que sempre se intrometeu para ajudar sempre que você se frustrava, ou pais críticos que davam mensagens de que você era incapaz.
Perfeccionismo	Uma necessidade de fazer com perfeição tudo o que precisa fazer, ou acreditar que alguma coisa não é boa o suficiente.	Pais altamente críticos, ou pais que focavam excessivamente em desempenho.

Quando as pessoas estão em um relacionamento e têm diferentes crenças centrais, a comunicação pode ser difícil. A história de Stan e Norma ilustra essa questão:

> **Stan** cresceu em uma família bastante pobre e instável. Ele desenvolveu uma crença central de pessimismo e vulnerabilidade. O pai de **Norma** a abandonou quando ela tinha 6 anos. Depois que ele foi embora, a mãe de Norma ficou seriamente deprimida e se afastou dela. Norma desenvolveu a crença central de que as pessoas que a amam mais cedo ou mais tarde irão abandoná-la.

> Stan e Norma agora estão casados. Stan abre uma conta do cartão de crédito e descobre que Norma gastou um pouquinho a mais do que o pagamento deles pode cobrir. Ele confronta a esposa: "Norma, não podemos pagar o cartão esse mês. Estamos ficando com cada vez mais dívidas. Se você continuar assim, teremos que declarar falência! Pare de gastar loucamente agora mesmo!" Norma começa a chorar e diz: "Certo, se você quer o divórcio, faça agora mesmo. Eu sabia que esse casamento não daria certo."

Stan e Norma são loucos ou só irracionais? Nenhuma das opções. A resposta exagerada de Stan vem da infância dele, quando sua família tinha que se virar para colocar comida na mesa. Os pontos fracos de Stan são vulnerabilidade e pessimismo. E o ponto fraco de abandono de Norma vem da perda física de seu pai e da perda emocional de sua mãe. Ambas as reações são excessivas, mas fazem sentido se entendermos de onde vêm.

Se seu parceiro sempre fica chateado, abalado ou impetuoso com relação a um assunto de uma maneira que pareça excessiva ou possivelmente irracional, há uma chance de que uma ou mais crenças centrais entejam em jogo. Fazer um trabalho de investigação pode te ajudar a descobrir o que está afetando a perspectiva de seu parceiro. Você pode começar determinando suas próprias crenças centrais. Uma de *suas* crenças centrais pode ajudar a explicar por que os sentimentos de seu parceiro parecem excessivos ou irracionais para você. As crenças centrais a seguir são comuns; no entanto, há infinitas possibilidades.

» **Medo de abandono:** Teme que as pessoas com quem você se preocupa mais cedo ou mais tarde o abandonarão.

» **Se achar no direito:** Uma perspectiva difundida de que você sempre merece o melhor e se sente ultrajado quando suas necessidades não são atendidas.

» **Culpada e censurável:** Um senso pervasivo de que você deve sempre fazer o melhor, ou então...

» **Sem culpa:** Não se culpa pela ética ou moralidade.

» **Inadequada:** Uma sensação de que você não tem habilidades importantes ou outras qualidades.

» **Inferior:** Enxergar-se como insignificante e menos importante do que outras pessoas.

» **Evitação da intimidade:** Uma sensação de que você não gosta de ficar perto das pessoas.

» **Não vulnerável:** Nenhum senso de que você deveria tomar nem mesmo precauções razoáveis porque tudo dará certo.

» **Perfeccionista:** Uma compulsão por acreditar que você pode e deveria fazer tudo perfeitamente. Veja o Capítulo 7 para maiores informações sobre a influência destrutiva dos "deveria".

» **Superior:** Uma visão de que você está muito acima dos outros.

» **Indigno:** Um senso de que você não merece coisas boas nem que coisas boas aconteçam com você.

» **Vulnerável:** Uma crença de que o mundo é um lugar perigoso e que coisas horríveis estão prestes a acontecer.

DICA

Depois de descobrir quais são seus pontos fracos (e os de seu parceiro), pode ser que ainda discordem. No entanto, ao menos consegue entender que aquela carga emocional não tem a ver com você. Afaste-se e despersonalize. Perceba que o conflito tem mais a ver ou com a sua criação ou com a de seu parceiro do que com você. Fazer isso pode ajudar a reduzir seus sentimentos negativos.

Entregando Sua Mensagem

Uma comunicação ruim pode desmantelar seu relacionamento. Por outro lado, usar o estilo de comunicação certo pode ajudá-lo a manter seu relacionamento no lugar. A comunicação é mais importante quando falamos sobre questões complicadas e conflitos, e não é tão difícil dominar as técnicas de melhor comunicação.

Descobrimos que certas pessoas resistem ao uso dessas técnicas. Para algumas pessoas deprimidas, reafirmar suas preocupações pode parecer muito difícil. Mas a alternativa de engolir e evitar a expressão de seus pontos de vista só leva a ressentimento e hostilidade.

Outras pessoas sempre querem se expressar com uma honestidade brutal. Ainda assim, fazer isso leva à rejeição hostil com muita frequência. Incentivamos a tentar essas técnicas; elas podem melhorar sua comunicação com os amigos, a família, os colegas no trabalho e entes queridos.

DICA

Três estratégias são especialmente úteis para melhorar a comunicação, esteja você deprimido ou não: Mensagens Eu, Amortecimento e Neutralização. Essas técnicas foram criadas especificamente para te ajudar a se comunicar sobre questões difíceis enquanto evita que a discussão vire um conflito.

Usando a técnica Mensagens Eu

Quando duas pessoas discordam, a linguagem que usam para se expressar pode ajudar a botar lenha na fogueira. Uma simples técnica chamada Mensagens Eu pode ajudar a evitar que o desacordo saia de controle. A ideia é afirmar como você está se sentindo, em vez de acusar ou criticar seu parceiro. Essa técnica é uma alternativa para o uso de mensagens acusatórias. A Tabela 16-2 mostra alguns exemplos de mensagens acusatórias e suas equivalentes mais produtivas Mensagens Eu. Leia os exemplos dos dois tipos de mensagens. Então, quando se sentir tentado a culpar seu parceiro, tente reformular suas preocupações em termos de Mensagens Eu.

TABELA 16-2   A Técnica Mensagens Eu

Mensagens Acusatórias	Mensagens Eu
Você nunca demonstra afeto.	Eu queria que você me abraçasse com mais frequência.
Você gasta muito dinheiro.	Eu fico preocupada com nosso orçamento. A gente pode falar disso?

Mensagens Acusatórias	Mensagens Eu
Você critica tudo o que eu faço.	Eu sinto que não estou agradando você.
Você me deixa doida.	Eu estou me sentindo um pouco irritada agora.
Você nunca faz as coisas que fala que vai fazer.	Eu me sinto infeliz quando você não faz algo que disse que faria.

Criando amortecedores

Amortecer é uma forma de adicionar um pouco de açúcar a mensagens desagradáveis. Essa técnica envolve maneiras de suavizar quaisquer críticas que você quer comunicar. Você adiciona uma frase para reconhecer a possibilidade de que sua posição pode não estar completamente correta. Afinal, alguém pode ter cem por cento de certeza com relação às suas visões sobre um evento específico? Muito raramente.

DICA

Amortecer oferece a oportunidade de discutir suas preocupações e abre as portas para o comprometimento. A lista a seguir fornece algumas boas frases de amortecimento:

» "Pode ser que eu esteja errada, mas tenho a preocupação de que..."
» "Pode ser que eu esteja exagerando..."
» "Por favor, me corrija se eu estiver errada; me sinto um pouco chateada por..."
» "Me ajude a entender o que você acha sobre o que eu tenho a dizer."

Se você usar essas frases antes de falar sobre sua preocupação ou crítica, seu parceiro provavelmente ficará menos na defensiva ou em ponto de ataque. A técnica aumenta a probabilidade de que você será ouvido em vez de dispensado.

Neutralizando a crítica

A técnica Neutralizar o ajuda a evitar que uma crítica se transforme em uma briga monumental. Essa técnica o ajuda a lidar com as críticas de seu parceiro (em vez de se defender ou brigar). De certa forma, é o oposto de Amortecer. Com a técnica Neutralizar, você encontra *alguma coisa* para validar ou com a qual concordar na crítica. E pedir desculpa pela parcela válida do que você concordou não faz nenhum mal também. Veja alguns exemplos de respostas que você pode usar para ajudar a neutralizar uma briga:

> "Me desculpe, você tinha razão sobre isso."

> "Pode ser que o que você diz às vezes seja verdade."

> "Posso ver por que você pensa isso."

> "Concordo com parte do que você está falando."

As desculpas na verdade passam a ideia de que você se preocupa mais em salvar a sua pele do que com as preocupações de seu parceiro. Quando você oferece um acordo parcial e desculpas sinceras (Neutralizar), você indica que seu interesse está em reparar os sentimentos magoados de seu parceiro. Quando você arruma desculpas, demonstra que está mais interessado em consertar o seu ego.

Quando você está deprimido e sua autoestima está baixa, pode ser que sinta vontade de dar desculpas para evitar mais prejuízos à autoestima. Se você der duro para evitar essa tentação, será recompensado no futuro.

Colocando as técnicas em prática

Agora que já viu como são as técnicas Amortecer, Neutralizar e Mensagens Eu, pode ser que queira saber como são em ação. Dessa forma, é mais provável que você aprecie o valor dessas estratégias de comunicação. Mas primeiro mostraremos como a comunicação pode soar repulsiva quando não se usa essas técnicas. **Aretha e Dennis** estão em desacordo com relação ao serviço doméstico. Esta é a conversa deles sem usar as técnicas Amortecer, Neutralizar e Mensagens Eu.

> **Aretha:** Você nunca me ajuda com as tarefas da casa. Estou por aqui com isso. Não aguento mais!
>
> **Dennis:** Sim, ajudo. Cortei a grama na semana passa. O que você quer de mim?
>
> **Aretha:** Cortar a grama é o seu trabalho. Estou falando de lavar a roupa, fazer comida, fazer compras, lavar a louça. Você não faz nada disso. Se não fosse por mim, essa casa seria um chiqueiro.
>
> **Dennis:** Olha, eu ganho mais do que você e estou exausto quando chego em casa. Quando nos casamos, você disse que, se o ganha-pão vem mais de mim, você cuidaria da casa. Isso não é justo!
>
> **Aretha:** Justo? Do que você está falando? Eu também trabalho, você sabe. Não consegue nem conversar sobre uma simples tarefa doméstica sem começar a gritar!

Não foi uma discussão muito produtiva, né? Os dois, Dennis e Aretha, recorrem à crítica, defensiva e raiva. Nada é resolvido, e sentimentos ruins escalam. Agora teremos a mesma conversa inserindo as estratégias Amortecer, Neutralizar e Mensagens Eu.

Aretha: Me ajude a entender seu ponto de vista (Amortecer). Eu me sinto um pouco sobrecarregada com as tarefas de casa (Mensagem Eu), e parece que você não está fazendo tanto quanto eu gostaria que fizesse.

Dennis: Bom, concordo que você faz mais tarefas de casa (Neutralizar). Sinto muito por tê-la deixado tão sobrecarregada. Acho que chego em casa tão cansado que frequentemente não penso nos serviços domésticos, mas talvez eu deveria (Mensagens Eu). Do que você precisa?

Aretha: Às vezes sinto que eu faço tudo (Mensagens Eu). E talvez eu esteja exagerando (Amortecer). Ainda assim, se você pudesse ajudar com a louça depois do jantar, me sentiria melhor.

Dennis: (Neutralizar) Entendo por que você gostaria disso; afinal, temos uma grande família e muita louça (Neutralizar). Mas eu fico tão cansado depois do jantar (Mensagem Eu). Que tal se eu lavar a roupa nos finais de semana em vez disso? E talvez podemos começar a envolver mais as crianças com a louça. Elas já estão grandinhas.

Aretha: Bom, acho que não é um acordo ruim. Obrigada por me ouvir.

Isso foi um pouco melhor, não? Quando você usa a técnica Neutralizar, foca mais encontrar alguma coisa com a qual concordar (ou mesmo pedir desculpas por algum aspecto da reclamação) e presta menos atenção na elaboração de desculpas defensivas. Amortecer permite que você expresse preocupações de uma maneira gentil e sem confrontar. Mensagens Eu te mantêm focado em suas preocupações e evitam que culpe seu parceiro. Todas as três técnicas podem ser aplicadas à comunicação com parceiros íntimos e outros relacionamentos importantes.

DICA

Depois de ler os diálogos entre Aretha e Dennis, considere escrever um diálogo que você teve com alguém e que não correu muito bem. Então, reescreva a conversa inserindo o máximo de Amortecer, Neutralizar e Mensagens Eu que puder. Com um pouco de prática, e com o passar do tempo, você perceberá que se comunicará melhor.

CAPÍTULO 16 **Melhorando o Relacionamento** 271

A QUEM RECORRER: PESSOAS OU ANIMAIS DE ESTIMAÇÃO?

Muitos estudos sugerem que melhorar a qualidade de seus relacionamentos e apoio social pode ajudar a lidar melhor com a situação, diminuir a severidade de sua depressão e até mesmo prevenir futuras recaídas. É claro, agora percebemos que deixamos de fora um tipo de relacionamento importante: o que você tem com o seu animal de estimação.

Uma pesquisa feita por Karen Allen, Ph.D., e colegas na State University of New York descobriu que tutores de animais de estimação têm pressão sanguínea mais baixa, batimento cardíaco menos acelerado e parecem lidar melhor com o estresse do que quem não tem animais. Sabemos que o estresse crônico leva a vários problemas, inclusive a depressão. Então, se você não tem a quem recorrer, faz sentido encontrar um amigo peludo. A propósito, os pesquisadores descobriram que cachorros e gatos são igualmente bons para reduzir o estresse e na luta contra a depressão.

5

Lutando com o Inimigo Físico: Terapias Biológicas

NESTA PARTE...

Calcule os custos e benefícios da medicação.

Comunique-se melhor com quem as prescreve.

Pesquise remédios contra a depressão.

Analise alternativas biológicas ou considere suplementos.

NESTE CAPÍTULO

» **Decidindo como lidar com a depressão**

» **Analisando medicamentos**

» **Descobrindo como os remédios funcionam**

» **Descrevendo as drogas**

Capítulo **17**

Prescrevendo Prazer

té os tempos modernos, muitas pessoas acreditavam que a depressão provinha de uma falha de caráter ou fraqueza. Por causa dessa crença, quem sofria de depressão não costumava procurar tratamento. Sentindo-se envergonhados, culpados e indignos, sofriam em um silêncio terrível; ou pior, davam um fim à dor com o suicídio.

O medicamento para depressão aliviou o sofrimento para milhões de pessoas. E talvez o mais importante seja que ele encoraja o tratamento. Se uma pílula pode mudar seu humor, então poderia parecer que há uma causa física para a depressão. Os afetados podem declarar: "A depressão não é nossa culpa."

A depressão é uma doença do corpo e da mente. Sem tratamento, não só rouba sua felicidade, mas também cobra um preço físico e duradouro. Peça ajuda se estiver deprimido. Tentar suportar não é uma opção. Dê uma olhada neste capítulo para ajudar a selecionar o melhor tratamento para você — terapia, medicamento ou uma combinação dos dois.

Neste capítulo, nós o ajudamos a decidir por si só se o medicamento é uma boa escolha para você, fornecemos um guia para tomar essa decisão importante, e então falamos sobre onde conseguir ajuda, por quanto tempo pode ser que você precise tomar o remédio e quando combinar a terapia com as drogas pode dar mais alívio. Finalmente, damos orientações a respeito das pílulas mais popularmente prescritas.

CAPÍTULO 17 **Prescrevendo Prazer** 275

Martelando a Depressão: Escolhendo a Ferramenta Certa

Você provavelmente já escutou o ditado de que, se a única ferramenta que você tiver for um martelo, provavelmente tratará tudo como um prego. Bem, os médicos e psiquiatras têm drogas prescritas em sua caixa de ferramentas, e os psicólogos e terapeutas martelam com terapia. Então não é de se espantar que cada grupo tenda a recomendar seu tratamento como o melhor para a depressão.

Passamos a grande maioria deste livro apresentando métodos para melhorar seu humor e combater a depressão. A maioria dessas dicas se baseia nos campos da terapia cognitivo-comportamental (uma combinação da terapia cognitiva revisada na Parte 2 e da terapia comportamental na Parte 3). Honestamente, queremos encorajar os leitores a adotar um pensamento e comportamento saudáveis para batalhar contra a tristeza como primeira linha de defesa contra a depressão. Isso porque a única ferramenta é a terapia? Certamente não!

DICA

Revisamos as pesquisas mais recentes, e um grande corpo de estudos compara medicamentos prescritos com psicoterapia para o tratamento da depressão. A maioria dos estudos está de acordo: a terapia cognitivo-comportamental é pelo menos tão eficaz quanto o medicamento para o tratamento da depressão. Ainda melhor, a psicoterapia pode ajudar a prevenir a recaída.

E caso você esteja cético, um estudo feito na University of Pennsylvania e Vanderbilt University analisou pessoas com depressão severa e comparou como reagiram ao tratamento com a terapia cognitiva e a medicação. Esse estudo incluiu médicos e psicólogos, e foi financiado pelo National Institute of Mental Health e uma grande empresa farmacêutica.

Os resultados foram impressionantes. A terapia cognitiva funcionou pelo menos tão bem quanto o medicamento para o tratamento de longo prazo da depressão severa (neste estudo, *severa* não incluiu pessoas com sintomas psicóticos). Percebendo que a recaída na depressão é um problema sério, cientistas olharam o que aconteceu com essas pessoas um ano depois e descobriram dois grupos que tiveram menor probabilidade de ter recaída. O primeiro ainda tomava o remédio antidepressivo, e o segundo tinha tido alta da terapia cognitiva. Na verdade, 25% dos que completaram a terapia tiveram uma recaída, se comparados a 40% daqueles que tomaram remédio. Lembre-se de que a terapia cognitiva adiciona um incremento a qualquer tratamento de depressão. (Veja a Parte 2 para maiores informações sobre a terapia cognitiva.)

DICA

Para algumas pessoas com depressão, a combinação de medicamento e terapia parece dar a elas uma folga maior do que usar só um ou outro. Às vezes os remédios antidepressivos podem ajudar uma pessoa a fazer um uso melhor da terapia.

Por fim, a decisão de tomar remédio ou não cabe a você. Se escolheu autoajuda ou terapia, trabalhe com seriedade com os exercícios fornecidos neste livro ou, de preferência, com seu terapeuta. Não espere melhorar sem um esforço considerável. Com trabalho, você pode esperar que as habilidades que adquirir podem ajudá-lo a se inocular contra batalhas futuras contra a depressão. Mas, para muita gente, o medicamento é parte da solução — e por uma boa razão.

Explorando a Opção do Medicamento

DICA

Consideradas todas as evidências de que a terapia funciona, por que alguém tomaria remédio? Bom, para muitas pessoas deprimidas, um único remédio ou uma combinação deles pode diminuir os sintomas da depressão. Optar pela rota do medicamento costuma ser recomendado quando:

» **Você tem sérias ideações ou planos suicidas.** Você precisa de ajuda agora. Primeiro, verifique com um profissional de saúde mental para determinar o melhor tratamento para você. Às vezes, medicamentos antidepressivos podem funcionar algumas semanas mais rapidamente do que a terapia cognitiva, e isso pode ser importante.

» **Você tem transtorno bipolar ou depressão com características psicóticas.** Geralmente, a medicação é a melhor resposta para quem tem transtorno bipolar ou para pessoas cuja depressão é tão severa que ouvem vozes ou veem coisas que não estão ali de fato. No entanto, a terapia costuma ajudar a estabilizar e evitar que as pessoas parem de tomar o remédio e sofram recaídas.

» **Você realmente tentou a terapia cognitiva ou interpessoal e a depressão continua recaindo.** Evidências indicam que a depressão não tratada se torna mais severa, frequente e resistente ao tratamento. Se sua depressão continua retornando, você provavelmente deveria considerar adicionar o uso de longo prazo de remédio para seus esforços.

» **Seus sintomas de depressão são em grande parte fisiológicos.** Por exemplo, você tem problemas com seu apetite ou sono, sente uma fadiga arrebatadora, esquecimento e concentração ruim. *Cuidado:* nem todo mundo que apresenta os sintomas físicos da depressão responderá melhor à medicação, e alguns do que apresentam sintomas físicos podem estar tentando esconder sentimentos e pensamentos. Então, se o medicamento não funcionar, uma consulta com um terapeuta pode ser uma boa ideia.

» **A depressão toma o controle de sua vida.** Se sintomas severos fizerem você negligenciar as tarefas importantes da vida do dia a dia, pode ser que você precise de medicamentos para seguir em frente. Mas, depois de se sentir um pouco melhor, considere a psicoterapia para deixá-lo saudável.

» **Condições médicas causam depressão.** Às vezes, pessoas com outras doenças se tornam deprimidas. (Veja o Capítulo 2 para mais causas da depressão.) Médicos não têm certeza de como isso funciona, mas muitos acreditam que uma doença às vezes causa a outra (por exemplo, um ataque cardíaco pode gerar um episódio depressivo). O medicamento pode ser a maneira mais rápida de superar esse tipo de depressão.

» **Pânico ou ansiedade acompanham a depressão.** Pode ser que você tenha muitos problemas para esperar pelos benefícios da terapia. Mais uma vez, quando o medicamento começa a fazer efeito, pode ser que tenha mais energia mental disponível para lidar com a ansiedade e depressão na terapia ou com a ajuda de livros como este ou outro de nossos títulos, *Dominando a Ansiedade Para Leigos* (Alta Books).

» **A terapia não funciona.** Parece que algumas poucas pessoas simplesmente não se beneficiam da terapia. Ou pode ser que precisem de terapia de longo prazo por causa de questões complicadas. Nesse caso, o medicamento pode ser uma boa escolha adjuvante.

» **Sua depressão dura quase a vida inteira.** Algumas evidências sugerem que a depressão extremamente crônica (como o transtorno de depressão persistente) pode se beneficiar do medicamento além da terapia.

» **Você não tem tempo para a terapia.** Para algumas pessoas, a terapia consome muito tempo. Se sua agenda já estiver muito cheia, esperamos que você separe pelo menos alguns minutos de seu dia atribulado para ler este livro.

» **Você não tem cobertura de convênio para psicoterapia.** Alguns convênios não cobrem serviços psicológicos. Esperamos que isso mude, mas se seu convênio cobre apenas medicamento e você não pode pagar terapia, as finanças podem ditar que você siga a rota da medicação para combater a depressão.[1]

Para muitas pessoas, o medicamento é uma boa opção. Eles têm poucos efeitos colaterais e somente o medicamento as ajuda a passar por um momento difícil. O exemplo a seguir ilustra uma tentativa bem-sucedida dos antidepressivos.

> "Doutor, eu me sinto muito mal", reclama **Bryce**. "Não consigo ficar perto da minha família e fico irritado pelas menores coisas. Estou tendo problemas para dormir; acordo às 4 da manhã e geralmente fico me

---

1 N. da R. T.: No Brasil, é possível encontrar atendimento psicológico em clínicas-escola e no SUS.

virando na cama pelo resto da noite. Me sinto inquieto por dentro; é difícil descrever. Sinto dor, mas não sei dizer por quê. Só sei dizer que dói. Não sei o que tem de errado comigo. Talvez eu tenha um tumor cerebral."

Depois de um exame físico completo e mais conversas, o médico de Bryce conclui que ele sofre de depressão maior. Seu médico prescreve um antidepressivo e explica para Bryce que ele tem um "desequilíbrio químico". Levemente confuso com o modo como sua química cerebral ficou maluca, mas ansioso para testar o medicamento, Bryce concorda em comprar o remédio.

Na farmácia, o farmacêutico encoraja Bryce a olhar a literatura sobre o antidepressivo popular que seu médico prescreveu. Quando Bryce começa a ler sobre os possíveis efeitos colaterais, fica preocupado. Dores de cabeça, boca seca, tontura, dores de estômago e, ah, não — disfunção sexual. Ele se pergunta se deveria deixar de tomar o remédio e engolir sua depressão. Depois de ponderar um pouco, Bryce decide dar uma chance ao medicamento porque sua depressão é terrível. Além disso, ele raciocina que, se sofrer efeitos colaterais ruins, talvez o médico saberá um remédio diferente que não o afetará dessa maneira. Bryce tomou uma boa decisão; sua depressão começou a maneirar dentro de algumas semanas.

Mas o que não sabemos é se a depressão de Bryce retornará quando ele parar de tomar o remédio ou se o remédio continuará fazendo efeito. É por isso que geralmente recomendamos que as pessoas cuja depressão retorna considerem a psicoterapia para aprender novas habilidades que podem evitar a recaída.

DICA

Muitos de vocês podem escolher tomar o remédio. Não se preocupe achando que está escolhendo o caminho mais fácil. Se tiver uma infecção, você toma um antibiótico. Se tem depressão, tomar um antidepressivo costuma fazer sentido.

Tomando remédio do jeito certo

LEMBRE-SE

Medicamentos antidepressivos são drogas poderosas e afetam o corpo de inúmeras maneiras. É por isso que não têm a venda liberada. Assim, tenha em mente essas dicas para tomar antidepressivos da maneira certa caso decida dar uma chance a eles.

» **Fale para seu médico sobre quaisquer outras condições físicas que você tenha.** Discuta com seu médico todas as suas preocupações com relação à saúde, principalmente doenças do fígado, hepatite, diabetes, pressão alta ou doenças nos rins.

» **Se achar que pode estar grávida, pretende engravidar ou está amamentando, avise seu médico.** Pode ser que certas medicações não sejam seguras.

» **Conte para seu médico quais outras medicações você está tomando.** Os antidepressivos podem ter interações com outros remédios, e vice-versa. Certifique-se de incluir medicamentos não prescritos em sua discussão, inclusive os de venda livre para alergia, para dormir ou analgésicos.

» **Conte para seu médico a respeito de quaisquer ervas ou suplementos que você tome.** Novamente, pode ser que haja interações com os antidepressivos. Para saber mais sobre ervas e suplementos, por favor, leia o Capítulo 18.

» **Aguente as pontas.** Geralmente demora duas semanas para o medicamento começar a funcionar e até seis semanas para o benefício máximo. E pode ser que você não responda à primeira tentativa. Dê ao seu médico uma chance de ajudá-lo. Pode ser que tenha que passar por meses de experimentação para encontrar a droga ou uma combinação certa. A boa notícia é que, depois que descobrir o que funciona, essa droga provavelmente continuará trabalhando para aliviar sua depressão.

» **Fale com seu médico sobre efeitos colaterais.** Apesar de muitos dos efeitos colaterais incômodos cessarem em algumas semanas, não sofra em silêncio. Pode ser que seu médico consiga ajudá-lo a gerenciar os efeitos colaterais com uma alteração na dose ou associando outra droga ao tratamento.

» **Fale com seu médico sobre *todos* os efeitos colaterais.** Certo, um dos efeitos colaterais mais comuns e embaraçosos é uma queda no prazer sexual. Algumas pessoas experimentam uma queda no desejo. Outras podem passar por uma inabilidade frustrante de atingir o orgasmo. Fale com seu médico. Há tratamentos disponíveis para esse efeito colateral.

» **Não beba álcool quando tomar antidepressivos.** Beber álcool pode melhorar o humor temporariamente, mas seu efeito geral é depressivo. Pode ser que o álcool interaja com o medicamento, aumentando a fadiga ou bloqueando seus efeitos. Um drink ocasional provavelmente é inofensivo.

LEMBRE-SE

O que quer que escolha, lembre-se de que a depressão é uma doença altamente tratável. Se o método que escolher não funcionar, não desista. Seja paciente, peça ajuda e tente algo diferente.

Saindo do medicamento

Se tomar uma pílula pode curar você, por que não? Pode ser que você seja uma das pessoas sortudas que começam a tomar antidepressivos, sentem uma redução dos sintomas, têm alguns efeitos colaterais e seguem felizes com a vida.

Então, por que nem todo mundo compra o remédio? Para começo de conversa, você deveria saber que a terapia cognitivo-comportamental pode lhe dar essencialmente os mesmos benefícios dos remédios, raramente há efeitos colaterais e geralmente previne a recaída. Além disso, os inconvenientes do medicamento incluem:

» **Efeitos colaterais podem ser uma chateação.** Mais de um terço das pessoas para as quais os medicamentos antidepressivos são prescritos param de tomar o remédio. A maioria para por causa dos efeitos colaterais, que incluem náusea, dor de cabeça, insônia, boca seca, ganho de peso, sentimentos de apatia e disfunção sexual.

» **Não costuma ser seguro para mulheres grávidas ou que amamentam.** Pesquisas sobre os efeitos dos antidepressivos no feto e nas crianças vêm de estudos com animais ou exemplos de casos. Que mulher arriscaria a saúde de seu bebê para participar de um estudo de drogas? Não há informações suficientes disponíveis para julgar a segurança da maioria dos antidepressivos. Então fale com seu médico se estiver planejando engravidar, possa estar grávida ou esteja amamentando. Na maioria dos casos, a psicoterapia é uma escolha melhor do que o medicamento.

CUIDADO

A depressão depois do nascimento de um bebê é um problema comum que pode se tornar sério se ficar sem tratamento. Por favor, obtenha ajuda se sentir mais do que alguns dias de depressão pós-parto. (Veja o Capítulo 2 para saber mais sobre a depressão pós-parto.)

» **Preocupação sobre efeitos de longo prazo.** Se você tiver um episódio depressivo, corre um risco maior de recaídas. Se tiver mais de um episódio de depressão maior, se a depressão foi severa ou duradoura, ou se você nunca se recuperou, pode ser que seu médico recomende uma medicação para a vida toda. Apesar de parecer que o tratamento de longo prazo tem poucos riscos, alguns especialistas expressaram uma preocupação com relação à falta de conhecimento sobre o uso contínuo de antidepressivos. E os remédios só funcionam enquanto você continua tomando.

» **Sintomas de abstinência.** Descontinuar os antidepressivos pode ser surpreendentemente difícil. Ansiedade, insônia, sonhos estranhos, dores de cabeça, tontura, irritabilidade e fadiga costumam ser relatados. Além disso, algumas pessoas sentem calafrios e dores no corpo parecidas com as da gripe. Outras relatam o que foi descrito como *"brain zaps"*, sensações parecidas com choques elétricos leves. Os efeitos de abstinência podem ser mitigados de alguma forma diminuindo a dose vagarosamente durante algumas poucas semanas ou até mais tempo. Esses sintomas podem durar semanas ou meses e podem ser confundidos com o retorno da depressão original.

» **Simplesmente diga não.** Algumas pessoas não querem tomar remédio por motivos religiosos ou filosóficos. Se escolher esse caminho, peça ajuda para sua depressão por meio da terapia cognitivo-comportamental ou interpessoal. A depressão requer tratamento. Se seu humor não melhorar ou se sua depressão for muito profunda, procure um profissional de saúde mental para te ajudar. (Veja o Capítulo 5 para maiores informações para encontrar ajuda profissional).

Trabalhando com Seu Médico para Encontrar o Medicamento Correto

LEMBRE-SE

Um relacionamento positivo e colaborativo com seu médico que prescreveu os remédios (seu médico de atenção primária à saúde ou psiquiatra) pode ser o ingrediente mais importante para o tratamento bem-sucedido contra a depressão. Você e seu médico devem discutir abertamente seus sintomas da depressão, sua resposta ao medicamento e quaisquer efeitos colaterais que você pode experimentar.

Infelizmente, a ciência ainda não descobriu qual antidepressivo em particular tem maior probabilidade de dar certo para um indivíduo. Algumas pessoas respondem à primeira droga prescrita; outras farão mudanças nos medicamentos. A droga que seu médico escolher depende de vários fatores:

» **Sintomas depressivos:** Seu médico vai querer saber tudo sobre seus sintomas antes de escolher uma medicação. Pode ser que ele queira respostas para as respostas a seguir. Você dorme muito, ou muito pouco? Você ganhou ou perdeu peso? Você tem dores e incômodos? Você se sente ansioso além de deprimido? Você tem dificuldades de se concentrar?

» **Efeitos colaterais:** Para a maioria das pessoas, a primeira escolha de medicamento é a droga com menos efeitos colaterais, mas eles às vezes podem ser usados como uma vantagem. Por exemplo, pessoas com problemas de sono podem se dar melhor com um medicamento que tem a sedação como efeito colateral. Novamente, ninguém sabe quão incomodado você ficará pelos efeitos colaterais. Às vezes uma mudança na medicação, ou na dose, ou até mesmo a adição de outra droga é usada para gerenciar os efeitos colaterais.

» **Histórico de depressão:** Se você já teve episódios depressivos antes e se tratou com um antidepressivo, é possível que o mesmo seja usado novamente. E o médico também pode decidir continuar o medicamento por um período bem mais longo de tempo.

» **Resposta familiar ao medicamento antidepressivo:** Embora haja poucas evidências de que a genética afeta como diferentes antidepressivos funcionarão, se um membro da sua família teve uma resposta favorável a um antidepressivo específico, avise seu médico. A depender de muitos fatores, esse antidepressivo pode ser uma boa primeira escolha.

DICA

Seu médico tentará conectar os sintomas particulares com um antidepressivo. No entanto, saiba que a ciência atual ainda não desenvolveu uma maneira precisa de prever quais sintomas serão mais bem aliviados por quais medicamentos. Então, grande parte da prescrição de antidepressivos é mais baseada nas experiências e em vieses do médico do que em decisões baseadas na ciência.

CUIDADO

Menos de um quarto das pessoas tratadas com medicamentos para depressão recebem tratamento adequado. Isso significa que não recebem um número razoável de sessões de psicoterapia com tratamentos eficazes para a depressão ou tomam uma dose adequada de medicamento por um período de tempo suficiente. Cerca de 10% das pessoas com prescrição para antidepressivos compram o remédio mas param de tomar na primeira semana! Muitas mais param de tomar no minuto em que se sentem melhor. Se escolher ser tratado para depressão com medicamento, siga-o. Seu risco de ter uma recaída aumenta quando você não fica completamente melhor.

O Mito Sedutor do Desequilíbrio Químico

Apesar do fato de que não há *absolutamente nenhuma evidência* de que desequilíbrios químicos no cérebro causam depressão, esse mito persiste entre o público bem como entre muitos profissionais que já deveriam saber melhor. Uma possível razão para essa crença é a constante enxurrada de anúncios que sugerem que a doença mental é causada por alguma insuficiência na disponibilidade de mensageiros químicos no cérebro. Além disso, muitas pessoas sentem que há menos estigma relacionado a ter uma doença física como um desequilíbrio químico do que um problema psicológico. No entanto, hoje sabemos que os chamados transtornos mentais, inclusive a depressão, são causados por inúmeros problemas, inclusive fatores genéticos, ambientais e biológicos.

Embora as empresas farmacêuticas gastem bilhões de dólares pesquisando o próximo tratamento para a depressão, é interessante notar que ninguém sabe exatamente como os antidepressivos funcionam. Seja como for, a maioria acredita que eles de alguma forma aumentam um ou mais dos neurotransmissores no cérebro e que, ao fazer isso, melhoram a comunicação entre os neurônios e, por fim, reduzem a depressão.

O relacionamento entre os vários neurotransmissores e a depressão não é completamente entendido. No entanto, os três neurotransmissores que são alvo da maior parte dos antidepressivos podem ter diferentes sintomas associados a eles.

» **Serotonina:** Problemas com a serotonina estão associados ao humor depressivo, ansiedade, insônia, transtorno obsessivo compulsivo, transtorno afetivo sazonal e até mesmo violência.

>> **Dopamina:** Transtornos na dopamina parecem estar relacionados a problemas com atenção, motivação, alerta, apatia aumentada e dificuldade em experimentar o prazer.

>> **Noradrenalina:** Transtornos na noradrenalina estão correlacionados à falta de energia, alerta diminuído e letargia.

No entanto, há grandes problemas com essas pressuposições a respeito de efeitos específicos dos diferentes neurotransmissores para diferentes sintomas da depressão. Mais uma vez, isso acontece porque dados científicos não suportam a ideia de que desequilíbrios nos neurotransmissores são responsáveis pela depressão. E cada vez mais há evidências de que a serotonina, a dopamina e a noradrenalina têm efeitos distintos em pessoas diferentes. Veja alguns exemplos de problemas lógicos e críticos que a teoria do desequilíbrio químico apresenta:

>> Uma droga antidepressiva usada em toda a Europa e Ásia, a Tianeptina, é eficaz no tratamento da depressão. No entanto, ela, na verdade, reduz a serotonina, o que contradiz a hipótese de depleção de serotonina como uma causa para a depressão.

>> Alguns pacientes com depressão, na verdade, têm níveis incomumente altos de noradrenalina e serotonina.

>> Experimentos que ativam ou bloqueiam os receptores de serotonina têm efeitos imprevisíveis nos sintomas depressivos.

>> Algumas pessoas têm níveis muito baixos de serotonina e noradrenalina, mas nunca tiveram histórico de depressão.

>> Muitas drogas antidepressivas rapidamente aumentam os níveis de neurotransmissores, mas ainda assim demora semanas para haver uma melhora.

>> Pesquisas que reduziram os níveis de neurotransmissores fracassaram na tentativa de produzir depressão, ainda que, de acordo com a teoria, deveriam ter produzido.

>> Cerca de um terço das pessoas com depressão não melhora com antidepressivos ou outros medicamentos psicotrópicos. Se o hipotético desequilíbrio químico era a causa da depressão, então a grande maioria das pessoas deprimidas deveria melhorar com medicamentos apropriados.

A questão é que a causa da depressão, como a maioria dos transtornos emocionais, ainda é desconhecida. Fatores biológicos, psicológicos e sociais interagem de maneiras desconhecidas que levam à depressão. A teoria do desequilíbrio químico é um pensamento do século passado. No entanto, há ainda muita propaganda promovendo um modelo extremamente simplificado de causa. Por exemplo, dores de cabeça não são causadas por uma falta de aspirina no cérebro; no entanto, tomar aspirina costuma curar a dor de cabeça. As causas da dor de cabeça são tão complicadas quanto as causas da depressão.

LEMBRE-SE

Por favor, entenda que não estamos sugerindo que, como a teoria do desequilíbrio químico está desatualizada, as drogas antidepressivas não têm nenhum efeito. Algumas pessoas realmente se sentem melhor e menos deprimidas tomando antidepressivos. Só não sabemos como ou por que eles funcionam para algumas pessoas e para outras não.

Mergulhando nos Placebos

Placebos são tratamentos ou substâncias inertes, como pílulas de açúcar ou injeções salinas. Costumam ser usados em experimentos para determinar a eficácia e segurança das drogas que estão sendo desenvolvidas. Um ensaio clínico envolve dois grupos, que recebem ou a droga ativa ou o placebo, e os participantes não sabem em qual grupo estão. Quando o experimento é finalizado, os grupos são comparados. Se o grupo que recebeu a droga real estiver significativamente melhor (como determinado por métodos estatísticos), então a droga é considerada um potencial que pode funcionar. Se os grupos continuam iguais, ou o do placebo estiver melhor, então a droga é considerada ineficaz.

No entanto, o placebo envolve mais do que apenas um tratamento médico falso. Ao receber o placebo, o indivíduo pode ter o que é conhecido como *efeito placebo*, que é a reação que as pessoas têm ao receber um tratamento dito eficaz. Esse tratamento pode ser fornecido em um ambiente médico (como em um típico ensaio clínico). Um efeito placebo também pode ocorrer ao ser submetido a algum procedimento, como aromaterapia, ou ao tomar um novo suplemento que promete benefícios. Todas essas práticas envolvem a instilação de esperança e a expectativa de se sentir melhor, e a esperança causa vários tipos de benefícios psicológicos positivos que aumentam a sensação de bem-estar.

PAPO DE
ESPECIALISTA

Os efeitos placebo também podem ser negativos, às vezes chamados de *efeito nocebo*. Algumas pessoas em ensaios clínicos que recebem substâncias inertes (como pílulas de açúcar) reclamam de efeitos colaterais que não são explicados pelo placebo, mas são mais provavelmente explicados pela expectativa de efeitos colaterais do participante.

Então, o que os placebos e o efeito placebo têm a ver com os antidepressivos? Houve uma intensa controvérsia com relação ao efeito placebo no tratamento da depressão. O Dr. Irving Kirsch, da Harvard Medical School, e colegas conduziram inúmeras revisões de estudos de drogas enviados para a Food and Drug Administration (FDA). Esses estudos foram tanto publicados quanto não publicados. Estudos de pesquisa que não apoiam a eficácia de uma droga em particular não costumam ser publicados. Assim, ao incluir tanto os estudos publicados quanto os não publicados, essa revisão foi bem compreensiva.

Essas revisões, bem como as revisões de outros cientistas, consistentemente concluíram que a maioria dos benefícios dos antidepressivos se deve ao efeito placebo e que não há clinicamente uma diferença significativa entre quem toma as drogas ativas e quem toma o placebo. O Dr. Kirsch recomenda outros tratamentos para a depressão que não têm os efeitos colaterais dos antidepressivos, como a psicoterapia e exercícios físicos, que são tão eficazes quanto a medicação e têm a vantagem de diminuir a chance de recaída.

PAPO DE ESPECIALISTA

Houve críticas a respeito das conclusões por outros autores, e a maioria se relaciona às diferenças entre tamanhos de efeitos clinicamente diferentes. Alguns argumentam que os antidepressivos têm uma taxa de resposta clínica levemente melhor do que o placebo. Essas diferenças costumam ser medidas por pequenas mudanças nas medidas de depressão dadas antes e depois do tratamento.

Outros argumentam que essas diferenças não fazem uma diferença real na vida das pessoas que estão supostamente se beneficiando dos efeitos estatisticamente significativos. Por exemplo, se marcou 100% em um teste e depois perdeu 3 pontos, por causa de um erro de marcação, aqueles três pontos podem ser estatisticamente significativos. No entanto, para você, não importaria tanto, porque ainda está tirando A na aula.

Drogas para Depressão

Esperamos não tê-lo assustado e que ainda esteja disposto a testar o medicamento se for algo que você e seu médico pensarem ser benéfico. Tenha em mente que você está se envolvendo em um experimento que pode ou não funcionar. Ainda assim, muitos pacientes e seus médicos relatam grande melhora nos sintomas depressivos depois de tomarem antidepressivos. Como e por que essas melhoras acontecem é um debate para os pesquisadores, não para as pessoas com depressão e quem está tentando tratar delas.

Assim, nas seções a seguir, descrevemos as drogas prescritas mais comuns usadas para tratar a depressão. As drogas antidepressivas são classificadas por como afetam um ou mais neuroquímicos. Apresentamos os antidepressivos mais comumente prescritos e explicamos suas ações, seus usos comuns, os problemas e efeitos colaterais. A discussão a seguir pode te dar informações práticas sobre cada classe de antidepressivos. Lembre-se de que eles estão sendo constantemente desenvolvidos.

LEMBRE-SE

Acreditamos que o conhecimento o ajuda a receber o melhor cuidado médico para sua depressão. As informações que damos a seguir o ajudarão a se comunicar com seu médico. Trabalhando juntos, vocês podem encontrar o melhor medicamento ou decidir outro tratamento.

ISRSs

Desde que o Prozac chegou ao mercado no final dos anos 1980, os *inibidores seletivos da recaptação de serotonina* (ISRSs) são os antidepressivos mais populares. Uma razão para sua popularidade é que os efeitos colaterais são menos severos do que os antidepressivos mais antigos e as consequências da overdose também são muito menos severas.

Um ISRS costuma ser a primeira escolha de um medicamento antidepressivo. Essas drogas são usadas para o tratamento do transtorno depressivo maior, transtorno depressivo persistente e transtorno disfórico pré-menstrual. Os ISRSs são comumente usados quando a depressão e a ansiedade estão misturadas. Esses medicamentos também são usados para tratar outros transtornos que não são acompanhados da depressão, como transtornos de ansiedade, transtorno obsessivo compulsivo, transtornos de alimentação e alguns tipos de dores crônicas.

Os ISRSs combatem intensivamente a depressão aumentando os níveis disponíveis de serotonina e costumam levar de uma a quatro semanas para fazerem efeito. Os efeitos colaterais incluem aumento na ansiedade, fadiga, dor de estômago, insônia, apatia, falta de interesse sexual ou inabilidade de chegar ao orgasmo. Outros efeitos colaterais incluem tontura, sudorese, tremores, boca seca, dor de cabeça e perda ou ganho de peso. Os efeitos colaterais são piores nas primeiras semanas e geralmente diminuem com o tempo.

CUIDADO

Os ISRSs podem apresentar algumas complicações e problemas adicionais. Lembre-se:

» Se você tem transtorno bipolar, os ISRSs podem ser perigosos. Ocasionalmente, essas drogas ativam os estados de mania, o que envolve comportamentos perigosos ou de risco.

» A descontinuação abrupta dos ISRSs (na verdade, de qualquer medicamento antidepressivo) pode produzir sintomas parecidos com os da gripe, como náusea, dor de cabeça, sudorese, febre e calafrios. A abstinência repentina também pode causar sonhos vívidos e problemas com o sono. Fale com seu médico se você decidir parar de tomar os ISRSs e peça orientação sobre como fazê-lo com segurança.

» O FDA recentemente anunciou que os medicamentos ISRSs podem estar associados a um aumento de automutilação em crianças, adolescentes e jovens adultos (o que poderia potencialmente levar a tentativas de suicídio).

» Tomar ISRSs com outra classe de antidepressivos chamada de IMAOS (discutida mais profundamente neste capítulo) pode ativar interações que ameaçam a vida. Outras drogas também podem interagir negativamente. Fale com seu médico sobre todos os remédios que você toma.

DICA

A depressão não tratada costuma diminuir o interesse em intimidade. Um ISRS pode interferir no apetite, prazer e interesse sexual. Se estiver em um relacionamento no qual a intimidade sexual já foi prejudicada, conte ao seu médico suas preocupações.

Outros medicamentos neurotransmissores

O remédio antidepressivo provavelmente trabalha aumentando a quantidade de certos neurotransmissores no cérebro. A ISRS tem como meta a serotonina, mas alguns aumentam mais do que um mensageiro químico ou agem no neurônio e em seus neurotransmissores de mais de uma forma.

Na lista a seguir, damos uma olhada nessas classes de medicamentos, notando qual sistema de neurotransmissores elas afetam e como agem neles. Você não precisa saber a terminologia complicada representada pelas iniciais, mas as incluímos caso você depare com os termos em outras literaturas.

» **ISRSN (Inibidor Seletivo da Recaptação de Serotonina/Noradrenalina):** Aumenta tanto a serotonina quanto a noradrenalina.

» **IRND (Inibidores da Recaptação da Noradrenalina/Dopamina):** Aumenta tanto a noradrenalina quanto a dopamina.

» **IRN (Inibidor da Recaptação da Noradrenalina):** Seletivamente aumenta a noradrenalina.

» **NaSSA (Antidepressivo Noradrenérgico e Específico Serotoninérgico):** Aumenta a liberação de noradrenalina e serotonina enquanto bloqueia certos receptores de serotonina.

» **AIRS (Antagonistas e Inibidores da Recaptação de Serotonina-2):** Bloqueia a recaptação de serotonina enquanto também bloqueia um tipo específico de receptor de serotonina.

Outros antidepressivos mais antigos também têm como alvo múltiplos neuroquímicos (tricíclicos, sobre os quais falaremos a seguir). No entanto, essas novas versões parecem ter menos efeito colaterais e são mais específicas em suas ações nos neurotransmissores do que os antigos tricíclicos.

Tricíclicos

Essa classe de medicamentos antidepressivos foi a mais amplamente usada por muitos anos. Acredita-se que medicamentos *tricíclicos* têm mais efeitos gerais nos neurotransmissores do que os medicamentos mais novos e mais refinados. O nome se baseia em sua estrutura química, em vez de na maneira como exercem seus efeitos, que variam de alguma forma de um tipo de medicamento tricíclico para outro.

A principal razão para que agora estejam fora de uso é que uma overdose pode ser fatal. Os antidepressivos mais novos são muito mais seguros. Os tricíclicos também são associados com um monte de efeitos colaterais. Esses medicamentos podem causar tontura devido à *hipotensão ortostática*. Assim, os tricíclicos geralmente não são prescritos para pessoas com risco de queda, como os idosos. Outros efeitos colaterais incluem ganho de peso, boca seca, visão embaçada, constipação, sudorese e disfunção sexual.

Seja como for, os tricíclicos são às vezes prescritos quando outros medicamentos não funcionaram ou quando a ansiedade se mistura com a depressão.

IMAO

A primeira droga a tratar a depressão foi descoberta no começo dos anos 1950, totalmente por acidente. Os cientistas a estavam experimentando como um novo tratamento para a tuberculose (TB). Infelizmente, a droga não tinha nenhum efeito na TB, mas, surpreendentemente, os pacientes que a tomavam ficavam bastante felizes. Assim, o primeiro antidepressivo nasceu — um *inibidor da monoamina oxidase* (IMAO).

IMAOs funcionam atacando uma substância que destrói os neurotransmissores. Como menos neurotransmissores são destruídos, essa ação aumenta os níveis da serotonina, noradrenalina e dopamina. IMAOs *não são frequentemente* prescritos por causa de sérios efeitos colaterais quando combinados com comidas ou medicamentos comuns. Os efeitos colaterais podem incluir picos perigosos na pressão sanguínea, o que pode resultar em hemorragia cerebral ou morte.

CUIDADO

As pessoas que tomam IMAOs deveriam evitar comida com *tiramina* (uma substância natural encontrada no corpo que também se forma à medida que as proteínas se quebram devido ao envelhecimento), como linguiça, cerveja, vinho tinto, abacates, queijos curados e peixe defumado. As combinações de drogas a serem evitadas incluem qualquer outro tipo de antidepressivos, a maioria dos remédios para resfriados e asma, remédios para o tratamento de diabetes, para pressão sanguínea e alguns analgésicos.

Apesar de todos os problemas com IMAOs, eles ainda são usados para tratar algumas formas de depressão resistentes. Quando medicamentos mais seguros não ajudaram, essas drogas podem ser eficazes. Elas são especialmente úteis no tratamento da depressão atípica, que envolve comer em excesso, dormir muito e irritabilidade.

Indo Além dos Antidepressivos

Para a maioria das pessoas com depressão, um antidepressivo alivia os sintomas. Pode ser que se tenha que passar por alguns experimentos iniciais, mas geralmente uma ou mais das drogas que discutimos na seção "Drogas para Depressão" no início do capítulo costumam funcionar. No entanto, para algumas pessoas, outro tipo de medicamento será testado ou adicionado à mistura.

Quando diversas classes diferentes de antidepressivos não funcionaram, outros tipos de drogas podem ser usados para aumentar ou melhorar o tratamento. Essas misturas farmacológicas são prescritas por um *psiquiatra* ou outros especialistas treinados no tratamento farmacêutico dos transtornos de humor.

LEMBRE-SE

A depressão é uma doença mortal. Faça tratamento. Se a primeira tentativa de medicamento não funcionar, tenha paciência com seu profissional de saúde. Outra droga, uma combinação de drogas ou psicoterapia provavelmente o ajudarão.

Estabilizadores de humor

Um grupo de drogas chamado de estabilizadores de humor não impacta diretamente a serotonina, dopamina ou noradrenalina — os neurotransmissores que os antidepressivos atingem. Ninguém sabe ao certo como os estabilizadores de humor funcionam, mas muitas dessas drogas parecem afetar dois outros neurotransmissores, o glutamato e o ácido gama-aminobutírico (GABA). Geralmente a primeira escolha para tratar o transtorno bipolar, os estabilizadores de humor também são usados em combinação com antidepressivos para tratar a depressão resistente.

CUIDADO

Quando estiver tomando algum estabilizador de humor, você precisará fazer exames de sangue periódicos para descobrir a concentração do medicamento no seu sistema. Essas drogas podem trazer sérios efeitos colaterais quando os níveis ficam muito altos. Níveis tóxicos podem ser fatais, então siga as instruções do seu médico.

Mais ajuda para a depressão severa: Antipsicóticos

Para as pessoas com sintomas severos, uma nova classe de medicamentos, chamada de antipsicóticos atípicos, pode ajudar. Além disso, esses medicamentos às vezes são prescritos para quem não se beneficia suficientemente de outros antidepressivos discutidos neste capítulo. Os antipsicóticos podem ajudar quando os indivíduos sofrem de psicose, paranoia ou pensamento delirante. Essas drogas também podem ser usadas com as pessoas com depressão têm problemas para controlar o temperamento, tendem a reagir exageradamente a pequenas frustrações ou ficam entrando e saindo da depressão para a mania.

CUIDADO

O medicamento antipsicótico pode causar terríveis efeitos colaterais. Os mais novos antipsicóticos atípicos têm uma diminuição significativa no efeito colateral de longo prazo conhecido como *discinesia tardia*, que envolve movimentos involuntários, geralmente no rosto. A discinesia tardia geralmente aparece depois de um tratamento de longo prazo. Outros efeitos colaterais sérios podem incluir um sentimento intenso de agitação ou inquietação, espasmos musculares, rigidez muscular, andar arrastado, sedação, boca seca, visão embaçada e hipotensão. O ganho de peso também é particularmente comum e problemático, às vezes levando ao diabetes.

Um pouco mais para o caminho

Seu médico pode prescrever outras drogas para o tratamento da depressão ou dos efeitos colaterais dos antidepressivos. Veja alguns exemplos:

» **Medicamentos estimulantes:** Estes medicamentos podem ser usados para diminuir a fadiga, ajudar com o desejo sexual e melhorar a atenção.

» **Hormônios:** Às vezes a terapia hormonal é indicada por causa das anormalidades ou um agente aumentado.

» **Medicamentos sedativos:** Estas drogas podem ajudar a acalmar a agitação ou a dormir.

Uma breve discussão sobre a ketamina

A ketamina foi usada como anestésico por mais de cinquenta anos nas salas de cirurgia, bem como por médicos nos frontes de batalha. Recentemente, a FDA aprovou um tipo de ketamina da forma de spray nasal para ser usada em conjunto com um antidepressivo oral para depressão resistente ao tratamento (ou seja, quem fracassou em múltiplas tentativas de outros tratamentos antidepressivos). O tratamento com a ketamina deve ser monitorado de perto devido aos efeitos colaterais, como sedação, problemas com atenção, discernimento e perda de contato com a realidade. Assim, a administração da droga deve ocorrer em um ambiente clínico até que o paciente esteja seguro para sair. O paciente não tem permissão para dirigir na volta das sessões de administração de ketamina.

A ketamina também é administrada intravenosamente para sob supervisão. Estudos em pronto-atendimentos hospitalares viram diminuições rápidas e notáveis na agitação e ideação suicida quando a ketamina é administrada por IV.

A ketamina é uma grande promessa como um tratamento padrão para crises suicidas e de depressão resistente ao tratamento. No entanto, há um grande potencial de exagerar sua eficácia, evidenciada pelo crescente negócio de promover clínicas de ketamina para lidar com uma variedade de males, como ideação suicida, depressão severa, dor, enxaqueca, TSPT, transtorno bipolar e melhora na satisfação da vida. Como a ketamina administrada via intravenosa não foi aprovada pelo FDA para esses usos, o convênio não cobre as despesas, que podem ser consideráveis. Parece que os médicos permitiram que o entusiasmo guiasse suas práticas de prescrição em vez de esperar por dados sólidos que estabelecessem a eficácia para essa droga.

Uma dica de que essas clínicas podem querer burlar as práticas cientificamente comprovadas pode ser encontrada no fato de que algumas delas são administradas por convênios que talvez não tenham treinamento apropriado para tratar pacientes com depressão grave, bem como outros males que requerem especialização. Além disso, algumas não têm a experiência para lidar com possíveis problemas que emergem durante o tratamento, como irregularidades no ritmo cardíaco ou outras complicações.

CUIDADO

A ketamina tem propriedades interessantes e um possível potencial incrível de rapidamente eliminar a ideação suicida e ajudar quem tem depressão resistente ao tratamento. Ainda assim, é muito cedo para endossar essa abordagem para outras condições. Além do mais, é muito importante verificar as credenciais das clínicas. Fique seguro.

NESTE CAPÍTULO

» Mantendo seu convênio informado

» Obtendo ajuda na loja de comidas saudáveis

» Acendendo as luzes

» Ajuda eletrizante para a depressão

Capítulo **18**

Hype, Ajuda ou Esperança? Tratamentos Alternativos para a Depressão

Quando a depressão bate, o otimismo vira pessimismo, e o desespero substitui a esperança. A depressão machuca, e melhorar parece quase impossível às vezes. Então você lê sobre um tratamento que oferece esperança na forma de um suplemento, pílula, nova terapia, mudança na dieta, luz ou um procedimento médico complicado. Com a esperança vem uma melhora no humor, certo alívio e uma pequena semente de otimismo. A esperança pode ser uma tônica poderosa para a depressão.

Mas um sentimento geral de esperança em um futuro livre de depressão deve ser temperado com certa cautela: aquele "tratamento" sobre o qual você leu pode não ter sido clinicamente testado e pode ser perigoso. Se segue certo do tratamento, pode ficar um pouco melhor, porque você realmente acredita que o ajudará. Não há nada de errado nisso — se o tratamento for inofensivo. Mas, ao mesmo tempo, queremos que tenha cuidado e não caia nas armadilhas de promessas falsas. É para isso que escrevemos este capítulo.

CUIDADO

Alguns tratamentos para a depressão podem ser caros e possivelmente prejudiciais. O dano real vem de adiar o tratamento legítimo e baseado em evidências. Lembre-se do que sua mãe dizia: "Quando parecer bom demais para ser verdade, desconfie."

Neste capítulo, trazemos a informação de que você precisa para decidir se um ou mais desses tratamentos alternativos podem ser para você, apresentamos as pesquisas mais recentes sobre os tratamentos que você pode encontrar na loja de comidas saudáveis e, em seguida, explicamos o que os influenciadores de dieta têm a dizer sobre o comer e o humor. Finalmente, descrevemos a eletroconvulsoterapia (ECT) e outros tratamentos médicos avançados.

Mantendo Seu Médico Informado

Consideramos que os tratamentos para depressão são *alternativos* se não são amplamente aceitos como eficazes pela saúde mental convencional e médicos ou se esses profissionais não usam os tratamentos como abordagens de primeira escolha para a maioria dos casos de depressão maior.

O rótulo de *alternativo* certamente não significa que seja um segredo: um relatório no *American Journal of Psychiatry* apresentou os resultados de uma pesquisa que indicava que bem mais da metade das pessoas com casos de depressão severa procurou tratamentos alternativos como ervas, cura espiritual, vitaminas e dietas especiais. Além disso, muitas das pessoas que usaram esses tratamentos alternativos descobriram que são úteis.

No entanto, os indivíduos entrevistados também disseram que não informaram seus médicos sobre essas terapias. Isso é um problema, porque certos tratamentos alternativos, como as ervas, podem ter interação medicamentosa ruim. A maioria dos indivíduos com depressão que procuraram tratamentos alternativos também usou saúde mental convencional ou tratamento médico, o que é uma coisa boa, porque essas abordagens têm o apoio de um grande corpo de pesquisa.

Os médicos de hoje estão aceitando cada vez mais os tratamentos alternativos, assim, pedimos a você que avise os profissionais de saúde sobre quaisquer tratamentos alternativos que estiver usando para a depressão. Pode ser que eles consigam dizer se um tratamento alternativo específico funciona ou se pode ter alguma interação ruim com o medicamento que está sendo prescrito para você. De qualquer forma, é importante saber essa informação.

Se você ou alguém a quem ama sofre de depressão severa ou tem ideações suicidas, precisa obter ajuda profissional imediatamente. Lembre-se de que a maioria dos vendedores nas lojas de comida saudável não se qualifica como profissionais de saúde mental licenciados.

Explorando Suplementos, Ervas e Vitaminas

Muita gente que sofre de depressão entra em uma loja de comidas saudáveis ou suplementos procurando uma solução para seus problemas. Procuram um computador, digitam a palavra *depressão* e recebem cinco páginas com descrições de ervas, suplementos e vitaminas que prometem alívio. Algumas dessas promessas podem funcionar, mas outras não, e algumas escolhas envolvem riscos significativos.

Pode ser que você acredite que tomar ervas, vitaminas e suplementos para a depressão seja uma alternativa natural e relativamente inofensiva. O problema: a maioria das pessoas toma essas pílulas potentes sem supervisão médica. Muitas dessas substâncias "naturais" podem ter interações significativas com outros medicamentos que você está tomando e levar a resultados perigosos. Então, se estiver considerando usar essas alternativas, recomendamos que se consulte com seu médico primeiro.

Se você sofre de depressão moderada a severa, tomar vitaminas e minerais extras provavelmente não vai curá-lo, mas parece que a falta de certas vitaminas e minerais está relacionada à depressão e problemas de memória. As pesquisas mostram claramente que, quando as pessoas têm uma deficiência de vitaminas B (especialmente B6, B12 e ácido fólico), a depressão costuma estar presente. Deficiências de cálcio, magnésio, potássio, ferro, selênio, zinco e sódio também parecem estar associadas à depressão.

É importante lembrar que a maioria das pessoas que estão deprimidas não sofre de deficiências nessas vitaminas e minerais. Se tiver alguma preocupação, fale com seu médico.

PSICODÉLICOS PARA A DEPRESSÃO?

Nos anos 1960, dois professores de psicologia de Harvard fizeram experimentos com o LSD e a psilocibina (uma substância alucinógena encontrada nos cogumelos) e tiveram permissão para administrar o tratamento experimental em alunos da graduação. Os dois professores, Timothy Leary e Richard Alpert, foram demitidos de Harvard. Timothy Leary se tornou um ativista líder do movimento antiguerra, e Richard Alpert foi para a Índia e ficou conhecido como Ram Dass, um líder espiritual. Em parte devido à sua associação antissistema com o movimento antiguerra, as pesquisas com os psicodélicos foram canceladas por completo em 1974.

Nas últimas décadas, as pesquisas recomeçaram para encontrar possíveis benefícios no uso da psilocibina. Doses médias dessa substância produzem euforia, estados parecidos com o sono e mudanças de percepção, e as pessoas que tomam altas doses relatam experiências místicas, um senso de beleza e de que o amor é só o que importa.

A psicoterapia assistida com psicodélicos tem sido fornecida com supervisão médica. Efeitos positivos foram encontrados na redução da ansiedade no fim da vida e redução de depressão e ansiedade em pacientes resistentes ao tratamento. Esses progressos foram mantidos por seis a oito meses depois da administração. No entanto, há muito o que se aprender sobre esse tratamento promissor, mas os pesquisadores estão otimistas.

CUIDADO

Alguns suplementos podem ser especialmente perigosos, principalmente quando consumidos em dosagens excessivas. Em vez de aumentar seu bom humor, muitos suplementos aumentarão apenas o valor de sua fatura do cartão de crédito.

Ervas e suplementos vendidos nos Estados Unidos são largamente não regulados pela Federal Drug Administration (FDA), assim, não se sujeitam a estudos de larga escala sobre segurança ou eficácia. Em outras palavras, simplesmente não sabemos se funcionam ou se são seguros para as pessoas tomarem. Apesar da falta de informações confiáveis, a fatia de mercado desses produtos está perto de US$10 bilhões nos EUA.

Ainda assim, milhões de pessoas tomam esses suplementos e ervas regularmente acreditando que estão funcionando. Temos alguns poréns:

» Alguns desses suplementos foram testados independentemente, e descobriu-se impurezas perigosas, como chumbo, outros metais pesados ou arsênico.

» Suplementos ou ingredientes vendidos nos Estados Unidos podem ter sido manufaturados em outros países que têm padrões de segurança menos rigorosos. Pode ser que você consiga determinar isso ao ler o rótulo.

» A testagem independente dos produtos indica que o rótulo às vezes está incorreto quando uma certa quantia de uma substância ou porcentagem de um ingrediente é prometida. A potência do produto pode ser rotulada erroneamente.

» Quando uma reação adversa ocorre depois da ingestão de uma erva ou suplemento, não há um rastreio preciso desses casos no sistema de saúde. Essa falta de conhecimento faz com que informar os pacientes de interações possíveis seja difícil.

» Alguns suplementos têm efeitos negativos no funcionamento do fígado e dos rins sem avisos adequados no rótulo. Outros efeitos adversos também são possíveis. Por exemplo, amamos cozinhar com uma variedade de ervas e temperos. A cúrcuma é uma de nossas favoritas e costuma ser recomendada para inflamação, depressão e dor. Parece bastante inocente. No entanto, antes de uma cirurgia, a cúrcuma pode causar sangramento excessivo. Duvidamos que a maioria das pessoas sequer considera essa consequência séria quando comem cúrcuma.

DICA

Em vez de listar produtos específicos que anunciam benefícios para as pessoas com depressão, forneceremos os sites de duas fontes em inglês para informações nos quais você pode confiar. O primeiro é o National Institutes of Health Office of Dietary Supplements (www.ods.od.nih.gov, conteúdo em inglês). Esse site ajuda na tomada de decisões e informações sobre vitaminas, minerais e suplementos. O segundo é o National Center for Complementary and Integrative Health (www.nccih.nih.gov, conteúdo em inglês), que está cheio de informações sobre saúde alternativa, incluindo pesquisas e abordagens complementares específicas à depressão.

Comidas Felizes

A depressão pode causar uma diminuição no apetite e levar à perda de peso. Também pode causar os desejos, o que gera ganho de peso. Em qualquer caso, a nutrição pode sofrer, pois uma alimentação ruim pode exaurir o corpo dos nutrientes necessários para um funcionamento cerebral adequado. Quando o cérebro não está funcionando direito, a intensidade da depressão aumenta. Assim, quando estiver deprimido, manter uma dieta saudável é especialmente importante. Recomendamos que você:

» Faça refeições adequadas e bem equilibradas.

» Não pule refeições.

» Beba álcool apenas com moderação ou não beba.

» Não se martirize se ocasionalmente desfrutar de um cookie de chocolate.

DICA

Além disso, você deveria saber sobre o papel importante dos carboidratos para os humores. Falando de forma simples, os carboidratos melhoram o humor. Você já sentiu desejo de algo doce quando estava triste ou chateado? Hmmm — o cheiro de cookies de chocolate recém-assados. Esse desejo por doce pode ser a forma de seu corpo dizer que precisa de uma dose de carboidratos. Eles são quebrados e convertidos em *glicose* (açúcar), o combustível que o faz seguir em frente.

Há dois tipos diferentes de carboidratos: simples e complexos. O corpo rapidamente converte os carboidratos simples (como arroz branco, rosquinhas, cookies, bolachas água e sal, cerveja, vinho e a maioria das massas) em açúcar. O pico em seu nível de açúcar no sangue que resulta disso pode causar uma melhora no estado de espírito.

O problema com os carboidratos simples é que a rápida conversão em açúcar também sinaliza ao corpo para produzir insulina, que então faz com que o nível de açúcar no corpo caia. Para muita gente, essa queda gera mau humor, irritabilidade e mais desejo por açúcar. Os médicos acreditam que esses rápidos picos e vales nos níveis de insulina não são bons por várias razões, como a possibilidade real de que podem contribuir para o desenvolvimento do diabetes, obesidade e doenças cardíacas.

DICA

Os carboidratos complexos representam um bom método alternativo para melhorar o humor. Esses carboidratos são encontrados em grãos integrais, leguminosas, vegetais, raízes e frutas. Eles quebram o açúcar mais lentamente, permitindo que seus níveis de insulina fiquem mais estáveis, e não aumentam os desejos nem diminuem o humor. Alguns nutricionistas argumentam que os carboidratos complexos também aumentam os níveis de serotonina. Assim, consumir carboidratos complexos pode ser uma maneira útil de melhorar os humores sem os picos e vales que ocorrem com carboidratos simples.

Se tem depressão, o que você come pode fazê-lo se sentir melhor ou pior. Assim, preste atenção à sua dieta. Certifique-se de que está balanceada e que contém carboidratos complexos.

Iluminando a Escuridão

Se o inverno consistentemente traz consigo a tristeza, pode ser que você sofra de *transtorno afetivo sazonal*, ou TAS, um subtipo do transtorno depressivo maior. (Veja o Capítulo 2 para maiores informações.) A maioria das pessoas se sente um pouco para baixo quando o sol nasce tarde e se põe cedo dia após dia e as nuvens bloqueiam a luz do sol. No entanto, as pessoas com TAS têm sintomas de transtorno depressivo maior, incluindo perda do prazer e interesse, energia reduzida e assim por diante.

A TAS pode ser tratada com todos os tratamentos usuais para a depressão que discutimos ao longo deste livro, mas a terapia de luz se tornou bastante popular. Com ela, uma pessoa é exposta a uma luz forte que é de 25 a 100 vezes mais potente do que uma lâmpada padrão de 100 watts. Assim, a iluminação usada na terapia de luz é muito mais intensa do que a que você encontra em um ambiente bem iluminado.

DICA

No geral, estudos mostraram que o tratamento funciona melhor do que nenhum tratamento ou placebos. No entanto, a efetividade da terapia de luz é de certa forma controversa, e alguns estudos não mostraram nenhuma melhora além das obtidas com um placebo. Muitos profissionais recomendam uma caminhada diária ao ar livre durante a parte mais iluminada do dia como uma alternativa à terapia da luz.

Os dispositivos de terapia de luz podem ser comprados online. Checamos uma fonte popular e encontramos centenas de dispositivos com preços variando de US$17 a um próximo dos US$500. Muitos podem funcionar como luz de leitura ou luzes dimerizadas que imitam o nascer e o pôr do sol. Leia as resenhas antes de comprar. Sugerimos que compre um que tenha uma boa avaliação e que seja relativamente barato antes de gastar muito dinheiro.

Estas são as vantagens da terapia de luz:

» Costuma ser eficaz rapidamente (às vezes em uma semana).
» Tem menos efeitos colaterais do que a maioria dos medicamentos.
» Depois da compra inicial do equipamento, é barato.

Por outro lado, a terapia de luz causa alguns poucos efeitos colaterais leves, que podem incluir dor de cabeça, náusea, cansaço ocular, inquietação, perturbação do sono e agitação. Estudos descobriram que os pacientes que usam a terapia de luz por muitos anos não sofrem nenhum dano nos olhos. No entanto, os efeitos de um extremo longo prazo da terapia continuam desconhecidos. Se você sofre de problemas oculares significativos, verifique com um oftalmologista antes de usar a terapia de luz.

Tratando a Depressão Severa

Infelizmente, é incomumente difícil tratar alguns casos de depressão. Os medicamentos e a psicoterapia às vezes não aliviam a dor e o sofrimento desses casos difíceis. Os tratamentos alternativos a seguir são usados especificamente para tratar a depressão teimosa. Chamamos de alternativos porque não são usados para a vasta maioria das pessoas deprimidas.

Depressão chocante

Em abril de 1938, médicos italianos em desespero administraram choque em um homem severamente psicótico. Ele aparentemente teve uma vida normal depois de receber o tratamento. Assim nasceu a *eletroconvulsoterapia* (ECT), popularmente conhecida como *terapia de choque*. O interesse na ECT para o tratamento da depressão nasceu nos anos 1950. Logo depois, a emergência dos antidepressivos diminuiu a popularidade da ECT. No entanto, a ECT ainda é usada, particularmente para casos de depressão severa resistentes ao tratamento. Na verdade, perto de 1 milhão de pessoas ainda recebem a ECT todos os anos. Isso pode mudar devido a questões recentes sobre pesquisas a respeito da eficácia e segurança da ECT.

Problemas com a pesquisa sobre ECT incluem o fato de que todos os ensaios clínicos controlados ocorreram há mais de 35 anos. Há relativamente poucos estudos, e os que existem têm um pequeno número de participantes. A qualidade metodológica também era ruim.

Revisores recentes publicaram suas descobertas na revista *Ethical Human Psychology and Psychiatry*. Eles concluíram que não há evidências que apoiem o uso da ECT para pacientes severamente deprimidos, casos suicidas ou de depressão resistente aos tratamentos. Na verdade, recomendaram que, por causa dos riscos de perda de memória permanente e morte, a ECT deveria ser suspensa imediatamente até que dados de melhor qualidade sejam coletados.

Outrora considerada o padrão-ouro no tratamento de depressão severa resistente ao tratamento, há alguns médicos que ainda recomendam a ECT a seus pacientes. E certamente há pacientes que afirmam que a ECT os ajudou. Pesquisadores revisores contra-argumentam dizendo que esses efeitos se devem possivelmente a efeitos placebos ou expectativas de resultados positivos e que não valem os riscos envolvidos.

DICA

Nossa opinião nessa controvérsia é a de que é melhor errar pela cautela e esperar a coleta de mais dados antes de recomendar a ECT com esses riscos impostos. Você não quer perder memórias da sua vida. Há outras alternativas menos arriscadas.

Estimulando os nervos

Os cientistas estão constantemente procurando por novos tratamentos para a depressão. Grande parte de sua motivação vem do fato de que uma pequena porcentagem de pessoas com depressão tem casos excepcionalmente resistentes ao tratamento. No passado, a ECT era uma das poucas abordagens para esses casos. No entanto, como observado na seção anterior, a ECT tem o potencial para efeitos colaterais sérios e é francamente assustadora para muitas pessoas.

Um dos tratamentos mais novos, e possivelmente mais seguros, sob investigação envolve a estimulação do nervo vago (VNS). O *nervo vago* é um dos doze nervos que passam pela cabeça. Ele controla sua aceleração cardíaca, suas cordas vocais, a broncoconstrição e movimentos no trato digestório. A estimulação do nervo vago foi descoberta como eficaz na prevenção de convulsões nos anos 1980 e, mais recentemente, foi aplicada para o tratamento da depressão séria e resistente.

O procedimento envolve implantar um dispositivo que emite intermitentemente um pequeno impulso elétrico aos eletrodos colocados ao redor do nervo vago na parte de cima do tórax. Pacientes que passam por esse procedimento relatam efeitos colaterais leves, que podem incluir fraqueza nos músculos faciais, respiração curta, leve dor de garganta e pigarro ou tosse.

Esses efeitos colaterais são piores quando a estimulação está sendo aplicada, mas geralmente diminuem com o tempo. A estimulação é tipicamente aplicada por cerca de 30 segundos a cada 3 a 5 minutos, 24 horas por dia. Os pacientes têm como desligar o dispositivo se acharem muito desconfortável.

Evidências recentes sugerem que a estimulação do nervo vago pode resultar em uma boa melhora em um número significativo de pacientes, e a vasta maioria de quem melhora não experimenta nenhuma recaída breve. Leva certo tempo para esse tratamento funcionar. Também pode melhorar em eficácia quanto maior for tempo de tratamento. Os dispositivos implantados foram aprovados pelo FDA para depressão severa e resistente ao tratamento, no entanto, alguns convênios estão relutantes em pagar por esses dispositivos.

Na Europa, há novos dispositivos de VNS que não requerem implantação cirúrgica. Eles são usados para tratar depressão, dor e epilepsia, no entanto, mais pesquisas são necessárias para validar completamente seu uso para a depressão resistente ao tratamento. Nos Estados Unidos, o FDA os aprovou para tratar cefaleia.

Magnetizando a depressão

Já temos várias décadas de pesquisa no tratamento para depressão conhecido como *estimulação magnética transcraniana* (EMT), uma terapia segura e não invasiva que envolve colocar no couro cabeludo um eletrodo eletromagnético que produz um forte campo magnético. O pulso magnético estimula as células nervosas nas áreas do cérebro que se imagina que estão envolvidas na modulação do humor.

A EMT é aprovada pelo FDA para o tratamento da depressão crônica severa, não requer sedação e é essencialmente livre de dor. Diferente da VNS, a EMT não requer implantação cirúrgica, e, diferente da ECT, não requer anestesia nem causa convulsões. Os efeitos colaterais incluem dor de cabeça, tontura, desconforto no couro cabeludo e formigamento dos músculos faciais. Esses efeitos colaterais tendem a passar logo após as sessões.

Originalmente a EMT foi aprovada para cinco sessões por semana, geralmente durando de trinta a quarenta minutos, e essas sessões continuavam por quatro a seis semanas. Novos dispositivos pretendem encurtar o tempo do tratamento. Os pacientes podem dirigir sozinhos para as sessões, porque não há o envolvimento de sedação. A EMT nem sempre é coberta pelo convênio, então verifique essa informação, e ela pode se provar um procedimento simples mas eficaz contra a depressão severa. No entanto, como a abordagem é relativamente nova, há a necessidade de estudos de longo prazo.

CUIDADO

A EMT não é apropriada para as pessoas que têm dispositivos elétricos ou metálicos implantados e também não é recomendada para pacientes com danos cerebrais ou histórico de convulsões. Verifique com seu médico sobre outras restrições em potencial.

Procurando um Pouco Mais

Procuramos na literatura tratamentos alternativos adicionais para a depressão. Acredite, você não deveria testar tudo o que alguém sugeriu. No entanto, contaremos sobre algumas poucas outras possibilidades que podem melhorar um mau humor ocasional mas não podem substituir abordagens mais cientificamente validadas para o tratamento da depressão:

» **Ionização do ar:** Pode ser que você tenha sentido uma melhora no seu estado de espírito quando ficou perto de uma cachoeira. O efeito pode ocorrer por causa dos íons negativos na atmosfera produzidos pela queda d'água. Você pode comprar máquinas que produzem íons negativos, mas não espere grandes melhorias no humor por causa deles. Pesquisas não conseguiram encontrar um efeito positivo na ansiedade, no humor, sono e relaxamento a partir da terapia de ionização. No entanto, alguns poucos dados indicaram que pode haver um efeito modesto na diminuição da depressão.

» **Arte e terapias criativas:** Atividades que lhe permitem se expressar de maneiras criativas podem ser maneiras eficazes de aliviar o estresse, diminuir a ansiedade e reduzir sintomas depressivos. Sessões supervisionadas por um arteterapeuta podem ser especialmente benéficas. Pesquisas demonstraram diminuições em curto prazo nos sentimentos negativos depois da arteterapia. No entanto, recomendamos essa terapia como um *acompanhamento* para abordagens empiricamente validadas, em vez de como um tratamento único.

» **Massagem:** A massoterapia, quando feita por um terapeuta treinado, envolve a manipulação dos tecidos macios do corpo. A maioria das pessoas sabe que uma massagem pode ser muito boa, mas ela pode aliviar a depressão? As massagens podem ajudar a aliviar o estresse e aumentar os sentimentos de bem-estar por um curto período de tempo, no entanto, não mostraram valor consistente como um tratamento para transtornos depressivos maiores.

» **Relaxamento:** Há várias técnicas para ensinar as pessoas a relaxar seus músculos. Uma meia dúzia de pequenos estudos controlados sugere que o relaxamento pode ser eficaz no tratamento de depressão leve. Mais uma vez, no entanto, há necessidade de mais pesquisas, e os estudos ainda não demonstraram se o treinamento de relaxamento reduz a depressão no longo prazo. Ainda assim, ele tem um potencial muito baixo para efeitos colaterais negativos, e pode ser que realmente alivie a depressão.

» **Acupuntura:** Esse antigo método chinês ostensivamente estimula o corpo a corrigir desequilíbrios no fluxo de energia. Agulhas bem finas são inseridas em regiões do corpo específicas e teoricamente relevantes. Alguns estudos sugeriram que a acupuntura efetivamente diminuía a depressão em três meses. Também foi usada para tratar dor crônica, que costuma ser um fator de risco para a depressão.

DICA

Quando você está deprimido, qualquer atividade que traga alívio temporário ou bons sentimentos é absolutamente legal. Encorajamos que tente vários tipos de abordagens diferentes. No entanto, nada pode substituir tratamentos empiricamente validados. Mas, de qualquer maneira, tenha o máximo possível de divertimento. Só não gaste muito de seu suado dinheiro ou de seu precioso tempo buscando o fim do arco-íris.

304 PARTE 5 **Lutando com o Inimigo Físico: Terapias Biológicas**

6 Olhando Além da Depressão

NESTA PARTE...

Prepare um plano para uma possível recaída.

Entenda o relacionamento entre a depressão e a memória e desenvolva maneiras de melhorar a memória.

Desfrute da psicologia positiva.

> **NESTE CAPÍTULO**
>
> » **Entendendo a natureza e os riscos da recaída**
>
> » **Protegendo-se da recaída**
>
> » **Lidando com a recaída quando ela acontecer**

Capítulo **19**

Reduzindo o Risco de Recaída

As informações neste capítulo são especialmente importantes depois que você sentir uma melhora na sua depressão. Se seu humor não melhorou substancialmente, sugerimos que trabalhe em sua depressão antes de se preocupar muito com recaída. As Partes 1 a 5 deste livro podem ajudar. Se fez um grande esforço pessoal e a depressão não melhorou muito, procure ajuda profissional. Mas se percebeu uma melhora substancial nos seus sintomas — ou se não sofre de depressão, mas quer descobrir mais sobre ela —, continue lendo.

> **Craig** assumiu um novo cargo como diretor de Ensino Médio no ano passado. A responsabilidade não está sendo fácil para ele. Ele não se sente bem há seis meses; se sente sobrecarregado e ainda assim falta vontade para resolver os problemas do dia a dia. Craig geralmente assume os problemas de cabeça, então marca uma consulta com seu médico de cuidados primários, que prescreve antidepressivos. Depois de apenas seis semanas tomando religiosamente o remédio, Craig se sente no topo do mundo de novo. Ele não tem mais os sintomas da depressão. Apesar de seu médico ter recomendado continuar o medicamento por pelo menos seis meses, Craig escolhe ignorar o conselho do médico e

para. Ele "sabe" que está bem; afinal, não se sente bem assim há anos. Além disso, diminui o consumo da medicação aos poucos para evitar os efeitos de abstinência sobre os quais foi advertido. Cinco semanas depois, Craig sofre uma recaída e cai num poço sem fundo, sentindo-se mais deprimido do que antes de começar a tomar o remédio.

Neste capítulo, discutimos o que é conhecido como recaída e depressão. A *recaída* refere-se a uma queda de volta à depressão depois de ter se recuperado completamente ou pelo menos ter tido uma recuperação razoável. Explicamos com que frequência a recaída acontece e falamos sobre o que você pode fazer para reduzir esse risco. Também damos ideias sobre como lidar com a recaída caso ela aconteça com você.

Arriscando a Recaída na Depressão

Ao escrever este livro, escolhemos ser diretos. É por isso que nossa abordagem à terapia cognitiva (veja a Parte 2) recomenda que você use o pensamento objetivo e baseado em evidências, em vez de se iludir com autoafirmações positivas simplistas como uma cura para sua depressão. Queremos que você veja a si e ao mundo como são, não como um conto de fadas. A negação só deixa tudo pior.

Então, quando estamos falando do tratamento da depressão, damos a boa e a má notícia. A boa notícia é que, com a vasta quantidade de terapias estabelecidas e novas e de medicamentos disponíveis hoje, a maioria das pessoas com depressão pode ser tratada com sucesso. Por tratamento de sucesso queremos dizer que seus sintomas depressivos podem ser aliviados por pelo menos seis meses ou mais. A má notícia é que o risco de recaída é extremamente alto.

Felizmente, temos mais boas notícias: você pode fazer algumas coisas para reduzir o risco de recaída e, se voltar a ficar melancólico, tem uma boa chance de combater a depressão mais uma vez.

Determinando o que está acontecendo

No Capítulo 4, discutimos o fato de que, com a depressão, o progresso sempre acontece de forma desigual, com muitos altos e baixos pelo caminho. Na verdade, não conseguimos nos lembrar de trabalhar com alguém que progrediu sem jamais dar uma escorregada. Além disso, todo mundo tem mau humor e dias ruins de vez em quando. Então, como é possível saber se o que você está sentindo é uma recaída real?

LEMBRE-SE

Ao sentir uma recaída total da depressão, você tem sinais claros de um dos tipos de depressão que discutimos em detalhes no Capítulo 2 depois de um período de seis meses ou mais sem depressão. Se seus sintomas são leves e não cumprem os critérios para depressão listados no Capítulo 2, você se deparou com um dos sinais precoces de atenção da depressão — algo a ser levado a sério, mas não é uma recaída real. Para lidar com os sinais precoces de atenção, tente as sugestões que fornecemos na seção "Preparando um Plano de Prevenção" neste capítulo. Por outro lado, se estiver no meio de uma recaída, leia a seção "Controlando a Recaída Quando Ela Ocorrer", que também encontrará mais à frente neste Capítulo.

Avaliando as taxas de recaída

Então, quão alto é o risco da recaída da depressão? Bom, em partes, a resposta depende de se sua depressão foi tratada com medicação ou terapia.

Se você descontinuar a medicação depois que sua depressão melhorar, suas chances de recaída passam de 50% nos próximos um ou dois anos. As chances parecem um pouco melhores se você recebeu apenas a terapia cognitiva ou em conjunto com a medicação ou logo após ela. A terapia interpessoal (discutimos elementos dessa terapia nos Capítulos 15 e 16) também mostrou uma promessa de reduzir a recaída. Suas chances de reduzir o risco de recaída melhoram ainda mais se também receber terapia comportamental, como resolução de problemas (falamos sobre isso no Capítulo 14) ou técnicas de mindfulness (discutidas no Capítulo 9).

As terapias que escolhemos para este livro foram selecionadas em parte por seu potencial de reduzir a recaída. Combiná-las lhe dá ferramentas particularmente robustas para reduzir seus riscos.

CUIDADO

Ainda que muitos tratamentos possíveis diminuam a chance de recaída, seu risco de recaída é consideravelmente maior se parar o tratamento antes que os sintomas de depressão tenham realmente desaparecido. Em outras palavras, suas chances de passar por uma recaída aumentam se parar o tratamento antes de estar realmente de volta a uma condição completamente sem depressão. Não pare o tratamento até que tenha meses de energia normal, apetite, sono e diversão das atividades.

Taxas de depressão aumentaram durante a pandemia de 2020, e apesar de as estatísticas completas não serem atualmente conhecidas, o senso comum nos diz que as taxas de recaída também são altas. O isolamento social, a incerteza, dificuldades financeiras e o luto são todos fatores de risco.

DICA

Se estiver sofrendo sintomas de depressão durante momentos estressantes e tem histórico de um transtorno depressivo maior, procure seu convênio para mais informações sobre obter ajuda.

CAPÍTULO 19 **Reduzindo o Risco de Recaída** 309

Conhecendo os riscos

Além dos fatores de recaída que descrevemos na seção "Avaliando as taxas de recaída", outro fator possível e intrigante está emergindo. Novas evidências sugerem um problema surpreendente que pode aumentar a probabilidade de uma recorrência de sua depressão.

DICA

Você pode fazer o Quiz da Recaída na Tabela 19-1 para obter uma ideia sobre se esse risco para recaída se refere a você. Para cada questão, avalie o quanto você concorda em uma escala de 1 a 7. Use 1 para *discordo completamente*, 2 se você discorda em grande parte, 3 se você discorda um pouco, 4 se nem discorda nem concorda, 5 se você concorda um pouco, 6 se você concorda em grande parte e 7 se você *concorda completamente* com a frase.

TABELA 19-1 Quiz da Recaída

Frase	Taxa de Acordo ou Desacordo
Sacrifico minhas próprias necessidades para agradar outras pessoas.	1 2 3 4 5 6 7
Sinto que preciso da aprovação das outras pessoas para ser feliz.	1 2 3 4 5 6 7
Sei que posso controlar a depressão se ela bater.	1 2 3 4 5 6 7
Não há nada que eu possa fazer para lidar com a depressão.	1 2 3 4 5 6 7
Quando me sinto triste, tenho certeza de que a visão que tenho da vida é realista.	1 2 3 4 5 6 7
Quando estou deprimido, sei que meus pensamentos e minhas emoções não refletem com precisão o que está acontecendo.	1 2 3 4 5 6 7
Sou a causa da minha própria depressão.	1 2 3 4 5 6 7
Fico deprimido quando faço alguma besteira.	1 2 3 4 5 6 7

Você pontua neste quiz um pouco diferente do que a maioria dos autotestes. Você não soma ou subtrai as pontuações. Em vez disso, com quanto mais itens você ou *concorda completamente* ou *discorda completamente*, como indicado pela pontuação de 1 a 7, mais altas são suas chances de recaída.

Sabemos que é estranho ouvir que seu risco de recaída aumenta se você *concorda completamente* com itens como:

» Sei que posso controlar a depressão se ela bater.

» Quando estou deprimido, sei que meus pensamentos e minhas emoções não refletem com precisão o que está acontecendo.

310 PARTE 6 **Olhando Além da Depressão**

E também sabemos que ter um elevado risco de recaída soa estranho se você *discorda completamente* de itens como:

> » Sinto que preciso da aprovação das outras pessoas para ser feliz.
>
> » Quando me sinto triste, tenho certeza de que a visão que tenho da vida é realista.

Por que não iríamos querer que você acredite totalmente que pode controlar sua depressão quando ela bate? E, se está triste, não gostaríamos que você acreditasse completamente que está vendo a vida e os eventos irrealisticamente? Bem, mais ou menos, mas espere um pouco.

Na Parte 2, detalhamos como a terapia cognitiva ajuda as pessoas a avaliar a si mesmas e seu mundo *realisticamente*. Se já teve uma crise de depressão séria, controlar absoluta e completamente sua depressão quando ela bate provavelmente não soa tão realista. Pode ser mais razoável dizer que você tem *alguma* confiança na sua habilidade de controlar suas emoções, mas não confiança total. Pode ser que possa dizer que tem *bastante* confiança, mas não confiança *total*. Dizer que você não precisa da aprovação de outras pessoas para ser feliz pode ser realista. Mas não é provável que você tenha alguma dúvida?

LEMBRE-SE

Idealmente, o pensamento extremamente otimista pode causar uma recaída. Enxergar-se como superior a outras pessoas pode colocar você em risco de decepção e depressão. Da mesma forma, o pensamento de Pollyana pode fazer o mesmo.

LEMBRE-SE

Nosso Quiz da Recaída não é um teste científico, então não se preocupe excessivamente se responder com alguns 1 e 7. No entanto, pesquisas sugerem que você deveria evitar o pensamento absoluto e extremo. Também, se você nunca ficou deprimido, esse quiz não tem relevância para a possibilidade de você desenvolver depressão no futuro. Como você nunca esteve no fundo do poço da depressão, é provavelmente mais razoável que você tenha uma confiança mais completa nas visões que tem de você mesmo e do mundo.

Preparando um Plano de Prevenção

Se ignorar por completo a real possibilidade do retorno de sua depressão, a recaída pode estar bem perto, na esquina, esperando para atacar. Mas você pode fazer muitas coisas para minimizar os perigos da recaída. Agora revisamos as estratégias que você tem disponíveis para evitá-la.

Sustentando o sucesso

Quando a depressão finalmente solta suas garras, a maioria das pessoas sente vontade de parar o tratamento. E não as culpamos por se sentirem assim. Todos os tratamentos para depressão (incluindo a autoajuda) requerem tempo, energia e pelo menos um pouco de dinheiro.

DICA

Dados os vários desafios que o tratamento apresenta, por que colocar mais esforço do que é necessário — especialmente quando você está se sentindo bem de novo? Bem, contaremos: porque o risco de recaída é inaceitavelmente alto se parar prematuramente, principalmente quando pensa na natureza debilitante da depressão.

LEMBRE-SE

A maioria dos profissionais defende o tratamento para depressão até que os sintomas cessem completamente, não só até que estejam parcialmente resolvidos. Além do mais, terapeutas costumam recomendar tratamento contínuo por pelo menos alguns meses depois da remissão completa da depressão — retorno da energia, concentração, apetite, sono e prazer nas atividades da vida normais.

A sugestão para continuar o tratamento é baseada na ideia de que atingir um domínio das novas habilidades, comportamentos e formas de pensar é a melhor abordagem. Habilidades recém-adquiridas não se mantêm com as adversidades inevitáveis da vida. As habilidades que você adquire precisam de prática e repetição. Para que se mantenham firmes sob pressão, precisam ser "mais do que aprendidas".

Continue praticando as estratégias que aliviavam a depressão até que sinta que as domina completamente. Além disso, pode ser que queira tentar algo diferente (como terapia comportamental, na Parte 3, ou terapia de relacionamento, na Parte 4) e ensaiar essas novas habilidades. Se ainda não testou a terapia cognitiva (veja a Parte 2), sugerimos que o faça, porque a terapia do pensamento não só combate a depressão, mas também previne a recaída.

LEMBRE-SE

Quanto mais habilidades você dominar para lidar com a depressão, menos provavelmente você terá uma recaída no futuro. Continuar a psicoterapia ou a medicação por alguns meses depois do alívio da sua depressão pode ajudar a evitar a recaída.

Mesmo que você escolha tratar sua depressão somente com medicação, sugerimos que continue tomando por pelo menos seis meses a um ano depois que sua depressão desaparecer completamente. Fazer isso reduzirá as chances de ter uma recaída de alguma maneira, apesar de recomendarmos fortemente que você teste algum tipo de psicoterapia, como a terapia cognitiva, além da medicação. Como alternativa, algumas pessoas com histórico de depressão recorrente percebem que continuar tomando antidepressivos pela vida toda fornece uma proteção razoável contra a recaída. (Veja o Capítulo 17 para maiores informações sobre os medicamentos.)

Monitorando os sinais

No Capítulo 1, revisamos a miríade de maneiras pelas quais a depressão afeta seus pensamentos, seu comportamento, seu corpo e seus relacionamentos. Se já trabalhou para combater sua depressão, sem dúvidas sabe como ela é para você. Sugerimos que observe a si e aos sintomas discutidos no exercício a seguir de tempos em tempos.

DICA

Conduza uma Revisão Clínica da Depressão pelo menos uma vez por mês. Selecione um momento conveniente e marque sua Revisão Clínica da Depressão no calendário. Recomendamos conduzir essa revisão durante pelo menos um ano depois da queda da depressão. Em sua Revisão da Depressão, faça essas perguntas:

- » Tenho tido pensamentos sombrios e tristes?
- » Comecei a evitar pessoas ou situações que me fazem sentir desconfortável?
- » Qual é o meu humor em uma pontuação de 1 (extremamente deprimido) a 100 (completamente feliz)? Meu humor caiu de sua pontuação usual em mais de 10 pontos e ficou mais baixo por mais de uma semana?
- » Tenho tido problemas notáveis com meu apetite, sono ou energia?
- » Tenho estado mais para baixo que o usual?
- » Tenho estado mais irritado que o usual?
- » Tenho tido um aumento nos sentimentos de culpa?
- » Tenho tido problemas para me concentrar?

CUIDADO

Se respondeu sim a uma ou mais dessas perguntas, preste atenção! Essa lista contém os sinais precoces de atenção de uma depressão iminente. É claro, qualquer pessoa pode vivenciar alguns pensamentos sombrios, um pouco de culpa e dificuldade de se concentrar sem cair em uma depressão completa. No entanto, recomendamos que leve esses sinais a sério ao recomeçar alguma forma de depressão, ou possivelmente alguns esforços de autoajuda se seus sintomas forem leves.

Usando uma simulação de incêndio

Ninguém sabe quando um incêndio começará. É por isso que crianças de escolas de todos os lugares periodicamente fazem simulações de incêndio, que as preparam para saber exatamente o que fazer quando o incêndio começar.

CAPÍTULO 19 **Reduzindo o Risco de Recaída** 313

DICA

Uma Simulação de Incêndio para a depressão envolve imaginar claramente potenciais adversidades ou dificuldades. Então você se pergunta como pode lidar com elas. Finalmente, você se imagina lidando com elas de maneira positiva.

Achamos que você não é vidente, então não pode prever quais adversidades pode encontrar no futuro ou quando essas dificuldades aparecerão. No entanto, você provavelmente sabe quais tipos de eventos lhe causaram problemas no passado. Em vez de fingir que todo o restante de sua vida será só rosas, sugerimos que faça uma lista de cenários preocupantes.

Na sua lista, inclua qualquer coisa que você acredita que possa acontecer com você e que você teme que talvez supere a sua capacidade de lidar com ela. Algumas possibilidades são:

- Constrangimento.
- Não conseguir cumprir um prazo.
- Reveses financeiros.
- Doença.
- Machucado.
- Isolamento causado por uma pandemia.
- Perder um ente querido.
- Rejeição.

Em seguida, pegue sua lista e selecione um item. Imagine que esse evento acontecerá e encontre uma maneira de lidar com a adversidade. Quando fizer uma Simulação de Incêndio, use as perguntas nesta lista para ajudá-lo a ter mais ideias sobre como lidar com elas:

- Como outra pessoa lidaria com essa situação?
- Eu lidei com algo parecido no passado? Como fiz isso?
- Quanto esse evento afetará minha vida um ano depois que acontecer?
- Esse evento é tão terrível quanto estou fazendo com que seja?
- Há maneiras intrigantes e criativas de lidar com esse desafio?

DICA

As pessoas têm pavor das possibilidades do futuro porque presumem que serão incapazes de lidar com elas. No entanto, quando encaram o medo de cabeça erguida, é mais provável que descubram que podem diminuir o tamanho dele. É por isso que você deve conduzir uma Simulação de Incêndio em cada item da sua lista de cenários preocupantes.

Ryan se recuperou de sua crise de depressão há cerca de um mês. Ele se sente muito melhor, mas percebe que precisa considerar seriamente a questão da recaída. Assim, ele monitora seus sinais precoces de atenção da depressão e percebe que está começando a evitar certas pessoas e situações. Ele sabe que, no passado, ficou altamente sensível ao constrangimento e à rejeição.

Então, ele escolhe usar a Simulação de Incêndio com essa questão. Ele se imagina vividamente perguntando se Brooke (uma menina por quem é atraído) quer sair com ele e recebendo uma rejeição dolorosa. Então, responde desta maneira às perguntas sobre como lidar com a situação:

- **Como outra pessoa lidaria com essa situação?** "Na verdade, aposto que isso acontece com as pessoas o tempo todo. A chave é aceitar a rejeição, me perguntar se há algo que eu posso aprender com isso e seguir em frente. A rejeição ficará marcada na minha testa para que todos vejam."

- **Eu lidei com algo parecido no passado? Como fiz?** "Sim, já me rejeitaram antes, e sobrevivi. Não gostei, mas lidei com aquilo."

- **Quanto esse evento afetará minha vida um ano depois que acontecer?** "Se colocar dessa forma, acho que não muito."

- **Esse evento é tão terrível quanto estou fazendo com que seja?** "Não. Acho que falo a mim mesmo que é terrível e que isso significa que sou um fracasso total, mas ter esses pensamentos não faz com que sejam reais."

- **Há maneiras intrigantes e criativas de lidar com esse desafio?** "Talvez eu poderia experimentar aquele serviço de encontros rápidos em que você encontra cerca de vinte pessoas em uma hora. Pode ser que eu encontre alguém interessante. E mesmo que eu não goste, talvez possa aprender a lidar com a rejeição passando por ela."

A Simulação de Incêndio de Ryan o ajuda a perceber que sua habilidade de lidar com situações temidas é maior do que ele se permitia acreditar. Ele então imagina ser rejeitado e lidar com a rejeição muitas vezes. Depois que percebe que pode lidar com esse problema, ele convida Brooke para sair.

DICA

A estratégia Simulação de Incêndio funciona melhor se você ler primeiro sobre a terapia cognitiva, na Parte 2. Ela ajuda a entender como lidar com eventos difíceis com maneiras mais racionais de pensar. Quando você conduz uma Simulação de Incêndio, consegue prática extra usando esse tipo de pensamento.

Com muita frequência, as pessoas que sofrem de depressão também têm dificuldades com ansiedade em excesso e se preocupam com eventos futuros. E, para muitas delas, a ansiedade parece anteceder a emergência da depressão. Se sofre de ansiedade junto com a depressão, recomendamos que leia nosso outro livro, *Dominando a Ansiedade Para Leigos* (Alta Books). Mais trabalho com sua ansiedade o ajudará a fazer melhor uso da técnica Simulação de Incêndio, bem como a isolar depressões recorrentes.

Buscando o bem-estar

Se você trabalhar bastante para superar sua depressão e procurar diligentemente por soluções, as chances estão a favor de um resultado positivo. Em outras palavras, você tem uma boa chance de combater sua depressão. Mas por que parar aí? Pode ser que não se sinta mais deprimido, mas já atingiu um senso maior de bem-estar?

Rastreando seu bem-estar

Alguns indivíduos relatam que raramente sentem um nível de satisfação ou bem-estar real mesmo quando não estão deprimidos. No entanto, quando solicitado que rastreiem de perto seu bem-estar, costumam descobrir que certos tipos de situações e eventos criam mais satisfação do que outros. Essa descoberta costuma inspirá-los a aumentar seu envolvimento com atividades gratificantes.

Reserve um tempo para ponderar as atividades que são satisfatórias para você. Escreva em um caderno ou faça uma lista em seu dispositivo. Então, registre os pensamentos que você tem em resposta a esses eventos, bem como quanta satisfação lhe oferecem. Classifique a intensidade de sua satisfação em uma escala de 0 a 100. Você pode usar esse Rastreador de Satisfação para te ajudar a descobrir as atividades que melhoram seu senso de bem-estar. (Veja um exemplo na Tabela 19-2.) Então, você pode usar essas informações para praticar mais essas atividades, aumentando sua satisfação de modo geral.

> **Alec** não se sente mais deprimido, mas acha que não gosta de muitas coisas. Seu terapeuta sugere que ele use um Rastreador de Satisfação para ter uma ideia melhor sobre que tipos de situação aumentam sua sensação de bem-estar. A Tabela 19-2 mostra o que Alec descobriu quando registrou a intensidade da satisfação que sentiu quando participou de eventos específicos.

TABELA 19-2   ## Rastreador de Satisfação de Alec

Situação	Pensamentos Satisfatórios	Intensidade da Satisfação (Em uma Escala de 0 a 100)
Levar o cachorro para o ParCão.	Amo ver meu cachorro correr!	60
Ir a uma festa.	Gosto de conversar com alguns dos meus amigos.	40
Exibir meu carro novo para Linda.	Acho que talvez ela goste de mim.	35
Encerar meu carro novo.	Me sinto muito bem quando cuido bem das coisas.	65
Almoçar com Larry.	Gosto de colocar o papo em dia com ele.	70
Limpar a garagem.	É bom fazer as coisas que estava adiando.	65

Alec descobriu que mais coisas do que ele pensava o deixam satisfeito. Claramente, gosta de levar o cachorro para passear e completar certas tarefas domésticas. Ele também gosta de botar o papo em dia com Larry. Decide assumir ao menos uma tarefa satisfatória, sair para almoçar com um amigo e levar seu cachorro ao parque toda semana. Mas Alec também nota que sua satisfação não é tão alta quanto ele esperava em dois itens — ir a uma festa e exibir seu carro novo. Essa descoberta o leva para a próxima estratégia para melhorar seu bem-estar.

Cortando os interruptores do bem-estar

Se começar a rastrear suas situações satisfatórias como o Alec fez na Tabela 19-2, é provável que descubra que algumas de suas satisfações não são incríveis como as outras. Quando este for o caso, dê uma olhada nos seus pensamentos a respeito do evento. Então se pergunte se você tem algum pensamento que interrompe o senso de satisfação. Podemos chamar esses pensamentos de *interruptores da satisfação* — quaisquer pensamentos que tirem o divertimento de uma atividade positiva.

Por exemplo, **Annette** rastreia suas atividades satisfatórias como Alec fez na Tabela 19-2. Ela então escolhe alguns desses eventos que não a fizeram se sentir tão satisfeita quanto esperava. A Tabela 19-3 mostra a natureza de seus interruptores de satisfação.

TABELA 19-3   Interruptores da Satisfação de Annette

Evento	Pensamento Satisfatório	Pensamentos Interruptores da Satisfação
Fazer voluntariado no abrigo para pessoas em situação de rua.	Gosto de contribuir para a sociedade.	Então pensei que eu deveria estar trabalhando no meu projeto escolar: nunca o terminarei.
Ir a uma festa.	Acho que talvez o Kyle goste de mim.	Então pensei que ele provavelmente tem uma namorada e só está sendo educado.

DICA

Percebe como os pensamentos de interrupção da Annette conseguem diminuir sua sensação de bem-estar e satisfação? Se não está se sentindo tão satisfeito com eventos como acha que deveria estar, tente rastrear seus interruptores de satisfação como a Annette. Então, faça a si mesmo as seguintes perguntas sobre esses insidiosos pensamentos interruptores:

» Quais evidências eu tenho que respaldam ou refutam meus pensamentos interruptores da satisfação?

» Se um amigo meu me falasse que teve esse pensamento interruptor, eu pensaria que soou razoável ou meramente autossabotagem da parte de meu amigo?

» Tenho experiências na minha vida que talvez refutem esse pensamento interruptor?

» Esse pensamento interruptor está distorcido de alguma forma?

» Posso refletir sobre um pensamento interruptor da satisfação que talvez seja mais preciso e me ajude a me sentir melhor?

Quando Annette sujeita seus pensamentos interruptores da satisfação a esses questionamentos, ela é capaz de gerar uma alternativa mas satisfatória. Você também provavelmente descobrirá que vale a pena analisar seus interruptores da satisfação. Quando responder às perguntas anteriores, provavelmente será capaz de questionar esses pensamentos interruptores e chegar a perspectivas mais satisfatórias. Recomendamos que guarde essa informação.

DICA

A estratégia de desafiar pensamentos interruptores da satisfação pode parecer familiar para você se você leu a Parte 2, que fala sobre a terapia cognitiva. Na Parte 2, você encontra mais estratégias para lidar com o pensamento problemático. A principal diferença aqui é que você rastreia eventos *satisfatórios*, em vez de perturbadores e depressivos, e então registra quais pensamentos *interferem* nessa satisfação.

Mudando seu estilo de vida

Uma terceira estratégia útil para aumentar seu senso geral de bem-estar e diminuir a probabilidade de recaída é dar uma boa olhada no seu estilo de vida. Faça a si mesmo estas perguntas de Análise do Estilo de Vida:

» Estou passando um tempo fazendo coisas que me fazem bem ou estou apenas me entorpecendo fazendo coisas como assistir televisão em excesso ou jogando videogame sem refletir muito?

» Estou trabalhando mais do que o necessário?

» Estou obcecado com padrões autoimpostos de perfeccionismo que causam uma pressão desnecessária em mim?

» Tiro férias e folgas razoáveis?

» Eu me envolvo em atividades recreativas suficientes?

» Há coisas que eu sempre quis fazer que não fiz? Se sim, o que e por que não as faço?

DICA

Tire um tempo para examinar sua vida. Pense se a maneira como você gasta seu tempo reflete suas prioridades. Se não, considere alocar seu tempo de outra maneira. Se você se sente encurralado e incapaz de fazer essas mudanças, leia os Capítulos 13 e 14. Pode ser que você descubra uma maneira criativa de escapar da armadilha que sua mente montou.

Controlando a Recaída Quando Ela Ocorrer

Às vezes, apesar dos enormes esforços de se livrar dela, a depressão retorna. O que você faz nesse caso? Primeiro, precisa saber como é uma recaída verdadeira. (Verifique a seção "Determinando o que Está Acontecendo" deste capítulo.) Então, se determinar que pode estar sentindo uma recaída, precisa fazer algumas coisas para lidar com ela.

LEMBRE-SE

O primeiro passo para lidar com uma recaída é procurar ajuda profissional. Se nunca se consultou com um terapeuta ou psiquiatra, certifique-se de marcar um horário, porque somente a autoajuda não será suficiente quando você está lidando com depressões recorrentes. Se já se consultou com um profissional, não conclua que uma recaída significa que a ajuda profissional é inútil.

Se pareceu que a terapia ajudou anteriormente, então mais terapia provavelmente se provará bastante benéfico. Se já tentou fazer terapia e não ajudou, precisa de mais tratamento — talvez com um terapeuta diferente. (Veja o Capítulo 5 para maiores informações sobre como encontrar o terapeuta certo.)

Se ainda não tentou medicamentos, pode ser que queira considerar. Se já funcionou antes e você parou, pode ser que queira recomeçar a usar ou adicionar terapia ao seu arsenal.

A pior coisa que pode fazer quando sente uma recaída é pensar nela como uma catástrofe e presumir que significa que você fracassou ou que sua condição é especialmente irremediável. Você tem que entender que a depressão é um inimigo formidável com inúmeras causas, incluindo genética, trauma e fatores desconhecidos. Os profissionais não acreditam que a depressão recorre por causa de fraqueza pessoal, falta de força moral ou qualquer outra falha que resida em uma pessoa. Apesar de não ser agradável enfrentar esse inimigo de novo, você pode combater a depressão.

A grande maioria das recaídas da depressão pode ser tratada com sucesso. Há muitas vias de tratamentos para serem exploradas.

> **NESTE CAPÍTULO**
>
> » **Entendendo como a memória funciona**
>
> » **Analisando os efeitos da depressão na memória**
>
> » **Sabendo quando se preocupar com o esquecimento**
>
> » **Verificando estratégias para melhorar sua memória**

Capítulo **20**

Consertando Sua Memória

A depressão é muito ruim. Você se sente péssimo. Seu sono pode ser afetado, seu apetite pode ficar uma bagunça, e parece que mais nada é divertido. O que poderia ser pior? Bom, você pode adicionar à mistura um declínio significativo na sua habilidade de se lembrar de nomes, datas, tarefas e listas de compras.

Mas por que deveríamos destacar a memória como uma preocupação especial? Principalmente porque uma memória destruída causa transtorno no seu dia a dia. Além disso, quando você percebe problemas com a memória, se colocar para baixo por ter esse problema é fácil demais. Você não precisa de mais fontes para o pensamento negativo do que a depressão já lhe deu.

A depressão e a perda de memória andam de mãos dadas. A boa notícia é que, quando a depressão melhora, é provável que sua memória também melhore. Mas, enquanto isso, há muitas opções para ajudar e melhorar sua memória, o que, por sua vez, pode melhorar seu humor.

Para entender como a depressão prejudica a memória, primeiro contamos como a memória funciona e então descrevemos os diferentes tipos de memória. Em seguida, revelamos as formas como a depressão desgasta e interrompe a memória. Algum esquecimento é perfeitamente normal, então falamos como saber se seu problema precisa de mais atenção, e, finalmente, fornecemos estratégias para lidar com os problemas de memória e estimular suas habilidades de memória.

Entendendo a Memória

Pense em quando era criança. Qual é a primeira memória de que você consegue se lembrar da infância? Você se recorda de onde o evento aconteceu, quem estava lá e como você estava? Bom. Agora tente se lembrar do que almoçou há duas semanas. O quê? Você se lembra de algo que aconteceu há anos, mas não se lembra de algo que aconteceu há duas semanas?

Esse pequeno exercício demonstra que os processos da memória são complexos. Você não se lembra de tudo o que aconteceu com você. Temos certeza de que estava acordado e prestando atenção ao que comeu há duas semanas, mas você provavelmente não consegue se lembrar da comida a menos que tenha sido atípica, especial ou importante para você de alguma forma.

Os cientistas basicamente concordam sobre como as memórias são formadas. Toda memória começa com alguma percepção das informações ou de um evento por um ou mais dos sentidos. Muitos fatores determinam a percepção que formam uma memória e se você se lembrará dela ou não. As seções a seguir descrevem brevemente os processos mais importantes envolvidos na memória.

Memória para o agora: Memória imediata

Pense na memória imediata como uma fotografia ou registro de cada momento que rapidamente se desintegra. Agora você está lendo essas palavras, mas seus sentidos também estão cientes da temperatura do cômodo em que está, dos sons ao seu redor, do nível da luz e do conforto de seu assento. Você pode voltar sua atenção deliberada a quaisquer dessas sensações, mas não está consciente da maioria delas.

Você usa sua memória imediata quando alguém lhe dá alguma informação, como "vire à esquerda no segundo semáforo" ou "pare na loja e compre leite e pão". Você pode se lembrar por alguns minutos e então se esquecer completamente. Se há vários passos em um conjunto de direções ou se a lista de compras for longa, você provavelmente não se lembrará nem depois de alguns minutos.

Seu almoço há duas semanas esteve em sua memória imediata por um tempo. A menos que algo incomum tenha acontecido, como se engasgar com um osso de galinha, a memória de seu almoço provavelmente nunca irá da memória imediata para a memória de longo prazo (que descrevemos depois). Em vez disso, ela será perdida para sempre.

322 PARTE 6 **Olhando Além da Depressão**

Fazendo malabares com os itens da memória: Memória de trabalho

Ao prestar atenção à informação, sua memória de trabalho (uma zona temporária) permite que você use, manipule, elabora ou envie a informação para um armazenamento de longo prazo. A memória de trabalho é como uma lousa no seu cérebro que constantemente muda. Sem a memória de trabalho, você seria incapaz de resolver muitos tipos de problemas que envolvem pensar em mais de um conceito por vez. Um exemplo: diga todas as letras do alfabeto (que você tira da sua memória de longo prazo) que rimam com a palavra *pá*. Para falar essas letras, você tem que usar a memória de trabalho para visualizar todas as letras, escaneá-las e descobrir se rimam.

A memória de trabalho permite que você considere vários aspectos de um problema ao mesmo tempo e crie soluções. Por exemplo, ao decidir comprar ou não um carro novo, sua memória de trabalho pode permitir que você pense em como um carro novo ficaria legal na frente de sua casa, onde você venderia seu carro antigo, quanto trabalho seria procurar uma concessionária e que efeito um grande financiamento automotivo teria na sua conta bancária e em seu estilo de vida. As pessoas com uma memória de trabalho ruim costumam tomar decisões impulsivas sem considerar todos os aspectos.

Memória de longa distância: Memória de longo prazo

A maioria das informações que fluem pela memória imediata e pela memória de trabalho é rapidamente esquecida. Mas quando o cérebro converte uma memória em armazenamento de longo prazo, a memória pode durar um tempo (mesmo que uma vida inteira). Quando solicitado a se lembrar do alfabeto, você não tem problemas para se lembrar das letras (assim espero). Mas, a menos que seja professor de escola, provavelmente não teve que escrever ou recitar as letras em ordem desde que era criança. Você pode agradecer sua memória de longo prazo por manter em um arquivo essa preciosidade de informação raramente usada. A memória de longo prazo pode armazenar quantias enormes de informações; é o que a maioria das pessoas pensa quando usa a palavra *memória*.

PAPO DE ESPECIALISTA

A memória de longo prazo pode ser dividida em três categorias: processual, semântica e episódica. A memória processual envolve como fazer as coisas. A maioria das pessoas, mesmo com problemas de memória, pode se lembrar de como amarrar o sapato, escovar os dentes ou até mesmo andar de bicicleta. A memória episódica é se lembrar das histórias de sua vida, como seu casamento, um evento traumático ou uma viagem preferida. A memória semântica é responsável por se lembrar do significado das palavras, da geografia e pelo conhecimento geral.

Recordando-se de memória: Recuperação da memória

Você tem bilhões de memórias armazenadas em vários lugares do seu cérebro, mas às vezes não consegue localizá-las facilmente. Quando não consegue se lembrar do nome de alguém e então, depois de algumas horas, essa informação parece surgir no seu cérebro, você vivenciou um problema de recuperação, o processo de trazer as informações armazenadas à consciência.

Quando tudo corre bem, o cérebro processa, armazena e recupera memórias com eficiência e facilidade. No entanto, a memória tem muitos inimigos, incluindo danos ou doenças neurológicas, problemas de atenção, drogas, álcool e transtornos emocionais. A depressão também é um antagonista da memória. Ela causa um transtorno e pode até mesmo danificar o elegante sistema da memória.

Interrupções Depressivas na Sua Memória

A depressão enche seu cérebro de tristeza. Sua habilidade de pensar claramente pode ficar anuviada por sentimentos de desesperança, desamparo, culpa e baixa autoestima. Mas a depressão também afeta sua habilidade de pensar claramente ao ter uma influência negativa em todos os aspectos de sua memória. Na lista a seguir, descrevemos as formas como a depressão afeta cada faceta de sua memória.

Efeitos na memória imediata

A depressão diminui sua habilidade de prestar atenção ao que está acontecendo ao seu redor; pode ser que você nem note informações importantes. As coisas às quais você normalmente prestaria atenção podem passar batido.

> Uma depressão que o sobrecarrega faz com que a rotina matinal de **Aidan** aconteça lentamente. Ele percebe a hora e nota que quase certamente se atrasará para o trabalho. Aidan procura freneticamente pelas chaves. Joga os papéis, procura em sua maleta e vai de cômodo em cômodo. "Merda, merda, merda", reclama, enquanto sua irritação aumenta. De repente, sua mão descobre as chaves em seu bolso, onde as colocou minutos atrás. "Merda, merda, merda." Isso acontece com todo mundo de tempos em tempos, mas Aidan vem sofrendo com isso quase todos os dias, porque sua memória imediata está prejudicada.

ILUSTRANDO O CÉREBRO DEPRIMIDO

Pesquisadores estão certos de que as pessoas deprimidas têm problemas de memória reais. Excelentes técnicas de imagens cerebrais estão ajudando os cientistas a verem como é a depressão no cérebro. Com esse conhecimento, estão começando a entender o relacionamento complicado entre humor e memória.

Uma explicação para a memória ruim durante a depressão pode ser encontrada em níveis aumentados de *corticosterona*, um hormônio que é liberado quando as pessoas experimentam estresse severo. Os níveis de corticosterona aumentam durante a depressão. Pesquisas na University of California descobriram que altos níveis desse hormônio prejudicam a habilidade dos ratos de recuperar informações que haviam sido aprendidas ou armazenadas na memória de longo prazo. Outra explicação possível para uma memória ruim pode ser os níveis diminuídos da serotonina encontrados em pessoas deprimidas. A *serotonina* ajuda a regular a atenção, bem como a habilidade de ter interesse em atividades prazerosas.

Pesquisas na Washington University School of Medicine demonstraram que as pessoas que sofreram de depressão podem ter um menor *hipocampo*, uma região-chave no cérebro que é importante para o aprendizado e a memória. De acordo com algumas especulações, o hormônio do estresse *cortisol* pode ter efeitos tóxicos no hipocampo.

Efeitos na memória de trabalho

A depressão prejudica sua habilidade de se concentrar e reter informações. Sua habilidade de resolver problemas despenca.

Em toda a empresa, as pessoas conhecem **Isabella** por ser uma gerente cheia de energia, gentil e inteligente. Ultimamente, ela vem sentindo falta de energia, apetite ruim e uma queda enorme no entusiasmo pelo trabalho. Hoje ela presidirá uma reunião com seis outros gerentes para resolver um problema da empresa. Ela começa a reunião pedindo para os gerentes relatarem suas percepções acerca da situação. Ela pensa que encontrará uma situação facilmente depois que todos os aspectos do problema forem expostos. Enquanto a reunião ocorre, Isabella acha difícil escutar e reter as várias ideias para que possa comparar e contrastar umas com as outras. Sua mente se enche de pensamentos negativos. No final das apresentações, ela percebe que não tem nenhuma ideia sobre como abordar esse problema. Sua memória de trabalho não está funcionando muito bem.

Efeitos na memória de longo prazo

A depressão faz com que seja muito mais difícil aprender novos conteúdos. Tarefas como estudar para uma prova podem se tornar extremamente difíceis. Não é só mais difícil se concentrar, mas também parece que a informação não é retida.

Os dias frios, cheios de neve e melancólicos do inverno são especialmente deprimentes para **Ethan.** Seu humor combina com a falta de luz da estação. Mas esse inverno parece pior do que nos anos anteriores. Ethan perdeu seu emprego em uma provedora de internet, o que aprofundou sua depressão. O mercado de trabalho está horrível, então ele decide obter uma licença de corretor de imóveis. Ele reúne todo o material de estudo, mas quando lê um parágrafo, percebe que não consegue nem se lembrar do que leu. Ele nunca teve esse tipo de problema antes. Lê o livro duas vezes e faz anotações. Faz um teste prático e fracassa miseravelmente. Sua dificuldade piora a depressão. Ethan está tendo problema para reter as informações em sua memória de longo prazo.

Efeitos na recuperação

A depressão faz com que recuperar informações como datas ou listas de compras mentais seja mais difícil e torna inacessíveis nomes, rostos e fatos previamente conhecidos. Quando você está deprimido, é mais provável que se lembre de memórias tristes e deprimentes, porque a depressão enche seu cérebro com memórias negativas. Pode ser que tenha problemas para se lembrar de períodos da sua vida em que foi feliz.

"Nunca encontrarei um cara", **Emma** reclama para sua amiga Hayley. "Sempre que eu acho que alguém é legal, acaba sendo casado, um escroto, ou não está interessado em mim. E mesmo os que parecem interessados só querem sexo. Nunca tive um bom relacionamento. Todos acabam sendo horríveis. Talvez eu deva desistir."

Hayley está um pouco chocada. Ela se lembra de vários caras que estavam interessados na Emma e de vários relacionamentos de longa data e estáveis que Emma terminou. Emma tem mais encontros do que qualquer pessoa do círculo de amizades. Na verdade, Hayley sempre teve inveja da habilidade de Emma de atrair os homens. O que acontece? Emma está com depressão, então realmente não consegue se lembrar dos bons momentos.

Preocupando-se com o Esquecimento

Quando você tem problemas de memória por causa da depressão, preocupar-se com isso pode aumentar a depressão, o que sem dúvidas piorará o problema do esquecimento. Se estiver deprimido, não fique muito surpreso se esquecer onde estacionou, não conseguir se lembrar de uma palavra ou do nome de alguém ou perder itens todos os dias. Ficar chateado com problemas menores com a sua memória pode facilmente o deixar mais deprimido.

DICA

Tente se colocar para cima e se lembrar de que seus lapsos de memória são meramente sintomas da depressão. Esses problemas de memória provavelmente se resolverão quando sua depressão melhorar. E para uma abordagem mais ativa para exercitar os músculos da memória, use as dicas e técnicas que fornecemos na seção "Exercitando a Memória Falha".

Uma doença ou transtorno subjacente costuma causar uma memória ruim. Um pouco de esquecimento é uma parte normal do envelhecimento, muito estresse ou depressão, mas uma memória extremamente ruim pode ser um sinal de um problema mais sério.

CUIDADO

Se perceber qualquer um destes sintomas, marque uma consulta para um exame físico completo:

- » Você fica confuso ao fazer atividades com as quais estava familiarizado, como lavar roupa ou cozinhar.
- » Você fica perdido quando vai a lugares que visita rotineiramente, como os correios ou o mercado.
- » Você fica desorientado, sem saber exatamente onde está ou o que está fazendo, por mais de um breve momento.
- » Seus problemas de memória começam a interferir significativamente no dia a dia de seu trabalho ou em seus relacionamentos.

Pode ser que seu médico encontre uma causa física e tratável que esteja no centro desses problemas. Ou pode confirmar que seu problema de memória se deve à depressão, muito estresse, ansiedade ou outra doença.

Exercitando a Memória Falha

Então você tem problemas com sua memória, e se estiver deprimido, provavelmente não tem muito entusiasmo para exercícios rigorosos que podem ajudar a melhorá-la. Então fornecemos dicas e truques *simples e rápidos* para ajudar até que sua depressão diminua e sua memória melhore.

DICA

Além de usar as técnicas a seguir, pratique o autoperdão por seus lapsos de memória. A autocrítica só piora seus problemas de memória e sua depressão.

Introduzindo coisas

DICA

O que você precisa fazer é admitir que tem um problema de memória e, então, compensar.

A tecnologia pode ser bastante útil para pessoas com problemas de memória. Por exemplo, você pode colocar alarmes no celular para verificar sua agenda, tomar o remédio ou fazer tarefas diárias. Ou pode achar que os antigos papel e caneta sejam mais fáceis de usar.

Para a maioria de nós, o melhor é deixar o celular à mão e usar o app de calendário para ajudar a rastrear a rotina. E manter o telefone atualizado com todos os contatos (tanto pessoal quanto profissional). Mantenha várias listas de tarefas a fazer: uma para tarefas diárias, uma para projetos mais longos, e outra para projetos que pode considerar no futuro. Na verdade, é satisfatório marcar as tarefas feitas em suas listas.

Desenvolvendo rotinas

Esta é a cena: você finalmente conseguiu se forçar a fazer compras, e agora está cansado. Você empurra o carrinho para fora e, de repente, não consegue se lembrar de onde estacionou. Essa situação pode acontecer com qualquer pessoa, mas quando você está deprimido e distraído, se torna mais provável. É horrível e lhe dá mais uma razão para se sentir mal consigo mesmo.

DICA

Uma maneira de evitar esse tipo de situação é: sempre que for a uma loja, pare no final de uma fileira à direita ou à esquerda da entrada. Se tiver um mercado favorito, escolha um espaço que quase nunca é usado. Estacione ali mesmo que outra vaga esteja disponível bem próximo à porta. Estacionar na mesma vaga não só resolverá o problema, mas também ajudará a andar um pouco mais. (Veja o Capítulo 12 para maiores informações sobre os benefícios do exercício para a depressão.)

Desenvolver hábitos e rotinas para outras tarefas entediantes também pode ajudar. Por exemplo, encontre um gancho decorativo ou cesta para suas chaves e certifique-se de colocá-las ali todos os dias. Coloque sua máscara, bolsa ou carteira no mesmo lugar todos os dias.

Cheirando (e tocando e vendo) as rosas

A maioria das pessoas sente o mundo por meio da visão, da audição, do tato, do olfato e do paladar. Especialistas da memória descobriram que, quando você usa mais de um sentido, sua habilidade de se lembrar de alguma coisa melhora. Por exemplo, quando você escuta várias instruções, é mais provável que se lembre delas se também as vir por escrito.

DICA

Quando precisa se lembrar de algo, tente vivenciá-lo com o máximo de sentido possível. Por exemplo, se quiser se lembrar de um endereço como Rua da Grama, 10, você pode imaginar dez pessoas cortando grama em uma rua residencial. Use tanto a imagem da grama quanto o cheiro da grama para implantar o endereço em sua memória.

Você também pode usar um ritmo familiar para ajudar a se lembrar da informação. Você muda a letra de uma música para incluir a informação de que quer se lembrar. Já notou como as crianças aprendem o alfabeto? Mas não se esqueça: a melhor maneira de se lembrar de alguma coisa é escrevê-la ou colocá-la em seu dispositivo. Tanto escrever quanto cantar envolvem mais de um sentido.

Às vezes, pode ser que você perceba que vivenciar algo por meio de todos os sentidos, bem, não faz sentido. Quando quiser se lembrar do nome e do rosto das pessoas que conhece, tocar e traçar o formato do rosto delas (ou de outros lugares pessoais) provavelmente não é uma boa ideia. E por favor, não lamba ninguém que acabou de conhecer, certo?

Lembrando-se de nomes

Muitas pessoas reclamam que não conseguem se lembrar de nomes. Você já se esqueceu do nome de alguém apenas segundos depois de ter sido apresentado? É quase como se o nome tivesse entrado por um ouvido e saído pelo outro. É muito difícil se lembrar de nomes quando você é apresentado para alguém em um lugar barulhento com pessoas não familiares. Pode ser que esteja pensando em como você se sente estranho ou o que pode falar para continuar a conversa. Com tantas distrações, é fácil se esquecer dos nomes.

Se isso for um problema para você, tente o seguinte: da próxima vez que for apresentado para alguém, use o nome pelo menos três vezes na conversa. "Oi, Riley, prazer em conhecê-lo, Riley. Então você mora na cidade, Riley?"

Tente olhar diretamente para a pessoa e tirar uma foto mental. Ao fazer contato visual, use o nome de novo na conversa. Ao se virar, visualize o nome, o rosto e tudo de interessante que aprendeu sobre a pessoa. Repita o nome para si mesmo várias vezes, e então coloque o nome em sua lista de contato com algumas informações descritivas.

Agrupando

Agrupar envolve organizar grandes quantias de informações em pequenas unidades. Fazer isso facilita a memória. Veja um exemplo de como o agrupamento pode ajudar. Primeiro, leia os números a seguir e então feche seus olhos e tente se lembrar deles: 6 3 2 8 9 5 7 4 5.

Pode ser difícil fazer esse exercício. Uma técnica eficaz para se lembrar de sequências de números não relacionados é colocá-los juntos em pequenas unidades ou grupos. Agora leia os números a seguir e, então, feche seus olhos e repita-os: 5 5 4 - 7 6 9 - 8 2 3.

Foi um pouco melhor dessa vez? Seu cérebro consegue reter pequenas quantias de informação melhor do que grandes quantidades.

CAPÍTULO 20 **Consertando Sua Memória** 329

Livrando-se de distrações

Você já falou ao telefone ao mesmo tempo em que respondeu e-mails? Já ouviu o jornal e ficou no celular ao mesmo tempo? O mundo moderno encoraja, e às vezes exige, a multitarefa. No entanto, quando está deprimido, sua habilidade de prestar atenção a diversas coisas ao mesmo tempo fica comprometida. E o multitarefa requer uma atenção considerável.

Entenda que, durante um momento de depressão, sua concentração pode não ser tão boa quanto o comum. Se precisar se lembrar de alguma coisa ou aprender algo novo, o faça em um ambiente tranquilo. Concentre-se em uma coisa por vez.

Seguindo adiante

Você tem vários projetos incompletos em sua cabeça? O estresse de saber que tem negócios inacabados pode aumentar seu humor negativo. Quando está tendo problemas com sua memória, rastrear o progresso em diversas frentes diferentes se torna especialmente difícil.

Quando começar alguma coisa, certifique-se de terminar. Não comece outro projeto até terminar de completar o que começou. Alternativamente, você pode terminar uma parcela de seu projeto e então se organizar para terminar depois. Por exemplo, com algo que demanda tanto tempo quanto declarar seu imposto, pode ser que queira dividir a tarefa em pedaços lógicos, em vez de fazer tudo de uma vez. E, finalmente, certifique-se de planejar com antecedência para que possa dedicar tempo suficiente para seu projeto.

Acelerando a recordação

O mais chato do problema de memória pode ser esquecer uma palavra ou um nome no meio de uma conversa. Você sabe que se lembrará amanhã ou em alguns minutos, mas não consegue no momento. Você tem vontade de se bater. Quanto mais tenta lembrar, mais bravo você fica.

Pare, respire e relaxe. Isso acontece com todo mundo. Pare de tentar se lembrar da palavra e pense em outra coisa. Então, um pouco depois, pense em associações que pode ter com a pessoa ou palavra. É bastante provável que você lembre. Não se esqueça de que a depressão prejudica a memória.

NESTE CAPÍTULO

» Percebendo que a felicidade é uma coisa boa

» Evitando caminhos sedutores e ilusórios para a felicidade

» Construindo uma fundação para a felicidade real

Capítulo 21

Perseguindo a Felicidade

Os psicólogos e terapeutas passam a maior parte do tempo com pessoas que têm problemas. Atendemos pessoas com depressão, ansiedade, raiva, luto, problemas de relacionamento, problemas com abuso de substâncias e mais. As histórias que os psicólogos ouvem dos pacientes às vezes são comoventes, e a maioria dos psicólogos carrega um pouquinho dessa dor no próprio coração.

Ainda assim, se você der uma olhada nas listas das carreiras mais satisfatórias, quase sempre encontrará a psicologia como uma das dez melhores profissões. Quando você passa seu dia com pessoas que estão sofrendo, como isso pode ser satisfatório? Não seria mais divertido ser designer de videogame ou provador de sorvete?

Pergunte aos terapeutas sobre o que faz com que o trabalho deles seja tão satisfatório e eles provavelmente dirão como é maravilhoso fazer as pessoas se sentirem melhor, resolverem seus problemas, enfrentarem obstáculos e ganharem perspectiva. Pode ser que expliquem que aprender os desafios de outras vidas é um privilégio fascinante que lhes permite entender melhor os mistérios da mente e do comportamento humano, e que fazer diferença na vida de outras pessoas de maneiras positivas e significativas é um dos presentes mais importantes de sua própria vida.

O que torna a psicologia um campo tão gratificante é a experiência de ter significado e propósito no trabalho. O campo da psicologia positiva aborda essa e outras questões. Desenvolvida no final do século XX, o propósito da psicologia positiva é ir além da mera melhora da tristeza para ajudar as pessoas a viverem uma vida mais satisfatória, completa e aprimorada.

Neste capítulo, revisamos contextos-chave do campo da psicologia positiva. Esperamos que você tenha chegado ao ponto em que a depressão não domina sua vida, mas queremos que você se sinta melhor do que meramente "não deprimido". E, ao descobrir como procurar a felicidade, esperamos que sua depressão tenha menos probabilidade de recorrência.

DICA

Você se beneficiará ao máximo deste capítulo se já saiu da depressão. Várias das ideias contidas aqui não parecerão particularmente factíveis para alguém que esteja nas garras da depressão maior. Primeiro considere ler os outros capítulos e/ou buscar ajuda profissional para ajudar a aliviar a depressão antes de procurar seriamente a felicidade.

A Elusividade da Felicidade

Todo mundo quer ser feliz, certo? Não exatamente. Algumas pessoas sentem que não merecem ser felizes. Outras veem a felicidade como uma conquista frívola, essencialmente uma perda de tempo. E, finalmente, algumas pessoas desejam e buscam a felicidade, mas fracassam. Agora explicamos por que, para algumas pessoas, a felicidade permanece fora de alcance.

Defendendo a ideia de ser feliz

Talvez você sinta que não merece ser feliz. Se for assim, você provavelmente é uma pessoa que sente culpa com alguma frequência. Se essa descrição combina com você, sugerimos que leia ou releia cuidadosamente os Capítulos 4, 6, 7 e 8. Pode ser que precise trabalhar mais em certas crenças centrais que impedem a mudança ou maneiras habituais de pensar antes de embarcar em uma busca pela felicidade.

Por outro lado, talvez você sinta que merece ser feliz tanto quanto qualquer outra pessoa, mas enxerga a felicidade como uma idiotice. Essa perspectiva costuma ser o resultado de mensagens que os pais passam aos filhos. Algumas crianças ouvem que o trabalho é a única atividade de valor na vida e que qualquer outra atividade meramente tira a atenção do que é importante.

LEMBRE-SE

As informações reunidas de uma pilha crescente de estudos contradizem fortemente a ideia sombria de que a felicidade é irresponsável e uma perda de tempo. Hoje nós sabemos que as pessoas felizes:

» Vivem uma vida mais longa.

» São mais criativas.

» Têm pressão sanguínea mais baixa.

» Têm sistema imunológico mais ativo.

» Têm mais empatia pelas outras pessoas.

» Ganham mais dinheiro.

» São mais produtivas.

Então, mesmo que o trabalho seja sua principal preocupação na vida, parece que a felicidade faz com que você trabalhe com mais eficácia e produtivamente. A felicidade também é boa para sua saúde e seu senso de bem-estar geral, e provavelmente permite que você viva por mais tempo. É difícil discutir com algo tão bom para você, não é?

Procurando a felicidade em todos os lugares errados

Muitas propagandas, livreiros, traficantes, líderes de cultos, cafetões e gurus têm algo em comum. O que pode ser? De um modo ou de outro, eles oferecem atalhos e reparos rápidos para a felicidade e o bem-estar. Muitas pessoas estão comprando as mensagens desses traficantes de felicidade rápida. Basta dar uma olhada nas vendas de carros, equipamentos, roupas, ingressos para workshops e até drogas hoje em dia e comparar com 40 ou 50 anos atrás.

Um estudo conduzido anualmente nos Estados Unidos pede que as pessoas se avaliem em uma escala de 1 a 3 pontos de felicidade (1 = não muito feliz; 3 = muito feliz). O relatório de 2019 (General Social Survey) mostrou que a felicidade tinha decaído em mais de 50% desde os anos 1990. Parece que a saúde ruim prevê a infelicidade tanto quanto o uso excessivo das redes sociais, passar tempo na internet e ouvir música sozinho. Essas atividades solitárias costumam acontecer em dispositivos. Então, ao menos nos Estados Unidos, parece que as pessoas estão menos felizes do que costumavam ser. Grande parte dessa infelicidade pode ser causada porque mais pessoas passam mais tempo engajadas em atividades solitárias, não mais em conexões sociais. A pandemia, sem dúvida nenhuma, diminuiu ainda mais a felicidade.

LEMBRE-SE

Pode ser que você ache difícil de acreditar, mas inúmeros estudos demonstraram conclusivamente que, para a maioria das pessoas, o dinheiro não consegue melhorar substancialmente a felicidade. Se você não está em estado de extrema pobreza, o dinheiro tem baixa correlação com a felicidade relatada. Então, é tão provável que você seja feliz se tiver dinheiro para pagar somente as contas quanto se tiver pilhas de dinheiro com as quais não sabe o que fazer.

Então, se o dinheiro não constrói a estrada para a felicidade, o que a constrói? De acordo com ideias *populares* sobre o assunto, os fatores que criam a felicidade incluem:

» Eletricidade.

» Saúde.

» Educação.

» Boa aparência.

» Juventude.

» Bom clima.

LEMBRE-SE

Adivinha? Assim como o dinheiro, não foi comprovado que nenhuma das coisas na lista anterior é um previsor forte da felicidade e do bem-estar. Ainda que muitas pessoas dediquem boa parte da vida na busca por essas coisas, convencidas de que sua missão as levará à felicidade, elas não percebem que estão perseguindo ilusões bastante sedutoras.

Ser saudável não garante a felicidade. Não nos leve a mal; doenças extremamente incapacitantes de longa duração parecem tirar a felicidade das pessoas, mas estudos demonstraram que, dentro de limites razoáveis, nem mesmo menos saúde do que o ideal prejudica a felicidade.

Então, se todos esses itens indiscutivelmente desejados e perseguidos não levam à felicidade, o que leva? Ainda que ninguém saiba a resposta, o campo da psicologia positiva está começando a desenterrar algumas possibilidades interessantes. Devotamos o restante deste capítulo a algumas dessas possibilidades e insistimos que você considere com cuidado cada uma delas.

Cultura e felicidade

O World Happiness Report é uma comparação internacional dos níveis de felicidade em 156 países. Pede-se que as pessoas classifiquem sua vida em uma escala de 1 a 10, sendo 1 a pior vida possível, e 10 representaria a melhor. Os cinco países nórdicos — Finlândia, Dinamarca, Noruega, Suécia e Islândia — costumam estar entre os 10 primeiros. O que todos esses países têm em comum que parece estar relacionado à felicidade? Os fatores a seguir parecem ser os mais importantes para as pessoas:

» Uma democracia que funciona bem.

» Benefícios confiáveis e extensos, como convênio médico, creche, educação e proteções salariais.

» Baixa corrupção.

- » Liberdade e autonomia.
- » Confiança social recíproca.
- » Ambientes seguros.

O interessante é que outra escala, o Gallup State of Emotions, avalia as emoções e experiências positivas e negativas em 140 países. Algumas das perguntas da escala incluem:

- » Você sorriu ou riu muito ontem?
- » Você aprendeu ou fez alguma coisa interessante ontem?
- » Você vivenciou os seguintes sentimentos por boa parte do dia de ontem:
  - Dor física
  - Preocupação
  - Tristeza
  - Estresse
  - Raiva
- » Você foi tratado com respeito durante todo o dia de ontem?

Diferentemente do World Happiness Report, países da América Latina representaram a maioria dos sentimentos e experiências positivas em todo o mundo. Paraguai, Panamá, Guatemala, México e El Salvador ficaram entre os 5 primeiros nessa pesquisa.

O World Happiness Report analisa a satisfação da vida. A escala Gallup State of Emotions analisa as emoções. O interessante é que a satisfação da vida não parece estar altamente correlacionada com emoções positivas. Elas são obviamente duas medidas muito diferentes do bem-estar. Então, é possível que diferenças culturais na experiência da felicidade expliquem algumas das diferenças entre os dois parâmetros.

PAPO DE ESPECIALISTA

Os Estados Unidos caíram nas classificações de felicidade por três anos seguidos, recentemente ficando em 19º no World Happiness Report. Especialistas acreditam que altos níveis de ansiedade, menos confiança nos políticos e a crise de overdose de drogas mais letal da história podem contribuir para esse declínio.

Língua e felicidade

As palavras que usamos influenciam a maneira como nos sentimos. Línguas diferentes no mundo culturalmente inspiraram palavras específicas para descrever sentimentos ou emoções que não podem ser facilmente traduzidos ou replicados em outras línguas. Por exemplo, a palavra alemã *schadenfreude* significa o prazer que alguém tem ao ver outra pessoa sofrer ou sentir dor. É o sentimento que você tem quando um comediante de quem você não gosta cai de cara no palco ou um político impopular se enrola nas palavras.

O inglês não tem uma palavra similar. Isso significa que as pessoas que falam inglês às vezes não dão uma risadinha quando alguém cai? Achamos que não. Mas como não temos uma palavra para o sentimento, fingimos não ter esse sentimento ou o atribuímos a outra coisa.

Palavras em outras línguas que se referem a diferentes estados de felicidade refletem diferenças culturais. Tim Lomas, palestrante da psicologia positiva, estudou palavras ao redor do mundo para expressões de felicidade. Eis algumas das mais interessantes:

» *Wabi sabi* (japonês): Beleza desgastada pelo tempo, imperfeita, rústica.

» *Fjaka* (croata): A doçura de não fazer nada.

» *Hygge* (dinamarquês): Estar seguro, protegido e bem cuidado.

» *Morgenfrisk* (dinamarquês): Satisfação por ter tido uma boa noite de sono.

» *Ubuntu* (zulu): Gentileza universal e humanidade comum.

» *Heimlich* (alemão): Familiar e confortável.

» *Guo yen* (chinês): Curtir e satisfazer o desejo de alguém.

» *Desbundar* (português): Causar felicidade sem inibição.

» *Kefi* (grego): Emoções frenéticas e alegres evocadas por ocasiões sociais onde há música, dança e álcool.

» *Charis* (grego): Gentileza, charme, beleza e nobreza.

Lomas acredita que aprender mais palavras que descrevem diferentes aspectos da felicidade e bem-estar ajudará as pessoas a vivenciar tais emoções com mais frequência e profundidade. Ele ainda argumenta que adquirir mais conhecimento das expressões de outras culturas expandirá nossa visão de mundo e nos levará a interconexões novas, positivas e cheias de nuances.

Pegando o Caminho Certo para a Felicidade

A estrada íngreme para a felicidade não contém atalhos. É por isso que no Capítulo 13, e você pode se perguntar o porquê, defendemos o desfrute dos assim chamados prazeres saudáveis. Algumas de nossas sugestões incluem divertimentos de curto prazo, como beber chá ou café, comer chocolate, tomar um banho quente, jogar videogames, ir ao cinema e cheirar flores frescas.

Fazemos essas sugestões porque as pessoas costumam evitar qualquer coisa prazerosa quando ficam deprimidas. Temporariamente, deleites sensoriais não levam à felicidade genuína e de longo prazo, mas podem incitar seus esforços para sair da depressão. Nas seções a seguir, deixamos o chá e o chocolate de lado e discutimos o que pode levar ao bem-estar duradouro.

Sentindo gratidão

Gratidão. Apostamos que você não colocaria a gratidão no topo da sua lista se pedíssemos que compilasse suas ideias sobre possíveis fundações para a felicidade. Por *gratidão*, queremos dizer uma apreciação ou agradecimento pelas coisas boas que aconteceram com você ou lhe foram concedidas por outras pessoas.

A maioria das grandes religiões enaltece os valores e virtudes da gratidão, e inúmeras referências literárias sugerem que a gratidão pode aumentar o senso de bem-estar, felicidade e contentamento. No entanto, focar conscientemente ser grato leva à felicidade?

Estudando os efeitos da gratidão

Uma colega nossa se voluntariou para aconselhar dois casais diferentes que perderam suas casas e a maioria de suas posses em um terrível incêndio florestal. O primeiro casal focava o horror de sua perda e a magnitude do trabalho que enfrentariam. Apólices de seguros, burocracias governamentais e reconstruir tudo parecia quase impossível. Sentiam-se deprimidos e impotentes.

O outro casal teve uma abordagem diferente ao que aconteceu. Eles definitivamente sentiram certa quantia de tristeza e desespero, mas também falaram sobre se sentirem gratos porque sua família saiu saudável e intacta. E apreciavam profundamente toda a ajuda concedida por seus parentes, amigos, vizinhos e até mesmo completos estranhos.

Ambos os casais receberam atos de generosidade bastante parecidos e assistência de outras pessoas. No entanto, o segundo casal sentiu mais gratidão. Não é de se surpreender que eles sofreram muito menos dor emocional do que o primeiro casal.

Também temos algumas provas clínicas dos efeitos positivos da gratidão. Os pesquisadores Dr. Robert Emmons e Dr. Michael McCullough conduziram uma série de estudos que sugerem que a gratidão leva, sim, a um aumento no senso de bem-estar. Durante esses estudos, solicitou-se a vários grupos de participantes que listassem itens pelos quais eles se sentiam *gratos*. Esses itens poderiam ser grandes ou pequenos, incluindo acordar esta manhã, fazer um ato de generosidade ou ser capaz de escutar sua banda favorita. Outros grupos foram solicitados a listar acontecimentos neutros, maneiras pelas quais eles pensavam que outras pessoas eram menos afortunadas do que eles e os aborrecimentos que vivenciaram no dia.

No geral, os resultados dos estudos foram impressionantes. Dr. Emmons e Dr. McCullough descobriram que pedir que os participantes focassem eventos pelos quais se sentiam gratos causava um número de mudanças interessantes (quando comparado com os grupos que foram solicitados a rastrear diferentes tipos de acontecimentos). No geral, os grupos que focaram a gratidão:

>> Tiveram mais sentimentos positivos.

>> Ajudaram outras pessoas com seus problemas com mais frequência.

>> Tiveram menos sentimentos negativos (em um estudo).

>> Dormiram por mais horas.

>> Tiveram uma qualidade de sono melhor.

>> Sentiram-se mais conectados com outras pessoas.

>> Eram mais otimistas.

>> Exercitaram-se mais, ainda que ninguém tivesse pedido que o fizessem (em um estudo).

>> Relataram menos reclamações de doenças (em um estudo).

Esses resultados são particularmente incríveis, dado que os grupos que focaram a gratidão não foram levados a esperar nenhum benefício específico. Além do mais, esses grupos rastrearam suas bênçãos por um período relativamente curto de tempo, variando de algumas semanas a alguns meses. As pessoas que conheciam os participantes do grupo da gratidão relataram que conseguiram perceber que elas se sentiam melhor com a própria vida.

Colocando a gratidão para trabalhar para você

DICA

Recomendamos que considere rastrear o que deixa você grato como uma maneira de melhorar seu senso de bem-estar. Chamamos essa estratégia de Rastreador da Gratidão. Realize as tarefas a seguir todos os dias no próximo mês ou pelos dois meses seguintes:

>> Escreva *cinco* coisas pelas quais você é grato. Revise seu dia inteiro e considere eventos grandes e pequenos.

>> Reflita por alguns momentos sobre o quanto você aprecia cada item da sua lista.

É isso. Esse exercício requer apenas cinco minutos diários do seu tempo, mas acreditamos que você pode usar o Rastreador de Gratidão para o colocar na direção de "contar suas bênçãos" como uma parte regular da sua vida. Os benefícios que você colherá disso podem surpreendê-lo.

DICA

Em momentos para baixo e negativos, pode ser que sinta que não se sente grato por nada. No entanto, mesmo durante esse período, incitamos você a ponderar e refletir por um tempo. Você provavelmente encontrará pequenas coisas pelas quais ser grato. Se, por outro lado, você estiver tão deprimido que acha impossível fazer esse exercício, por favor, trabalhe na sua depressão antes de voltar a ele.

Ajudando outras pessoas

Acreditamos que há uma conexão entre o *altruísmo* (preocupação não egoísta com outras pessoas) e a habilidade de sentir gratidão. Um respaldo para essa ideia pode ser encontrado no estudo que discutimos na seção "Estudando os efeitos da gratidão". Um aumento na gratidão levou os participantes do estudo a ajudar outras pessoas com mais frequência. Suspeitamos que o contrário também pode acontecer — que um aumento no altruísmo leve a um aumento na gratidão.

DICA

Assim, sugerimos que você procure maneiras de ajudar outras pessoas. Pode se perguntar como fazer isso. Não é tão difícil depois que começar a pensar em ideias, mas veja uma pequena lista para começar:

- » Encontre uma criança no seu bairro que precisa de tutoria, ou se voluntarie para ajudar em um programa de alfabetização.
- » Voluntarie-se para ler histórias para as crianças no hospital.
- » Ofereça-se para ajudar um vizinho idoso com algumas tarefas.
- » Passe um dia recolhendo lixo em algum lugar que não seja seu bairro.
- » Leve comida para um banco de comidas local.

Não forneceremos uma lista longa, porque acreditamos que metade da diversão de fazer esse exercício é ter ideias. Pode ser que você queira verificar o site, em inglês, Random Acts of Kindness Foundation em `www.randomactsofkindness.org` (conteúdo em inglês).

LEMBRE-SE

Se você tende ao negativismo, pode pensar que as pessoas não podem verdadeiramente se preocupar com as outras sem pensarem em si mesmas, porque, no fim, a pessoa que está sendo altruísta espera obter benefícios. Bem, nós escolhemos não brigar com essa ideia. Acreditamos que haja benefícios para os dois lados. Não estamos sugerindo que você faça atos de bondade esperando um ganho pessoal; isso não seria o espírito dessa sugestão.

No entanto, pensamos que você receberá um senso de prazer consideravelmente mais durável de atividades altruístas do que de prazer temporário, como fazer uma refeição gostosa ou assistir a seu programa de televisão preferido. Dê uma chance ao altruísmo e veja por si mesmo.

Encontrando o fluxo

Prazeres momentâneos não o ajudarão a encontrar uma felicidade duradoura. Parece que a sociedade está gravitando cada vez mais em direção a abordagens rápidas e baratas para encontrar a felicidade. Ao mesmo tempo, não recomendamos que você abandone todos os pequenos prazeres.

Em vez disso, sugerimos que você busque desafios envolventes. Dr. Mihaly Csikszentmihalyi descreve esses desafios como algo que faz com que você sinta o que ele chama de *fluxo*. Quando você está em um estado de fluxo, tipicamente se pega completamente absorto na atividade em que está engajado (tanto que você perde a noção do tempo). Essas são as atividades que você nunca quer que terminem e que o envolvem tão poderosamente que seu envolvimento parece não requerer esforço, mesmo que a procura seja fisicamente extenuante.

Pode ser que você tenha de procurar as atividades que lhe dão esse senso de total envolvimento e fluxo, mas é provável que descubra um grande valor em procurar e encontrar tais desafios completamente cativantes. Olhe para sua vida em retrospecto e se pergunte que tipos de atividades podem tê-lo deixado envolvido como estamos descrevendo. Você provavelmente encontrará alguma coisa se refletir por um tempo. Caso não encontre, procure ideias nos hobbies atuais.

Para algumas pessoas, certos esportes, como correr ou jogar tênis, causam essa sensação. Para outras, um hobby específico, como pintar, cozinhar, dançar ou ler um livro, apresenta ideias novas e estimulantes. Às vezes percebemos que escrever nos coloca em um estado de fluxo. Alguns dias, escrevemos durante horas e nem percebemos que o relógio se mexeu.

DICA

Atividades que estimulam o fluxo requerem um esforço considerável — mais do que é necessário para prazeres temporários, como assistir à televisão, ir ao cinema ou comer um fast food delicioso. Diferente de deleites e entretenimentos efêmeros, as atividades que o colocam em estado de fluxo requerem que você adie a gratificação por um tempo. Mas, no fim das contas, você muito provavelmente encontrará recompensas ricas pelo esforço.

CUIDADO

A maioria desses desafios completamente envolventes tem o potencial de produzir experiências de fracasso antes e depois de se tornarem inerentemente recompensadores. Na maioria dos casos, pensamos que você achará que esses fracassos efêmeros valem a pena. No entanto, se está nas garras da depressão, não recomendamos que comece a tentar encontrar experiências de fluxo. Primeiro se recupere de sua depressão, e então volte sua atenção para encontrar atividades que produzem fluxo.

Focando os pontos fortes

Queremos que você se sinta melhor do que bem. Para isso, precisará focar seus pontos fortes pessoais, em vez de se martirizar por suas falhas. Se ainda estiver nas garras da depressão, provavelmente precisará trabalhar em outras partes deste livro (especialmente a Parte 2) para que consiga se libertar do foco negativo. Mas, se emergiu da depressão, continue lendo.

Criando uma definição

O que queremos dizer por pontos fortes? Começaremos dizendo o que não queremos dizer. Não estamos falando de atributos que são herdados: aparência, habilidades atléticas, altura e uma incrível voz para cantar são características sobre si mesmo para apreciar e pelas quais se sentir grato.

Pense nisso. Pode ser que goste de ouvir um amigo cantar, mas provavelmente não é por isso que você valoriza essa pessoa como amigo. Da mesma forma, pode ser que goste de ver seus filhos se desenvolverem como atletas, mas suspeitamos que suas habilidades atléticas não têm muito a ver com o motivo por que você os ama. Quando pensamos sobre o que faz uma pessoa valiosa para nós, não pensamos mais nas características fundamentalmente humanas?

LEMBRE-SE

Pontos fortes são as virtudes, os atributos e as características que você valoriza nas outras pessoas. Os pontos fortes envolvem a essência do caráter de uma pessoa. A lista a seguir apresenta alguns exemplos de pontos forte importantes, pelo menos alguns dos quais você sem dúvida tem.

Apreciação da beleza/estética	Alegria em aprender
Compaixão	Gentileza
Curiosidade	Lealdade
Confiabilidade	Habilidades de escuta
Empatia	Amabilidade
Generosidade	Perseverança
Prestabilidade	Senso de humor
Honestidade	Credibilidade

Exercitando seus pontos fortes

Sugerimos que você reveja nossa lista de dezesseis exemplos de pontos fortes. Pondere quais deles capturam seus pontos fortes pessoais. Apesar de algumas pessoas poderem dizer ter todos esses atributos positivos em abundância, também acreditamos que quase ninguém não tem nada dessas áreas.

DICA

Ao identificar, apreciar e construir sobre seus pontos fortes, você pode encontrar valor em si mesmo e aumentar seu senso de bem-estar. Comece observando seus pontos fortes. Identifique os que você valoriza mais em você, como honestidade, senso de humor e habilidades de escuta. Ou talvez você possa pensar em alguns que não foram listados. Assim, nas próximas semanas, você pode trabalhar na Estratégia de Apreciar os Pontos Fortes. Pegue um caderno e tome nota de seus pontos fortes.

1. Observe sempre que usar um de seus pontos fortes pessoais.
2. Observe o tipo de ocasião que permite que você expresse seu ponto forte.
3. Observe como você se sente ao empregar esse ponto forte.
4. Aprecie como esse ponto forte melhora sua vida.
5. Mentalmente, se dê um tapinha nas costas por ter esse ponto forte.

Esperamos que, ao tentar a Estratégia de Apreciar Pontos Fortes, você tenha um senso de gratidão. Em seguida, sugerimos construir em cima de seus pontos fortes e exercitá-los com frequência. Procure oportunidades para usar seus pontos fortes no trabalho, em casa e quando se diverte.

> **Anna** trabalha fazendo faxina. Ela tem dificuldade para chegar ao fim de cada dia e vê seu trabalho como algo que deve fazer para sobreviver, nada mais. Apesar de não estar deprimida, sua vida é entediante e sem propósito.
>
> Pelo contrário, **Jenna** também faz faxinas, mas cria significado para o seu trabalho ao focar maneiras de expressar seus pontos fortes de apreciar a estética, gentileza e prestabilidade. Jenna trata seu trabalho do ponto de vista de como pode "embelezar" as casas nas quais trabalha, não meramente limpá-las. Com cuidado, ela dispõe os itens de maneiras esteticamente agradáveis; ela não só tira o pó deles. Também procura por oportunidades de deixar a vida de seus clientes mais fácil. Assim, prontamente reorganiza a despensa e ocasionalmente faz tarefas sem que tenham lhe pedido.

Pessoas mais desconfiadas podem pensar que a Jenna está meramente "se aproveitando". E realmente, ela tem muito mais demanda de trabalho do que Anna. No entanto, ela verdadeiramente encontra alegria em expressar seus pontos fortes pessoais por meio do seu trabalho. Jenna frequentemente entra em estado de fluxo, e seu trabalho melhora a sensação de bem-estar.

DICA

Dada a oportunidade, escolha um trabalho que maximize seus pontos fortes pessoais. No entanto, não importa que tipo de trabalho você faça, é possível encontrar maneiras de expressar seus pontos fortes e melhorá-los se tentar o suficiente. E lembre-se de que o trabalho é apenas uma parte da vida. Use a oportunidade para descobrir, aplicar e consolidar seus pontos fortes em todos os aspectos da sua vida.

Rejeitando o reparo rápido

Comedimento, disciplina, moderação, autonegação, sobriedade, autocontrole — esses termos não conjuram imagens de alegria e felicidade. Na verdade, podem até soar lúgubres. Ainda assim, é fato que o autocontrole o levará em direção à felicidade mais certa e diretamente do que qualquer abordagem de reparo rápido.

Infelizmente, vivemos em um mundo que aumenta cada vez mais a entrega de promessas de felicidade e bons sentimentos instantâneos. Apesar de vermos um papel para os medicamentos quando se trata de cuidar de certos tipos de depressão (veja o Capítulo 17), alguns anúncios parecem sugerir que você deveria tomar uma pílula no momento em que um sentimento negativo desponta. Outros anúncios o condicionam a acreditar que a felicidade instantânea virá se você dirigir o carro certo ou tiver o melhor equipamento de som disponível. E soluções instantâneas são oferecidas para cada aborrecimento concebível, de preparar refeições ao "horror" de ter que esperar na fila para alugar um carro.

Além disso, livros, vídeos e gurus falam para todo mundo que deveriam se sentir bem consigo mesmos o tempo inteiro. E se você não se sentir assim, sugerem soluções simplistas, como meramente repetir autoafirmações positivas, ainda que bestas, ao longo do dia. Adivinha só:

» Reparos rápidos não funcionam.

» Ninguém é feliz o tempo todo.

» Quanto mais você esperar gratificação instantânea, mais miserável você será.

Os psicólogos até descobriram que a habilidade de exercitar o autocontrole e postergar a gratificação é um previsor forte de adaptação e bem-estar da infância até a vida adulta. Apesar de o autocontrole ser mais bem compreendido na infância, a boa notícia é que você pode aumentar seu autocontrole a qualquer momento.

DICA

A moderação e o autocontrole parecem ser valiosos por inúmeras razões:

» Muitos dos objetivos mais satisfatórios requerem considerável paciência e trabalho para serem obtidos.

» Quando você se enche de indulgências, elas perdem seu apelo. Os psicólogos chamam esse fenômeno de *saciedade*. Em outras palavras, muito de uma coisa boa acaba sendo bem menos gratificante.

» Quando você tem uma visão inflada de si mesmo, pensando que é melhor do que os outros, pode acabar causando problemas. Por exemplo, se você se permitir se sentir superior às outras pessoas, elas acabarão o rejeitando.

Assim, defendemos a moderação como um caminho realista para a felicidade sustentável. Dinheiro, álcool, drogas e a autoindulgência representam ilusões sedutoras. Se focar seus esforços em reparos rápidos, se pegará decepcionado várias e várias vezes.

Encontrando o perdão

De todos os caminhos em direção à felicidade, descobrir como perdoar pode ser o mais difícil. Quando as pessoas foram injustiçadas, pode ser tentador guardar rancor e desesperadamente desejar a vingança (seja ela colocada em prática ou não). E por que não? Afinal, se não fez nada para merecer essa injustiça, não merece ao menos ter o *desejo* de vingança? Com certeza. Você merece ter esses sentimentos!

Infelizmente, eles terão um custo. Bem alto, na verdade. Guardar sentimentos de ódio e vingança provavelmente o fará se sentir uma vítima. O Capítulo 4 discute os efeitos prejudiciais de se sentir como uma vítima, o que inclui mais raiva e um senso de desamparo. Sugerimos que leia esse capítulo para ter ideias sobre como não se sentir uma vítima.

O que é mais importante: descobrir como perdoar provavelmente melhorará seu senso de bem-estar. Vários estudos demonstraram que, quanto mais você se apega a seus ressentimentos e lutos, menos feliz e satisfeito com a vida você será. Mas como pode encontrar perdão se foi injustiçado?

LEMBRE-SE

Algumas coisas horríveis podem acontecer com as pessoas, como abuso ou violência sexual, que pode ser que você não consiga perdoar. Em tais casos, provavelmente é mais importante aceitar e tentar se libertar dos sentimentos de vingança do que realmente encontrar perdão.

DICA

Como já dissemos, encontrar o perdão não é uma tarefa fácil. No entanto, você consegue fazer isso. Recomendamos os passos a seguir para conduzir o que chamamos de Técnica de Reanálise da Vingança e Perdão. Veja o que esse processo pode fazer por você. Entendemos que o conceito pode parecer estranho de início, mas acreditamos que você descobrirá benefícios surpreendentes depois de explorar essa ideia.

PARTE 6 **Olhando Além da Depressão**

1. **Lembre-se da injustiça nos termos mais sem paixão e menos reprovadores possíveis. Imagine o ocorrido e tente evitar sentimentos de raiva, retribuição ou tristeza o melhor que puder.**

   Toque a fita em sua memória muitas vezes, até que seus sentimentos se dissipem pelo menos um pouco.

2. **Procure uma compreensão da perspectiva do perpetrador.**

   Este passo pode ser especialmente difícil. Pode ser que você ache útil perceber que as pessoas costumam machucar outras quando se sentem ameaçadas, temerosas ou ansiosas. Às vezes percebem uma necessidade de defender sua honra ou autoestima, mesmo que sua percepção possa estar errada. Considere a possibilidade de muitos ofensores não entenderem a mágoa de suas ações. Alguns deles podem até sentir necessidade de atacar para aumentar a autoimagem que foi destruída por uma infância terrível.

3. **Forme uma imagem de si mesmo em sua mente como uma pessoa que lida bem com as situações, em vez de alguém que é vítima. Pense em si mesmo como uma pessoa com força e pontos fortes que pode superar a adversidade e perdoar.**

4. **Se pensamentos de vingança vierem à sua mente, lembre-se de que a vingança e a retribuição o machucarão tanto quanto ao ofensor, e às vezes até mais.**

   Até mesmo os pensamentos e sentimentos de vingança infligem danos em sua alma emocional — e magoar seu corpo ao jogar uma enxurrada de hormônios do estresse que aumentam a pressão sanguínea pode até mesmo causar danos ao organismo.

5. **Aprofunde-se bastante e perdoe.**

   Se puder perdoar o ofensor publicamente, é até melhor. Talvez você possa escrever uma carta de perdão. Pelo menos escreva e então fale com outras pessoas sobre ela. Dê o seu perdão com o máximo de altruísmo possível, sem considerar a si mesmo.

DICA

Quando as memórias da injustiça voltarem, passe pelo processo de perdão mais uma vez. Não espere uma santidade cristã por sua parte. Cada passo que você der na direção de encontrar o perdão o ajuda.

Buscando significado e propósito

As pessoas encontram significado e propósito na vida de maneiras bastante diversas. Encontrar significado e propósito costuma envolver procurar e se relacionar com conceitos que parecem ter um significado maior, mais duradouro e melhor do que você mesmo. É claro, a religião e a espiritualidade

CAPÍTULO 21 **Perseguindo a Felicidade** 345

têm os métodos mais promissores de encontrar significado, e o maior número de pessoas os aplica.

DICA

Se você não for muito inclinado à espiritualidade, ainda pode infundir significado em sua vida. Pergunte-se o que quer que sua vida seja. Qual você quer que seja o seu legado para o mundo? Considere o exercício a seguir, que chamamos de Eulogia Avançada.

1. **Sente-se e relaxe por alguns momentos. Respire profundamente algumas vezes.**

2. **Reflita a respeito de sua vida por um tempo. Não brigue com arrependimentos do passado.**

3. **Pergunte-se o que você quer que as pessoas digam e pensem de você em seu funeral. O que você quer que os amigos, entes queridos e outras pessoas se lembrem de sua vida?**

4. **Considere o que você pode fazer com o restante de sua vida para infundi-la com o significado que quer deixar para o mundo.**

Muito poucas pessoas escrevem tal eulogia exaltando sua aparência, o dinheiro que ganharam, as longas horas que trabalharam no escritório ou o poder que tinham sobre outras pessoas. A maioria das pessoas escolhe enfatizar seus pontos fortes no caráter (como os listados neste capítulo na seção "Focando seus pontos fortes").

DICA

Não importa sua idade, você pode dedicar ao menos parte de sua vida para melhorar seu significado. Esses propósitos não precisam ser monumentais. Você pode escolher:

» Ser uma pessoa gentil.
» Ajudar outras pessoas.
» Ter conhecimento avançado de alguma forma.
» Fazer algo positivo para o meio ambiente.
» Ser gentil com os animais.
» Ensinar e transmitir o conhecimento para a geração mais jovem.
» Perdoar a si e a outras pessoas.
» Expressar gratidão.

Você pode encher sua vida de significado de várias formas. Tudo o que você precisa fazer é se conectar e contribuir com alguma coisa (quase qualquer coisa) que seja maior do que você mesmo. Quer tenha um dia, ou ano ou décadas para viver neste planeta, você pode fazer a diferença.

7

A Parte dos Dez

NESTA PARTE...

Liberte-se da rabugice temporária.

Entenda como ajudar crianças e adolescentes.

Ajude amigos e entes queridos a lidar com momentos sombrios.

> **NESTE CAPÍTULO**
>
> » Comendo para sair do mau humor
> » Obtendo ar fresco
> » Usando a psicologia positiva

Capítulo **22**

Dez Maneiras de Sair do Mau Humor

Mau humor ou depressão — qual é a diferença? O mau humor costuma ser desagradável, mas é um estado emocional curto. A depressão se arrasta por semanas ou, em alguns casos, por muito mais tempo. E depois de lidar com sua depressão, você ainda vivenciará mau humor ocasionalmente. Contudo, perceber que o mau humor não é intolerável e que você pode fazer alguma coisa pode ajudar a evitar uma espiral negativa de longa duração. Então, para evitar que o mau humor vire uma depressão, este capítulo tem algumas dicas para lidar com a tristeza.

LEMBRE-SE

É totalmente impossível se sentir ótimo o tempo todo. Sentimentos negativos podem alertá-lo de que algo na sua vida não está indo bem e que você precisa lidar com isso. Então, *não* estamos dizendo que todo mau humor ou tristeza precisa ser reprimido. A aceitação de sentimentos negativos faz parte da vida. No entanto, as ideias a seguir podem ser maneiras ocasionais de lidar com um mau humor efêmero.

Engolindo Chocolate

Vários tipos de comida afetam o humor. As pessoas provavelmente recorrem ao chocolate com a mesma frequência que recorrem a outras comidas que alteram o humor. Algumas das substâncias encontradas no chocolate foram citadas como responsáveis por esses efeitos de melhora no humor. No entanto, alguns pesquisadores acreditam que o chocolate, como a maioria das comidas palatáveis, altera o humor principalmente causando uma liberação das endorfinas, os opioides do cérebro. Se acha que o chocolate funciona para você, se deleite quando o mau humor acontecer. Mas se você for chocólatra e sentir uma culpa pronunciada quando se deleitar no chocolate, então não é a comida para você quando se sentir para baixo. A culpa apenas aprofundará sua depressão. Assim como todas as coisas, a moderação é a chave.

Fazendo Algo Legal

Escolha uma página do Capítulo 21 sobre psicologia positiva. Fazer algo legal para outra pessoa é um das melhores maneiras que conseguimos pensar para se livrar do mau humor. Ajuda a redirecionar a atenção para longe do que o deixou de mau humor e olhar as outras pessoas de maneira positiva. Seu humor melhorado provavelmente durará muito mais do que com outros prazeres de reparo rápido, como o chocolate.

Conseguindo uma Melhora com os Exercícios

O exercício tem o potencial de tirar você do mau humor. É claro, quando está assim, você provavelmente não *sente* vontade de se exercitar. Mas só porque você não tem vontade não significa que não possa fazer isso.

Corte pela raiz seu pensamento negativo sobre exercícios e apenas movimente seu corpo para fazer algo mais ativo. Fazer você se mexer é metade da batalha ganha. Quando passar por essa barreira, seu ímpeto o carregará para a frente.

Faça uma longa caminhada, corra, levante peso, faça aula de ioga ou qualquer outra forma de exercício que preferir. Os exercícios libram endorfinas, melhoram sua saúde e o ajudam a ter um senso de completude. Para maiores informações sobre os benefícios do exercício, veja o Capítulo 12.

Cantando para um Humor Melhor

Se gosta de cantar, tente fazer isso quando se sentir para baixo. Cante a plenos pulmões sua música favorita. Tem alguma coisa no cantar que é quase diametralmente oposto a se sentir para baixo. É claro, recomendamos um ritmo para cima, em vez de uma música triste.

Colocar seus pensamentos negativos em uma música parodiada também pode ser útil. Se estiver com um humor ruim, provavelmente tem alguns pensamentos negativos passando pela sua cabeça. (Veja os Capítulos 6, 7 e 8 para maiores informações sobre esse tipo de pensamento.) Escute esses pensamentos e os anote em um papel, e então os use como a letra de uma música popular. De alguma forma, seu pensamento negativo perde um pouco do significado quando você canta seus pensamentos em uma música tola.

Ligando para um Velho Amigo

Se você é como a maioria das pessoas, tem amigos com os quais não se conecta há um tempo. Se quiser se sentir bem, ligue para um deles. Não espere, e se convença do contrário. Faça. Além disso, pesquisas mostram que as conexões sociais podem ajudar com todos os tipos de males, inclusive o mau humor. Então, se não tem um velho amigo, ligue para qualquer amigo. Falar sobre as coisas pode ajudar. E se reconectar é bom.

Dançando um Ritmo Diferente

Você gosta de dançar? Se sim, pode ser capaz de dançar até ficar com um humor melhor. Dançar, assim como se exercitar, libera endorfinas (sobre as quais falamos no Capítulo 12). Se escolher a música com o ritmo certo para dançar, isso pode te deixar em um humor melhor. Se não tiver um parceiro, pode dançar sozinho na privacidade da sua casa. Pode dançar seriamente ou criar uma dança excêntrica (quanto mais maluca, melhor!).

Afogando a Tristeza

Muitas pessoas acham que um longo banho quente ajuda a acalmar o corpo e a mente. Um banho de banheira é uma boa alternativa. Com frequência, quando as pessoas ficam de mau humor, fazer algo aconchegante não parece "certo". Ainda assim, confie na gente. Faça.

Acarinhando uma Maneira de Melhorar o Humor

Se estiver de mau humor, tente passar um tempo com seu animal de estimação. Não tem um? Considere adotar. Sério! Estudos têm demonstrado que os animais de estimação na verdade ajudam as pessoas a se sentirem melhor e podem até mesmo melhorar sua saúde. Se quisermos dar boas risadas, só precisamos brincar com nossos cachorros. Às vezes, só de olhar para eles já sorrimos. Os animais o ajudam a tirar o foco de si mesmo e de seus problemas para focar algo positivo — talvez até algo aconchegante e afetivo.

Fazendo uma Trilha

Mais uma vez, não sabemos dizer exatamente por quê, mas passar um tempo ao ar livre parece fazer um trabalho muito melhor para melhorar o humor do que ficar dentro de lugares fechados. No inverno, pode ser a luz natural que ajuda, porque o sol emite uma luz muito mais forte do que a que você consegue do lado de dentro. E a luz parece aliviar o transtorno afetivo sazonal, ou SAD (abordada no Capítulo 2). No entanto, pode ser que o ar livre melhore o humor porque coloca as pessoas em contato com a natureza. Não sabemos de estudos específicos que sugerem que a natureza melhora o humor, mas sabemos que quase todos nossos clientes relatam se sentir melhor quando passam um tempo fora de casa. E há algumas pesquisas sugerindo os benefícios da jardinagem para o humor. Quando estiver ao ar livre, aprecie o que vir.

Suavizando por Meio do Mindfulness

Pode ser que você consiga sair de um mau humor ao aceitar que ele é uma parte inevitável da vida! Parece confuso? Na verdade, a ideia não é tão complicada. Quando não suporta ter um mau humor, seu humor só piora. Quando aceita que o mau humor é desagradável mas inevitável, ele perde a força em sua psique. Se essa noção ainda parece confusa, talvez queira ler o Capítulo 9.

DICA

Pode ser que você queria considerar se conectar com o presente, em vez de ponderar pensamentos horríveis sobre o passado e o futuro. O exercício a seguir pode ajudá-lo a refocar seus pensamentos no presente.

1. Observe o ritmo de sua respiração.
2. Sinta o ar enquanto ele passa pelas narinas e entra no pulmão.
3. Sinta como o ar toca você.
4. Repare em como seu corpo se sente. Foque apenas as sensações corporais.
5. Retorne ao ritmo de sua respiração.
6. Sinta onde seu corpo toca a superfície em que está sentado, em pé ou deitado.
7. Sinta o que o ar provoca em seu corpo.
8. Continue observando essas várias sensações por cinco ou dez minutos.

Quando você se conecta com o presente, liberta pensamentos negativos sobre o futuro ou o passado. O "agora" costuma ser muito mais tolerável do que as preocupações da sua mente sobre o futuro ou o passado.

354   PARTE 7 **A Parte dos Dez**

NESTE CAPÍTULO

» Evitando a depressão antes que ela comece

» Reconhecendo a depressão em crianças

» Lidando com a depressão se ela aparecer

Capítulo **23**

Dez Maneiras de Ajudar as Crianças com Depressão

A depressão atingiu níveis quase epidêmicos em nossa juventude. As causas da depressão nos jovens são as mesmas para os adultos — biologia e genética, trauma, perda, estresse, conflito crônico familiar, e assim por diante. (Veja o Capítulo 2 para mais causas da depressão.) É claro, a solução ideal é evitar a depressão antes que ela ocorra.

Este capítulo fornece dicas para evitar a depressão em crianças. Também discutimos o que fazer se seu filho, ou uma criança com quem você se importa, ficar deprimido, porque nem todas as depressões podem ser evitadas, apesar de seus melhores esforços.

Encontrando a Diversão

As crianças florescem quando se sentem incluídas, envolvidas e interessadas no que estão fazendo. Explore atividades e hobbies juntos até que seu filho encontre um interesse no qual ele pode ser bom e do qual goste. Pode ser que tenha que tentar muitas atividades diferentes, como dança, teatro, natação, coleção de selos ou moedas, tênis, computadores, artes, futebol ou cavalgada. O objetivo é encontrar um hobby de que seu filho goste e no qual seja razoavelmente competente em sua execução.

Então, certifique-se de que ele participe com frequência. Incluir seu filho em uma atividade envolvente pode ajudar a prevenir a depressão, porque é algo pelo qual ansiar e ajuda a desenvolver apoio social.

DICA

Durante uma pandemia, muitas crianças se sentem sozinhas e deprimidas. Leve as crianças para o ar livre. Considere uma caça ao tesouro pelo bairro com rochas pintadas dando dicas para tesouros escondidos. Organize atividades ao ar livre que podem ser feitas em distanciamento social. Além disso, certifique-se de que seus filhos continuem conectados com amigos e familiares por meio da tecnologia.

Empregando a Disciplina

Muitos pais ficam relutantes em disciplinar seus filhos. Temem que chatearão as crianças e as farão se sentir mal. Esses pais temem que disciplinar afastará seus filhos deles. Eles querem ser os melhores amigos das crianças. Mas a paternidade não é ser o melhor amigo dos filhos.

Ame o suficiente para disciplinar seu filho. Os psicólogos sabem que o autocontrole e a habilidade de tolerar a frustração são duas das habilidades mais importantes para aprender na infância. Armadas com essas habilidades, as crianças podem enfrentar o que quer que a vida lhes traga. As crianças não conseguem aprender autocontrole a menos que seus pais estabeleçam regras claras e consequências. As crianças precisam de autocontrole para que possam atender a essas expectativas, e as consequências são um incentivo para aprender esse autocontrole.

Disciplinar crianças pode dar muito trabalho, então, às vezes pode ser tentador ignorar o mau comportamento. Mas seus filhos contam com você. Quando há o mau comportamento, aproveite a oportunidade de ensinar uma lição importante. As crianças que aprendem o autocontrole têm muito menos probabilidade de ficarem deprimidas.

Dando Feedback

Quando seu filho fizer besteira, critique o comportamento, não seu filho. Nunca chame uma criança de "estúpido" ou "malvado". Tais rótulos negativos formam o caminho para a emergência da depressão lá na frente. Como alternativa, você pode rotular o comportamento de "ruim". Por exemplo, "roubar é ruim", ou "bater na sua irmã é errado". Quando você aplica esses rótulos para seu filho como um todo, arrisca instilar visões negativas que são difíceis de alterar.

Escalando Cada Montanha

Dê ao seu filho uma oportunidade para conseguir fazer algo difícil. As crianças aprendem a autoconfiança ao dominar tarefas difíceis. Ajude seu filho a entrar em uma corrida (vocês podem treinar juntos), aprender como remar ou dominar um concerto de piano. Durante o processo de aprendizado, seu filho sem dúvida sentirá frustração e fadiga. Encoraje-o a persistir.

A vida não é fácil. As crianças que aprendem como dar duro carregam essa qualidade para a vida adulta. Como resultado, é muito mais provável que resolvam bravamente problemas da vida, incluindo a depressão.

Acelerando Responsabilidades

Muitos pais acham mais fácil fazer as tarefas da casa sozinhos do que implorar que as crianças ajudem. É um erro. As crianças precisam se sentir conectadas e úteis. Fazer parte das responsabilidades da família ajuda as crianças a formar o caráter.

Quando as crianças recebem ser dar nada em troca, começam a se sentir especiais — talvez muito especiais. A preguiça em casa pode dar certo para alguns pais, mas quando as crianças se aventuram no mundo real, outras pessoas enxergam esse senso de ser especial e poderoso como um caso de criança mimada. A rejeição resultante pode ser um gatilho para a depressão.

Falar e Escutar

Não importa o que aconteça, você precisa fazer com que seja seguro que seu filho fale. O que queremos dizer com "fazer com que seja seguro"? Primeiro, escute sem interromper. Deixe seu filho contar as histórias. Em seguida, não julgue ou critique os sentimentos dele. O exemplo a seguir ilustra tanto a maneira errada quanto a certa de escutar:

> **Breanna** fala para a mãe: "Ninguém gosta de mim. Todo mundo acha que sou idiota. Me sinto péssima. Não quero mais ir pra escola."
>
> A mãe poderia responder como: "Não seja ridícula. Não tem motivo nenhum para você se sentir péssima. Você tem um monte de amigos. E nem pense que vai conseguir parar de ir pra escola!"
>
> Mas uma resposta melhor seria: "Parece que você está se sentindo para baixo. O que aconteceu?"

A resposta melhor não julgou e encorajou mais conversa. Perceba como a primeira resposta cortou a conversa. Seus filhos só conversarão com você se sentirem que são ouvidos e entendidos. Mesmo que você não concorde com o que disserem, pelo menos deixe-os falar o que têm em mente.

Reconhecendo a Depressão

Quando as crianças têm depressão, vivenciam sintomas que são parecidos com os vivenciados pelos adultos. Se sentem tristes, perdem o interesse nas coisas que anteriormente eram interessantes, têm problemas para se concentrar e têm baixa autoestima.

LEMBRE-SE

Por outro lado, as crianças podem diferir dos adultos no sentido de que o humor pode variar mais ao longo do dia. Crianças deprimidas costumam ser irritadas e mal-humoradas. Os sinais antecipados da depressão em crianças incluem:

» Faltar na escola.

» Queda nas notas.

» Reações excessivas a críticas ou rejeição.

» Perda de interesse em atividades costumeiras.

» Comportamento de risco, como usar drogas ou direção perigosa.

» Reclamações físicas vagas, como dor de cabeça ou de estômago.

» Afastamento dos amigos.

CUIDADO

Não ignore tais sinais de depressão em seus filhos. A depressão é um problema sério e não é uma parte normal da infância. Na verdade, o suicídio é a segunda principal causa de morte de pessoas entre 10 e 24 anos.

Prestando Atenção aos Detalhes

A depressão surge de múltiplas fontes. Se seu filho exibe sinais de depressão, é importante explorar todas as causas possíveis. Apesar de a depressão ter bases genéticas e biológicas, algum tipo de estresse de fora costuma contribuir para isso.

Muitos pais se culpam pela depressão dos filhos. A culpa não ajudará. Mas a vida em família pode ter um papel na depressão. Esteja disposto a analisar essa possibilidade e obtenha ajuda se achar algum indicativo de que a vida está afetando negativamente seu filho.

As crianças passam boa parte da vida fora de casa. Algumas possíveis causas para a depressão incluem:

» Bullying na escola.

» Abuso emocional, físico ou sexual (que a família desconhece).

» Rejeição social.

» Problemas acadêmicos não identificados, como dificuldade de aprendizado.

» Problemas de saúde não identificados.

Se seu filho está deprimido, explore cuidadosamente todos os possíveis fatores que contribuem para isso. Tratar a depressão sem entender as causas pode fazer com que o tratamento não funcione. Por exemplo, se seu filho está deprimido por causa de bullying na escola, dar um antidepressivo não resolverá o problema.

Obtendo Ajuda

Se acha que seu filho está deprimido, peça ajuda. A depressão nas crianças pode ser tratada com muitas das mesmas ferramentas que ajudam os adultos — terapia e antidepressivos. Esteja preparado para ser uma parte ativa no tratamento. Não se sinta culpado ou envergonhado por procurar ajuda para seu filho. Se conseguir depressa um tratamento para a depressão da criança, pode evitar que ela vivencie a depressão repetidamente posteriormente na vida. Veja o Capítulo 5 para mais conselhos sobre como encontrar a ajuda certa.

Amando Incondicionalmente

Parte de ser uma criança envolve testar os limites. As crianças fazem bagunça, desobedecem, se vestem de um jeito estranho e têm um comportamento infantil e estúpido. O que seria a adolescência sem um pouco de rebeldia? Algumas crianças chegam ao extremo de roubar, usar drogas e chocar os pais com inúmeros piercings e tatuagens.

Os pais costumam se sentir nervosos e ultrajados com esses comportamentos excessivos. No entanto, você tem que fazer uma distinção entre reagir a comportamentos inaceitáveis com sentimentos e consequências *versus* rejeição total e raiva.

LEMBRE-SE

Seus filhos precisam saber que, não importa o que aconteça, você os ama. Isso não significa que você não pode expressar descontentamento e decepção. Pondere a condenação com preocupação. Carinho e amor andam de mãos dadas com a disciplina.

NESTE CAPÍTULO

» Sendo um amigo — não um conselheiro

» Percebendo que a depressão do seu amado não é pessoal

» Vendo o tempo como um aliado

Capítulo **24**

Dez Maneiras de Ajudar um Amigo ou Alguém a Quem Ama com Depressão

Não há muita coisa mais desconfortável do que ver alguém que você ama sofrer de depressão. Você se importa e quer ajudar, mas a maioria das pessoas não sabe por onde começar. Este capítulo dá dez ideias de como ajudar alguém que você ama e que está com depressão.

Reconhecendo a Depressão

Você precisa reconhecer que a pessoa que você ama está com depressão antes de fazer qualquer coisa para ajudar. É claro, você pode ler o diagnóstico formal de depressão no Capítulo 2 se quiser ver uma lista inteira de sintomas. Mas não sugerimos exatamente que você diagnostique seu amigo — essa é uma tarefa exclusiva para os profissionais.

No entanto, talvez você tenha percebido que a pessoa que você ama está agindo de maneira diferente, apresentando comportamentos como:

» Mudanças no apetite ou sono.

» Desinteresse em atividades que antes eram prazerosas.

» Maior irritabilidade.

» Energia mais baixa e fadiga.

» Humor mais para baixo do que o comum.

» Problemas para se concentrar ou tomar decisões.

» Falas autodepreciativas.

Se a pessoa que você ama tem mais do que alguns desses sintomas, pode ser que esteja com depressão. Como dissemos, não diagnostique, mas você pode gentilmente perguntar sobre a possibilidade de depressão e talvez incitar seu parceiro para verificar a possibilidade com um psicoterapeuta ou médico da família.

Se ver um conselheiro ou médico é muito ameaçador para seu amado, há testes na internet. Veja no Apêndice uma lista de algumas fontes. O National Depression Screening Day costuma cair em outubro. Se você fala inglês ou espanhol, pode verificar esse programa em www.mhanational.org (conteúdo em inglês). Além disso, esse site tem ferramentas de testes que você pode usar a qualquer momento do ano.

CUIDADO

A internet contém uma quantia incrível de informações úteis, no entanto, não pode substituir a ajuda profissional. Além do mais, alguns sites são mais confiáveis do que outros. No Apêndice, fornecemos a você alguns dos sites de mais alta qualidade.

Pedindo Ajuda

Uma das atitudes mais úteis que você pode tomar é encorajar a pessoa que você ama a obter ajuda. Você pode começar recomendando o *Depressão Para Leigos* — apenas se certifique de que não está sugerindo que seu amigo é um leigo no sentido negativo! Além disso, pode sugerir uma visita ao médico da família. Finalmente, se a pessoa que você ama concordar em se consultar com um terapeuta e não conseguir, ofereça ajuda para encontrar alguém. Leia o Capítulo 5 para ter mais ideias sobre como encontrar um bom terapeuta.

LEMBRE-SE

Apesar de você poder ser útil para alguém que você sabe que tem depressão, não consegue resolver o problema. Não pode ser responsável pela depressão ou até por garantir que a pessoa com quem você se importa consiga ajuda. Você pode facilitar, e é até onde pode ir.

Ouça sem Resolver

Mais do que qualquer outra coisa, saiba que não cabe a você curar a depressão de seu ente querido. Ainda que seja conselheiro, médico ou psicólogo, não pode tratar alguém que você ama profundamente. Pode ser que os amigos não tenham a objetividade e perspectiva necessárias para um tratamento eficaz. Seu amigo precisa que você seja alguém que vai ouvir, não tratar ou resolver o problema.

Além do mais, você deveria dar opiniões. Ouça com empatia e preocupação. Pode ser que queira expressar que teve sentimentos parecidos, se isso for verdade. Se ouvir com cuidado, sem dúvida se pegará tentado a tirar seu amado do pântano da depressão. Não ceda à tentação; tais tentativas provavelmente serão recebidas com resistências e possível piora dos sintomas.

LEMBRE-SE

Seu amado precisa de uma escuta empática, e os profissionais são os únicos que podem intervir terapeuticamente.

Cuidando de Você Mesmo

Ajudar alguém com quem você se importa e que está deprimido pode drenar suas energias. Ouvir histórias de tristeza nem sempre é fácil. Aconselhamos que você se conecte, escute e empatize até onde puder, mas não se deixe ser pego pelas garras da depressão no processo.

Assim, respeitar suas próprias necessidades é importante. Continue a viver sua vida e procure fontes de diversão. Conecte-se com amigos e mantenha o equilíbrio de sua vida. Se investir muito de si mesmo em ajudar a pessoa que você ama, pode facilmente perder a capacidade de ajudar, e arrisca cair em depressão.

Deixando as Críticas de Lado

Se a pessoa que você ama está deprimida, a última coisa de que você precisa é criticar. Ainda assim, pode ser que seja tentado a fazer isso quando estiver escutando algumas das coisas que uma pessoa deprimida pode dizer. Por exemplo, seu amigo pode dizer algo como: "Não sou bom para mais ninguém."

Ao ouvir algo assim, pode ser que se pegue gritando: "Isso é ridículo! Por que você falaria algo tão idiota?"

Em vez disso, tente usar a empatia. Talvez dizer: "Sei que você se sente assim. Eu não concordo com você, mas deve ser terrível ter esse pensamento."

Além do mais, pessoas com depressão podem fazer com que você as critique. Devido a uma irritabilidade maior, podem criticá-lo mais do que o usual, e você pode ficar tentado a se defender. Tente resistir à defesa do seu ego e perceba que a crítica provavelmente se deve mais à depressão do que qualquer outra coisa.

Despersonalizando a Depressão

Quando alguém que você ama está deprimido, é bem fácil pensar que a depressão é o resultado de algo que você fez, ou que de alguma forma é sua culpa. Saiba que a depressão tem muitas causas — fatores genéticos e biológicos, certas doenças e drogas, eventos da infância, cultura, e assim por diante.

Isso não quer dizer que seu relacionamento com a pessoa que você ama não tem nada a ver com a depressão. Na verdade, pode ter. Estar aberto a trabalhar em seu relacionamento é uma boa ideia — talvez por meio do aconselhamento, se parecer apropriado. E considere ler e implementar as ideias apresentadas no Capítulo 16. Mas se culpar pela depressão do seu parceiro não ajudará. Na maioria dos casos, outras causas têm um papel maior.

Encontrando Paciência

Quando você está lidando com um caso sério de depressão maior, precisa entender que o tratamento demora. Mesmo o antidepressivo precisa de algumas semanas para começar a fazer efeito. Além do mais, algumas depressões requerem uma busca considerável pelo medicamento certo, o que pode levar meses.

Também demora um tempo para a psicoterapia funcionar. Um caso médio pode mostrar alguma melhora dentro de dois a três meses, mas muitos casos requerem um período mais longo. Como com o medicamento, às vezes o primeiro terapeuta não dá certo, e pode ser que seu amado precise buscar outro profissional de saúde mental para receber o tipo certo de ajuda. (Veja o Capítulo 5 para maiores informações sobre encontrar ajuda para a depressão.)

CUIDADO

Evite cair na armadilha de pensar que seu amado na verdade *quer* se sentir deprimido. Acreditamos que ninguém quer se sentir assim. Às vezes, uma pessoa com depressão pode agir de maneira irracional ou se autossabotar, mas isso não significa que a depressão é desejada.

Tente não perder a paciência. Pode ser que queira consultar um terapeuta se achar muito difícil a tarefa de fazer com que seu amado vá para a terapia.

Lembrando-se de Cuidar

Quando as pessoas ficam deprimidas, precisam mais do que nunca do cuidado e da preocupação das pessoas que amam. Infelizmente, as pessoas com depressão costumam afastar as pessoas, assim, pode parecer que preferem ficar sozinhas e isoladas.

Não acredite nisso. Sejam seus esforços apreciados ou não, continue fazendo coisas com carinho para alguém que está deprimido. Envie um cartão ou flores. Além disso, procure fazer mais coisas pequenas que demonstrem carinho. No Capítulo 16, apresentamos uma lista do que você pode fazer por alguém deprimido.

Fornecendo Encorajamento e Permanecendo Esperançoso

Sentir-se desamparado não é incomum para uma pessoa deprimida. Na verdade, o desamparo é um dos sintomas mais comuns da depressão. Fora isso, a vasta maioria das pessoas deprimidas consegue melhorar bastante.

Se escutar por muito tempo o que uma pessoa com depressão está dizendo, pode ser fácil começar a acreditar no desamparo que está ouvindo. A verdade é que muitas pessoas com depressão podem apresentar várias evidências a respeito das atrocidades e dos desalentos de suas vidas. No entanto, você precisa entender que as mentes depressivas geram pensamentos que são quase sempre muito distorcidos, assim, a "evidência" que fornecem provavelmente não é precisa. Verifique os Capítulos 6, 7 e 8 para informações detalhadas sobre como a depressão inevitavelmente distorce o pensamento.

Quando entender como as mentes depressivas podem distorcer o desalento de uma situação, fica mais fácil se manter encorajador. Seu amado com depressão não quer que você desista, pareça ou não. Continue esperançoso e encorajador.

Estimulando Exercícios

Como já dissemos neste capítulo, você não pode ser o terapeuta de alguém com quem você se importa e que tem depressão. Isso é inquestionável. Mas há uma coisa bastante terapêutica que você pode fazer: considere encorajar seu amado a se engajar em algum tipo de exercício. Idealmente, você também deveria participar. A atividade tem um efeito positivo na depressão. Quanto mais ativo, melhor. Veja o Capítulo 12 para saber mais sobre os efeitos do exercício na depressão.

DICA

Apesar de encorajar alguém que está deprimido ser uma boa ideia, não pressione tanto com essa ideia. Algumas pessoas, principalmente as que têm depressão severa, simplesmente não conseguem se animar para se exercitar. Forçar alguém a isso não vale a pena, pois prejudicará seu relacionamento.

Apêndice
Recursos para Você

A qui fornecemos alguns recursos adicionais para ajudá-lo a aprender mais sobre a depressão e como combatê-la. Além disso, fornecemos recursos para outros problemas emocionais, como ansiedade e problemas no relacionamento, que às vezes contribuem para a depressão. Muitos outros livros e sites excelentes aos quais sem dúvida não prestamos atenção estão disponíveis. Ao lidar com quase qualquer problema emocional, ler mais de um livro é certamente uma boa ideia.

Livros sobre Saúde Mental

Veja a lista de livros que recomendamos:

» *A Mente Vencendo o Humor: Mude como Você Se Sente, Mudando o Modo como Você Pensa,* de Dennis Greenberger e Christine A. Padesky (Artmed).

» *Antidepressão: A Revolucionária Terapia do Bem-estar,* de David D. Burns (Cienbook).

» *Changing to Thrive: Using the Stages of Change to Overcome the Top Threats to Your Health and Happiness,* de James O. Prochaska e Janice M. Prochaska (Hazelton Publishing).

» *Choosing to Live: How to Defeat Suicide Through Cognitive Therapy,* de Thomas E. Ellis e Cory F. Newman (New Harbinger Publications).

» *Dominando a Ansiedade Para Leigos,* de Charles H. Elliott e Laura L. Smith (Alta Books).

» *Interpersonal Psychotherapy of Depression,* de Gerald L. Klerman, Myrna M. Weissman, Bruce J. Rounsaville e Eve S. Chevron (Basic Books).

» *Mindfulness-Based Cognitive Therapy for Depression: A New Approach to Preventing Relapse,* de Zindel V. Segal, J. Mark G. Williams e John D. Teasdale (Guilford Press).

» *Mudar para Melhor: O Método Revolucionário para Ultrapassar Maus Hábitos e Seguir em Frente na Vida,* de James O. Prochaska, John C. Norcross e Carlo C. DiClemente (Marcador).

>> *Não Acredite em Tudo que Você Sente: Identifique Seus Esquemas Emocionais e Liberte-se da Ansiedade e da Depressão,* de Robert L. Leahy (Artmed).

>> *Para Além do Amor: Como os Casais Podem Superar Desentendimentos, Resolver Conflitos e Encontrar uma Solução para os Problemas de Relacionamento Através da Terapia Cognitiva,* de Aaron T. Beck (Rosa dos Ventos).

>> *Sete Princípios para o Casamento Dar Certo,* de John M. Gottman e Nan Silverman (Objetiva).

>> *Terapia Cognitiva da Depressão,* de Aaron T. Beck, A. John Rush, Brian F. Shaw e Gary Emery (Artmed).

>> *Translating Happiness: A Cross-Cultural Lexicon of Well-Being,* de Tim Lomas (The MIT Press).

>> *Vencendo a Ansiedade e a Preocupação,* de David A. Clark e Aaron Beck (Artmed).

Recursos para Ajudar Crianças

Recomendamos os livros a seguir para ajudar seus filhos:

>> *Acceptance and Mindfulness Toolbox for Children & Adolescents,* de Timothy Gordon e Jessica Borushok (PESI Publishing).

>> *Depression: A Teen's Guide to Survive and Thrive,* de Jacqueline Toner e Claire Freeland (Magination Press).

>> *Keys to Parenting Your Anxious Child,* de Katharina Manassis (Barrons Educational Series).

>> *Something Bad Happened: A Kid's Guide to Coping with Events in the News,* de Dawn Huebner (Jessica Kingsley Publishing).

>> *SOS Ajuda para Pais,* de Lynn Clark (Cognitiva).

>> *The Optimistic Child: Proven Program to Safeguard Children from Depression and Build Lifelong Resistance,* de Martin E. P. Seligman (Perennial).

Sites Úteis

CUIDADO

Se você digitar a palavra *depressão* em um mecanismo de busca, terá acesso a uma infinidade de possíveis recursos. Você precisa ficar atento, porque a internet está cheia de anúncios espertos e artimanhas. Seja especialmente cauteloso com organizações aparentemente oficiais que promovem materiais muito caros e não acredite em promessas absurdas de curas rápidas e instantâneas para a depressão.

Há muitos fóruns para pessoas com depressão e outros problemas emocionais relacionados. Sinta-se livre para acessá-los a fim de obter apoio. Ao mesmo tempo, saiba que você não tem ideia de com quem está falando ao entrar em um fórum. As outras pessoas podem não saber sobre a depressão ou, até pior, tentar tirar vantagem de uma pessoa em sofrimento.

Veja uma lista de sites legítimos, e em inglês, que não vendem milagres, mas fornecem informações excelentes sobre a depressão e questões emocionais relacionadas:

» **A American Psychiatric Association** (www.psychiatry.org/patients-families) fornece informações sobre a depressão e outros transtornos mentais.

» **A American Psychological Association** (www.apa.org/helpcenter) fornece informações sobre o tratamento, bem como fatos interessantes sobre a depressão e outros transtornos emocionais.

» **A Anxiety Disorders Association of America** (www.adaa.org) lista grupos de autoajuda nos Estados Unidos. Também apresenta uma variedade de testes de ansiedade para autoavaliação. Em seu site, você pode encontrar uma *newsletter* online e um quadro de mensagens. Como a ansiedade costuma acompanhar a depressão, pode ser que queira dar uma olhada nesse site.

» **A Mayo Clinic** (www.mayoclinic.org) oferece uma riqueza de informações sobre a saúde mental e física, incluindo medicamentos.

» **A National Alliance for the Mentally Ill** (www.nami.org) é uma organização incrível que serve como defensora para as famílias e pessoas afetadas por transtornos mentais. Há informações disponíveis sobre as causas, a prevalência e tratamentos de transtornos mentais que afetam crianças e adultos.

» **O National Center for Complementary and Alternative Medicine** (`www.nccam.nih.gov`) é um site patrocinado pelo governo que foi desenvolvido para oferecer informações sobre tratamentos alternativos para a depressão e outros transtornos. A maioria dos conselhos desse site se baseia em pesquisas (diferentemente de outros sites sobre tratamentos alternativos).

» **A National Foundation for Depressive Illness** (`www.depression.org`) é um grupo sem fins lucrativos instituído para fornecer informações sobre transtornos afetivos.

» **O National Institute of Mental Health** (`www.nimh.nih.gov`) relata pesquisas sobre uma grande variedade de questões de saúde mental e tem uma gama de materiais educativos sobre a depressão. Eles oferecem fontes para pesquisadores e praticantes em campo.

» **O WebMD** (`www.webmd.com`) oferece uma vasta gama de informações sobre questões de saúde mental e física, incluindo informações sobre tratamentos psicológicos, terapia com drogas e prevenção.

Índice

A

abordagem
   de resolução de problemas, 222
   lógica de solução de problemas, 238
abstinência, 281
abuso, 359
   de substâncias, 92
   doméstico, 55–56
   físico, 12
   físico ou sexual, 182
   psicológico, 182
ação gerada pela emoção, 105
aceitação, 162
aceitando os sentimentos, 51
aceitar sem julgar, 163
ácido gama-aminobutírico (GABA), 290
ações antidepressivas, 107
acupuntura, 303
adolescência, 9
adversidade e depressão, 12
afastamento, 105
agindo contra a depressão, 49
agressividade, 174
alimentação, 49
altruísmo, 339–340
amigo interno, 232–233
Amortecer, 269
Análise
   do Estilo de Vida, 319
angústia mental, 155
animais
   de estimação, , 272
   e luto, 245
ansiedade, 101
   incessante, 176
   social, 102
Antagonistas e Inibidores da Recaptação de
   Serotonina-2, 288
antecipação da felicidade, 219
antidepressivo
   efeitos colaterais, 281
   resposta familiar ao, 282

   saindo do, 281
antidepressivos, 91, 286–287
   abstinência, 281
   crianças e adolescentes, 182
   efeitos de longo prazo, 281
   escolha do, 279
   segurança, 281
Antidepressivos Noradrenérgicos e Específico
   Serotoninérgicos, 288
antipsicóticos, 291
   atípicos, 291
apetite
   diminuição no, 297
apoio social, 178
ar livre, 352
arte como tratamento, 303
assistentes sociais, 83
atenção plena, 151, 161, 166, 169
atenção primária de saúde, 91
atividade física, 49
atividades prazerosas, 217, 218
atrelado ao suicídio, 178
autoabsorção, 164
autoajuda, 80, 92
   recursos, 93
   tratamento, 88
autoconfiança
   em crianças, 357
autoconsciência, 215
autocontrole, 343
   em crianças, 356
autoculpabilização, 109
autoestima, 59, 257
   baixa, 78
autojulgamento, 74
autojulgamentos, 119
autolimitação, 72
   como lidar, 72
   diário de, 73
automutilação, 178
autossabotagem, 72, 154, 215
autoverificação, 257

avaliação do risco de suicídio, 175

avaliações negativas, 158

B

baixa autoestima, 9, 78, 123

bem-estar

 rastreando o, 316

brainstorm, 229

brainstorming, 227

bullying, 359

C

cante seus pensamentos, 156

capacidade de amar, 29

carboidratos, 298

Carga Global de Doenças (GBD), estatística, 13

Catastrofização, 112

causas da depressão, 41, 40–43

Centro de Valorização da Vida (CVV), 22, 184

chocolate, 350

ciclo

 de inatividade, 190

 de negatividade e rejeição, 258

Colocando em um Cofre, 68

colocar o problema à prova, 237

Combatendo Pensamentos Desmotivadores, 203

complexo de culpa, 214–215

comportamento, 258

 positivo, 121

comportamento depressivo, 22–23

comportamentos alterados, 66

conectar-se com a experiência do momento, 164

conexões sociais, 351

confidencialidade, 85

conflitos, 262

conselheiros, 83

 pastorais, 83

Consequências Prováveis, 230

controle financeiro, 52

Conultando o Amigo Interno, 232

corticosterona, 325

cortisol, 325

covid-19, 246–247

 e depressão, 46

Covid-19, 37, 42

crenças, 225

centrais, 265

Comuns que Interferem nas Soluções e Algumas Visualizações Facilitadoras, 226

de doente ou vítima, 68

interferentes, 225

que impedem a mudança, 61

crenças delirantes, 37–38

criança

 e depressão, 355

crianças

 com depressão, 358

crianças e adolescentes

 fatores de risco, 182

crises de choro, 38

críticas

 duras e excessivas, 63

 legítimas, 256

cuidados paliativos, 176

culpa, 214

 apropriada, 215

 culpar a fonte errada, 124

 em antecipação, 216

 excessiva, 215

 vs diversão, , 218

custos

 financeiros da depressão, 13

 pessoais da depressão, 13

D

da instabilidade econômica, 50–51

dançar, 351

defensiva

 definição, 263

demência, 47–56

dependência, 63

dependência e inadequação, 62

depressão, 1

 ações concretas contra a, 49

 criança, 355

 durante a gravidez, 11

 em crianças

 sintomas, 358

 e relacionamentos, 255

 pós-parto, 33, 246, 281

 trazida pela pandemia, 46

 vs mau humor, 349

 vs tristeza, 8

desastres e depressão, 56

descanso excessivo, 191
descarte
    de coisas positivas, 136
    de evidência, 113
descobrir as causas do seu problema, 224
desequilíbrios químicos no cérebro, 283
desesperança, 174
Despersonalizar, 265
desprender-se do problema, 227
Diário de Autolimitação, 73
Diário do Humor Semanal, 43
dificuldade de aprendizado, 359
dificuldades de memória, 196
dinheiro
    e felicidade, 333
direito de experimentar o prazer, 217
discinesia tardia, 291
disciplina, 356
discriminação, 12
    como lidar, 54–55
    como se defender, 54
discriminação e depressão, 53
distanciamento social, 247–248
distorção
    cognitiva, 109
    da realidade, 130
    que embaralham a realidade, 111
distorções cognitivas, 115
diversão, 210
    e culpa, 215
    importância da, 211
diversidade e depressão, 12
divórcio, 248
doença crônica, 246
doenças crônicas, 176
doenças e depressão, 36
dominando habilidades, 312
dopamina, 284
dor física, 15
Dr. Albert Ellis, psicólogo, 119
drogas
    e depressão, 34
    Potencialmente Depressoras, 35
    sintéticas, 173
DSM-5, 27

E

efeito
    adversos
        dos suplementos, 297
    colaterais, 282
    nocebo, 285
    placebo, 285
eletroconvulsoterapia, 83
eletroconvulsoterapia (ECT), 294, 300
eletroterapia, 17
Elisabeth Kubler-Ross, 243–254
elogiando, 259
EMDR — eye movement desensitization reprocessing, 82
emoções
    definição, 98
    lidando com, 235
empatia, 262
Encontrando o terapeuta certo para você, 84
endorfinas, 200
envelhecimento, 246
episódios
    de desespero, 8
    de mania
        transtorno bipolar, 40
erros conceituais, 132
ervas, 295
Escolhendo Lados, 233
escrevendo uma história, 78
estabilizadores de humor, 290
estágios de luto, 243
estigma, 178
estimulação
    do nervo vago, 301
    magnética transcraniana, 302
estratégia
    de comunicação, 270
Estratégia
    da Realocação
        da Responsabilidade e Ação, 125
    de Apreciar os Pontos Fortes, 342
    de Substituição de Rótulo, 123
eu deveria ter, 119
Eulogia Avançada, 346
evitação, 24, 146, 152
    crônica, 152
exercício, 350
    aeróbico, 208

exercício físico
    e saúde física, 201
exercícios físicos
    motivação para, 202–203
    tipos, 206

F
falação da mente, 258
falta de motivação, 190
farmacologia, 17
fatores de risco, 12
fatores históricos
    suicídio, 179
fazer coisas agradáveis, 260
feedback negativo, 256
felicidade, 332
    e cultura, 334
    em idiomas diferentes, 335–336
ferramenta de sobrevivência, 101
filhos
    dar feedback, 357
    e disciplina, 356
filtro mental, 112
finanças e depressão, 50
fluxo, 340
frequência cardíaca, 208

G
Gallup State of Emotions, 335
generalização, 114
gratidão, 337
    efeitos da, 337–338
grupos de autoajuda, 94
guilt tripping, 64

H
habilidade de tomada de decisão, 176
herdabilidade do suicídio, 179
heteronormatividade, 55
hipocampo, 325
hipotensão ortostática, 289
homens e depressão, 11
homeostase, 60
humor, 42

I
ideação suicida, 56, 93, 179, 292
idosos, 248

idosos e depressão, 10
inadequação, 63
inadequação e dependência, 62
infância, 9
informe-se sobre o problema, 225
inibidor
    da monoamina oxidase (IMAO), 289
    da Recaptação da Noradrenalina, 288
    da Recaptação da Noradrenalina/
        Dopamina, 288
    Seletivo da Recaptação de Serotonina/
        Noradrenalina, 288
    seletivos da recaptação de serotonina
        (ISRSs), 287
injustiça e depressão, 66
insegurança emocional, 48
interação
    pensamento-comportamento, 101
    pensamento-sentimento, 99
interconectividade dos pensamentos e
    sentimentos, 104
interpretação do evento, 102
interruptores da satisfação, 317, 318
ionização do ar, 302
isolamento, 177
    estresse do, 247–248
isolamento social, 12, 47–56

J
jovens de minoria sexual, 183
julgue tudo criticamente, 158
juventude e depressão, 9

K
ketamina, 291

L
lapsos de memória, 327
leitura, 80
leitura mental, 114–115
liberdade, perda de, 47–48
lidando com as emoções, 235
ludicidade, 229
luto, 39, 102, 249
    antecipatório, 247
    complicado, 242
    e animais, 245

M

mania, 40–41
Manual de Diagnóstco e Estatístico de Transtornos Mentais (DSM), 27
Massagem, 303
mau humor, 78
mau humor vs depressão, 349
mecanismo de evitação
  definição, 152
medicamentos, 276
  tricíclicos, 289
medo, 59, 101
medo da incongruência, 60
memória, 10, 321, 322
  de longo prazo, 323
  de trabalho, 323
  exercitar, 327
  imediata, 322
menopausa, 11
Mensagens Eu, 268
mentalidade paralisada, 233
mindfulness, 151, 154, 309, 353
minorias, 12
monitorar o pensamento, 73
morte, 243–244
Morte, 244
  de um filho, 39
motivação, 191
motivação baseada na culpa, 120
movimento antiguerra, 296–304
mudança e depressão, 57
mudanças climáticas, 56
mulheres e depressão, 11
multitarefa, 330

N

narcisismo, 65
natureza interconectada dos sentimentos, 110
negação, 132, 308
  e repressão, 99
negação do prazer, 215
Negando Previsões Negativas, técnica, 196–197
negar a negatividade, 158
negativismo, 339–340
neurotransmissores, 288
Neutralizar, 269
ninho vazio, 246
noradrenalina, 284

Notícias Diárias, 261

O

obesidade, 10
omplexo de culpa, 214
opiáceos, 200
opioides, 350
Organização Mundial da Saúde, 1, 13
ostracismo social, 12
ouvindo as crianças, 358
overdoses, 173
  e suicídio, 173

P

pandemia, 37, 42, 177, 246, 247, 309, 333, 356
  ações práticas, 49
  e depressão, 46
  e exercícios, 207
  e suicídio, 171
papéis alternativos, 67
paternidade, 356
pensamento
  bloqueadores de ação, 190
  como interpretações de eventos, 102
  delirante, 31
  de "não consigo", 194
  de Pollyana, 311
  depressivos, 51
  de vítima, 161
  distorcido, 110
  negativo, 105
  negativo e repetitivo, 151
  negativos como fatos, 154
  no Tribunal, 135
  polarizado, 113
  problemático, 134
  substitutivo de reflexão racional, 138
  substituto de reflexão, 137
pensamentos
  como rastrear, 133
  distorcidos, 110–111
pensamentos negativos, 21
  como lidar, 156
pensar visualmente, 228
perda, 242
  da autoestima, 8
  de um filho, 39
  e depressão, 59

perdão, 344

perfeccionismo, 69

    traços, 68

Perguntas

    de Exploração do Luto, 250

    de Exploração do Papel, 253

    supressoras da culpa, 216–217

permitir ludicidade, 229

personalização dos problemas, 124

perspectiva da Pollyanna, 138, 140

pessoa preguiçosa, 191

placebo, 42

    definição, 285

plano de resolução de problema, 222

pobreza, 12

ponto

    fortes, 342

    Fracos dos Relacionamentos, 266

posição de sucesso, 146

pós-Segunda Guerra Mundial, 13

potencial criativo, 227

Pratique Encontrar Embaralhadores da Realidade, 118

prazer, 212

pressuposição

    maliciosa, 263–264, 265

previsões

    negativas, 214

    para o futuro, 219

principais tipos de depressão, 27–29

problemas

    colocá-los à prova, 237

    como descrevê-los, 224

    consequências dos, 230

    emoções relacionadas, 235

    possíveis soluções para, 226–227

    resolução de, 223

    visualização dos, 228

problemas sociais

    e suicídio, 177

processo de sabotagem, 72

profissional de saúde mental, 174

progresso no tratamento, 76–77

Psicodélicos, 296

psicologia positiva, 2, 332, 350

psicólogos clínicos, 83

psicose, 31

    e suicídio, 174

psicose pós-parto, 37

psicoterapia, 83

    assistida com psicodélicos, 296

    definição, 80

    terapia cognitiva, 110

psilocibina, 296

psiquiatras, 83

Q

quebra de barreiras à mudança, 140

Quiz

    da Depressão e dos Relacionamentos, 24

    da Depressão no Corpo, 26

    da Recaída, 310

    de Pensamentos Depressivos, 21

    do Comportamento Depressivo, 23

R

raciocínio emocional, 106

    como rastrear, 107

racionalização, 110–111

racismo, 55

raiva, 101

ranstorno depressivo maior, 30

Rastreador

    da Gratidão, 338

    de Pensamento, 128–130

    de Satisfação, 317

    dos Embaralhadores da Realidade, 116

reações a perdas, 132

recaída, 308

    controlar a, 319

    sintomas, 309

reforço gentil, 120

Registro de Atividade, 192

rejeição, 256

rejeição social, 359

relação entre a depressão e a obesidade, 10

relacionamento

    abusivos, 256

    cliente-terapeuta, 86

    e depressão, 17

relacionamentos, 24–25

    medo de, 59

relaxamento

    técnica de, 227–228

relaxamento como tratamento, 303

residência assistida, 47–56

resolução de problemas, 221, 309
responsabilidade emocional, 51
responsabilidades
    familiares, 357
retenção da informação, 326
retração taciturna, 257
Revisão Clínica da Depressão, 313
risco da recaída, 309
rotina, 328
rótulos difamatórios, 123
ruminação, 151

S
sabotadores, 72
saciedade, 344
saúde
    acesso à, 178
saúde cardiovascular, 14
saúde mental
    e mudanças climáticas, 56
saúde, problemas de, 176
segurança
    senso de, 246
seja sarcástico, 157
Sendo Agradável, 260
sensação
    corporais, 99
    de pertencimento, 55
senso
    de satisfação, 317
    de valor próprio, 123
sentimento de culpa, 8
sentimentos
    como rastrear, 133
    definição, 106
sentir culpa, 161
sentir-se indigno, 64
ser feliz, 159
serotonina, 283, 325
serviços de telemedicina, 50
significado e propósito, 345–346
simulação
    de incêndio, 313
    de Incêndio, estratégia, 314–316
sinais precoces de atenção, 309
síndrome dos estudantes de medicina, 180
sintoma
    arrastar-se, 22

de suicídio, 173
    falta de energia, 98
    mudanças no apetite, 98
    problemas com o sono, 98
    sentir-se esquisito, 25
    tensão, 98
sintomas depressores
    gatilhos, 35–36
sintomas físicos, 25–26
sistema
    discriminatório, 54
    imunológico, 1, 14, 201
solidão, 47–56
Steven Hayes, psicólogo, 155
suicídio, 11, 41, 50, 89, 171, 244
    assistido, 176
    avaliação do risco de, 175
    de crianças, 180
    e overdoses, 173
    e pandemia, 171
    e problemas sociais, 177
    e TDAH, 176
    fatores de risco, 176
    lidando com a perda, 186
    sinais de alerta, 172
    sintomas, 173–174
suplementos, 295
supressão
    de sentimentos, 159
    do pensamento, 108

T
tarefas domésticas, 204
Técnica de Reanálise da Vingança e Perdão, 344
telemedicina, 85
teleterapia, 85
teoria do desequilíbrio químico, 284
terapia
    cognitiva, 73, 110, 128, 308, 312
        definição, 16, 81
    cognitivo-comportamental, 276
    comportamental, 312
        definição, 16, 82
    de aceitação e compromisso (ACT)
        definição, 81
    de choque, 300
    de luz, 299

Índice   377

de relacionamento, 312

duração, 88

Gestalt, 82

interpessoal, 309

definição, 82

mitos sobre, 88

objetivo, 89

progresso na, 76–77

terapia cognitiva

objetivo, 110–111

tolerar o desconforto, 97

tomada de decisão impulsiva, 182

transtorno

afetivo sazonal, 28, 299, 352

bipolar, 40, 277

episódios de mania, 40

da depressão persistente, 258

de adaptação com humor depressivo, 38, 80

de déficit de atenção e hiperatividade (TDAH), 182

e suicídio, 176

de depressão persistente, 278

depressivo induzido por substância/medicamento, 36

depressivo maior, 28, 309

sintomas, 29

depressivo persistente, 30

disfórico pré-menstrual, 32, 287

disruptivo da desregulação do humor, 34

disruptivo da desregulação do humor (TDDH), 34

do estresse pós-traumático, 56

opositor desafiador, 34

tratamentos alternativos, 286, 294

tratando a depressão com medicamento, 91

treinamento de força, 206

Tribunal do Pensamento, 131, 139

tristeza, 18

tristeza vs depressão, 132

tudo ou nada, 113

U

uso de opioides e drogas, 172

V

velhice, 10

Verificar, 264

violência doméstica, 55

visões distorcidas dos eventos, 106

visualizações facilitadoras, 226

vitaminas, 295

vitimização

como identificar, 67

vitimização e depressão, 66

Vivendo com Atenção Plena, 161

você vs a sua mente, 153

W

World Happiness Report, 334

Projetos corporativos e edições personalizadas
dentro da sua estratégia de negócio. Já pensou nisso?

Coordenação de Eventos
Viviane Paiva
viviane@altabooks.com.br

Contato Comercial
vendas.corporativas@altabooks.com.br

A Alta Books tem criado experiências incríveis no meio corporativo. Com a crescente implementação da educação corporativa nas empresas, o livro entra como uma importante fonte de conhecimento. Com atendimento personalizado, conseguimos identificar as principais necessidades, e criar uma seleção de livros que podem ser utilizados de diversas maneiras, como por exemplo, para fortalecer relacionamento com suas equipes/ seus clientes. Você já utilizou o livro para alguma ação estratégica na sua empresa?

Entre em contato com nosso time para entender melhor as possibilidades de personalização e incentivo ao desenvolvimento pessoal e profissional.

PUBLIQUE SEU LIVRO

Publique seu livro com a Alta Books. Para mais informações envie um e-mail para: autoria@altabooks.com.br

CONHEÇA OUTROS LIVROS DA **ALTA BOOKS**

Todas as imagens são meramente ilustrativas.

 /altabooks /alta-books /altabooks /altabooks /altabooks

Este livro foi impresso nas oficinas gráficas da Editora Vozes Ltda.,
Rua Frei Luís, 100 – Petrópolis, RJ.